ミニマリスト日英語比較統語論

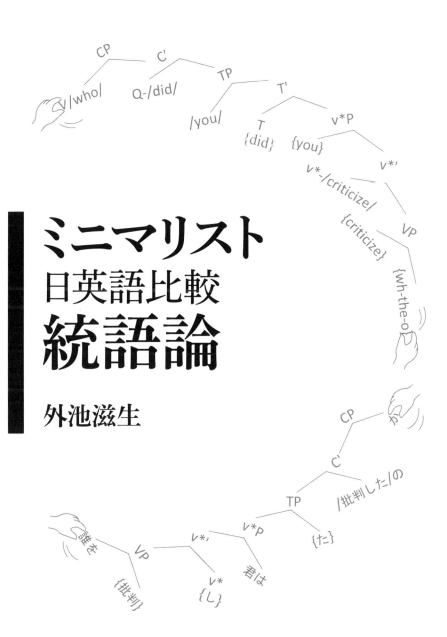

ミニマリスト
日英語比較
統語論

外池滋生

開拓社

我が妻一子に捧ぐ

は　し　が　き

　私は，元来天邪鬼で，横着で，しかも怠惰である．そのため人の言うことをなかなか素直に聞く気になれない．どの論文を読んでも，大いに共感するところがあるものもあるが，そのようなものでも，必ずと言っていいほど，気に入らないところがある．(まあ考えて見れば，この点では私の周囲を見ても，およそ研究者を自認する人は多かれ少なかれそういうところがあるだろうと思うが，私は思うにその度合いが甚だしい．) そのため，常にもっといいやり方があるのではないかと思う．悪く言えば人の粗がよく見えるのである．幸い，代案を思いつく才覚はあるように思う．したがって，面白い論文を読むと，より良いと思われる代案分析を提案する論文を書きたくなる．動機が代案を出すことにあるので，じっくり腰を据えて問題に取り組むことが少ない．それが横着で怠惰であるところである．そのような目的には(残念ながら今はなくなった)月刊『言語』や『英語青年』などの雑誌類，そして書き上げて提出すればあとの面倒がない紀要や報告書などに寄稿するとか，各種の学会で発表するのが，ちょうどよかった．(もちろんそれぞれに一生懸命取り組んだのであるが，個々の問題を考えて，自分なりに納得のいく解決方法が見つかると，それで自分の関心は満たされて，放っておくわけにもいかないので，雑誌に投稿したり，紀要や報告書に書いたり，学会で発表するが，それで気が済んでしまうのである．) 何が言いたいかというと，要するに自分には単著の研究書が一冊もないということの言い訳をしているのである．

　しかし，それでも，これだけ長くそれなりの研究をしてくると，たとえそれが他の人の研究の代案を考えるということに発していても，自分なりの考えがまとまってくるものである．例えば，AGR が提案された当初はそれを使って1, 2 論文を書いたが，しばらくして，こんな発音もなく，意味もないようなものがあるはずがないと考えたり，[1] あるいは日本語には機能範疇がないなどということが本当にあるのかと思ったり，[2] 数量詞繰り上げのような目に見えない操作を用いるのは「ルール違反だ」と思ったり，日本語と英語は鏡像関係に

---

[1] 外池 (1993)『英語青年』1993 年 10 月号「ミニマリスト・プログラム：諸問題と展望 (7)——今後の展望：AGR の廃止をめぐって」

[2] Tonoike (1987) "Nonlexical Categories in Japanese,"『言語文化』第 5 号，32-40，明治学院大学言語文化研究所．

あるのではないかと思ったり,³ もう少し最近では継承などという素性を繰り下げるなどという,ほかでは必要のない操作は概念的必然性に欠けるのではないかなどと思ったりして,⁴ その時折々にこのような考えを発表してきた.しかし,やはり単著として世に問うておく必要があると考えるにいたり,2007-2008 年の 1 年間在外研究でハワイ大学にお世話になっている間に,本としてまとめようと 10 篇近い論文を書いたのであるが,帰国してから,日々の授業や会議に追われ,また,新たな論文を読むと,それらについても一言いいたくなるというようなことが続いて,2015 年に定年退職し,2017 年に完全退職した段階でも,まだ出版どころか,本にまとめる作業も終わっていなかった.

そんな状況を見て,若い研究仲間から,特に野村忠央氏と江頭浩樹氏らから,早くまず日本語で本にまとめるよう強く勧められ,野村氏に至っては,私の退職記念論文集の出版を開拓社に依頼するときに私を編集部の川田賢氏と引き合わせ,本書の出版につなげていただいた.そのような周囲からの励ましもあって,それならまたハワイに行ってじっくりこれに取り組もうという気になった.幸いハワイ大学言語学科から,2017 年の秋学期に LING 750X という大学院の授業を担当しないかという話があり,それならちょうど 10 年前に書いたものを教材に使って,受講者の反応を見ながら,改訂をするのにいいと考え,それに合わせてその後もしばらくハワイにいて執筆をしようという決断をした.2017 年秋学期の前半はミニマリスト・プログラムの概要を解説し,後半に日英語比較統語論を展開する予定で進み,少し積み残しはあったが,私の日英語比較統語論をカバーすることができた.受講者はみんな優秀な学生で,様々な質問も出て,私の説明の不備に気付かされたり,実りの多い一学期であった.しかし,日本語で執筆するというほうは全く進まず,これに取り掛かったのは,年が明けてからであった.最初はすでに書いてあった英文の章を,兎に角,猛烈な勢いで「和訳」することにした.そのため,変換間違いの山また山の原稿になったが,初校になってから直すと費用がかさみ出版社にとっては迷惑な話である(野村氏談)のに,嫌味のひとつも言わず黙って受け取っていただいた川田氏の度量には感謝してもしきれない.しかし単に翻訳しているだけではやはり構成上問題があることに気付き,4 章ほどは新たに書き下ろした.特に最後の第 12 章は当初は書く予定ではなかったが,無理を言って入れさせてもらった.Chomsky の最新の研究にも言及したいということで打診したところ,「それは当方も望むところである」とこれまた太っ腹のありがたい返事をいただいた.そんな原稿であったので,校正は大変であったが,

---

³ 外池(1988)「日英語比較統語論」月刊『言語』17(5): 82-88, 17(6): 79-84.
⁴ 外池(2009)「ミニマリスト・プログラム」中島平三編『言語学の領域』135-168,朝倉書店.

野村氏が忙しい中 Word 原稿の段階で読み，その後，初校の段階で，江頭氏が詳しく目を通してくださって，再校の段階では高橋洋平氏も加わって見ていただいた．このような支えがなければ到底出版までこぎつけることはできなかったであろう．ここに記して，4氏に心からのお礼を申し上げる．

さて，『ミニマリスト日英語比較統語論』というタイトルにしたが，この点について少し触れておきたい．東京都立大学大学院時代は松波有先生，小野茂先生，今井邦彦先生の薫陶を受けたが，そのほかに非常勤講師として教えていただいた太田朗先生，また太田先生のご厚意で東京教育大学での合同授業では梶田優先生からも，言語学研究の基礎をみっちり教えていただいた．これに加えて，東西文化センターの奨学金を得てハワイ大学言語学科に留学が決まるのと相前後して，ゆくゆくは博士論文も日本語について書く可能性もあると考え，東京都立大学で奥津敬一郎先生の日本語研究の授業にも出させていただいた．

ハワイ大学留学中，Academic Advisor でもあった Irwin Howard 先生，Dissertation Committee の chair であった Greg Lee 先生，Committee Member であった Stan Starost 先生などの教授陣には大変お世話になった．また，やはりハワイ留学中で，博士論文執筆中の 1979 年に当時 MIT に留学中の大津由紀雄氏から MIT での Student Conference に呼んでいただいた．自分もいつか MIT に行きたいと思ったことを記憶しているが，それが 11 年後に実現した．氏はその後も私の研究にずっと関心を持ちつづけてくださっていて，いつも励まされてきたような記憶がある．

ハワイ大学留学の間，ご夫人の Susan Fischer 先生がハワイにおられた関係で，当時 San Diego におられた黒田成幸先生がちょくちょくハワイに来られて，いろいろお話をする機会に恵まれた．その後，私が日本に就職してからも，東京に来られる度にご連絡いただき，その時々に研究しておられることのお話を伺い，大きな刺激を受け，また私の話も聞いていただき大きな励ましをいただいた．

同じくハワイ時代に，1 年ほど米国本土の研究者を訪ねて回れる機会を与えられた．その折に，久野暲先生のご厚意で Harvard に 1975 年の 1 月から一学期お世話になることになった．その間，当時取り組まれていた機能文法について最新のお考えを聞くことができ，大いに刺激になった．またその後 1990 年に MIT に行った折も授業に出させていただくなどお世話になった．

ハワイ大学留学以来，生成文法理論と日英語の比較統語論で論文を書くことが多くなった．特に大きな転機となったのは，学友中島平三氏から彼が編者となる Mouton de Gruyter の Trends in Linguistics のシリーズの *Current English Linguistics in Japan* という論文集に寄稿するよう求められたことで

あった．それまで考えてきたことをまとめる絶好の機会となった．もちろん後から考えて見ると問題がある箇所もあるが，その後の日英語比較統語論の核心部分はこの時に固まったと言える．

ハワイから帰ってから井上和子先生を中心とした研究会に呼んでいただいて，その関係で神田外語大学でのCOEプロジェクトなどで，原口庄輔氏，長谷川信子氏らとも親しくお付き合いさせていただいた．

次の大きな転機は1990年から1992年にかけてフルブライト上級研究員として20か月をMITで過ごすことになったことである．1990年の秋学期のChomskyの授業はGB時代の末期で，いかに英語とフランス語のLFを同じものにするかという重箱の隅をつっつくようなもので，問題意識としては理解できたが，面白くも何ともなかった．それが1991年の春学期から，全く新しいことを言い出した．それがMinimalist Program（MP）の始まりであった．この時期にMITにいて，大石正幸氏，北原久嗣氏，小泉政利氏の3氏とChomskyの講義の録音で確認しながら，まさに眼前でMPが開花するのを追体験することができたことは，誠に幸運であった．タイトルにミニマリストを掲げるのは現在の研究の1つの源流がここにあるからである．

当然ながら，最も感謝すべきはNoam Chomsky教授その人である．MITでの3学期にわたる授業を受けたことが，その後の私の研究者としての方向に決定的な影響を与え，それが本書につながっている．本書では，Chomsky教授のここ四半世紀に及ぶ研究の進展の重要な部分について異議を唱えているが，私が彼の研究に対して最大限の敬意を持っているからこそであって，枠組みのテクニカルな部分について意義を唱えているのであって，言語研究の根源的な方法論と一般的方向については全幅の信頼を置いているからこそである．

本書を書くに至るこれまでの研究生活のなかでお世話になった人は数限りないが，時系列的に触れておきたい．（すでに名前を挙げた方，これから名前を挙げる方で故人になられた方も少なくない．ご存命中にこの書物をお見せできなかったことが悔やまれる．）

新潟大学時代には篠田成之先生，坂井重之先生，苅部恒徳先生をはじめとする諸先生，また山影隆氏，飯田満良氏をはじめとする諸先輩のお陰で，学問の道を歩み始めたのであった．

東京都立大学大学院時代にはすでに名前を挙げた教授陣，学友に加えて，吉野利弘氏，山内一芳氏，森岡芳洋氏，福島直之氏，瀬田幸人氏，保阪靖人氏などの都立大学先輩，同輩，後輩，そして岸田直子氏，池内正幸氏，水光雅則氏，稲田俊明氏をはじめとする当時の東京教育大学の研究仲間にお世話になった．そして忘れられないのは夭折の天才言語学者原田信一氏である．東大音声

研で Ross の博士論文を読んでもらったことなど思い出は尽きない.

またハワイ大学大学院時代には，John A. Bisazza 氏，Joel Bradshaw 氏，Ken Kuroiwa 氏，金田道一氏，杉本孝司氏らの学生仲間にお世話になった．その後金田氏とは啓林館が立ち上げた新しい高校英語教科書の編集にお誘いいただき，そこでは，成田義光氏，寺田正義氏，島田守氏，上田功氏など多くの方と教科書づくりという新しいことに取り組む機会を得た．

1976 年に明治学院大学に就職してからは，藤森一明氏，都留信夫氏，繁尾久氏，秋葉隆二氏，笠井貴征氏，生田少子氏，佐野哲也氏，岡本昌雄氏，森井眞氏，工藤進氏，真崎隆治氏など多くの良き先輩同僚に恵まれた．同じく明治学院大学時代の私のゼミからは，宇佐美文雄氏，岡俊房氏，遠藤喜雄氏，北原久嗣氏，川島るり子氏，江頭浩樹氏，木口寛久氏，吉田方哉氏，大野真機氏，森田千草氏など多くの研究者が巣立っていった．彼らと接したことは私の研究者／教育者としてのありように大きな影響を及ぼした．

2003 年に青山学院大学に移籍してからは秋元実治氏，山内一芳氏，Donald L. Smith 氏，中澤和夫氏，吉波弘氏，横谷輝男氏，Peter Robinson 氏，Eric McCready 氏，高橋将一氏ら先輩同僚後輩の教員にお世話になった．大学院で田口和希氏，向中野正和氏，池田政聡氏，加藤智大氏，高橋洋平氏，永盛貴一氏，中野梓氏等の研究指導をするなかで，私の研究も深化していった．さらに青山学院の学部・大学院のゼミで思い出深いのは，坂野収，中栄欽一の両氏である．お二人は青山での私の在職期間をほぼ通して，大学院の授業を聴講し，学部の授業においては師範代として優に 50 歳を超える年齢差のある若い学生の指導をしていただき，毎年夏に実施していた合宿にも皆出席であったばかりか，その当時の私の研究を最もよく理解されていた数少ない数名の中に入ると思っている．

このような様々な場面で著者と接点があった方の中ですでに名前を挙げた方々を含めて 50 名の方が，私の退職記念論文集にご寄稿いただいた．既出の方以外の方々について，簡単にお名前と関わりを御紹介し，謝辞に代えたい．明治学院で Scrambling の Conference を開いたときに招いた Henk van Riemsdijk, Hubert Haider, Anoop Mahajan の 3 氏，その延長線上で知り合った Josef Bayer 氏，MIT での在外研究中に知り合った遊佐典昭氏，阿部潤氏，野地美幸氏，Christopher Tancredi 氏，Radford (1997, 2004) の翻訳で一緒に仕事をした泉谷双藏氏，森川正博氏，そして 2007-2008 年のハワイ滞在中にお世話になった大塚祐子氏などである．

このような中で忘れてならないのは私の読者会の参加者である．明治学院で教えている頃から，言語文化研究所というところで読書会を開くようになっ

た.「来るは拒まず，去るは追わず」を原則として，参加者の関心のある論文を読んでいった．参加者の都合で，大学で開くことが難しかったときは，池袋の喫茶店で3人で行ったこともある．　人数も3人のこともあれば10人を超えることもあった．そしてこの読書会は青山学院に移籍したあともずっと続けて，退職後も2017年にハワイに移る直前まで続け，現在ではZoomを使って海を越えて継続している．野村忠央氏，西前明氏，江頭浩樹氏，伊藤達也氏，野村美由紀氏，鈴木泉子氏，根本貴行氏，小沢由紀子氏，勝山裕之氏，森景真紀氏，そして現在これを引き継いで日本側の中心になってくださっている長谷川宏氏，などをはじめとして多くの研究仲間の熱意が私の研究の大きな支えであり，今もそれは変わらない．

　また1977年ハワイ大学で行われたアメリカ言語学会のSummer Institute以来親交があり，常に鋭いコメントをくれる田窪行則氏，MITから戻ってすぐの頃指定文，措定文の関係，そして関連性理論に関して根気よく教えてくださり，統語論に関していつも鋭い質問をいただく西山佑司氏，そして，私の退職記念論文集での挨拶でも触れたが，日本語の主語はproで左端にあるというかつての私の盲信から私を解放し，結果的に（ご本人が同意されるかどうかはともかく）日本語がOSV言語であるという私の主張を強化した形で維持することが可能になる契機となった発言をしてくださった金水敏氏，これらの研究仲間（そしてその他多くの研究仲間）との切磋琢磨がなければ現在の私も，本書もなかったであろう．

　最後に本書の執筆の間，Visiting Colleagueとして，様々な授業や研究会に参加しながら，自由に研究活動を続ける場を提供していただいたハワイ大学言語学科，特にKamil Deen氏（chair）とWilliam O'Grady氏に心からお礼申し上げる．

　　2018年10月　　　　　　　　　　　　　　　　　　　　外池　滋生

表紙のデザインについて
　言語の語順が指定部が先行する場合（英語）と指定部が後続する場合（日本語）があるのは，階層構造はモビールのようなもので，どちらを上にしてどちらに引っ張るかで異なるようなものだということは昔から考えていた．大石正幸氏には1995年に一緒にHenk van RiemsdijkとHubert Haiderの両氏に招かれてオランダ，オーストリアを訪ねた折以来何度かその話をしていた．今回川田賢氏から表紙のデザインをどうするかと言われて，同じ考えを伝えたところ，それを正確にデザイナーの方に伝えてくださって，デザイナーの方が私のイメージを見事に形にしていただいた．

目　次

はしがき　v

第1章　極小主義の一般的枠組み ……………………………… 1
1. はじめに ……………………………………… 1
2. 標準的極小主義の仮定 ……………………… 1
   - 2.1. 選択と語彙配列 ………………………… 2
   - 2.2. 併合，構造構築，最小限句構造 ……… 2
   - 2.3. 節構造と一致 …………………………… 3
     - 2.3.1. 概観 ……………………………… 3
     - 2.3.2. 外部併合，内部併合 …………… 4
     - 2.3.3. 探索子-目標子システムと位相 … 6
     - 2.3.4. CP 位相 ………………………… 9
     - 2.3.5. 転送と位相単位の派生 ………… 10
     - 2.3.6. A′ 移動：WH 移動 …………… 12
   - 2.4. 諸条件 ………………………………… 16
     - 2.4.1. 包含性条件 ……………………… 16
     - 2.4.2. 拡大条件 ………………………… 18
     - 2.4.3. 欠格介在制約と不活性条件 …… 20
3. まとめ ……………………………………… 22

第2章　標準極小主義からの逸脱 ……………………………… 25
1. はじめに ……………………………………… 25
2. 顕在的統語論仮説 …………………………… 25
3. 移動の非コピー理論 ………………………… 28
4. 転送／書き出し ……………………………… 33
5. Chomsky (2008) の位相理論の枠組みからの逸脱 … 34
   - 5.1. 一致／格付与のメカニズムと A 移動のための EPP 除去 … 36
   - 5.2. 継承の除去 …………………………… 39
   - 5.3. 主要部移動 …………………………… 43
   - 5.4. 編出 …………………………………… 45
6. 英語の節構造 ………………………………… 48

7. 2つの追加仮説 ………………………………………………………… 51
　7.1. 対称性仮説 ……………………………………………………… 51
　7.2. 強直接構成性仮説：意味解釈の除去 ………………………… 53

第3章　束縛の併合理論 …………………………………………… 57
1. はじめに ………………………………………………………………… 57
2. 一致と移動の探索子-目標子システム ……………………………… 60
3. 探索子-目標子システム，態，再帰性，相互性 …………………… 60
4. 英語の再帰代名詞 ……………………………………………………… 62
　4.1. 拡大 DP 分析 …………………………………………………… 62
　4.2. 派生例 …………………………………………………………… 64
　4.3. DP の位相性と側方移動 ……………………………………… 66
　4.4. Self/Selfves の機能 …………………………………………… 67
　4.5. ECM 再帰形 …………………………………………………… 68
　4.6. 複雑な述語 ……………………………………………………… 70
　4.7. 属格再帰形 ……………………………………………………… 71
　4.8. 二重目的語構文 ………………………………………………… 72
　4.9. 変項束縛 ………………………………………………………… 74
5. 相互性 …………………………………………………………………… 74
　5.1. 単純な場合 ……………………………………………………… 74
　5.2. より複雑な場合 ………………………………………………… 75
　5.3. 属格相互文 ……………………………………………………… 76
6. PRO ……………………………………………………………………… 77
　6.1. 義務的制御の PRO …………………………………………… 77
　6.2. NP の PRO 主語 ……………………………………………… 79
7. 代名詞化 ………………………………………………………………… 81
　7.1. 側方移動 (Sideward Movement) …………………………… 81
　7.2. 代名詞化 ………………………………………………………… 84
8. 遅延併合 (Late Merge) ……………………………………………… 86
9. 束縛条件の問題点 ……………………………………………………… 87
　9.1. 非局所的照応形 ………………………………………………… 87
　9.2. 談話登録と条件 B と条件 C ………………………………… 89
　9.3. 相互代名詞と代名詞の相互作用 ……………………………… 91
　　9.3.1. Heim, Lasnik and May (1991) …………………………… 91
　　9.3.2. 併合アプローチのもとでの代案 ………………………… 94
10. 結論 …………………………………………………………………… 97

第4章　束縛の併合理論：日本語のケーススタディー　99

1. はじめに　99
2. 決定詞としての格標識，本当の代名詞としての「代名詞」　100
3. 日本語のいわゆる「代名詞」　103
   - 3.1. ゼロ代名詞 (pro)　104
   - 3.2. 「代名詞」　105
   - 3.3. 「再帰代名詞」と話者指示性 (logophoricity)　106
   - 3.4. 見かけ上の再帰代名詞　110
   - 3.5. 話者・聴者代名詞としての「自分」　111
4. 真の再帰性　112
5. 相互化　113
6. 結論　117

第5章　演算子–変項構造：英語　119

1. はじめに：包含性条件と演算子–変項構造　119
2. Fox (2002)　120
3. 演算子表現の一部としての定決定詞　122
4. ラムダ演算子 λ の除去　123
5. OVC の成立条件としての移動の除去　124
6. QR を支持する議論の再検討　125
7. 元位置 OVC アプローチにおける説明　127
   - 7.1. 作用域の多義性　127
   - 7.2. 束縛照応　129
   - 7.3. 先行詞内包削除　131
8. 作用域多義性と習得可能性　134
9. Kayne (1998) 多重顕在移動アプローチ　135
10. 結論　140

第6章　数量詞作用域と日本語節構造　141

1. はじめに　141
2. 英語と日本語における数量詞作用域　142
   - 2.1. 英語における数量詞作用域　142
   - 2.2. 日本語の数量詞作用域　143
3. 日本語数量詞作用域についての諸研究　145
   - 3.1. 既存のアプローチ　145
     - 3.1.1. 二重出所アプローチ　145

3.1.2.　EPP／一致アプローチ ……………………………………… 149
　4.　提案：Scrambling = 顕在的 QR ……………………………………… 154
　　　4.1.　安易な解決法 ……………………………………………………… 155
　　　4.2.　OSV 言語としての日本語 ………………………………………… 156
　　　4.3.　3 つの問題 ………………………………………………………… 159
　　　　　4.3.1.　連鎖空疎性 ………………………………………………… 159
　　　　　4.3.2.　顕在的 QR ………………………………………………… 160
　　　　　4.3.3.　OSV 仮説 ………………………………………………… 162
　5.　節境界をまたぐ数量詞作用域と D の空書き出し ………………… 162
　6.　二重目的語 ………………………………………………………………… 166
　7.　編出分析：格付与と作用域 …………………………………………… 171
　　　7.1.　Saito (2012) ………………………………………………………… 171
　　　7.2.　Saito (2012) の提案の問題点 ……………………………………… 174
　　　7.3.　代案 …………………………………………………………………… 176
　　　　　7.3.1.　日本語における格付与 …………………………………… 176
　　　　　7.3.2.　日本語における編出 ……………………………………… 178
　　　　　7.3.3.　他の格交替 ………………………………………………… 182
　　　7.4.　主語の位置 ………………………………………………………… 188
　8.　結び ………………………………………………………………………… 190
付記 1　2 つの問題とその解決 ……………………………………………… 190
　1.　束縛問題 …………………………………………………………………… 190
　2.　作用域問題 ………………………………………………………………… 192
付記 2　中国語 ………………………………………………………………… 194

第 7 章　WH 演算子-変項構造：WH 疑問文の一般理論 ………… 197

　1.　はじめに …………………………………………………………………… 197
　2.　演算子-変項構造の標準的分析 ………………………………………… 198
　3.　数量詞としての「か」と「も」 ……………………………………… 200
　4.　論理結合子としての「か」「も」 …………………………………… 202
　5.　統合 ………………………………………………………………………… 203
　6.　WH 譲歩文と WH 疑問文 ………………………………………………… 207
　　　6.1.　基底生成か WH 移動か …………………………………………… 208
　　　6.2.　島の制約 …………………………………………………………… 213
　7.　関連するいくつかの事例 ……………………………………………… 215
　　　7.1.　「か」と「も」の非平行性 …………………………………… 215
　　　7.2.　比較構文 …………………………………………………………… 216
　8.　基底生成の可能性 ……………………………………………………… 218
　9.　主節疑問文と Yes/No 疑問文 …………………………………………… 219

9.1. 助動詞倒置 ……………………………………………… 219
    9.2. 日本語 …………………………………………………… 221
 10. 中国語 ………………………………………………………… 223
 11. 結論 …………………………………………………………… 225

第 8 章　関係節 I …………………………………………… 227

 1. はじめに ……………………………………………………… 227
 2. 背景 …………………………………………………………… 228
 3. 対立する証拠 ………………………………………………… 230
    3.1. ｢主要部基底生成-CP 付加仮説の証拠 ………………… 231
       3.1.1. 外置 ……………………………………………… 231
       3.1.2. D と N との間の形態論的一致 ………………… 231
    3.2. 主要部繰り上げ仮説を支持する証拠 …………………… 232
       3.2.1. 再構築 …………………………………………… 232
       3.2.2. 選択問題 (Selection Problem) ………………… 232
    3.3. 両仮説にとっての問題 ………………………………… 233
       3.3.1. 等位接続 DP …………………………………… 233
       3.3.2. 相克する制限 …………………………………… 233
       3.3.3. Bach-Peters の逆説 (Bach-Peters Paradox) … 234
       3.3.4. 同一指示問題 …………………………………… 234
 4. 混成分析 (Hybrid Analysis)：DP 移動-CP 付加分析 …… 235
    4.1. 4 つの問題 ……………………………………………… 238
    4.2. 両アプローチに共通する問題 ………………………… 240
       4.2.1. 等位接続 DP …………………………………… 240
       4.2.2. 相克する制限 …………………………………… 242
       4.2.3. Bach-Peters の逆説 …………………………… 246
 5. 随伴と関係節補文標識 ……………………………………… 252
    5.1. 随伴のメカニズム ……………………………………… 252
    5.2. 関係節補文標識の統語素性 …………………………… 255
 6. 関連構文 ……………………………………………………… 257
    6.1. 不定詞関係節 …………………………………………… 257
    6.2. 比較構文，相関構文 …………………………………… 261
    6.3. 相関構文 ………………………………………………… 265
    6.4. tough 構文 ……………………………………………… 265
 7. まとめ ………………………………………………………… 271

第9章　関係節 II：言語間変異 ……………………………… 273
1. はじめに ……………………………………………………… 273
2. r 主要部内在型関係節：ラコタ語 …………………………… 275
3. 日本語 ………………………………………………………… 276
   3.1. 日本語関係節構造と下接の条件 ………………………… 277
   3.2. r 主要部内在型関係節 …………………………………… 283
4. いわゆる WH 一致の言語 …………………………………… 285
   4.1. ケルト諸語 ………………………………………………… 285
      4.1.1. 現代アイルランド語 (Modern Irish) の事実 ……… 285
      4.1.2. スコットランド・ゲール語 (Scottish Gaelic) の事実 …… 286
      4.1.3. 代案：決定詞分析 ………………………………… 287
      4.1.4. ウェールズ語 ……………………………………… 290
   4.2. オーストロネシア語族 …………………………………… 291
      4.2.1. タガログ語 ………………………………………… 291
      4.2.2. チャモロ語，パラオ語 …………………………… 296
   4.3. WH 一致の不存在 ………………………………………… 300
5. 結論 …………………………………………………………… 300

第10章　省略 I ………………………………………………… 303
1. はじめに ……………………………………………………… 303
2. 省略現象の既存分析の3つの問題点 ………………………… 304
   2.1. 余剰性の問題 ……………………………………………… 305
   2.2. 概念的必然性 (Conceptual Necessity) ………………… 305
   2.3. 平行性 (Parallelism) …………………………………… 306
   2.4. まとめ …………………………………………………… 306
3. 提案：省略の併合アプローチ ………………………………… 307
4. 共有要素を含む多重構造と線形化 …………………………… 310
   4.1. 動詞句削除と疎漏同一性 ………………………………… 312
   4.2. 空所化 (Gapping) ………………………………………… 315
   4.3. 「主語省略」 ……………………………………………… 317
   4.4. 右方節点繰り上げ (Right Node Raising)：目的語の省略 …… 318
   4.5. 述語省略 ………………………………………………… 321
5. 複雑な省略 …………………………………………………… 322
   5.1. 堰抜き (Sluicing) ………………………………………… 322
   5.2. 先行詞内包削除 (Antecedent-Contained Deletion: ACD) …… 328
      5.2.1. 関係節の一般理論 ………………………………… 330
      5.2.2. 数量詞作用域 ……………………………………… 332

5.2.3. ACD ……………………………………………………… 333
　6. 談話，代名詞化，省略 ………………………………………… 337
　7. 結論 ……………………………………………………………… 341

第11章　省略 II：日本語における省略 …………………… 343
　1. はじめに ………………………………………………………… 343
　2. 語順の相違 ……………………………………………………… 343
　3. 動詞の相違：拘束形態素としての動詞等 …………………… 347
　4. 先行詞内包削除と堰抜き ……………………………………… 354
　　4.1. 先行詞内包削除 …………………………………………… 354
　　4.2. 堰抜き文 …………………………………………………… 357
　　4.3. 島の制約の改訂 …………………………………………… 358
　5. 結論 ……………………………………………………………… 360

第12章　ラベル理論の問題点と解決の方向 ………………… 361
　1. はじめに ………………………………………………………… 361
　2. ラベル理論 ……………………………………………………… 361
　　2.1. 全体的枠組み ……………………………………………… 361
　　2.2. ラベル付け具体例 ………………………………………… 364
　　2.3. EPP ………………………………………………………… 364
　　2.4. ECP ………………………………………………………… 366
　　2.5. ECP の例外：主要部移動と that 削除 ………………… 369
　　2.6. 拡大条件違反の解消 ……………………………………… 371
　　2.7. まとめ ……………………………………………………… 373
　3. ラベル理論の問題点 …………………………………………… 373
　　3.1. LA 不可視性（LA Invisibility） ………………………… 374
　　3.2. 共有される卓立した素性によるラベル付け …………… 374
　　3.3. 意味構造の問題 …………………………………………… 376
　　3.4. T と R の強弱の問題点 …………………………………… 378
　　3.5. 削除操作の概念的必然性 ………………………………… 379
　　3.6. CP と EPP ………………………………………………… 380
　　3.7. 間接目的語 ………………………………………………… 382
　4. 代案 ……………………………………………………………… 383
　　4.1. LA 不可視性の問題：移動の非コピー理論と顕在的統語論条件 …… 383
　　4.2. 共有された素性によるラベル付けの廃止：併合による格付与と
　　　　選言関数の移動 …………………………………………… 386
　　　4.2.1. A 移動：格付与と一致 ……………………………… 386

- 4.2.2. 虚辞構文 ……………………………………………………… 389
- 4.2.3. A′ 移動 ………………………………………………………… 392
- 4.3. ECP ……………………………………………………………………… 395
  - 4.3.1. 不活性条件と編出分析 ………………………………… 396
  - 4.3.2. イタリア語, 日本語 …………………………………… 399
- 4.4. 不活性条件再考 ………………………………………………………… 400
  - 4.4.1. 格の復活 …………………………………………………… 400
  - 4.4.2. 格素性と可視性 …………………………………………… 401
  - 4.4.3. イタリア語と日本語 ……………………………………… 402
  - 4.4.4. That 痕跡の例外 …………………………………………… 402
    - 4.4.4.1. ECP 違反方言 ………………………………… 402
    - 4.4.4.2. 副詞効果 ……………………………………… 403
- 4.5. 主要部移動と意味構造 ………………………………………………… 404
- 4.6. 削除 ……………………………………………………………………… 408
- 4.7. まとめ …………………………………………………………………… 410
- 5. A 移動と A′ 移動の統一的扱い：素性枠と素性値 ……………………… 410
  - 5.1. A 移動と A′ 移動のメカニズム ……………………………………… 410
  - 5.2. 関数素性枠と関数素性値 ……………………………………………… 411

参考文献 ………………………………………………………………………… 415

索　　引 ………………………………………………………………………… 429

# 第1章　極小主義の一般的枠組み

1. はじめに

　本書では Chomsky (1993) から Chomsky (2008) にかけて進展してきた極小主義の一般的枠組みを想定する.[1] 極小主義の（そして Chomsky (1957) に溯る生成文法の最も根本的な想定／主張は，人間はその脳の中に遺伝的に決定された種に固有の機能を備えており，それにより我々は我々の言語における表現のそれぞれについて音と意味を結び付けることができるということである．我々が言語または（個別）文法と呼ぶものは計算システムと呼ばれるこのシステムと語彙項目，つまり一群の音と意味の結び付きの集まりであるレキシコンからなっている．言語理論がなすべきことはこの計算システムの仕組み，すなわち，それがどのような操作を行い，どのように表現が生成されるかを明らかにすることである．

　本章では極小主義の枠組みにおける中心的な想定を示すことにより，文法の仕組みの全体像を示すことを目指す．

2. 標準的極小主義の仮定

　本書を通じて以下に示す中核的仮定を採用する．計算システムは言語表現のそれぞれについて音と意味の対を生成するシステムであるが，それは選択 (Select)，併合 (Merge)，一致 (Agree) の3つの操作によって行われる．以下これらを見てみよう．

---

[1] 具体的には, Chomsky (1993, 1995, 1998, 1999, 2000, 2001, 2004, 2007, 2008) である．

2.1. 選択と語彙配列

選択 (Select) はレキシコンから一群の語彙項目を選択する操作である．選択された語彙項目は語彙配列 (Lexical Array) と呼ばれる．

(1) 語彙配列：$\{L_1, L_2, L_3, \ldots L_n\}$

語彙配列から始まる一連の操作は派生 (derivation) と呼ばれる．派生が収束する，すなわち適格であるための1つの条件は語彙配列のすべての項目が1つの統語体 (Syntactic Object) の中にすべて使い尽くされることである．

個々の語彙項目は統語素性，意味素性，そして，その音形を決定する形態素性からなる．語彙項目の統語素性にはそれが何と組み合わせ可能であるかを指定するものがある．これは周縁素性 (Edge Feature) と呼ばれ，以前厳密下位範疇化素性 (Strict Subcategorization Feature) と呼ばれていたものに対応する．例えば決定詞 (Determiner) の the は，(2a) に示すように，数詞 (Number) (例えば three) か，名詞 (Noun) (例えば books) (またはその投射) をその補部 (Complement) として取るということを定める周縁素性を持っている．あるいは buy のような動詞 (Verb) は (2b) に示すように決定詞 (の投射) を補部として取ることを定める周縁素性を持つ．

(2) a. [the [(three) books]]
　　b. [buy [the [(three) books]]]

2.2. 併合，構造構築，最小限句構造

計算システムの中でも最も重要な操作は語彙項目を含めて，より小さい統語体からより大きい統語体を構築する操作，併合である．併合は語彙項目を含めて2つの統語体から，新たなる統語体を形成する．こうしてできた統語体の統語特性は2つの統語体のどちらかによって決定される．これを決定する方を新たに形成された統語体の主要部 (Head) と呼ぶ．これが最小限句構造 (Bare Phrase Structure) (Chomsky (1993)) の基本的な考え方である．最小限句構造のもとでは (2b) の統語体は (3a) のように表示され，それは (3b) のお馴染みの表示に対応する．

(3)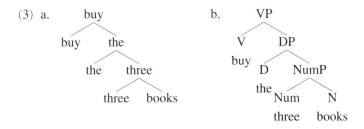

three と books との間では three が books をその補部として取る．それゆえ three が投射する．同様に the は three books を補部として取り，それゆえ the が投射し，buy は the three books を補部として取り，それゆえ buy が投射する．伝統的な表示の (3b) は buy, the, three, books それぞれ V, D, Num, N という範疇 (category) であるということはこれらの語彙項目の素性構成の一部であるという意味で，余剰的である．同様に NumP, DP, VP はそれぞれ three, the, buy という語彙項目の投射であるという意味で余剰的である．本書を通じてこの最小限句構造の正しさを前提とするが，より馴染みのある (3b) にあるようなより伝統的な句構造表示法を用いる．また，語彙項目と範疇名とを繋ぐ縦線を省くという表記法は，筆者の知る限りでは Radford (1997) が始めたと思われるが，すでに (3b) で使っているこの表記法を採用する．また，(3b) の books がその例であるが，1語で句でもある場合には句の表記を省略する．だから，books の上の N はそれが名詞であるとともに名詞句 (NP) でもあることを表している．

2.3. 節構造と一致

生成文法では節構造は言語の記述において中心的位置を占めてきたが，ここでは Chomsky (2008) の提案に基づく節構造を見ることにしよう．

2.3.1. 概観

Chomsky (2008) に従って，英語の節は以下 (4) の概略的構造を持つものと想定する．V は動詞 (Verb)，v* は (他動的) 軽動詞 (light verb)，T は時制 (Tense)，C は補文標識 (Complementizer) である．(空の位置については後述．) この樹形図は下から上に併合を適用する事によって形成される．目的語 OBJ の DP がすでに形成されたとして，OBJ はさらに V と併合され，VP が形成される．それに軽動詞 v* が併合され，v* の投射である v*′ が形成され，それに主語の DP が併合されて，v*P が形成され，それが T と併合されて，TP が形成され，それに C が併合されて，C′ または CP が形成される．

英語では v* と T と，時に C は音形を持たない．しかし，レキシコンにはこれらの要素も音形を持たない語彙項目として存在するものと仮定する．つまり，レキシコンには空の形態素が存在するのである．

(4)

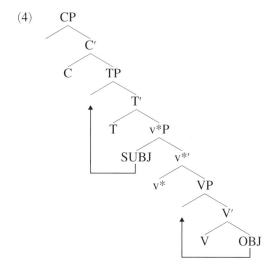

これらの併合の適用例は外部併合（External Merge）と呼ばれる．それは併合される要素がそれぞれの外にあるからである．

これらの外部併合に加えて，派生には 2 つの移動操作が関与する．OBJ と SUBJ はそれぞれ，V と T の指定部（Specifier）と呼ばれる位置（SpecVP と SpecTP）に移動する．この移動もまた併合である．というのも，OBJ の移動では，それは V′ と併合されており，SUBJ の場合には T′ と併合されている．このように併合される 2 つ要素の 1 つがもう 1 つの内部に発する場合を内部併合（Internal Merge）と呼ぶ．

2.3.2. 外部併合，内部併合

具体例を見ておこう．Chomsky (2008) の例を改作した (5a) の派生は (5b) の語彙配列から始まり，(5c)，(5d)，(5e) の順に進む．(5c) では目的語 DP は that と car を併合し，できた DP を次に of と併合し，できた PP を次に picture/driver と併合し，できた NP を最後に the と併合したものである．

(5) a. They did find the picture/driver of that car.
 b. {car, that, of, picture/driver, the, find, v*, did, THEY, C}

第 1 章　極小主義の一般的枠組み　　5

c.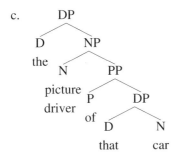

d.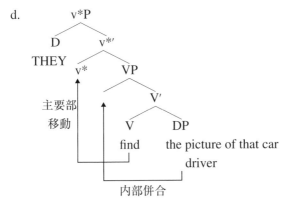

e.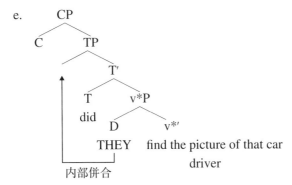

(5d) は (5c) の上部の DP を find と併合して V′ を形成し, 目的語の DP を VP の指定部 (SpecVP) に移動 (内部併合) して形成される. この VP は次に軽動詞 v* と併合され, v*′ が形成される. この v* は他動詞, つまり目的語を取る V を選択する. V は v* に移動され, v*-V という複合体を形成する. さらに主語の THEY を併合して, v*P が形成される. この THEY は格形式

が定まっていない3人称複数の代名詞である．(5e) は v*P を T の did と併合し，次に主語を TP 指定部に移動して形成される．ここでは，「主語は v*P の内部に発し，その後より高い位置に移動した」とする動詞句内主語仮説 (VP-internal Subject Hypothesis) を採用している．[2] この例では新たに2つの操作を導入した．伝統的に項移動 (Argument Movement) の意味の A 移動と呼ばれる主語と目的の移動と，主要部移動 (Head Movement) と呼ばれる V の v* への移動である．A 移動は2つの統語体の1つがもう1つの内部に発するという意味で，内部併合の例である．主要部移動も併合の一種であると考えられているが，1つの主要部を上の主要部に移動する．[3]

2.3.3. 探索子-目標子システムと位相

外部併合はそれぞれの語彙項目の主要部またはその投射の周縁素性 (edge feature: EF) により駆動される．他方 A 移動のような内部併合には探索子 (Probe)-目標子 (Goal) システムが関与すると言われる．目的語の移動を例として，次の v* 構造で考えてみよう．[4]

---

[2] (5c) の did はレキシコンから取り出された T で v*P と併合されたものとして扱っているが，より正確には did (do) は will, can, may などと同じ法助動詞 (Modal) の一種であると考えられる．法助動詞であるから必ず時制を担っている．(主節の疑問文，否定文，強調文など) 時制が取り残されたときに do が現れる事実は Chomsky (1957) に遡って，接辞飛越 (Affix Hopping) によって処理されてきたが，疑問文，否定文，強調文に関わる素性によって取り扱うことになると考えられる．

[3] しかしながらこの移動は拡大条件と呼ばれる構造構築の一般的条件に違反する．この点については後述．

[4] 今後，次のような素性表記をスペースの節約のために採用する．値 V を持つ素性 F は標準的な [V F] という表記の代わりに [$_F$ V] と表し，値のない素性枠は [$_F$　] と表す．このような変更は表記上のことで理論的な影響は全くない．

(6)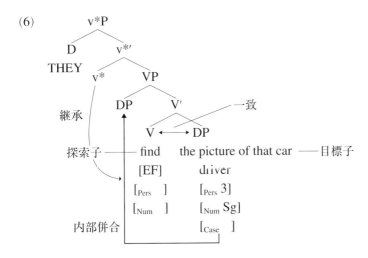

V は v* から周縁素性 [EF] と 2 つの値のない φ 素性, 人称 [$_{Pers}$] と数 [$_{Num}$] を継承 (Inheritance) すると言われる. これらの解釈不能素性により V は探索子 (probe) として働くことができる. 目的語 DP は値のない格素性枠 [$_{Case}$] を持っている.

　[EF] はこの場合 [EPP] とも呼ばれる素性で, その指定部の位置が何かによって, 通常はそれが見つける目標子 (Goal) によって, 埋まることを要求する.[5] 探索子 V は値を持った φ 素性を持っている範疇を必要とし, それゆえ, その C 統御領域すなわち, V' 内で目標子の DP を探す. 目標子は 2 つの素性において合致しなければならない. 合致するとは (値の有無は別にして) 同じ素性を持っているということである. 探索子が最も近くにある (この場合唯一の) DP の the picture/driver of that car をその目標子として見つけ, 自分の 2 つの値のない φ 素性に値を与える. その結果, 探索子 V は目標子 DP と人称と数において一致する. ただし, この一致は英語では形態論的には目に見えない. これが探索子-目標子関係の一致 (Agree) の部分である. さらに英語では探索子は目標子のコピーを指定部として自分の投射に併合する. このように移動がコピーと併合からなるとする考え方を移動のコピー理論 (Copy Theory of Movement) という. その目標子を自らの指定部に併合するというこの特性は周縁素性 [EF] によるものとされる. 内部併合の後 [EF] は削除される. V の v* への主要部移動の結果 (7) が得られる.

---

[5] 厳密下位範疇を表す他の周縁素性は説明の簡素化のために省略してある.

(7)
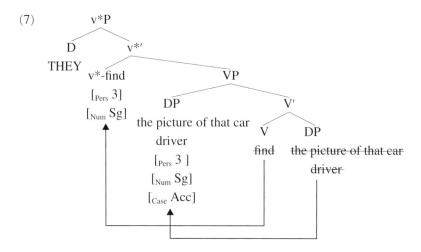

探索子 V と目標子 DP の間のこの一致の反映 (reflex) として，目標子 DP は [$_{Case}$ Acc] という格素性を得る。[6]

DP の φ 素性，人称，数，性の素性はすべて値を持ち，そのため解釈可能である．V の φ 素性は（下で見るように T の φ 素性同様）値を持たず，それゆえ解釈不能である．

取り消し線で示してあるように，V と DP の元の位置に残されたコピーは発音されない，これを空書き出し (Null Spell-out) を受けると言う．一致により付与された素性は動詞と目的語 DP の音形を決定するのに必要となる．ただし，現代英語ではその効果は目に見える形では現れない．

(6) についてもう 1 つ論じておかなければならないのは v* と V の間の「継承」という関係である．これは V に探索子として働く資格を与える素性はすべて v* に由来し，そこから，V に継承されることを意味する．言い換えると，単純な外部併合を除くすべての操作，すなわち一致，内部併合は，v* に仕込まれていて，この意味で，v*P は特権的な地位を持っている．この地位

---

[6] 当初 Chomsky は Nominative, Accusative, Dative, Genitive という値を持つ格素性の存在を想定していたが，今では立場を変えて，格素性を廃止し，格を「φ 素性における一致の反映」として扱っている．その理由を明らかにはしていないが，次のような解釈不能素性の画一的な定義を採用したいということのように思われる．
(i) a. 値のある素性は解釈可能である
   b. 値のない素性は解釈不能である．
格素性は値があっても解釈不能であるため，この二分法を破綻させてしまう．しかし，ここでは，説明の便宜のため，格素性を φ 素性と同じく値がある場合もあれば，値を欠いている場合もあるものとして扱う．

のことを位相 (Phase) といい，v* を位相主要部 (Phase Head) と呼ぶ．これについてはすぐ下で立ち戻る．

2.3.4. CP 位相

(5e) に話を戻して，(8) を見てみよう．ここでも (5d) と同じ関係，継承，探索子，目標子，一致，内部併合が見られる．

(8)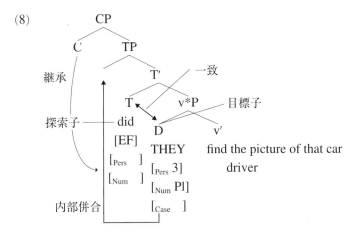

CP は C を位相主要部とする位相を構成する．T は [EF]，[Pers]，[Num] の3つの素性を継承する．探索子の did はその C 統御領域を探して，直近の合致する目標子を見つけなければならない．主語の D(P) THEY が直近の合致する目標子である．探索子と目標子は T の値のない φ 素性に値を与えることにより一致し，一方 T の [EF] は目標子の SpecTP への内部併合を引き起こして，削除される．この DP はこの一致の反映として主格 Nom(inative) という値を受ける．[7] その結果 (9) が得られる．

---

[7] 「一致の反映」というこの奇妙な概念は次のように考えれば格素性ではなく，値のない素性として再定式化することができる．Pesetsky and Torrego (2001) に従って，主格 (Nominative Case) は実際は現在 (Present) あるいは過去 (Past) という値を持つ時制素性 (Tense feature) と主語が一致した結果，主語が獲得した値であると考えられるのである．同様に対格 (Accusative Case) と呼ばれるものも目的語 DP が V との一致の結果獲得した何らかの素性であると考えることができる．この可能性については後に触れる．

(9)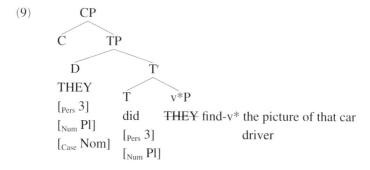

[$_{\text{Case}}$ Nom] を持った THEY は (them や their ではなく) they と書き出すことができる．Specv*P に残された THEY のコピーは空書き出しを受ける．T の φ素性はここでは目に見える形では現れていないが，主語が HE で，T が現在時制の do であれば，3 人称単数の主語との一致を示して，does として書き出される．もし，that が語彙配列に C として選ばれていたら，that they did find the picture/driver of that car が得られ，これは think や know と併合できる．独立文としては C は音形を欠くが，この文が疑問文や感嘆文ではなく，平叙文であることを示す意味素性を持っている．

C が位相主要部として併合されると，v* と C の 2 つの位相主要部と，v*P と CP という 2 つの位相が完成する．[8]

2.3.5. 転送と位相単位の派生

文法は 3 つの部門からなると考えられている．統語体が外部併合，内部併合，一致により構築，修正される統語部門 (Syntactic Component)（狭統語論 (narrow syntax) とも言う）と，意味的な操作が適用される意味部門 (Semantic Component) と，音韻操作が適用する音韻部門である．統語部門の出力は下の図に例示されているように音韻部門と意味部門に送られる．これを転送 (Transfer) と言い，音韻部門への矢印は特に書き出し (Spell-out) と呼ばれる．

(10) 計算システムの構成

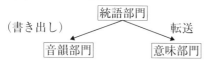

---

[8] 非常に現実的な第 3 の位相の可能性は DP である．しかし，この問題はこれ以上本章では追求しないことにする．第 3 章でこの問題をさらに取り上げる．

第 1 章 極小主義の一般的枠組み　　11

言語表現，例えば文には，長さに制限がないので，もし派生の間ずっと言語表現全体を対象としていなければならないとすると，記憶に対して過重な（おそらくは担いきれない）負担をかけることになる．しかし，複雑な言語表現は話し手に対しても聴き手に対してもそのような克服し難い困難を伴っているとは思われない．もし派生が位相単位で進行し，位相が形成されるや，そのほとんどが転送されると仮定すれば，統語部門への負担は極めて軽微なものであることになる．位相単位の派生は（11a）のように述べられ，（11b, c）に例示される．

(11) a. 位相において適用可能なすべての操作が適用されると位相主要部の補部は転送される．

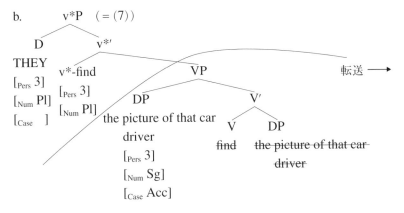

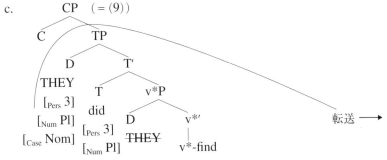

(11b) として再録する (7) の v*P 位相の完了の段階で，位相主要部 v* の補部，すなわち VP が転送される．それゆえ (11c) として再録する (9) の CP 位相ではこの VP はすでになくなっている．この位相が終わると位相主要部 C の補部，すなわち TP は転送される．このことは派生のどの段階において

も狭統語論において処理されているのは当該の位相とその下の位相の指定部と主要部だけであるということである.

　この文法の構成からすると狭統語論の操作は以前の位相の中に立ち入れないことになる.というのは以前の位相はすべて転送されていて,現在処理中の位相の中にはその痕跡も残っていないからである.これは位相不可侵条件(Phase-Impenetrability Condition: PIC)と呼ばれ,(12)のように述べられる.

(12)　位相不可侵条件 (PIC)
　　　Hを主要部とする位相αにおいて,Hの領域はαの外からは接近可能ではない.Hとその周縁のみがそのような操作にとって接近可能である.　　　　　　　　　　　　　　　　　　　　　(Chomsky (1998: 108))

ミニマリスト・プログラムの初期の段階ではこれは条件と考えられていたが,今では,位相単位で起こるという転送の適用方法の自動的な結果として取り扱われている.

2.3.6. A′ 移動：WH 移動

　(5b)の代わりに(13b)の語彙配列から始めたとしよう.両者の違いは(5b)のDのthatの代わりに[wh]と[Q]を伴うDのwhichがあることと,Cが[EF], [wh], [Q]を持っていることである.これらの3つの素性によりCは探索子としての資格を得て,目標子のwh句を探索する.その結果(13a)のwh疑問文が生成されるはずである.

(13) a.　Of which car did they find the picture/driver?
　　 b.　{car, which [wh] [Q], of, picture/driver, the, find, v*, did, THEY, C [EF], [wh], [Q]^9}

しかし,派生が(5)におけると同じように進行すると問題が発生する.つまり,wh句のof which carがCP指定部へ移動できないのである.なぜなら,Cが併合された段階では,VPは転送され,全体の構造は(14)のようになっており,wh句はもはや存在しないからである.

---

[9] ここではwh素性とQ素性の内部構造は問題にせず,単に[wh][Q]と表すことにする.

(14)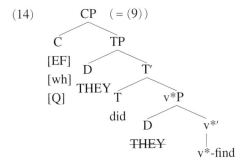

これは PIC の効果である．

　もし WH 移動が of which car に v*P 位相でも適用していれば，v*P の（外側の）指定部を占め，C の [EF] にとって見えることになる．このことは WH 移動は v*P と CP の位相ごとに連続循環的に適用しなければならないことを意味する．そのような結果は WH 移動が (15) に示すように VP 指定部に移動した DP の中の of which car に適用すれば達成されることになる．

(15)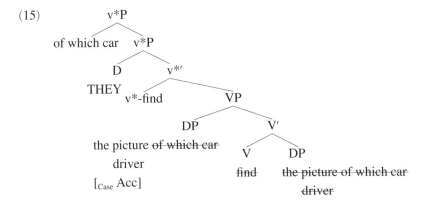

これが Chomsky (2008) 以前の標準的な想定であったが，Chomsky (2008) は WH 移動すなわち A′ 移動（非項移動）は下に示すように A 移動と同時に適用するという提案を行った．

(16)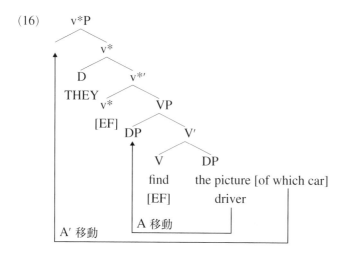

　V が探索子として目的語の DP を移動するのに加えて，v* もその周縁素性 (EF) のために探索子として働き，直近の wh 句を探し，of which car をその目標子として見つけ，それを（外側の）指定部に取り出すというものである．これが可能であり，かつ必要であるのは，VP が形成された段階では，V はまだ探索子の資格を獲得しておらず，したがって，探索子としては働けないからであるというのである．位相主要部の v* が併合されて初めて V は [EF] と値のない φ 素性を継承して探索子の資格を得て，目的語との間で一致して，それに対格 [$_{Case}$ Acc] を与え，そして，それを VP 指定部に移動することができるのである．その結果 A 連鎖が形成される．この点が重要になるのは後述するように不活性条件 (Inactivity Condition) との関係においてである．

　この結果 VP の転送の後では (17a) の姿になり，CP 位相では (17b) のようになる．

(17) a.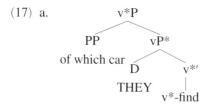

b.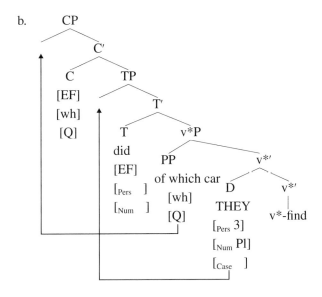

　TはCから3つの解釈不能素性を継承して, 探査子となり, 合致するDPを探し, 主語THEYにそれを見つけ, 両者は一致して, 主語はその一致の反映として主格を受け取り, そして, [EF] によりTP指定部に摘出される. 同時にCは3つの解釈不能素性により探索子となって, 合致する目標子を探し出して, それをv*Pの (外側の) 指定部に見つけて, 両者は一致し, wh句は[EF] によりCP指定部に摘出される. この2つの移動, すなわちTHEYのA移動とof which carのA′ 移動は, 逐一対応関係にある (point by point analogous) (Chomsky (2000: 128)). この結果は (18) で, すべての素性が値を持っている.

(18)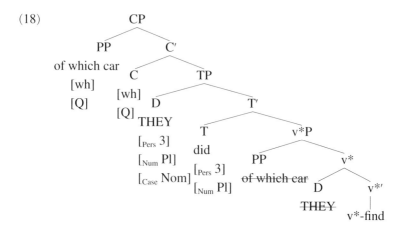

TのCへの主要部移動を経て，(13a) が得られる．

まとめると，A 移動と A′ 移動は位相主要部 C と v* に仕組まれているが，A 移動は C と v* それぞれからの継承により T と V が請け負うのである．このメカニズムは，例えば of which car のような WH 移動を受ける要素が，例えば they のような A 移動を受けた要素の左に生じることが原理的に説明される．[10] さらに，下の (24) で見るように，継承のメカニズムは目的語 DP の WH 摘出が不活性条件に抵触せずに行われることを許す．

2.4. 諸条件

普遍文法 (Universal Grammar: UG) は計算システム (Computational System: CS) の動作についてのいくつかの一般条件を含んでいると仮定している．これらはこれまで使用されてきたが，概念的必然性 (conceptual necessity) を欠くものと考えられている多くの操作を除去する役割がある．

2.4.1. 包含性条件

包含性条件は Chomsky (1995: 225) の提案によるもので，次のように定式化されている．

(19) 包含性条件 (Inclusiveness Condition)
(CS の) 出力はレキシコンの項目の特性（語彙素性）のみからなる．

このことは計算システムのいかなる操作も元の語彙配列になかったどのような

---

[10] このシステムのいくつかの問題点とその解決方法については第 2 章を参照．

要素も導入できないことを意味している．これにより明らかに排除されているのは，下に示すような指示指標 (referential indices) とバーレベル (bar level) である．

(20) a. John_i believes that he_i is a genius.
    b. What_i did you just say t_i?
    c.

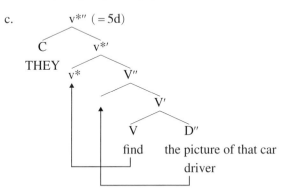

(20a, b) に見られる指示指標は以前の枠組み，とりわけ 80 年代の統率・束縛理論 (Government and Binding [GB] Theory) 理論で決定的な形で用いられていた．指示指標は (20a) における代名詞とその先行詞との間の同一指示 (coreference)，そして (20b) における WH 数量詞とその変項との束縛関係を捉えるのに使われた．これらの関係は現在では何か別の方法で捉えられねばならない．移動のコピー理論のもとでの自然な解決方法は，Hornstein (1999) が構想するように，同一指示と束縛を元のコピーと併合された（移動された）コピーとの同一性に還元することであると思われる．ただし，Chomsky は実質的な解釈規則 (substantive interpretive rules) により取り扱うべきであると 90 年代以来長く主張している．この点については第 3 章で立ち戻る．

  (20c) は (6) と等価で，XP を X″ に置き換えたもので，プライムの数は X バー理論 (X-bar Theory) の横棒（バー）の数に対応している．プライムであれ，バーであれ，語彙項目の一部ではありえない．したがって，包含性条件は (6) や (20c) のような表示を許可しないのである．この問題はすでに最小限句構造により解決されている．最小限句構造では (6) や (20c) は (21) のように表示される．ここではプライムやバーは取り除かれ，その数は投射の数に置き換えられている．

(21)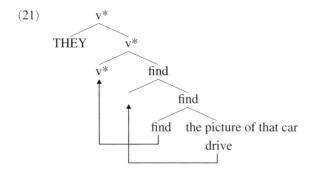

そうなると包含性条件について唯一残る深刻な問題は同一指示と束縛であることになる.[11] より詳しく言えば,包含性条件は例えば Fox (2002) に見られるような痕跡や変項の導入を禁止するのである.この点については第 3 章で立ち戻る.

2.4.2. 拡大条件

拡大条件を最初に提案したのは Chomsky (1995: 190) で,それはその対象を拡大しない操作を排除し,かつ循環性を保証するためのものであった.

(22) 拡大条件 (Extension Condition)
　　GT と α 移動は K を,K をその真部分とする K′ に拡大する.

ここで GT というのは Generalized Transformation (一般化変形) のことで,現在の外部併合のことであり,α 移動は内部併合のことである.この条件は,唯一の構造変換操作である併合が,それが対象としている全体構造を拡大することを要求する.すべての外部併合は結果としてできる K′ がその真部分として K を含むことになるので,この条件を満たしている.これまで 4 種類の併合の例を見たが,それらはいずれもこの条件を破っている.
　(23) に再録する (6) の v*P 位相を見てみよう.

---

[11] その後,包含性条件は Chomsky (2005: 13f.) では悪戯禁止条件 (No-Tampering Condition: NTC) と改定された.
　(i) 悪戯禁止条件 (No-Tampering Condition (NTC))
　　　複雑な表現を形成する操作はそれらが適用する統語体の配置変え以上のものであってはならない.削除や新たな要素の挿入によってそれらの内部を修正してはならない.

(23)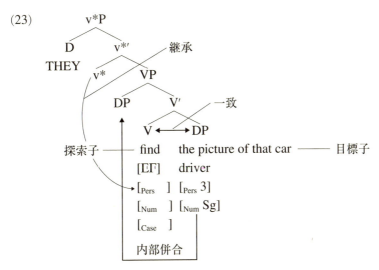

　Vが（A移動の）探索子として活動するときに，処理の対象となっている全構造はv*'であるにもかかわらず，対象となる構造はV'である．したがってこの操作はv*'を拡大せず，拡大条件に違反しているのである．同様に（24）に再録する（8）を見てみよう．

(24)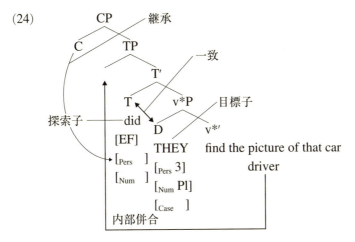

　ここではTが（A移動の）探索子であり，主語が移動されるときにはT'が処理の対象になっているが，処理されている全構造はCPである．したがって，このA移動も拡大条件違反である．
　さらにv*へのVの，そして疑問文におけるCへのTの主要部移動におい

ても拡大条件の違反が起こっている．V の v* への移動はその時の移動の対象 v* の投射 (v*′) を拡大していないし，T の C への主要部移動もその時の C の投射 (C′) を拡大していないし，v*P も CP も拡大していない．したがって，A 移動も，A′ 移動も主要部移動も拡大条件に違反している．これは (4) から (18) で概説した位相理論の文法構成における深刻な問題である．しかし，Chomsky (2008) はこの問題を位相内部を拡大条件の例外とすることにより解決することを主張している．つまり，拡大条件は位相内部では成り立たないとするのである．この問題に第 2 章で立ち戻って，拡大条件が位相の内部も外部も関係なく，常に成り立つようにできることを見る．

2.4.3. 欠格介在制約と不活性条件

表題の 2 つの制約／条件は合わせて Rizzi (1990) の相対化最小性 (relativized minimality) の極小主義版を構成しているが，次のように述べられている．

(25) 欠格介在制約 (Defective Intervention Constraints)
 $>$ が C 統御で，β と γ が探索子 α に合致するが，β が不活性であるような $\alpha > \beta > \gamma$ において，合致の効果はブロックされる．
(Chomsky (2000: 123))

(26) 不活性条件
 A 連鎖はその解釈不能素性に値が与えられると，さらなる計算にとって見えなくなる．　　　　　　　　　　(Chomsky (2008a: 150))

いくつかの用語の定義が必要である．統語体は解釈不能素性を持っていなければ不活性である．内部併合を誘発する [EF] は本来的に解釈不能で，内部併合が起こると除去される．他の解釈不能素性は値を持たない素性で，V と T の ϕ 素性，C の wh 素性，そして DP の格素性である．[12]

不活性条件は，以下の (a) の例が生成されるのを阻止する一方で (b) の例が生成されるのを許す．(t は摘出位置を示す．)

(27) a. *We believe John that t is a genius.
　　b. We believe John [t to be a genius].
(28) a. *John seems that [t is a genius].
　　b. John seems [t to be a genius]

---

[12] 格素性のどちらつかずの地位 については注 6 を参照．

(a) の例の派生において，John が t の位置を占めるようになった段階で，V/T との一致の反映として格素性 [$_{Case}$ Nom] を受け取るので不活性になる．そのため，John はそれ以上の操作にとって不可視になり，(27a) においては主節の V (つまり believe) との，そして (28a) においては主節の T との併合を受けることができない．(b) の例の派生において John は t の位置を占めたときには，従属節における T との一致を経ていないので，格素性を受け取っていない．したがって，それは (27b) では主節の V と，(28b) においては主節の T による操作にとって可視的で，それらと併合できる．

(15) の派生は目的語の DP が VP 指定部に移動した後は (29) の姿をしている．

(29)

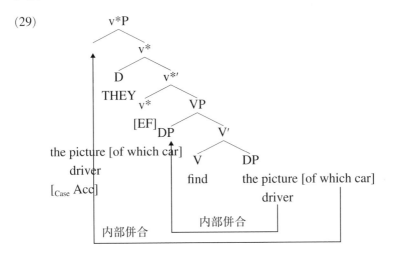

the picture/driver of which car の 2 つのコピーは A 連鎖を形成していて，その唯一の値のない素性，すなわち格素性は [$_{Case}$ Acc] として値が与えられている．不活性条件は，そのすべての素性に値が与えられている A 連鎖は不活性でいかなる操作も受けられないと定めている．このことは (29) で v* が探索子として目標子を探すときに目標子の of which car という wh 句を含む DP がまだ活性的でなければ摘出できないということを意味する．継承のシステムがまさにこれを可能にする働きをするのである．V はその目的語と一致し，対格がそれに付与されるのは，v* が併合され，φ素性が継承により V に送られて初めて可能になる．探索子 v* がその目標子 of which car を見つけるときには，それを含む目的語はまだ V と一致しておらず，対格も受け取っていないために活性的なのである．the picture/driver of which car の A 移動と，

of which car の A′ 移動は同時並行的に進行するのである．(15) の例のように，事がうまく運んだ派生や，What did they find? のような wh 目的語の取り出しがうまくいくことの説明は，決定的な形で継承に依存しているのである．

欠格介在制約は次のような例を排除する．

(30) a. *What did you wonder who bought *t*?
    b. C   did you wonder who C   bought what
      [Q]   [Q] [Q]   [Q]
      [wh]   [wh] [wh]   [wh]

(31) a. *Friends seem that it was told *t* that you were coming
    b. T   seem that it   was told friends that you were coming
                [$_{Case}$ Nom]   [$_{Case}$]
      [$_{Pers}$]   [$_{Pers}$ 3]   [$_{Pers}$ 3]   [$_{Pers}$3]
      [$_{Num}$]   [$_{Num}$ Sg]   [$_{Num}$ Sg]   [$_{Num}$ Pl]
      α   β   γ

(Chomsky (2000) から改作)

(30a) が派生されるためには，(30b) の基底構造で，[Q] と [wh] を持つ主節の C が，[Q] と [wh] を持った補文の目的語 what と一致しなければならない．しかし，それはもはや解釈不能素性を持たないために不活性である CP 指定部にある wh 句 who の存在により阻止される．これが wh 島の例である．

同様に (31a) は，介在する不活性要素の存在によって阻止される．(31b) の派生が (31a) の形で収束するためには主節の T が間接目的語の friends と一致しなければならない．しかし，この一致は介在する it により阻止されるのである．これは超繰り上げ (super-raising) として知られる例である．[13]

3. まとめ

まとめとして，(13a) の全節構造を (32a) に再録する．

(32) a. Of which car did they find the picture/driver?

---

[13] 現在の理論ではこれらの例は両方とも位相不可侵条件により排除される．

第 1 章 極小主義の一般的枠組み   23

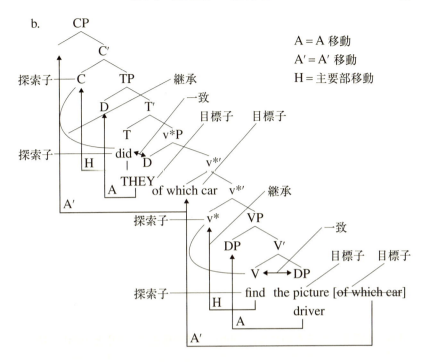

以下の章ではここに概説した基本的想定に従うが，いくつかの重要な点でこれらから逸脱する．

第2章　標準極小主義からの逸脱

1. はじめに

　第1章で概説した極小主義の基本的な主張を受け入れながらも，この章ではいくつかの重要な点でそこから逸脱する．これらの逸脱点は，概念的必然性を欠いていると思われるものを取り除くことによって，全体の枠組みをさらに一層極小主義的にすることを意図するものである．本章の目的はそれぞれの逸脱点の根拠を示すことではなく，その内容について，その望ましい点と言語理論をさらに極小主義的にする上での貢献を概説することにある．

　本章は以下の構成になっている．第2節で顕在的統語論仮説を，第3節で移動の非コピー理論を，第4節で転送／書き出しを，第5節で位相理論の枠組みとそこからの逸脱を，5.1節で一致／格付与のメカニズム，5.2節で継承の除去，5.3節で主要部移動，5.4節で編出，の順に論じる．第6節で英語の節構造の派生を論じ，第7節で2つの追加仮説を論じる．

2. 顕在的統語論仮説

　まず，本書では顕在的統語論仮説（Overt Syntax Hypothesis）と呼ぶ仮説を採用する．これが意味するところは要するに移動（すなわち内部併合）は何らかの音声的な素材を随伴しなければならないというものである．May (1977) 以来，普遍文法（Universal Grammar: UG）はその道具箱に非顕在的操作を含んでいると広く想定されてきた．非顕在的操作に訴えるやり方にはいくつかある．当初，文法は，表現の音形に影響を与えずに操作が統語表示に適用できる論理形式（Logical Form: LF）と呼ばれる部門があると想定されていた．これはGB時代にY字モデルとして知られていた．

(1)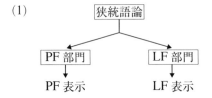

　以来いくつかのより洗練された提案がなされてきた．Chomsky (1995) の極小主義の枠組みでは LF 部門は廃止され，非顕在的操作は素性移動に置き換えられた．非顕在的移動のさらにより最近の扱いは移動のコピー理論（Copy Theory of Movement）に基づくものとなった（Fox and Nissenbaum (1999) 参照）．非顕在的操作のどの形をとろうが，それは音と意味との対応関係の本質について，それが不透明である，つまり，表現の意味のある側面は観察可能な／耳に聞こえる側面に反映されなくてよいという主張をしていることになる．そうであるかもしれないのであるが，そうであると2つの問題が提起される．1つは概念的問題で，もう1つは言語習得に関わる問題である．

　概念的問題は言語の設計に関わる「言語は意味と音の対応関係を不透明にするように設計されているのだろうか？」ということである．音と意味の対応関係が明らかに不透明であるのは (2) に見られるような構造的多義性の場合である．

(2) a.　Flying planes can be dangerous.
　　b.　I met old men and women.

しかし，これらの例の不透明は表面上のことである．通常の文解析によりそれぞれの表現には2つの異なる構造を割り当てることができる．非顕在的操作は表現の音形とその構造にそれとわかる変化を加えずにその意味を変え，そのため音と意味との対応関係に解消不能な不透明を生じる．そのような不透明性は言語の不完全性を構成することとなり，「言語表現を最善の形でインターフェイス条件を満足する形式体（formal object）に過ぎないと採る」(Chomsky (1993: 7)) 極小主義的アプローチからすると問題性が極めて高いものとなる．

　非顕在的操作が UG の一部であり，解析装置は1つの表現を取って，出力として構造的多義性を出すということであれば，言語設計の問題はそれほど深刻ではないのかもしれない．しかし，言語設計の問題が解消するためには，非顕在的操作は完全に普遍的なものであって，媒介変数的な変異を受けてはならない．しかしながら，May (1977) の数量詞繰り上げ（Quantifier Raising: QR）

のような操作は，個々の非顕在的操作が適用可能であるかどうか，またはその適用可能性についての条件に関して媒介変数的変異を見せるものとして扱われている．このことは2番目の問題，すなわち言語習得の問題に関係する．

ある非顕在的移動操作が，ある言語において適用し，その適用条件が媒介変数的変異を見せるとすると，その言語を習得中の子供はそれに従って媒介変数を設定しなければならなくなる．しかし，媒介変数設定において関連する唯一の証拠が意味的なものであることになり，それゆえ子供には利用不可能であることになる．したがって，肯定的証拠のみが媒介変数設定において利用可能であるとする現行の想定のもとでは，非顕在的操作を持つ言語は肯定的証拠の欠如により獲得不可能ということになる．（非顕在的操作の欠如がデフォルトの値であるとすれば，非顕在的操作を持たない言語は習得可能であるかもしれない．しかし，その場合何が肯定的証拠となるかという問題が生じる．）

これらの2つの理由から，(3)の顕在的統語論仮説を採用する．

(3) 顕在的統語論仮説
　　　内部併合は何らかの形態論的コードを担う．

形態論的コードという用語は（素性という形での）必要な情報が集められたときに問題の要素の音形を決定する元になるものを指す．しかし，話を簡単にするため，単に「音形」という用語も使うことにする．顕在的統語論仮説には外部併合は含まれていない．これは（通常機能範疇であるが）言語には音形を持たない語彙項目が含まれるからである．この仮説は内部併合（つまり移動）は何らかの形態論的コードを常に対象とすることを仮定している．移動されるものは統語体の形態論的コードだけの場合もあれば，移動される要素に結び付いて何らかの要素を移動する場合もある．統語体の形態論的コードを内部併合を受ける上での必要条件，ある種の可視性条件と捉えることもできる．つまり「統語体はそれと関連した何らかの形態論的コードを持っていて初めて内部併合にとって可視的となる」，あるいは，「形態論的コードを統語体が内部併合を受けるための乗り物である」と捉えることもできる．注意すべきは(3)には内部併合が語順を変えずに適応する可能性を排除していないことである．その折には構造的多義性が生じる．また内部併合が意味に影響を与えずに適用する可能性も排除されていない．言い換えると(3)は次の2つの記述的陳述に分解することができる．(4a, b)を合わせて顕在的統語論条件と呼ぶことにする．

(4) a. αに対する意味に影響を与える内部併合はαと結び付いている音を随伴する．

b. αに対する音に影響を与える内部併合はαの意味を随伴することもできるが，しなくてもよい．

顕在的統語論条件は文法の構成とA移動，A′移動（Wh移動）などの扱いにに重大な影響を与えるものである．

　この条件はLF部門全体を除去し，文法の構成を（5）に示すI字モデルに修正し，LF表示は派生の出力から形態論的コード（すなわち音）を引き剥がして残ったものであるということになる．

(5)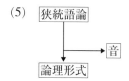

この結果数量詞繰り上げ，LFのWH移動などの非顕在的移動は，顕在的操作が語順に影響を与えずに適用しているものとして，あるいは移動（内部併合）が全く関わっていないものとして，再分析されなければならないことになる．主語や目的語のA移動のような顕在的移動は，再構築（reconstruction）の現象を捉えながらも数量詞繰り下げ（Quantifier Lowering）の使用を避けるように幾分修正しなければならない．WH移動もこれに応じて再考の必要がある．これらの問題は本書第3章以降の章で取り扱う．

3. 移動の非コピー理論

　また，文献において広く想定されている移動のコピー理論に関しても標準的枠組みから逸脱する．すなわち，代わりに「統語体Xはその音形/X/（つまりその形態論的コード）とその意味内容{X}からなり，Xの移動は基本的には{X}を元の位置に残した/X/の移動である」と提案する．この提案のもとでは，連鎖（chain）の概念も除去され，UGはさらに簡素になる．

　標準的な移動のコピー理論を放棄して，移動の非コピー理論を採用することは顕在的統語論仮説を維持する上で大きな一歩となる．コピー理論は基本的には統語体αが，主要部であれ，句であれ，内部併合を受けると，その結果の構造には（6a, b）に見るように，移動された要素の同一のコピーが2つ含まれ，コピーの様々な部分が削除できるとするものである．

(6) a. ... α ...　　　αの内部併合→
　　b. α ... α ...

2つのコピーは完全に同一で全く同一の素性の集合，すなわち統語素性，意味素性（意味），そして形態論的コード（すなわち音）を持っている．[1] αの音を/α/，αの意味を{α}，そしてαの音と意味を/{α}/と表すと，(6a)は全く同じコピーを持つ(7a)として表されることになる．どちらかのコピーの音または意味が削除できるとすると，(7b-g)の6つの可能性が得られる．

(7) a.　/{α}/ ... /{α}/ ...
　　b.　/{α}/ ... ...　　　　（A 移動）
　　c.　/{α}/ ... {α} ...　　（A′ 移動／WH 移動）
　　d.　{α} ... /α/ ...　　　（非顕在的繰り上げ）
　　e.　/α/ ... {α} ...　　　（非顕在的繰り下げ，再構築）
　　f.　 ... /{α}/ ...
　　g.　/{α}/ ... /{α}/ ...

元のコピーが削除されている(7b)ではαは上位のコピーの位置で発音され解釈されることになる．これはA移動で通常起こることと考えられている．(7c)では元のコピーの音だけが削除されている．これはWH移動などのA′移動で起こることと考えられていて，元のコピーは演算子として振る舞う上位のコピーにより束縛される変項として解釈される．(7d)では上位のコピーで音が削除されて，元のコピーで意味が削除されている．これは数量詞繰り上げのような非顕在的繰り上げに相当する．αは元の位置で発音されているが，上位の位置で解釈されているのである．(7e)では状況は逆転している．意味が上位の位置で削除され，音が元の位置で削除されている．これは数量詞の非顕在的繰り下げあるいは再構築に対応する．残る2つの場合がどのような例に対応するのか明らかではない．(7f)は移動が音にも意味にも影響せずに適用したことになるので経済性の原理から排除されるかもしれない．(7g)は「何があっても，あいつはやりたいことをやる」ではなくて，「何があっても，あいつはあいつがやりたいことをする」のように「あいつ」を繰り返すことができる日本語のような言語で，2つの「あいつ」が移動によって関係づけられるのであれば，その例となるかもしれない．

　移動のコピー理論と顕在的統語論仮説は，(7d, e)のような非顕在的移動の場合のために両立できない．したがって，顕在的統語論仮説を採用することは

---

[1] 単に音声／音韻素性と言わずに形態論的コードという言い方をするのは，例えば he, him, his や，shake, shakes, shook, shaken のような交替は音声／音韻素性では捉えられず分散形態論におけるような，形態論に対する素性によるアプローチを必要とするからである（Halle and Marantz (1993) 参照）．

移動の非コピー理論を採用することを含意する.

　移動のコピー理論を退けて，移動の非コピー理論を支持する概念的な議論は経済性／簡潔性である．移動される要素のコピー部分に関してはコピー理論が最も簡潔であるが，収束する PF 表示と LF 表示に到達するためには何をどこで削除すべきか／削除できるかについての理論により補完されねばならず，それは言語間で媒介変数的変異の存在を含意し，したがって獲得の問題を生じる．さらにそのような理論は，仮に述べることができるとしても，経済性の問題を提起する．つまり，移動要素の素性の一部をのちに削除するのであれば，なぜそもそもすべての素性をコピーするのかという問題である．移動の必要がある要素のみをコピーする方がより経済的である．そもそもコピーを作る必要もなく，移動する必要のある素性だけが単に移動するほうがさらに経済的である．

　Chomsky (1995) は移動 (現在の枠組みでは内部併合) のメカニズムとして (8) にあげる K を形成する素性に対する操作を提案している．

(8)　F 移動としての α 移動
　　　$K = \{\gamma, \{\alpha, \beta\}\}$，但し α と β はすでに形成された統語体の素性である．
　　　　　　　　　　　　　　　　　　　　　　　(Chomsky (1995: 262 (25)))

(8) が表しているのは次のようなことである．K は β に適正包含された α を繰り上げ，それを β と併合することによって形成された統語体で，γ はこの新しく形成された統語体 $\{\alpha, \beta\}$ のラベルである．α の標的 (target) (最近の用語では目標子 (goal)) は何らかの (形態素) F により同定される．素性 F の移動のみで足りるはずであるのに，実際は A 移動では主語の DP が，そして A' 移動では wh 句のようにずっと大きい句が移動される．問題はなぜ大きい構成素が移動されるのかである．Chomsky (1995) によるとその答えは (9) に示す経済性の条件であるという．

(9)　F は収束にとってちょうど十分な材料を運ぶ.

Chomsky はさらに「ちょうど十分な材料」という概念は LF と PF における収束を定義する最小限出力条件により決定されるという．F が (「一般化された随伴」の一種として) 運ぶ「超過荷物」は音韻部門における諸特性により要求されるものであるという．このことは (筆者には) 音韻部門で関連する要素だけが随伴されるということを示唆しているように思われる．

　Chomsky はこの点を (10) に見られる構造における wh 句の WH 移動に見られる随伴を例に説明している．who に含まれる (Chomsky が [wh-] として表示する) wh 素性が移動されねばならないということがここで前提となって

いることに注意されたい．

(10)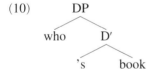

who 単独では動くことはできない．それは 's と一緒に語を形成しなければならないからである．who と 's も移動することはできない．それは構成素を成していないからである．したがって，全体の DP が移動しなければならない．

　この一見すると義務的な随伴にはより優れた簡潔な説明が可能である．(11) に示すように DP の残りの構造がどうであれ，DP 指定部に何らかの素性 [F] があり，移動しなければならないのはこの [F] であると仮定しよう．そうすると [F] を移動する唯一の方法は DP 全体を移動することであることは顕在的統語論仮説から帰結する．音声的に空であるから [F] は単独で移動できないからである．

(11)　[[F] whose book]

この代案であれば随伴される要素が音声的材料であるという基本的な立場を維持することができる．[2]

　素性 F と結び付いている音だけが随伴され，残りの素性，特に意味素性が後に残るという仮定は，(12), (13) に見るような単純な A 移動の例を考えただけでも意味をなす．（法助動詞 will は時制の補部の主要部であることに注意．）

(12) a.　John will marry Debby.
　　 b.　[Pres [will [John marry Debby]]]
(13) a.　John seems to love Debby.
　　 b.　[Pres [seem [to [John love Debby]]]]

(12a) でも (13a) でも，John の音が will/seem を超えて TP 指定部に移動しているが，主語の意味もそこに移動しているとする証拠は何もない．むしろこ

---

[2] WH 移動は演算子-変項構造を作るために wh 句の音だけではなく，その意味（の少なくとも一部）を移動すると広く考えられている．演算子-変項構造は元位置で成立していて，WH 移動は空の選言関数を TP をその関数引数として取り得る位置への移動に付帯する現象であるとする代案については第 7 章を参照．

れらの例では主語の意味は (12b), (13b) のように v*P 指定部にとどまっていて，will や seems の作用域の内部にあると考えるべきである．
　したがって，移動は音に関した素性を取り除き，それを移動先に併合するという2つのステップを踏むものであると提案する．

(14)　移動の非コピー理論
　　　A 移動であれ，A′ 移動であれ，あるいは主要部移動であれ，内部併合は移動を引き起こす素性 F を含む最小の要素の形態論的コードを取り除き，それを移動先に併合する．

英語の A 移動では目標子（標的）は D が持つ値のない格素性により同定される．それゆえ EPP（あるいは周縁素性）による移動操作にとって見えるものは DP 全体だけである．[3] (14) は A 移動では音が動かなければならず，単独で移動することができるとは言っているが，第5章で提案するように意味がそれにタダ乗りする可能性を排除していないことに注意されたい．
　A′ 移動に関しては [F] は英語では空であるから，[F] が指定部にのみ生じると想定すれば，(14) に従う唯一の方法は [F] をその指定部に含む句全体の音を移動することである．
　第3章では Hornstein (2001) の再帰化と制御（control）を移動により扱うアプローチを拡大して，第3の移動，すなわち，θ 移動（θ-movement）を採用する．θ 移動もまた対象の DP の音を取り除き，それを他の場所に併合するという点で (14) に従う．θ 移動と A 移動，A′ 移動の違いは，前者が D のコピーも移動させる点である．これにより，2つの DP の同一性が保証され，θ 移動により関連付けられる2つの DP の間の同一指示／束縛が説明される．[4]
　まとめると，A 移動，A′ 移動，θ 移動の3つのタイプの移動があり，それらがすべて (14) に従うことを提案した．(14) は次のことを予測／主張する．

(15) a.　すべての意味に影響を与える移動操作は顕在的である．
　　 b.　顕在的な操作がすべて意味に影響を与えるとは限らない．

この結果，(14) は表現が多義的であるときには，ball や bank のような語彙的多義性があるときを除いては常に構造的多義性によることを保証する．

---

[3] 後に EPP は除去して，代わりに併合に基づく素性値付与のメカニズムを提案するが，当面は標準的な EPP の働きを仮定しておく．
[4] θ 移動の例については第3章を参照．

4. 転送／書き出し

本書では Halle and Marantz（1993）の分散形態論（Distributed Morphology）の一種を採用し，通常のレキシコンと形態論レキシコンの2種類のレキシコンがあることを仮定する．通常のレキシコンは，その各々がその統語的挙動（syntactic behavior）を決定する一束の統語素性とその意味を捉える意味素性，そしてそれが書き出されるときにどのような音形を取るかを決定する形態論的コードからなる語彙項目の集まりのことである．形態論的コードそのものは解釈不能で適切な音韻素性の集合，すなわちその音形により置き換えられねばならない．形態論レキシコンは司令の集合で，その各々は形態素性を持った形態論コードをその音形により置き換えるものである．形態素性の集合を音形により置き換えることが書き出しとしても知られる転送の一部である．統語派生の大部分は形態論的素性を集めて，そのそれぞれの集まりが適切な音形により置き換えられ，それによりそこに含まれている解釈不能素性を除去する必要により駆動される．

例えば標準的な（16a）の派生を考えてみよう．ここでは [$_F$ α] は値 α を持つ素性を表し，素性に値がないときには [$_F$] として表す（関係しない詳細は省いてある）．[5]

(16) a. That is fine.
    b. [T   [/{BE}/ [/{THAT}/ fine]]]
       [$_{Tns}$ Pres] [$_{Tns}$]   [$_{Pers}$ 3]
                      [$_{Pers}$]   [$_{Num}$ Sg]
                      [$_{Num}$]   [$_{Case}$]
    c. [/THAT/   T-/BE/   [{BE} [{THAT} fine]]]
       [$_{Pers}$ 3]   [$_{Tns}$ Pres]
       [$_{Num}$ Sg]   [$_{Pers}$]
       [$_{Case}$ Nom] [$_{Num}$ Sg]

(16b) は語彙配列の要素を併合した結果である．（上で触れたように /{X}/ は形態論的コード /X/ と意味 {X} の組み合わせである．）(16c) は一致と内部併合の結果を表している．/THAT/ の格素性は値（Nom）が与えられている．

---

[5] Chomsky（1999, 2001, 2008）は格素性は ϕ 素性の一致の「反映」として扱っているが，本書では格素性が存在するものと想定する．さらに値のない ϕ 素性を担っているのは T ではなく BE であると想定する．ただし，BE は T に繰り上がるので，結局 T が ϕ 素性を担うことになる．

その素性複合体は形態論コードの音形，すなわち形態論レキシコンからの that により置き換えることができる．/THAT/ の音形は格素性の値が何であれ that であるが，置き換えが起こるためには値を持たねばならない．/BE/ は時制の値 [$_{Tns}$ Pres] と φ 素性 [$_{Pers}$ 3][$_{Num}$ Sg] を持っているので，形態論レキシコンから取り出された音形 is によって置き換えられる．この結果，解釈不能な素性はなくなり，派生は収束する．be と that の意味 {BE}{THAT} は元位置に残っている．

まとめると，転送は，独立しては解釈可能ではない素性を含む素性の束を形態論レキシコンからの形態素（つまり音形）により置き換える．この置き換えにより解釈不能素性は除去される．一致と併合は素性を集めて，形態論レキシコンからの音形によって置き換え可能な組み合わせにするために適用するのである．

5. Chomsky (2008) の位相理論の枠組みからの逸脱

本節では Chomsky (2005a) と Chomsky (2008) の位相理論の枠組みで問題となる 4 つの側面に取り組み，それらを取り除き，それによって現行の枠組みをさらに極小主義的にする方法を提案する．第 1 章の (29) から改作した (17) の They find the picture/driver of that car の v*P 位相を考えてみよう．

(17)

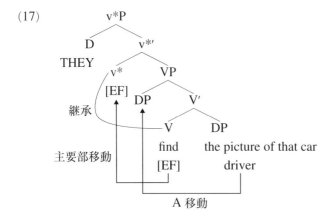

継承は明らかに繰り下げ操作であり，文法の他の部分では，以前はともかく現在ではもはや存在しない種類の操作であり，ゆえに普遍文法を複雑にする．継承はまた拡大条件にも違反している．その段階ですでに形成されている v*' を拡大していないからである．継承が概念的必然であるとするような証拠もな

第 2 章 標準極小主義からの逸脱

い．支持する何らかの証拠があったとしてもそれは理論内部のものである．

目的語 DP の V 補部から V 指定部への移動も拡大条件に違反している．その段階での操作の対象である v*′ を拡大していない．事実，この派生において A 移動が適用したとする証拠はない．[6] (17) では示していないが，主語の v*P 指定部から，TP 指定部への A 移動も C の導入により C′ が形成された段階で生じるが，C′ を拡大していないため，拡大条件に違反している．

V の v* への主要部移動も拡大条件に違反している．主要部移動は統語現象としては間違いなく存在しているが，それを駆動しているものがないように思える点で，統語的動機付けを欠いているように思われる．(17) には示していないが，T の C への主要部移動についても同じ問題がある．

第 1 章の (29) は A 移動と A′ 移動を誘発する (EPP 素性としても知られる) 周縁素性 (EF) を 2 つ含んでいた．しかし [EF] は概念的必然性を欠いている．唯一の証拠は A 移動と A′ 移動は確かに起こるということだけである．(英語の) 計算システムの独立に必要であるような要素が [EF] なしで，EPP 効果を生むほうがはるかに望ましいであろう．

この後の節で次の仮定を提案して，それらが 4 つの問題をすべて解決することを示す．

(18) a. 計算システムは継承を含まない．代わりに V と T が継承するとされる解釈不能素性はこれらの主要部の素性構成の一部である．

b. 位相主要部 v* と C は，レキシコンから選択される際に，まずそれらの補部の主要部 V と T とそれぞれ結合される．より具体的に言うと，v* と find が結合されると v*-find という，疑問の C である Q と時制の did が結合されると Q-did という，語彙複合 (lexical complex) を形成する．[7]

c. 語彙複合を構成する成員は内部併合を受けることができる．言い換えると，X-Y という形の語彙複合があれば，X-Y 全体が (Y の語彙特性に基づいて) Z と外部併合を受けて [$_{X-Y}$ X-Y Z] という姿になった後で，内部併合をうけることができるのである．その結果生じる構造は [$_X$ X [$_Y$ Y Z]] である．X-Y からの X を内部併合することを

---

[6] A 移動が VP 指定部に要素を移動している例はある．それは下の (20c) で見るように例外的格付与 (ECM) 構文である．

[7] これは英語の場合である．何が何と結合できるか／しなければならないかは媒介変数的変異を示すと想定する．語彙複合の形成は内部併合の一例であり，結果は {v*, find}{Q, did} でそのラベルはまだ未定のままであると考えられるが，話を単純化するために v*-buy と Q-did の表記を使う．

編出 (Excorporation) と呼ぶことにする.

d. 計算システムは EPP 素性としての [EF] を含まない. A 移動は V と T がそれらが持つ格素性の値, 対格 (Acc) と主格 (Nom) をそれぞれ除去する必要によって駆動される. 格素性の値を含め, 素性の値は値を持たない素性の値となることができるが, それは両者が同じ主要部の投射内にあるときに初めて可能となる.[8]

e. 英語のような言語における格付与は化学変化に似た形で起こる. メタノールの分子と酸素の元素が接触するとき (他の条件が整えば) 水と炭酸ガスになる ($2CH_3OH + 3O_2 \rightarrow 2CO_2 + 4H_2O$) のと同じように, 素性値と素性枠は同じ投射内に入ると, 動き回って, それぞれの値はそれぞれの枠と組み合わされる. これを再編成 (reassembly) と呼ぶ. これにより A 移動についての EPP は除去される.

以上の点を以下詳しく説明する.

5.1. 一致／格付与のメカニズムと A 移動のための EPP 除去

説明の便宜上 (18d) から始めて, 新しく提案する一致／格付与のメカニズムがいかに A 移動のための EPP を除去できるかを見よう. 素性と素性の値を論じる際に以下の用語を採用する. 素性は [$_F$] の形で表す素性枠 (feature frame) と F として表す素性値 (feature value) の対をなす. 両者が組み合わされると値を持つ素性 [$_F$ F] ができる. 素性値と素性枠は次の2つの状態のいずれかにある.

(19) a. [$_F$] ... F
b. [$_F$ F]

枠のない値と値のない枠はいずれも定義上解釈不能である. したがって, (19a) の要素はそれぞれ解釈不能である. [$_F$ F] の形で組み合わされた素性値と素性枠は, それらがどこに生じるかによって解釈可能であったり, 解釈不能であったりする. φ素性集合 [$_\phi$ φ] は, それが D(P) の一部であるときには解釈可能であるが, T や V の一部であるときには解釈不能である. 内在的に解釈不能な素性もある. その一例が格素性である. 格素性枠 [$_C$] も格素性値 C も, それらの組み合わせ [$_C$ C] もすべて解釈不能である. 解釈不能な素性は形態論レキシコンからの音形によって置き換えられる素性の束の一部であると

---

[8] 言い換えると, 格付与と一致一般は英語においては併合のもとに起こるということである. 後の章で見るように日本語のような言語では一致によって起こる場合もある.

きに除去される．

このように見ると，派生は内在的に解釈不能な素性と位置的に解釈不能な素性を形態論レキシコンからの適切な音形によって置き換えられ，それによって除去されることが可能になるような組み合わせに再編成する必要によって，駆動されているということになる．問題はこの再編成がどのように起こるかである．Chomsky は格を一致の「反映（reflex）」として扱い，一致と，格付与子の指定部の位置への EPP による移動を必須条件としている．

A 移動を格付与の必要条件とすることで，格付与の方向を英語では様々な場合に一様に左方向にするということになり，これは魅力的な結果のように見える．しかし，次の対格付与の場合を考えて見よう．

(20) a. buy it < [$_{VP}$ buy IT]
   b. put it on the table < [$_{VP}$ IT [$_{v'}$ put on the table]]
   c. believe him sincerely to have killed her < [sincerely believe [HE to have killed her]]

(20a) については IT の VP 指定への A 移動と buy の v* への主要部移動を組み合わせると正しい語順が得られる．しかし，同じ語順は A 移動が適用しなくても得られるのである．(20b) については，直接目的語 IT は恐らくは外部併合の結果 VP 指定部を占めることになったと考えられる．これがさらに高い位置の VP 指定部に移動しなければならないとすることには意味がない．他方，(20c) は明らかに補文主語の HE が主節の VP 指定部に移動している．このように格付与の方向性は (20) の 3 つの場合に共有されている統一的な特性であるようには見えない．

上の 3 つの（そして他の）場合を統合する他の方法があるに違いない．本書では (18d) で概説したメカニズムを提案する．その統一的な概念は「同じ投射」である．(20) の 3 つの例が EPP を使わずにどのように生成できるかを見てみよう．まず (20a, b) から始めよう．関係しない詳細を省き，最小限句構造で表すと次のような構造をしている．

(21) a.

38

b.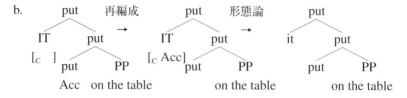

どちらの場合においても IT は格付与子と同じ投射にあり，格素性値 Acc と格素性枠 [$_C$] は自由に動き回り，結合して [$_C$ Acc] となり，it によって置き換えられることにより消えることができる．

(20c) の場合を見てみよう．その構造は，関連しない詳細を省けば (22a) のようになる．(killed her の VP がこの段階では転送されている事実も説明の便宜上無視している．)

(22) a.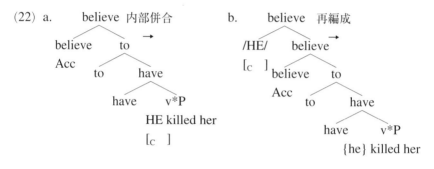

c.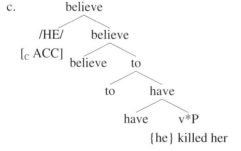

(22a) のままでは，値 Acc と枠 [$_C$] が同じ投射にないので，素性の再編成は起こり得ない．HE が内部併合で VP 指定部へ移動すれば，値と枠は同じ投射，すなわち VP 内に入る．素性再編成が可能となり，(22c) が得られる．/HE/ [$_C$ Acc] は him によって置き換えられ，解釈不能素性 [$_C$ Acc] は除去される．v* が併合され believe が v* への主要部移動を受けると believe him to have killed her という正しい語順が得られる．(編出については後出．)

このように A 移動のための EPP を除去しても，格付与のための VP 指定部，TP 指定部への移動は，関連する 2 つの要素（枠と値）が同じ投射にあることを要求する素性再編成のメカニズムから，導くことができるのである．(21a, b) のように同じ投射の中に併合された場合は A 移動は不必要で，したがって適用できない．(22a) のように両者が異なる投射に生じている場合には A 移動が適用しなければならない．そうでないと派生は破綻（crash）する．A 移動のための EPP の効果は一致のメカニズムの直接的な結果に過ぎない．

5.2. 継承の除去

次に (18a-c) に転じて，継承がいかに除去可能かを見よう．第 1 章で，目的語自体あるいは目的語の中からの WH 摘出を含む wh 疑問文を生成する際に不活性条件をかいくぐる上で値のない素性の継承が決定的な役割を果たしていることを見た．ここでは (18a-c) の提案があれば，目的語自体の，またはその中からの wh 摘出は不活性条件に違反することなく進行することを見る．

(23a) の語彙配列から始め，v*-buy は buy の語彙特性からして what と併合でき，その結果は最小限句構造フォーマットで表す (23b) であるとしよう．値のない素性は buy にはあるが v* にはない．さらに (23b) の構造において，buy の φ 素性枠と格素性値はそれぞれ値と枠を欠いている．この構造で v* または V が探索子として働くことを排除するものは何もない．それゆえ，一方では buy は what と一致し，（上で概説した形で）それに対格の値を与えるが，それと同時に v* は what を目標子として同定する．この 2 つの一致操作は並行的に進むため，v* が wh 目標子を求めてその領域を探索するとき，what はまだ一致を受けていない．そのため値のない格素性枠を持っていて活性的である．Chomsky が主張するように目的語が VP 指定部に移動するとしても，(23c) が得られる．どちらを取っても結果に影響はない．

(23) a.　v*-buy　　　　what　　　you　　　Q -did
　　　　[WH] [$_\phi$　]　　[$_\phi$ 3-Sg]　[$_\phi$ 2-Sg]　[WH] [$_\phi$　]
　　　　　　　　　　　Acc　　[$_C$　]
　　　　　　　　　　　[WH]

b. 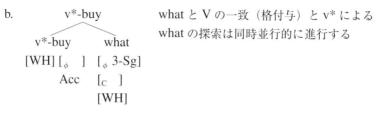 what と V の一致（格付与）と v* による
what の探索は同時並行的に進行する

c. 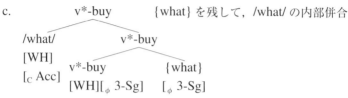 {what} を残して，/what/ の内部併合

(23c) について特筆すべきことが２つある．１つは値のなかった V の素性がすべて値を与えられていること，もう１つは v* は語彙複合体の一部として派生に加わってはいるが，その EF は VP と併合しなければならないと述べていることである．そのような結果をもたらす最も単純な方法は v* を VP と内部併合すること，つまり，v* が編出して，すでに形成されている VP と併合することである．[9] それに you が主語として併合すると（24a）が得られる．（当座簡素化のために you の素性は省いてある．）

(24) a.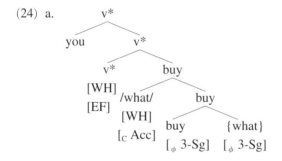

---

[9] しかし，(24a) には，v* の編出が顕在的統語論条件に違反しているという問題が残っている．v* は音形を持たないからである．この問題には以下で立ち戻る．

b.

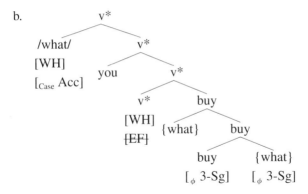

(24a) において v*[WH][EF] は，(23b) において what[WH] を同定したことを記憶していて，そのためにこの段階で what を v*P 指定部に取り出すことができると仮定しよう．

このシステムが上手く働くためには (25) に示すように不活性条件にもう 1 つ条項を付け加える必要がある．

(25) 不活性条件 (Inactivity Condition)（改訂版）
    a. A 連鎖はその解釈不能素性に値が与えられるとさらなる計算には見えなくなる．
    b. 一旦 A 連鎖が操作により同定されると，その操作にとってずっと見え続ける．

what の v*P 指定部への取り出しの結果 (24b) が得られる．[10]

これで，継承を除去して，それでも v*P 位相において目的語 DP そのもの，またはその中からの WH 摘出において，不活性条件をかいくぐる方法があることことが分った．継承は他では必要のない繰り下げ操作を導入することになり，そのために UG の複雑化を招くので，これを取り除き，編出によるより簡潔な分析を採用するのが最も望ましい．

さて (24b) の続きを考えよう．VP の転送と Q-did との併合で，(26a) が得られる．

---

[10] you の外部併合と what の内部併合がここに示す順であるか，その逆であるかは実は問題にならない．v*P 指定部の what はそれが外側の指定部であろうと，内側の指定部であろうと，PF と LF では消えてしまうのである．what の意味，すなわち {what} については第 7 章で取り上げる．

(26) a.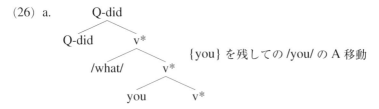

  {you} を残しての /you/ の A 移動

b.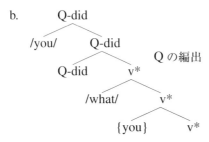

  Q の編出

c.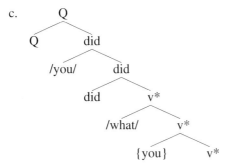

d. What Q you did buy

you の Q-did の指定部への内部併合により (26b) が得られる．Q の編出で (26c) が得られる．Q による牽引により /what/ の内部併合が適用し，(26d) が得られる．すべての移動は拡大条件と不活性条件を遵守している．[11]

　編出分析を採用すれば不活性条件により誤って目的語の，または目的語の中からの WH 移動を排除することなしに，継承を除去できることが示された．残されたことは注 10，注 11 で触れた語順の問題と顕在的統語論条件の違反の問題がどのように解決されるかを見ることである．これらの問題を次節で取り

---

[11] 慧眼な読者は気付かれたことであろうが，(26d) には語順の問題と注 9 で見たのと同じように空の Q を移動する際に顕在的統語条件に違反しているという問題が残っている．下でこれらの問題に立ち戻ることにする．

上げる．

ところで，A 移動と A′ 移動の並行的適用はもはや必要でなくなったことに注目されたい．Chomsky の枠組みでは (27a) の派生には (27c) に見るように2つの連鎖，(27b) に見る A 連鎖と，(27c) に見る A′ 連鎖が関連していて，2つの連鎖は同じ脚部 (foot) を共有しているとされた．

(27) a.　Who/Whom did you see?
　　 b.　[who [see who]]　　　　　　(VP 指定部への A 移動)
　　 c　 [who [you [v* [see who]]]]　(v*P 指定部への A′ 移動)

ここで奇妙な状況が生じる．(27a) において，実際に文頭に取り出されている wh 句は (27c) の A′ 連鎖の頭部に対応している．しかし，取り出された wh 句が担っている格は (27b) の A 連鎖の頭部に由来するものであり，このことはそれが whom という対格形を取りうることからも明らかである．この扱いが適切に機能するためには A 連鎖の頭部が担う格を2つの連鎖の共有された脚部を通じて A′ 連鎖の頭部に送信するメカニズムで補完しなければならない．ここで提案している扱いであればそのようなメカニズムに訴える必要はない．V と v* が同じ目標子を見つけることができるのは，その時には目標子は値なしの素性にまだ値を受け取っていないからである．v* はその目標子が値のない素性に値を受け取ってから（すなわち格素性を受け取ってから）v* の指定部に移動することができる．この点は極小主義的でない要素の除去のもう1つの例になる．

5.3. 主要部移動

上で提案している編出による分析は，継承と EPP を除去し，拡大条件を遵守することには成功したが，まだ2つの問題を抱えていることを見た．1つは v* と Q の編出が顕在的統語論条件に違反していることであった．もう1つはそうして得られる語順が間違っていることであった．What Q you did buy という非文法的な語順ではなく，What Q did you buy という語順を生成しなければならないのである．解決法は単純である．顕在的統語論条件は，編出を含め内部併合は何らかの音声的内容を伴うことを求めている．v*-buy, Q-did の語彙複合において，v* は buy の音と結び付いているし，Q は did の音と結び付いている．(14) の移動の非コピー理論に立って，v* と Q の編出はそれらと結び付いている V と T の音, /buy/ と /did/ を随伴し，後にそれらの意味 {buy} と {did} を残すことにすれば，下に示す通り，上の2つの問題は同時に解決する．顕在的要素の連続は (28b) の PF 表示に対応する．

(28) a.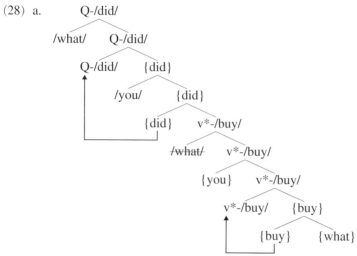

b. What did you buy(?)

音形は統語範疇（すなわちラベル）の決定に何ら役割を果たさず，したがって，投射しないという当然の仮定をすれば，音形を取り除いた結果得られる表示は(29b)である．伝統的な範疇ラベルは括弧に入れて示してある．[12] これが(29a)のLF表示に対応している．

(29) a.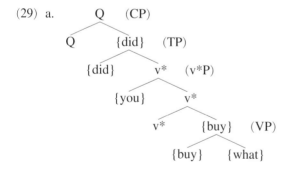

b. [Q [did [you buy what]]][13]

---

[12] 「whatの中間痕跡」はPFでもLFでも何ら役割を果たさないので削除してあることに注意されたい．

[13] 疑問文の意味論については第7章で立ち戻り，whatが果たす役割を詳しく見る．少しだけ具体的に言うとwhatのWH移動は実際は((11)のFのような) 音声的に空な要素の移動であり，whatが随伴されるのは顕在的統語論条件の要請によるということである．

この分析は，本節の冒頭で取り上げた2つの問題と解決するばかりでなく，主要部移動そのものの存在に原理的説明を与える．Chomsky を含め言語学者は長く何が主要部移動を駆動するのかという問題に頭を悩ませてきた．主要部移動という現象は明確に存在するのに，移動を駆動しているものが見当たらなかったからである．このため，Chomsky は主要部を音韻論的プロセスとして扱う立場と，統語論的プロセスとして扱う立場との間で揺れ動いてきた．(Chomsky はその循環性（cyclicity）を考慮して後者の立場をとるが，何が駆動しているかという問題は依然として未解決のままである．) 上の分析はそれに対して答えを提供している．主要部移動を駆動しているのは，語彙複合の中の空の語彙項目がその語彙複合の投射をその補部として取る必要性であり，主要部移動というものは存在しないのである．(30) に例示する通り主要部移動は [X-Y Z] の中の音形を持たない X が顕在的統語論条件の要請に従い，Y の音形 /Y/ を伴って，[{Y}-Z] と内部併合することの付帯現象（epiphenomenon）なのである．

(30) a. [$_{X-Y}$ X-Y Z] /Y/ を随伴しての X の [$_{X-Y}$ X-Y Z] との内部併合
    b. [$_X$ X-/Y/ [$_Y$ {Y} Z]]

5.4. 編出

まだ説明されるべきことが残っている．なぜ，V の v* への移動は常に起こるのに対して，T の C への移動は主節の疑問文のときだけ起こるのかという問題である．本書での立場からすると，問題はなぜ v* と V は常に v*-V という語彙複合を形成するのに，Q と T は主節疑問文の場合だけ語彙複合 Q-T を形成するのかということになる．これに対する答えは形態論レキシコンにある．つまり，英語の形態論レキシコンには v* や V 単独は存在せず，したがって，単独で形態論要素に置き換えることはできないのである．それらが形態論的要素によって置き換えられるのは v*-V（より正確には v*-/V/）という語彙複合を構成しているときに限るのである．あるいは v* 単独を置き換える要素がないという形で v* に絞ってもよいかもしれない．同じことが Q と T についても言える．英語の形態論レキシコンには Q に置き換える形態論的要素がないのである．

v* や Q を置き換える形態論的要素が利用可能でないという上述の説明が究極的な答えであるかもしれないが，語彙複合を形成することが義務的であるのは，そうでないと派生が破綻するという事情である可能性もある．(31) に例示するように v* が VP と外部併合ができるとなると何が起こるかを検討して

(31)　[buy what] → v* の外部併合 → [v* [buy what]]

wh 目的語 what は buy と併合されるやいなや一致を受ける．その結果 what はさらなる操作（例えば内部併合）にとって見えなくなる．このことは，what は v*P 指定部に摘出することができなくなり，VP の一部として転送され，派生が破綻することを意味する．

　同様に（32）に例示するように Q が wh 主語を持つ TP と外部併合したときに何が起こるかを検討してみよう．

(32)　a.　[TP can [v*P who solve it]
　　　b.　[TP who can [v*P who solve it]]
　　　c.　[Q [TP who can [v*P who solve it]]]

主語 who は can が併合されるやいなや一致と移動を受け，(32b) が生じる．Q が併合され (32c) が生じた段階では who はもはや値のない素性を持たず，そのために摘出できない．そのこと自体は Who can solve it? が文法的であるから問題であるようには思われない．しかし，do you think に埋め込まれた場合も who が摘出できないことが予測されるが，Who do you think can solve it? が文法的であることからもわかるように，この予想は事実に反する．

　空の C と時制法助動詞 can からなっている Q-can という語彙複合であればこれが可能になる．VP が転送された後の次の構造を見てみよう．

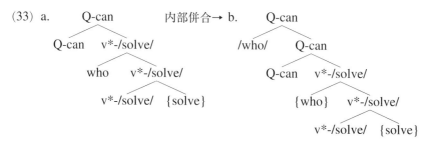

探索子として働く Q にはその目標子として who が見えるが，他方同じく探索子として働く can にも目標子として who が見える．Q-can の投射から who が内部併合を受けると，(33b) が得られる．ここでは wh 要素を誘引する Q の必要性と，DP と一致する T の必要性が同時に満たされる．派生は Who can solve it? という独立した文として収束する．注意すべきことは全体の構造が内部的には TP であり，外部的には CP であることである．

(34a) に示すように Q の代わりに Ɛ で表す that の空の対応物を選んだとしよう．

(34) a. 　　　　　　　　　　　　内部併合→　b.

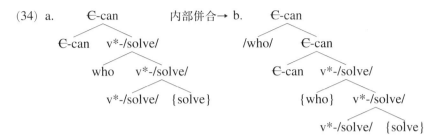

Ɛ は that と同じように探索子として働き，who を見つけるが，その who を法助動詞 can も探索子として同時に見つける．who はまだ一致を受けていないので，値のない素性のためにまだ活性的であるので，Ɛ にとって可視的である．2 つの探索子の任務は (34b) に示すように，Ɛ-can という語彙複合の指定部に who を移動することによって満たすことができる．(34b) は v*-think と併合でき，(35a) の構造が生じる．

(35) a.

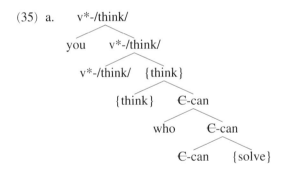

b. Who do you think can solve it?

who はすでに Ɛ によって wh 要素として同定されているので，すでに can により主格が与えられているけれども，v* はそれを自らの指定部に引き上げることができる．(35a) から，Q-do との併合とこれに伴うさらなる併合により (35b) が得られる．

　これを Ɛ ではなく，that と can を独立の語彙項目として使った派生と比較してみよう．CP 位相において，まず can が v*P と併合され，who が TP 指定部に内部併合され，主格を付与されて，不活性になる．それゆえ，that が併合された段階では who は that によっては摘出できない．もし who が摘出さ

(36) a.

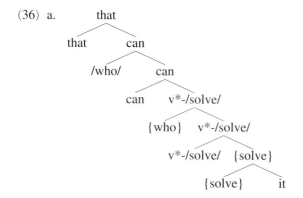

b. *Who do you think that can solve it?

that 痕跡効果はこのように捉えることができるのである．

6. 英語の節構造

　ここで，第1章で見た Chomsky (2008) の例 Of which car did they find a picture/driver? の例が，改訂した位相の枠組みの中でどのような派生をたどるかを順に見ることは理解の助けになるであろう．その前にコピーに関してもう1つ改訂すべきことがある．すなわち併合がコピーを作るのではなくて，語彙項目がレキシコンから選択されるときに，1組の同一のコピーとして，または1組の同一の素性を含んで，取り出すことができると仮定する．1つでもコピーが使われずに残れば派生は破綻すると仮定する．簡単な例を挙げると，DP は，主語として使われるときでも，目的語として使われるときでも，人称素性値と数素性値の2つのコピーを持っていなければならない．これらの2つの素性値の2つのコピーの1つが値のない人称素性枠，数素性枠に収れば，派生が収束する可能性があるのである．[14] このことを念頭に (37) を見よう．（コピーの数を上つき数字で表す．）[F] は WH 移動の目標子をマークする焦点素性を表す．

---

[14] 第3章で見るように，D が取り出されるとき，派生の中に同一指示的 DP が生じると同じ数の D のコピーが取り出されることになる．

第 2 章　標準極小主義からの逸脱　　　49

(37) a.

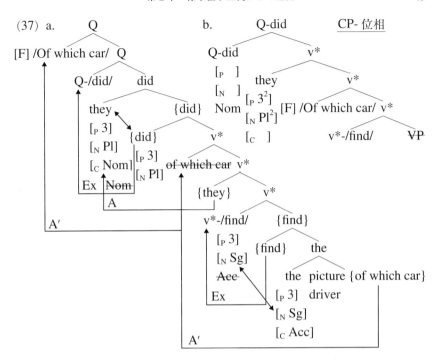

b.

c.　v*P 位相

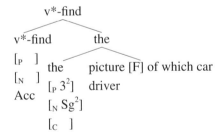

記号：
[F](of which car についている) ＝Wh 移動を駆動する素性（(11) 参照）
Q＝空の疑問補文標識
A＝A 移動，A'＝A' 移動，Ex＝転出 (Excorporation)
 ＝一致／素性値付与
[$_P$　]＝人称素性枠，3＝3 人称素性値
[$_N$　]＝数素性 (Number Feature) 枠，Sg＝単数素性値，Pl＝複数素性値
[$_C$　]＝格素性枠，Nom＝主格素性値，Acc＝対格素性値

(37c) の v*P 位相から始めよう．他動的軽動詞 v* と動詞 find がレキシコンから選ばれ，（外部併合により）v*-find という語彙複合を形成する一方で，the picture/driver of which car が別に形成される．この目的語は人称素性値と数素性値のコピーを2つ持ち，かつ値のない格素性枠を持っている．それに対して，動詞 buy は格素性値 Acc を持ち，その人称素性枠，数素性枠が値を欠いている．語彙複合はこの DP と併合される．これは語彙複合の find の部分が DP との併合を要求する周縁素性 EF を持っているからである．この外部併合の結果，語彙複合と DP は同じ投射，すなわち find の投射に入る．これにより，素性値は自由に遊離し，合致する素性枠を満たすことができる．その結果が (37a) の下半分である．さらに位相主要部 v* が探索子として，その領域を [F] を求めて走査し，of which car を見つける．これは buy とその目的語の DP との一致と同時に起こる．それゆえ目的語 DP は，v* が [F] を探すときはまだ可視的である．探索子が [F] を見つけ，一旦見つけるとそれを記憶する．つまり [F] はその後も可視的状態にある．

位相主要部 v* は VP を補部として取るという語彙特性（周縁素性）を持っている．v* は (37c) の構造，すなわち v*-find の投射全体から編出し，抜け出した構造全体と併合され，その結果が (37a) の下の部分である．v* は形態論的コードを持たない（つまり音韻的に空である）ので，顕在的統語論仮説が正しければ，単独で編出（内部併合）することはできない．しかし，find の音 /find/ を伴うことはできる．そして find の意味 {find} は元の位置に残る．これが編出による説明である．

他動的軽動詞 v* は主語を取るという語彙特性がある．その要請は主語の外部併合で満たされる．位相主要部 v* はまたそれが見つけた [F] を v*P 指定部に繰り上げるという語彙特性を持つ．[15] v* は of which car に付いている [F] を同定したが，[F] は音形を持たないので，単独では移動不可であり，wh 句の音 /of which car/ とともに [F] を移動し，後にその意味 {of which car} を残す．[F] はもはや {of which car} とは一緒ではないことに注意する必要がある．そこである意味機能を果たすために，[F] は CP 指定部に行ったのである．だから [F] は「中間痕跡」にも残っていないのである．

これらのことがすべて v*P 位相で生じると，位相主要部 v* の補部，つまり VP は転送され，次に v*P が語彙複合 Q-did と併合されると，(37b) に示

---

[15] 実際には [F] が v*P 指定部に繰り上がるのは v* の性質のためではなく，移動を駆動しているのは [F] の特性である．[F] は最終的には CP 指定部に行かないと果たせない機能を持っており，v*P 指定部に移動しないと，CP 指定部へ行く可能性がなくなり，派生が破綻してしまう．[F] の果たす機能については第 7 章で立ち戻る．

すように CP 位相が形成される．転送された VP は ~~VP~~ として示してある．
主語の they は人称と数の素性値を持っているが，その格素性枠は格素性値を
欠いている．他方 did は，法助動詞であると考えられるが，人称と数の素性
枠の値を欠いているが，素性枠のない格素性値 Nom を持っている．they と
did はそれぞれ相手を必要とする素性値と素性枠を持っているが，この形状で
は一致／値付与は起こりえない，なぜなら両者は同じ投射内にないからであ
る．しかし，they が (37a) に示すように TP 指定部に内部併合すれば，they
と did は同じ投射，すなわち TP の中にあることになり，素性値は自由に動
き回って値を欠いている素性枠と結合することができる．Q の語彙特性は，
補文標識であるから，TP を補部として取ることを要求する．この要求は Q
を編出して TP と併合すれば満たされる．しかし，Q は音形を持たないため
に，このような Q の編出は顕在的統語論条件に違反してしまう．もし Q が
did の音形 /did/ を随伴すれば顕在的統語論条件違反は生じない．最後に Q は
位相主要部として [F] を牽引する．音声的に空であるため，[F] は of which
car の音を随伴し，顕在的統語論条件を満たす．[16]

　この派生は継承も必要としないし，拡大条件にも不活性条件にも，顕在的統
語論条件にも違反せず，仮定している操作は Chomsky の位相理論の枠組みで
仮定されている操作よりはるかに簡潔である．以下の章で，この一般的な枠組
みが特に英語と日本語の様々な統語的／意味的現象を処理できることを示す．

7. 2つの追加仮説

　ここで，2つの追加仮説を導入する．1つは線形順序と構造に関わるもので，
もう1つは意味表示に関わるものである．

7.1. 対称性仮説

　言語理論において最も影響力の大きい進展のひとつが (38) に示す Kayne
(1994) の反対称性定立 (Antisymmetry Thesis) である．

(38)　X が x を，Y が y を支配するような形で，X, Y が非終端記号，x, y
　　　が終端記号であるとする．その場合 X が Y を非対称的に C 統御すれ
　　　ば，x は y に先行する． (Kayne (1994: 33))

---

[16] 前の注で述べた通り，第7章で，[F] が CP の指定部に移動するのは [F] が果たす意味機能のためであると主張する．

この意味するところは，すべての言語におけるすべての表現は (39a) に示すように画一的に右枝分かれ構造を持っていて，(39b-d) のような構造は持たないということである．

(39)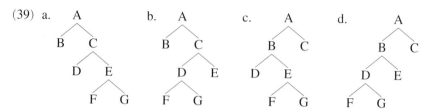

この反対称性定立に対して，筆者は以下の章で代案として対称性仮説 (Symmetry Hypothesis) を提唱し，擁護する．この仮説は (40) にある 2 つの方向性の媒介変数にまとめることができる．

(40) a. 中核投射の方向性媒介変数 (Directionality Parameter of Core Projections)
    主要部-補部-指定部の中核投射に関する限り，言語は (39a) の右枝分かれ（主要部先頭）構造と (39d) の左枝分かれ（主要部後続）のどちらかを選ぶことができる．
   b. 付加部方向性媒介変数 (Adjunction Directionality Parameter)
    言語は右付加と左付加のどちらかを選ぶことできる．

この 2 つの媒介変数は言語の 4 つの類型を定義するが，そのそれぞれは Mathew S. Dryer (2005) の報告によると実在することが確認されている．ただし，VO 語順を主要部先頭，OV 語順を主要部後続，関係節後続を右方付加，関係節先頭を左方付加と数えている．（どの範疇にも属さない言語が 176 言語ある．）

(41) a. 主要部先頭で右方付加（英語を含めて 370 言語）
   b. 主要部先頭で左方付加（主に中国語変異で 5 言語）
   c. 主要部後続で右方付加（96 言語）
   d. 主要部後続で左方付加（日本語を含む 109 言語）

第 6 章で，(40) の対称性仮説が，ある種の作用域現象に対して反対称性定立よりも大幅に簡潔な記述を与えることを見る．

7.2. 強直接構成性仮説：意味解釈の除去

音の随伴を伴わない素性移動，連鎖の先頭部の音の削除と組み合わされた移動のコピー理論を含む，非顕在的操作を除去し，(3) の顕在的統語論仮説を維持することが実行可能であるなら，「意味表示」に到達するのに意味解釈のメカニズムは必要ないことになる．表現（通常は文）あるいは表現のそれぞれの句の派生の最後の行は 2 つのものからなっている．構造をなす 1 組の解釈可能な意味素性の集合と，もう 1 組の解釈不能な形態論的コードと統語素性の集合である．後者が一連の音声素性（すなわち音）によって置き換えられると，派生は 2 つの表示を産出したことになる．つまり意味素性の集合と，音声素性の集合である．それぞれ LF, PF と呼べば，PF が音で，そしてより重要なことは LF が表現の意味表示になる．

(42)　（表現の）

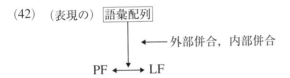

そうなれば文法は生成文法の伝統においてずっと想定されてきたように，表現の音と意味を可能な限り簡潔な形でつなぐシステムであることになる．

しかしながら，このような極小主義的な立場に対抗する立場が少なくとも 2 つあり，いずれも形式意味論の流れを汲んでいる．ミニマリスト・プログラムの一般的な枠組みで研究する多くの研究者は，文法が，ラムダ抽象 (Lambda abstraction)，変項などを含むモンタギュー文法において開発された形式意味論的表示を生成するということを想定している．例えばこれが Heim and Kratzer (1998), Chierchia and McConnell-Ginet (1900) の立場である．もう 1 つのグループは特にモンタギュー文法の枠組みで仕事をする研究者で，直接構成性仮説と彼らが呼ぶものを提唱していて，それは Barker and Jacobson (2007) の次のスローガンに要約されている．

(43)　直接構成性仮説 (Direct Compositionality Hypothesis)
　　　統語論と意味論は足並みを揃えて一緒に進む．

もっと詳しくいうと，この仮説は文法の構成に関して次のようなことを述べている．

　　　統語論と意味論は，統語論が表現を「構築」（つまりその適格性を証明）するのと同時に意味論がそのような表現のそれぞれに意味（つまり，モ

デル理論的な解釈であって，表示ではないもの）を付与する．[17]

直接合成性仮説は Heim and Kratzer (1998) や Chierchia and McConnell-Ginet (1990) のモンタギュー文法の意味論を取り込んだ生成理論へのアンチテーゼとして提示されているのである．その提唱者は，それが，数量詞繰り上げのような操作では不可欠である移動や，変項の概念などを除去しているのでより優れた仮説であると言っている．

しかしながら，極小主義的な観点からすると，直接構成性仮説は極めて余剰的である．というのは統語操作のそれぞれについて，形式意味論的表示を産むためにその出力に意味を付与する意味的操作を必要とするからである．もし (42) の LF そのものがその表現の意味であるとすれば，意味を付与する操作は不必要になる．そのような定立は (42) の文法構成が可能であれば実現可能性が出てくる．それゆえそれを強直接構成性仮説と呼ぶのである．狭統語論の操作が LF 表示を生成し，それがその表現の意味であって，それ以上でもそれ以下でもないということである．

強直接構成性仮説と直接構成性仮説（そして，形式意味論を取り込んだ生成文法の主流の立場）との間の相違は，表現の意味表示を構成するものが何であると仮定するかに由来する．形式意味論者は形式意味論を文法に取り込もうとする統語論者同様，当然ながら，表現のモデル理論的な表示をその意味と捉える．しかし，言語機能を研究対象とする言語理論の観点からすると形式意味論的表示が人がその脳/精神内に持つ意味表示であることの証拠は何もない．そうであるかもしれないが，その証拠はないのである．もし言語表現の統語構造が存在するという証拠があれば，各々の表現の派生の最終出力から音声素性を取り除いたものがその意味表示であるとするのが帰無仮説 (null hypothesis) である．意味表示はさらに何かを必要とすると主張する側に証明の義務がある．

こう言ったからと言って，文の意味を形式的に捉えようとするモンタギュー

---

[17] 以下の基調演説の案内から引用．
　　http://www.ling.upenn.edu/Events/PLC/plc30/keynote_Jacobson.pdf
そこで構想されている全体的な文法の構成を理解するには以下のさらなる引用が有用であろう．

　直接構成性仮説はすべての統語表現は常に意味を持っている（文法はまず LF のような表示を計算して，それを構成的な（下から上への解釈のために意味論に送るのではない）．表層の表現とその意味を取り持つ論理形式のような表示レベルは存在しない．事実直接構成性の理にかなった強い見方では，表示は文法において実際に果たす役割はないのである．樹形図は言語学者のためのものであり，証明システムがどのように働くか（合成的意味論がどのように働くか）の表示であるが，文法は表示の部分についての制約を全く含んでいないのである．

文法家を含む形式意味論者の努力が無意味であるとか無駄であると言っているわけではない．むしろ逆に，彼らの努力は目覚しい結果を残し，我々の文の意味の理解に大きく貢献したと信じるものである．統語論研究者／言語学者がすべきことは形式意味論が要求する種類の区別と機能の基礎を統語論で想定している種類の統語構造が提供できるかを検討し，理想的には形式意味論で捉えられているあらゆる意味の側面が現在の極小主義の枠組み（あるいはそれを適切に補完したもの）が生成する種類の LF で捉えられるかを検証することである．

それが強直接構成性仮説の意味するところである．この仮説は次のように述べ直すことができる．現在の（あるいは適切に修正された）極小主義の枠組みが仮定する LF 表示が言語記述にとって必要な意味表示のすべての側面を提供することができる．この点を詳細に事実によって示すことは本書の規模と，また筆者の力量をはるかに超えるものであるが，以下の章ではそのような再解釈がいかに可能であるかということを本書の範囲において示したい．

探索すべき明白な可能性をいくつか挙げておくと，e と t により再帰的に定義される意味タイプの概念は，語彙項目がその補部と指定部に取れる／取らなければならないものを定めている周縁素性によって処理することとなろう．ラムダ抽象の規則は Rubin（1994）の意味での修飾詞（modifier）という機能範疇に記号化される付加（対併合）の適切な定義により置き換えられるかもしれない．量化（quantification）は数量詞繰り上げのような移動によって捉えるのではなく，第 6 章で提案するように量化された DP の内部の素性間の関係として捉えられるであろう．形式意味論の成果を LF 表示の特性としてそのように再定式化することが実行可能であることになれば，強直接構成性仮説は維持できることになる．

第 3 章　束縛の併合理論

1. はじめに

　本章では，基本的には Hornstein (2001), Kayne (2002) に倣って，UG には束縛 (binding) ／同一指示 (coreference) を扱う解釈的な部門はなく，束縛／同一指示は，内部併合，外部併合の結果生じるものであるとする提案を行う．束縛／同一指示について次のことを仮定する．

(1) a. すべての決定詞句（DP）は定決定詞（英語で言えばいわゆる定冠詞の the）に相当する素性の束を含んでいて，顕在的に書き出される場合もあれば，非顕在的に書き出される場合もある．
　　b. DP の指示機能は顕在的であろうが，非顕在的であろうが，その定決定詞が担っており，2つの DP の間の同一指示は両者が共有している定決定詞の同一性によって捉えられる．
　　c. D には，それがレキシコンの中の唯一の指示的要素であり，すべての θ 位置には D が存在するという事実から特別な地位が与えられているとする．この特別な地位のために，D がレキシコンから取り出される度に，トークン (token) と呼ぶ同一のコピーの集合として取り出すことができる．D が3つのトークンとして取り出されると派生の最後の出力には3つの同一指示的 (coreferential) な DP がなければならない．D がレキシコンから取り出される度に，それはそれまでにすでに取り出された D とは異なる．これらの異なる D のことをタイプ (types) と言う．同じ D であれ，異なるタイプの D であれ，そのトークンは派生が終わるまでには θ 位置に併合されねばならない．

(1a) が述べているのは，定決定詞は (2a) にあるように顕在的な定冠詞 the を含んでいる表現だけでなく，(2b) にあるような固有名詞にも，(2c) にあるような全称的に量化された表現や，存在的に量化された表現にも，(2d) にあるような不定冠詞を含む表現にも，また，(2e) にあるような wh 表現にも含まれているということである．(2b-e) の表現はどれも顕在的な定決定詞を含んでいるようには見えないが，実は下では the と表す空書き出しをうける定決定詞を含んでいるということである．[1]

(2) a. the boy, the city, the books, etc.
 b. ~~the~~ John, ~~the~~ Bill, ~~the~~ New York, ~~the~~ Tokyo, etc.
 c. every-~~the~~-body, some-~~the~~-body, no-~~the~~-body, every-~~the~~-thing, some-~~the~~-thing, no-~~the~~-thing
 d. a ~~the~~ boy, a ~~the~~ city, three ~~the~~ books, few ~~the~~ books, many ~~the~~ books
 e. what-~~the~~ book, which-~~the~~ city

(1b) の立場は同一指示について取りうる最も極小主義的な立場である．同一指示は定決定詞の同一性に還元されるのである．(1b) の意味するところは，より具体的に言うと，(3) において同一指標が与えられている要素が同じ存在物 (entity) を指す事実は (3a-d) の LF 表示が (4a-d) に示すように下線を施した定決定詞のトークンを含んでいて，そのために両者の間で共有されている定決定詞の同一性により捉えられる．

(3) a. The/Every student$_i$ thinks that he$_i$ is smart.
 b. The/Every student$_i$ believes himself$_i$ to be smart.
 c. The/Every student$_i$ loses his$_i$ temper sometimes.
 d. The/Every student$_i$ expects PRO$_i$ to pass the exam.
(4) a. the student thinks the is smart
 b. the student believes the to be smart
 c. the student loses the's temper
 d. the student expects the to pass the exam

(1c) は第 2 章で採用した移動の非コピー理論の結果である．D に対する併合操作は 3 つのタイプに分かれる．位相内部の通常の内部併合の場合と，Nunes (2001, 2004) のいう側方移動 (Sideward Movement) という結果に終わる，1

---

[1] 量化表現に含まれる隠れた定決定詞については第 5 章を参照．

つの構造から別の構造への移動の場合と，位相内部の内部併合の場合である．最後のタイプでは移動する D はその出発点を出るときに 1 つのトークン（コピー）を残し，作業台（workspace）に留まり，埋めるべき θ 位置を持った統語体と併合される．これらの 3 つの場合は下に例示する通りである．

(5) a. ただし α は位相ではない

b. 側方移動（左右の順序は無関係）

c. ただし β は位相

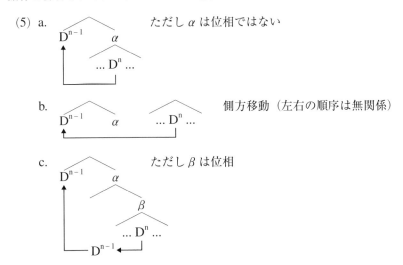

(5a) の例はフランス語の単一形態素再帰代名詞に見られる．(5b) で後に残されたトークンは Nunes の側方移動の例である．そして (5c) は側方移動の一般化された例であるが，英語の人称代名詞として実現される．

　本章は次の構成を持つ．第 2 節は Chomsky (2008) の探索子-目標子の枠組みで，態 (voice) の区別の一種として分析される再帰性 (reflexivity)，相互性 (reciprocity) がどのように処理できるかを論じ，第 3 節ではこれを探索子-目標子システムの枠組みで実施する移動（＝併合）分析の大枠を提示する．これが以下の節で論じる同一指示と束縛の移動分析の基礎をなす．第 4 節では英語の再帰代名詞と局所的に束縛される代名詞を論じる．第 5 節では each other, one another の相互代名詞の派生を論じる．第 6 節では PRO を論じる．第 7 節では代名詞類を論じるが，束縛条件 A，B，C という異なるメカニズムによって扱われてきたこれらの要素はすべて Nunes の側方移動（を一般化したもの）によって生じるものと主張する．第 8 節では遅延併合 (Late Merge) の可能性を導入する．第 9 節では GB 理論時代の束縛理論のもとではうまく取り扱えなかった諸現象が提案するシステムでは問題を生じないことを示す．第 10 節は結論である．

2. 一致と移動の探索子-目標子システム

　本章では第2章で大きく改定し，単純化した位相理論を仮定する．さらに，Vの投射の上に位置する機能範疇を指して態（voice）という用語を使うこと，そして，それが他動，自動（非対格，能格）だけでなく，受動，再帰，相互をも区別する場所であることを提案する．再帰性，相互性，制御などの様々な種類の態はVの上の機能範疇に外項（external argument）がどのように併合されるか，すなわち内部併合によるか外部併合によるかによって記号化されているものと仮定する．

3. 探索子-目標子システム，態，再帰性，相互性[2]

標準的な探索子-目標子システムと第2章での大幅な改定版の自然な延長として，Vの上の機能範疇が，外項がある場合は外項のθ役割と内項のθ役割と格を以下のようにコロンで区切って述べられる態の区別の場所であると仮定することには十分な根拠があると思われる．[3]

(6) a. Transitive　　　v*　　[θ_1: θ_2, Acc]　　ex. John broke the vase.
　　b. Unaccusative　　v　　 [θ_1: θ_2, Acc]　　ex. The vase broke.
　　c. Passive　　　　 a*　　[θ_1: θ_2, Acc]　　ex. The vase was broken.

(6a)の他動詞の指定において，コロンの後の[θ_2, Acc]はVが内項としてDPを取り，それにθ役割と対格を与えることを指定する．それがDPであることはそれに付与されなければならない対格から帰結する．コロンの前の[θ_1]はv*が外項としてDPを取り，それに別のθ役割を与えることを指定している．この部分に格がないので，外項は（英語では）のちにTP指定部に繰り上がらなければならない．Tが主格を与えるために待ち受けていることから，主語もまたDPでなければならない．

---

[2] ハワイ大学言語学科の2008年春学期のCase and Voiceと題する授業で，態と格の関係について刺激的な議論に加わることができたことについて大塚裕子氏に感謝する．この授業から多くのことを学び，再帰性と相互性を態の一部として扱うという，これから展開する考えは，この授業での議論から発案したものである．

[3] ここでは能格と反受動格がこの枠組みでどのように捉えられるかという問題には立ち入らないことにするが，いくつかの可能性は考えられる．能格は対格言語において時制（T）が主格を付与するのに対応して，時制が付与する格であることが考えられる．あるいは能格はTが主格を欠く場合にv*が付与する特別な格であるかもしれない．

第3章　束縛の併合理論

対格の指定から対格と外項が取り除かれている (6b) の非対格の指定 [θ_1: θ_2, Acc] では，V は内項として DP を取り，それに θ 役割を与えるが，その DP は T から主格を得るために TP 指定部に繰り上がらなければならない．外項の θ 役割が取り除かれているので v は DP を項として取らない．

(6c) の受動態の指定は (6b) の非対格の指定と変わるところがない．しかし，両者の相違は受動の機能範疇がその性質において形容詞的であり，したがって (英語のような言語では) 時制を担うことができない点にある．この違いが v* ではなく，a* であることによって示されている．したがって，フランス語や英語のような言語では受動態は be や get のような「助動詞」を必要とする．他の言語では受動の軽動詞 v を有し，日本語の rare のような顕在的動詞的要素の形を取り，繋動詞を必要としない．

態（そして項構造 (argument structure)）をこのように捉えるシステムのもとでは，再帰性と相互性は，外項の θ 役割を持つが，それを受け取る独立の DP を欠く他動詞の一種として捉えられる．その意味で，再帰態，相互態と呼ぶ方がより適切であるかもしれない．これらを他の他動的軽動詞と区別するために [Ref(lexive)/Rec(iprocal)] という素性を使うことにする．これらは解釈可能な素性で，LF においても v* に留まる．

(7) a.　再帰軽動詞 v*　[Ref, θ_1: θ_2, Acc]　ex. They admire themselves.
　　 b.　相互軽動詞 v*　[Rec, θ_1: θ_2, Acc]　ex. They admire each other.

態の指定における θ 役割素性はその θ 役割を受け取る DP を併合せよという指示である．無標の（すなわち [Ref/Rec] という素性を持たない）θ 役割素性は外部併合により DP を併合せよという指示である．これに対して [Ref/Rec] を伴う θ 役割素性は DP を内部併合せよという指示である．[Ref/Red] という素性はこのように内部併合を引き起こし，同じ D の 2 つのトークンを生み出す．この併合操作を，θ 移動と呼ぶことを提案する．θ 移動は，A 移動，A′ 移動と並び，これと対比するものである．

(7a) の派生を検討しよう．

(8) a.　[　v* [admire THEY^2]]
　　　　 Ref,θ_1
　　 b.　[THEY v* [admire THEY]]
　　　　　θ_1　Ref

派生の (8a) の段階で THEY^2 と表示される [Determiner, 3rd Person, Plural] という素性の束の 2 つのトークンが V と併合されている．[Ref, θ_1] を持つ

v* が探索子として働き，DP を探して，THEY[2] をその直近の候補として発見し，そのトークンを v*P 指定部に併合しそれに θ_1 を付与する．その結果が (8b) である．

　DP (THEY) の2つのトークンがどのように書き出されるかはそれらが占める位置の格特性によって決まる．フランス語の se のように単一形態素の照応形を持つ言語においては，補部の位置にある THEY は，どちらの場合にも1つの照応形として書き出され，下に見るように，文が再帰文であるか，相互文であるかは顕在的には標示されない．

(9) 　Ils 　se regardent dans la 　glace.
　　　they se look-at 　in 　 the mirror
　　　'They look at themselves/each other in the mirror.'

themselves や each other という複合形態素の照応形を持つ英語では事態はやや複雑である．

4. 英語の再帰代名詞

4.1. 拡大 DP 分析

　Hornstein (2001), Kayne (2002) に倣って，self/selves が語彙配列 (lexical array) の一部であり，のちに himself/herself のような再帰代名詞になる DP は self の所有者として属格の D を含んでいると想定する．したがって，再帰代名詞の属格部分は所有者がより高い位置に移動した後に残された言わば「痕跡」であると主張する．さらに，Tonoike (1987, 1991, 1993)，外池 (1988) で提案した拡大 DP 仮説を採用して，英語の DP は決定詞 (Determiner), 数 (Number), 名詞 (Noun) の3層からなり，Mary dressed herself の herself の元となる DP は次のような姿をしていると想定する．[4] ([Sg] は [Singular] を表す．)

---

　[4] ここでは，Ritter (1991, 1992) に従って，Tonoike (1991, 1993) で用いた Infl に代わって Num を用いる．当時の考え方は動詞が時制に関して屈折するように，名詞も数に関して屈折するということであった．この提案についてのさらなる支持材料については上掲参考文献を参照のこと．

(10)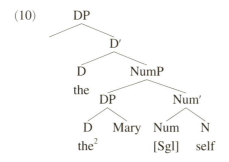

　DP の the Mary もまた 3 層構造を持っているが，ここでは説明の簡明さのために省略している．時制（Tense）がその指定部に主格（Nominative Case）を付与するのと全く同じように数（Num）がその指定部に属格（Genitive Case）を付与するものと想定する．属格は名詞を伴う DP に付与された場合は 's として具現化するが，D だけに付与された場合は属格形（his, her 等）として具現化される．(10) の構造には 2 つの D が含まれている．全体の DP に 1 つ，そして（のちに Mary's または her として具現化される）所有格 DP に 1 つである．これは John's mother で，John と (his) mother が異なる人を指すことからわかるように全体の DP と所有者 DP が異なるものを指すことから必要なことである．この 2 つの D はどちらも空として書き出されるが，その理由は異なる．上の D が空として書き出されるのは，属格の「主語」を含んでいるときに常に起こることである．下の D が空の書き出しを受けるのは，D が固有名詞を補部として持つ場合に常に起こることであると想定しているからである．ただ，She's no longer the same Mary that I used to know.（彼女はもはや私が知っていた同じメアリーではない）のような場合には顕在的な書き出しを受ける．[5]

---

[5] (10) では所有格「主語」は NumP 指定部に置かれている．(ia) のような例で，そして (iia) のような例においても，(ib), (iib) との平行関係が示す通り，属格「主語」は NP 指定部に発して，属格を得るために NumP 指定部に移動したと考える理由がある．(t は所有格「主語」の元の位置を表す．)

(i) a. [$_{DP}$ ~~the~~ [$_{NumP}$ John's three [$_{NP}$ t songs about love]]]
　　b. [$_{CP}$ that [$_{TP}$ John will [$_{VP}$ t sing about love]]]
(ii) a. [$_{DP}$ ~~the~~ [$_{NumP}$ John's [Sgl] [$_{NP}$ arrival t]]]
　　b. [$_{CP}$ that [$_{TP}$ John has [$_{VP}$ arrived t]]]

song と sing は同じ項構造を持っているということは大いにありうることであるが，そうであるなら，属格「主語」は NP 指定部に発したはずである．arrive と arrival が同じ項構造を共有しているのであれば主格主語が arrive の非対格分析において補部の位置に発するのと同じように，属格主語は arrival の補部の位置に発したはずである．

4.2. 派生例

この拡大 DP 仮説を想定したことで，(11a) のような単純な再帰文の派生を論じる準備が整った．

(11) a. Mary dressed herself (in pink).

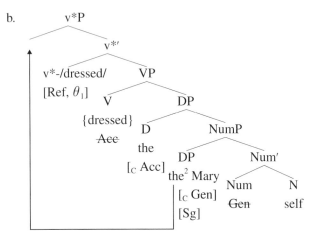

ここでは語彙複合 v*-/dressed/ が V から編出 (Excorporation) を受けていて，その意味 {dressed} を後に残している．Acc と略記されている Accusative という格素性値は，V と目的語 DP が同じ投射内にあるので，自由に移動し，外側の D の格素性枠におさまっている．（φ素性は説明の簡素化のため (11b) では省いてある．また，再帰素性 Reflexive は Ref と略記してある．）この段階では属格「主語」the Mary には Num により属格 (Genitive Case) が付与されていて，それは Num の Gen で表されている．このようなことが起こる一方で，[Ref] を持つ v* は探索子として，その領域内で指定部に併合すべき DP を探し，目的語 DP 内部の「主語」DP の the Mary を見つけて，それを指定部に繰り上げ，それに θ_1 を付与する．移動の結果，定決定詞のトークン

　この種の推論が正しければ，名詞 father は動詞 father と関係づけられるべきであり，the three children's father という DP は the father of three children と関係づけられるべきであり，さらに後者は he has fathered three children という CP と関係づけられるべきである．このことは father のような関係的な名詞の属格「主語」は補部の位置に発したということを意味する．そしてこのことはさらに，再帰の self/selves を主名詞とする属格「主語」は，self/selves が関係的名詞であることからすると，やはりその補部の位置に発したに違いないということになる．この分析が正しいものと信じるが，論述の簡便さから (10) の構造を使うことにする．

が後に残される．

　この時点で1つ指摘しておかなければならないことがある．(11b)においてv* [Ref] がこの構造において探索子として活動を始めるのであれば，その適用は不活性条件により阻まれることになる．なぜなら，大きい DP はすでに V から対格を付与されているからである．しかし，第2章で提案したように，探索子 v* [Ref] は v*-dressed という語彙複合の形で目的語の DP と併合された時点から探索子として活動を開始するのである．この段階で，dress (ed) の部分は目的語の DP に対してまだ対格を付与していなくて，それゆえ，v* の部分は目的語の内部を探して the$^?$ Mary を見つけることができるのである．v* は編出の後も the^2 Mary を同定したことを「記憶」していて，(直接に，または一旦作業台に取り出した後) 自らの指定部に併合することができるのである．このように，語彙複合と編出は第2章で見たように A′ 移動だけでなく，ここで見たように θ 移動においても，不活性条件を回避することができるのである．

　この結果が (12) である．T と C が併合され，主語の the Mary が TP 指定部に移動し，主格が与えられると，派生は収束する．

(12)

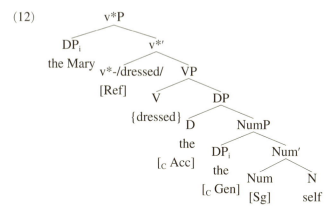

目的語の DP において，主要部 D は属格「主語」をその補部に有しているため，空として書き出される．目的語 DP の属格「主語」，すなわち DP$_1$ は実は the Mary が v*P 指定部に移動したときに残された決定詞のトークンだけからなっている．このトークンは [Genitive] と，Mary との一致により獲得した [3rd Person, Singular, Feminine] という素性を持っている．英語の形態論レキシコンはこの素性の束にとってかわる形態素として her を含んでいると想定する．言い換えると [Genitive, 3rd Person, Singular, Feminine] を持つ the

は her として書き出され，これにより，[Genitive] という解釈不能素性が除去されるのである．ここでは Halle and Marantz (1993) の分散形態論 (distributed morphology) を採用して，適切な素性の束が集められるやいなや，それは形態的要素により置き換えられると想定する．また，her self という連鎖は底レベルの音韻規則により herself となると仮定する．[6] T と C の語彙複合との併合と主語の TP 指定部への移動により (13a) の連鎖が得られる．音声要素と意味要素を切り離すと，(13b) の PF 表示と (13c) の LF 表示が得られる．

(13) a. [$_{CP/TP}$ /Mary/ C-T [$_{v*P}$ {the Mary} v*[Ref]-/dressed/ [$_{VP}$ {dressed} [$_{DP}$ {the} [her] Sg self]]]]
 b. [Mary [dressed herself]] (PF)
 c. [$_{CP/TP}$ C-T [$_{v*P}$ *the* Mary v*[Ref] [$_{VP}$ dressed [$_{DP}$ the [*the* Num self]]]]] (LF)

(13c) に含まれる定決定詞の 2 つのイタリック体のトークンは同じ決定詞の同一のコピーである．このことが her (self) と Mary が同一指示的であることを捉えている．

4.3. DP の位相性と側方移動

CP と DP の平行性からすると，DP も位相である可能性が高い．位相における操作が完了すると位相主要部の補部は転送されると仮定すると，(11) の属格「主語」を含んでいる NumP は，DP 全体が v*-V と併合されるときまでには，転送されていることになり，属格「主語」はもはやいかなる併合にとっても利用可能でないことになる．そうなると，この場合には併合は (5c) の形を取ることになる．つまり，the Mary は目的語の DP から取り出されて，作業台の上に置かれることになる．これは併合による旅の最初の一歩ということになる．v*-V が併合され，v* が編出され，その指定部の位置を埋めて，動作主の θ 役割を与えるべき DP を必要とするときに，作業台の上で併合される機会を待っていた the Mary が併合される．これは，1 つの統語体から取り出された要素が，再び併合される前に一瞬と言えども，元の統語体とは独立した統語体となるという意味で (5b) で記述した側方移動と類似している．

---

[6] himself と themselves と itself は対格を示す．しかし，これらは歴史的な変化を経て生じた hisself, theirselves, itsself の変異形であると仮定する．ただし，これがその通り英語の歴史的変化において起こったことではないこともまた注記して置かなければならない．例えば myself は対格の me と強調の self の組み合わせとして始まったのである．この点の指摘について野村忠央氏に感謝する．

このような併合のあり方は，文献で想定されている2つのあり方，すなわち外部併合と内部併合のどちらにも合わないので，奇妙なものであるという印象を受けるかもしれない．しかし，このような適用のあり方を排除するものは何もない．ある要素が併合を受ける場合に出発点を出た時点から，到着点に達する時点の間に，作業台の上にあるその要素あるいは他の要素には何も起こってはならないというようなことを言うのは規定的（stipulative）である．すべてのことが自由に起こるべきである．途中下車の適用が一旦認められれば，それはA移動にも，A′移動にも適用可能であり，付加部の遅延併合（Late Merge）を認めることになる．

4.4. Self/Selfves の機能

　self/selves の機能について少し述べておかねばならない．Hornstein (2001) は (14) がリンゴ・スター[7]が自分の像を見たという出来事を述べるのに使うことができるという興味ある Jackendoff (1992) の観察を引用して，self/selves が代名詞に付加されている付加部（adjunct）であるとする自分の再帰代名詞の分析がそれを説明できると主張している．

(14)　Ringo saw himself today (at the museum).　(Hornstein (2001: 164))

Hornstein は self の部分が対格を担っているが，Ringo の代名詞のコピーに付加されていると言う．それゆえ himself という対格形は，対格を担っている付加部の self と一致しているから，Hornstein にとっては予想される形であるという訳である．（逆に言うと1人称，2人称の属格形は不規則な形であることになる．）Hornstein が言うには，(14) において himself がリンゴ自身ではなく，Jackendoff の言う「リンゴ像（I(mage) Ringo)」を指すことができるということは Ringo のコピー，すなわち him が付加部の self により修飾されているという事実のためであるというのである．

　本章の提案は別の説明を提供する．(14) で himself がリンゴという人を指さなくても良いのは himself は Ringo の外延を指しているのではなく，再帰的目的語の himself の主要部の self の外延を指しているからである．self は名詞であり，したがって Ringo の特性（property）である self を指すのである．この事実を以下のように仮定して捉えることができる．self/selves は「いかなるものであれ，関連する特性（any relevant property or properties）を指し，そのため，himself（< hisself）は「いかなるものであれ彼の関連する特性

---

　[7] リンゴ・スター（Ringo Starr）はビートルズのメンバー．

(any relevant properties of him)」を指し，そこには（14）ではリンゴの像も含まれると仮定するのである．そのような観点から見れば，再帰代名詞とその先行詞は通常の例においても同じものを「指示」してはいない．

(15) a. John is proud of himself.
  b. John washed himself.

(15a)における John は John の全存在を指しているのではなく，彼の心的側面を指していて，himself は彼の体力，彼の学問的業績，等々と様々なものを指し得る．これを（15b）と比較してみよう．ここでは John は彼の意思を持った動作主としての側面を指していて，himself は彼の身体（またはその部分）を指しているのであって，彼の体力とか学問的業績を指しているのではない．self/selves を主要部 N として扱うここで提案している分析は（15）についてのこれらの事実を Hornstein の分析よりより直截に捉えている．[8]

4.5. ECM 再帰形

この分析が例外的格付与（ECM）再帰形をどのように処理するかを見るのは容易いはずである．(16a) の派生を順に辿って見よう．まず，派生が (16b) に示すように主節の VP に達したとしよう．（ここでは，Bowers (1993) の叙述分析（Predication Analysis）のもとでの述部内主語仮説を想定しているが，述部部分と Num の投射は簡素化のために割愛している．）

(16) a. The student considers herself to be smart.

---

[8] この意味で self/selves は日本語のいわゆる再帰代名詞「自分」としばしばともに使われる「こと」によく似ている．言語横断的に再帰的な代名詞によく見られることであるが，「自分」は属格で使われるのが最も自然に響き，その最も自然な主名詞は「こと」である．（「自身」ももう1つの可能性であるが，強調の機能を果たす．）例えば (ia) の最も自然な翻訳は (ib) である．
  (i) a. John hates himself.
    b. ジョンは自分のことが嫌いだ
「自分のこと」とは「自分についてのもろもろのこと」ということである．筆者の知る限りでは Takubo (2007) はこの「こと」の興味ある特性に気づいた最初の研究者である．彼は eventuality という概念を使っての記述を行っている．つまり (ib) は John hates (all) his eventualities. ということである．ただし，違いもある．「ジョンが自分のことを見た」はジョンが自分の像を見たという意味では適切ではない．これは「こと」が抽象的な特性を表し，そのために，「見る」の目的語としてはふさわしくないからであろう．それでも self/selves と「こと」とはものの全体ではなくてその側面を指すとい同じ特性を共有しているという事実は残る．

第 3 章　束縛の併合理論

b.
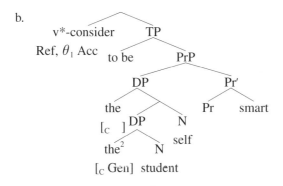

the の 2 つのトークンの束，the^2 には（表されてはいないが）Num から属格が付与されている．主語の DP 全体の主要部にはまだ格は付与されていない．従属節の主語の DP の VP 指定部への A 移動により（16c）が得られる．

(16) c.
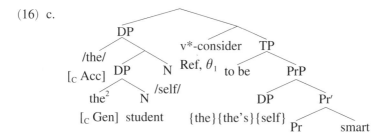

これで従属節主語の DP は格付与子の V と同じ投射にある．このことにより対格が主要部の D に付与される．{consider} を残しての v*-/consider/ の編出により（16d）が得られる．

(16) d.
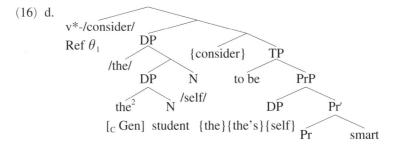

属格を持つ the のトークンを残しての the student の v*P 指定部への θ 移動により，(16e) が得られる．student の前の the の 2 つのトークン the^2 は実際は音形 /the/ の 2 つのコピーと 1 つの意味のコピー {the} からなっていて，意味

のもう1つのコピーは TP の中に {the's} として残っている.

(16) e.

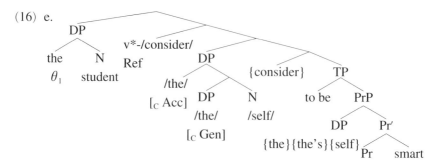

θ_1 は新しい主語に付与されている. T-C の併合と主語の A 移動により (16a) が得られる. ECM 主語は (16f) の連鎖からなっていて, student は v* 指定部の主語の位置に移動している.

(16) f.　/the/ /the/ /self/
　　　　　Acc Gen

(16f) の2つの /the/ のうち, /the/ Acc は後に属格 DP が続く場合にそうであるように, 空書き出しを受ける. /the/ [Gen] は [3rd, Sg, Feminine] の素性により /her/ と書き出され, /self/ と組み合わされて herself となる. v*P の LF 表示は (16g) の姿をしており, 2つのイタリック体の the は同一の決定詞のトークンで, これが同一指示を捉えている.

(16) g.　[C-T *the* student v* [believes the *the*'s self to be smart]]

4.6. 複雑な述語

再帰性は (16) に見るように1つの述語をまたいで成立するばかりでなく, (17a, b) に見るように複雑な述語をまたいでも成立する. 本章で提案する再帰性へのアプローチのもとでは (17a, b) は v* が併合された段階では (18a, b) の構造を有しているはずである.（今後この章の終わりまで, 派生の編出部分と Num 投射は, 特に断らない限り, 説明の簡明化のために割愛する.）

(17) a.　Mary looked at herself (in the mirror).
　　　b.　Mary took a look at herself (in the mirror).
(18) a.　[v* [$_{VP}$ look [$_{PP}$ at [$_{DP}$ the [the^2 Mary's] self]]]]
　　　　　θ_1, Ref　　　　　　　　Acc

b.　[　v*　[VP take [DP a look [PP at [DP the [the² Mary's] self]]]]
　　θt, Ref　　Acc　　　　　Acc

前置詞 at の目的語には 2 つの異なる決定詞，the（すなわち the¹）と the² が含まれていて，前者は目的語 DP 全体の主要部で，後者は属格 DP の主要部である．探索子 v* はこのうち the² を含む属格主語の the² Mary を目標子として同定し，それを，（一旦作業台に取り出した後でも，あるいは直接にでも）自らの指定部に併合する．[9]

4.7　属格再帰形

再帰代名詞とある種の属格代名詞との間に平行関係があるという洞察は生成文法の伝統の中では 1970 年代に遡る（Helke (1970) 参照）．

(19)　a.　The boy hurt himself.
　　　b.　*The boy hurt herself.
　　　c.　The boy craned his neck.
　　　d.　*The boy craned her neck.

(19a) と (19c) が文法的で，(19b) と (19d) が非文法的であるという事実を捉える最も単純な方法は，(19a) を派生するのと同じ方法で，(19c) を派生す

---

　[9] ここでも不活性条件が v* による探索を阻止するように見える．(18a) では前置詞 at がすでに全体の DP に対格を付与している．(18b) はより深刻で，目標子の DP は二重に DP に埋め込まれている．この問題は，v* と V が動詞的語彙複合の中核をなしているが，他の範疇もこれに参画しうるという江頭・外池 (2010) が A′ 移動について行った提案により解決できる．
　次の例において wh 移動が at の目的語に適用可能であることを説明するには，編出分析のもとでは，v*-look-at や v*-take-a-look-at もまた可能な語彙複合であり，これらの語彙複合の v* の部分が wh 目的語と併合されたときに，それが格を付与される前に，それを同定することができると想定する必要がある．
　　(i)　a.　What did Mary look at?
　　　　b.　What did Mary take a look at?
この分析を (17) に当てはめて，v*[Ref] が語彙複合のメンバーとして大きい DP と併合された際には前置詞 at や動詞 took から格が付与されていないので，その中を見て，the² Mary を同定することができるとすればよい．
　ここで提案している分析には不活性条件違反の可能性がもう 1 つある．それは属格「主語」the² Mary には Num からすでに属格が付与されているからである．この問題の解決は簡単である．属格は D の 2 つのトークンの 1 つに付与されているから，もう 1 つのトークンはまだ活性的であるからである．

ること，すなわち [Ref] と θ_i という主語の θ 素性により v* に込められた再帰性を持ちうる，本章の探索子-目標子の提案により導くことである．(19a) (19c) は下に示す中間派生構造から平行的に導くことができる．

(20) a. [$_{v*P}$ v* [$_{VP}$ hurt [$_{DP}$ the [$_{DP}$ the^2 boy] self]]]
θ_i, Ref   Acc
b. [$_{v*P}$ v* [$_{VP}$ crane [$_{DP}$ the [$_{DP}$ the^2 boy] neck]]]
θ_i, Ref   Acc

(20a) からの派生についてはもはや説明は不要であろう．(20b) では v* が唯一の目標子候補 the^2 boy を見つけ，それをその指定部に繰り上げ（後にトークン the を残し）それに θ_i を付与する．これにより (21) が得られる．

(21) [the boy v*-/crane/[$_{VP}$ {crane} [$_{DP}$ the [$_{DP}$ the's] neck]]]
θ_i Ref   Acc   Gen,

内部の DP の決定詞のトークンは [Gen] と boy と一致して [3rd Person, Singular, Masculine] という ϕ 素性を持っている．この素性の束は (20a) の派生におけると同じく，his に置き換えられ（とりわけ [Gen] という解釈不能な素性が除去され）る．his self は himself と書き出される．これにより，(19c) のような分離不可能な所有物を含む例は「再帰的」であるという長年の洞察を捉えることができる (Pica (1987, 1991), Reuland (2005) 参照)．

4.8.　二重目的語構文

次の例では2つのことが問題となる．

(22) a.　John talked to Bill about himself.
b.　John showed Bill himself (in the mirror).

最初の問題は Bill を挟んで，John と himself をどのように関係付けるかの問題である．もう1つの問題は Bill と himself を v* に基づく探索子-目標子システムでどのように関係付けられるかという問題である．

　提案している探索子-目標子分析のもとでの最初の問題はこうである．主語と同一指示的な再帰代名詞を含む (22a, b) を派生する際には探索子 v* はその目標子として，それを C 統御している非主語の Bill を差し置いて，二番目の非主語を選ばなければならない．このことは，提案している分析にとって深刻な問題になる可能性がある．なぜなら，主語の A 移動，（多重 WH 構文における）WH 句の A' 移動のような，探索子-目標子の他の知られているケー

スでは，目標子は常に直近の候補であるからである．

　しかし，この問題は見かけ上の問題である．再帰代名詞が主語と同一指示であるという解釈での (22a, b) の基底構造はそれぞれ (23a, b) のような姿をしている．（編出に関わる部分は割愛してある．）

(23) a.　[$_{v*}$　[$_{VP}$ to the Bill talked about [$_{DP}$ the [$_{DP}$ the^2 John] self]]]
　　　　　θ_1, Ref　　　　　　　　　　　　　　Gen
　　 b.　[$_{v*}$　[$_{VP}$ the Bill showed [$_{DP}$ the [$_{DP}$ the^2 John] self]]]
　　　　　θ_1, Ref　　　　　　　　　　　　Gen

それぞれの表示において，トークンが 2 つある決定詞は 1 つしかない，John の前の the^2 である．決定詞が θ 移動を受けるためには 2 つ以上のトークンが必要である．したがって，Bill の前の定決定詞は，1 つのトークンしかないから θ 移動の候補ではないのである．

　二番目の問題は himself が Bill と同一指示的である解釈での (22a, b) の派生に関わる．この問題を処理するためには，分析を修正して，下に示すごとく，V も [Ref] と付与すべき θ 役割を持ちうると仮定しなければならない．

(24) a.　[$_{VP}$ talked about [$_{DP}$ the [$_{DP}$ the^2 Bill] self]]]
　　　　　　θ_2, Ref　　　　　　Gen
　　 b.　[$_{VP}$ showed [$_{DP}$ the [$_{DP}$ the^2 Bill] self]]]]
　　　　　　θ_2, Ref　　　　　Gen

V は探索子として働き，the^2 Bill を見つけ，それをその指定部に繰り上げ，θ_2 を付与し，元の位置に定決定詞のトークンを残す．これにより (25) が得られる．

(25) a.　[$_{VP}$ [$_{DP}$ the Bill] talked about [the [the's self]]]
　　　　　　θ_2　　　　　　Ref　　　　　　　Gen,
　　 b.　[$_{VP}$ [$_{DP}$ the Bill] showed [the [the's self]]]]
　　　　　　θ_2,　　　　　Ref　　　　　Gen

　しかし，(22a) の to の問題が残っている．θ 移動は目標子 DP を取り出すが，着地点に併合される前に，一旦作業台の上に置くと想定したことはまだ記憶に新しいはずである．それゆえ，作業台にある間は，独立した統語体であり，そういうものであるから，例えば to のような他の統語体との併合を受けることができ，それはのちに，talk が to 句を取ることができるという語彙特性に従って (25a) の VP 指定部に併合されうる．これにより (26) が得ら

(26) [$_{VP}$ [$_{PP}$ to [$_{DP}$ the Bill]] talked about [the [the's self]]]
         θ_2 Ref   Gen

その後の派生はいつもの通りである.

4.9. 変項束縛

(27a) の例は束縛変項を含んでおり,それはしばしば (27b) のように表される.

(27) a. Every girl dressed herself in pink.
　　 b. ∀x, x a girl, x dressed x in pink
　　 c. [$_{v*P}$ every *the* girl v* [$_{VP}$ dressed the [*the*'s self]]]

再帰代名詞の θ 移動分析は (27c) に示すように,束縛変項解釈に必要な決定詞の 2 つのトークンを含む.この種の構文でどのように演算子−変項構造が成り立つかについては第 5 章で論じる.

5. 相互性

5.1. 単純な場合

相互性 (Reciprocity) は,再帰性の場合と同じように v* が担う [Reciprocal] という素性と,主語の位置に与える θ 役割と,目標子が担っている [each/other] という複合素性により捉えられるものと提案する.次の例を見てみよう.

(28) a. The professors hate each other.
　　 b. Some professors hate each other.
　　 c. All the professors hate each other.

これらはしばしば指摘されることであるが (29) のように言い換えが可能である.

(29) a. The professors each hate the other(s).
　　 b. Some professors each hate the other(s).
　　 c. All the professors each hate the other(s).

この事実を直裁に捉えるために,例えば (28a) は次の構造から出発するもの

と提案する.

(30) [$_{v*P}$ v* [$_{VP}$ hate [$_{DP}$ each the^2 other [$_{NumP}$ Pl [$_{NP}$ professors]]]]]
　　　θ_1, Rec　　Acc

再帰性の場合と同じように，v* Rec は探索子としてその領域を the のトークンを2つ持ち each other を含む複数 DP を探し，見つけると，each the other Pl professors の連鎖からなる構成素を取って，それを v*P 指定部に併合する．これにより，(31) が得られる．

(31) [$_{v*P}$ [$_{DP}$ the [$_{NumP}$ Pl [$_{NP}$ professors]]] v* Rec [$_{VP}$ hate [$_{DP}$ each the other]]]

これで正しい連鎖が得られるが，数量詞 each は目的語 DP に留まったままで，(29a) のように主語を量化していない．意味的要素が顕在的移動に便乗 (Piggybacking) できる顕在的統語論仮説のもとであれば，each の意味 {each} を the professors とともに運び，後に each の音 /each/ を残すことができる．そうすると，次の構造になる．

(32) a. [$_{v*P}$ [$_{DP}$ {each} the [$_{NumP}$ Pl [$_{NP}$ professors]]] v* [$_{VP}$ hate [$_{DP}$ /each/ the other]]]
　　 b. LF: each *the* professors hate *the* other

いつものように，目的語の位置にある /each/ the other という連鎖において，定決定詞は空として書き出される．[10] LF 表示は (32b) のようなものを含んでいることになるが，イタリック体の定決定詞は1つの定決定詞のトークンであり，第5章で詳しく論じるように数量詞 each により束縛される変項として機能しているのである．

5.2. より複雑な場合

同じ分析が他の相互性の例にも適用可能である．

---

[10] まだ，次のような例と関係づける課題が残っている．
　(i) Each of the professors hates the other(s).
　(ii) The professors each hate the other(s).
ここでは暫定的に次のようなことを提案する．(ii) は Koopman (1988)，Koopman and Sportiche (1991) の数量詞遊離分析を便乗分析に焼き直すことができれば生成可能である．つまり，(32a) の主語が TP 指定部に A 移動を受けるときに，each の音 /each/ を v*P 指定部に置き去りにすることができるということである．(i) は of が余計にあるから，別な派生をたどるとするしかない．

(33) a. The professors believe each other to be incompetent.
　　b. The professors looked at each other.
　　c. The professors took a look at each other.
　　d. The president talked to the professors about each other.

(33a) は相互代名詞の ECM 版であるが，特別な扱いは必要ない．再帰代名詞の場合と同じように処理できる．(33b, c) は前置詞の補部にある相互代名詞の例である．(33c) はまた a look という名詞表現の中に含まれた相互代名詞の例でもある．これらはそれぞれ v*-look-at, v*-take-a-look-at という語彙複合と編出による (17) の再帰代名詞の場合と同じように問題なく処理できる．

5.3. 属格相互文

英語の再帰代名詞と相互代名詞の間には1つの相違点がある．再帰代名詞は属格では決して現れないが，相互代名詞は each other's のように属格で現れる．

(34) a. *The professors hate themselve's students.
　　b. The professors hate each other's students.

この事実を両者の間の DP への埋め込みの深さに関連づけることは魅力的である．

(35) a. [$_{v*P}$ v* [$_{VP}$ hate [$_{DP}$ the [$_{DP}$ the [$_{DP}$ the^2 professors] selves] students]]]
　　b. [$_{v*P}$ v* [$_{VP}$ hate [$_{DP}$ the [$_{DP}$ each the^2 other [$_{NumP}$ Pl professors]] Pl students]]]

(35a) では，定決定詞の2つのトークンは3つの DP の中に埋め込まれているのに対して，(35b) では2つの DP の中に埋め込まれている．しかし，先に想定したように θ 移動の最初の一歩で DP を取り出し，それを作業台に，どこかへ併合できるまで置いておくことができるのであれば，そのような解決方法はうまく行かない．もっと単純な説明は，あまり目覚ましいものではないが，再帰代名詞には属格形がないと言うことである．

6. PRO

6.1. 義務的制御の PRO

現在提案している理論のもとでは，(36a) のような義務的制御の PRO を含む例は，v* の編出の前には，to が格素性値の空 (Null) を持ち，v* が θ_1 と (Control の略の) Cntr という素性を持つ，(36b) に例示する段階を経る．

(36) a. The student expects PRO to pass the exam
    b. [v*   [expects [to [the² student pass the exam]]]]
       θ_1 Cntr   Null

埋め込まれた主語は，定決定詞の意味 {the} を後ろに残して，不定詞の to の指定部に繰り上げられ，定決定詞の 1 つのトークンの音は to から空格を得て，結果 (36c) が得られる．

(36) c. [v* [$_{VP}$ expect [the student to [{the} pass the exam]]]
       θ_1 Cntr   Null

位相主要部の v* はその領域を探して the² student を見つけ，the student の部分を v*P 指定部に引き上げ，後に /the/ を空格とともに残し，v* は the student に θ_1 を付与し，結果 (36d) が得られる．

(36) d. [the student v* [$_{VP}$ expect [/the/ to [{the} pass the exam]]]
       θ_1 Cntr   Null

the の音 /the/ は空格を持っているので PRO として書き出され，その意味は埋め込み v*P の中に残っている．

これに代わる明白な代案は PRO は定決定詞が非格位置に残されたときの結果であるとする Baltin (1995) が提案した立場である．以下の遊離数量詞，遊離強調再帰代名詞，項志向副詞の分布に基づき，Radford (2004) は空補文標識により空格を付与される位置に繰り上がると主張している．

(37) a. [To both be betrayed by their friends] would be disastrous for Romeo and Juliet.
    b. [To themselves be indicted] would be unfair on the company directors.
    c. It was upsetting [to personally have been accused of corruption].
                                                     (Radford (2004: 239))

先に提案したように遊離数量詞は A 移動が元の位置に音を残した結果であるとすれば，そして，A 移動が特に下線の位置を経由して連続循環的に起こりうるとすれば，(37) の例は次の構造から派生することができる．

(38) a. [to ___ be betrayed both the by their friends]
 b. [to ___ be indicted the themselves]
 c. [to ___ have been accused the personally of corruption]

義務的制御の PRO についてここで提案しているアプローチは，疎漏同一性 (sloppy identity) の例 (39d) を除き，Hornstein (2001) が Williams (1980) から引用している PRO の特徴的な特性をすべて説明できる．

(39) a. *It was expected PRO to shave himself.
 b. *John thinks that it was expected PRO to shave himself.
 c. *John's campaign expects PRO to shave himself.
 d. John expects PRO to win and Bill does too.
 e. *John$_i$ told Mary$_j$ PRO$_{i+j}$ to leave together.
 f. The unfortunate expects PRO to get a medal.
 g. Only Churchill remembers PRO giving the BST speech.

Hornstein の説明におけると同じく，非文法的な例は PRO (またはより深い v*P 指定部) の位置と (先行詞がある場合には) その位置とが，関連する v* によって探索子-目標子の関係で関連づけることができないとして排除できる．(39a) の PRO は先行詞がなく，したがって移動分析では派生不可能である．(39b) では，先行詞が遠くにあって v* Cntr によって関係付けることができない．(39c) では John が属格「主語」の位置にあり，v* Cntr によっては関係付けることができない．(39d) は，and の後の部分を除けば，典型的な義務的制御 PRO の例であるが，先行詞 John と PRO (の出発点) の位置とは主節の v* Cntr により関係づけることができる．(39e) が非文法的であるのは v* Cntr は目標子を分割して別々の位置に併合することができないからである．
　(39f) が de se の解釈，すなわち，主語の the unfortunate が自分自身について持っている予想／期待 (すなわち自己予想／期待) を表している解釈しか許さないという事実は the unfortunate と PRO が同じ決定詞を共有しているという事実により捉えられる．(39g) は，自分が BST 演説をしたという記憶を持っているのはチャーチルだけであるという解釈しかない．この解釈はチャーチルが生きている間は成立するが，現在は成立しない．彼＝チャーチルが BST 演説をしたことを記憶しているのはチャーチルだけであるという (実

際上も真ではあり得ない）解釈はできない．このことは PRO の元になっている定決定詞が Only Churchill の中に含まれている定決定詞と同一であることによって捉えられる．

6.2. NP の PRO 主語

ここでは，下に示すような無冠詞の NP を含む動詞的イディオムが義務的制御の PRO を含むものであることを主張する．

(40) a. We should keep that in PRO mind.
b. He has everything under PRO control.
c. John goes to PRO school/church/office/bed at nine.

これらの例は興味ある特性を共有している．まず，主名詞には決定詞も属格「主語」もなく，また複数で現れることがない．次に無冠詞の名詞はすべてなんらかの意味で主語に「属する」ものを指している．例えば（40c）の school を考えてみよう．John goes to school と言うときに，どの学校でもよいというわけではない．John が在籍している学校に通っているということである．三番目にこれらの例はすべてイディオム的な意味を持っていて，決定詞を追加したり，名詞を複数にすると，イディオム的意味は失われる．

(41) a. *We should keep that in our minds.
b. He has everything under his control.
c. John goes to all these schools/churches/offices/beds.

(41a) は字義的な意味しかない．(41b) は強調的で (40b) が持つ中立的なイディオム解釈を欠いていて，彼と他の誰かとの対比がある場合にのみ可能である．(41c) は可能であるが，これらの学校／教会／ベッドに物理的に移動するという事象を記述するものとしては可能であるが，学習のために学校に，礼拝のために教会に，そして睡眠のためにベッドへ行くということを意味しない．

これらの特徴は (40a-c) が次のような v*P を含んでいると仮定すれば自然に捉えることができる．(42a) の WE，(42b) の HE は，それぞれ，適切な格付与子から，主格，対格，属格を受け取ると we/us/our, he/him/his として書き出される第一人称複数の決定詞，第三人称男性単数の決定詞の形態論的コードを表す．

(42) a. $[_{v*P}\ v^*\ [_{VP}\ that\ [_{V'}\ keep\ [_{PP}\ in\ [_{NP}\ WE^2\ mind]]]]]$
　　　　θ_1, Cntrl　　　　　　Acc

b. [$_{v*P}$ v* [$_{VP}$ everything [$_{V'}$ have [$_{PP}$ under [$_{NP}$ HE² control]]]]]
　　　　θ_1, Cntr　　　　　　　　　Acc
　　c. [$_{v*P}$ v [$_{VP}$ [$_{V'}$ go [$_{PP}$ to [$_{NP}$ [$_{DP}$ the² John] school/church/office/
　　　　θ_1, Cntr　　　　　　Acc
　　　bed]]]]]

(42a, b) では V の Acc(usative) は that と everything が VP 指定部に併合されると付与される．v* は，探索子として，2つ以上の D のトークンを持つ直近の DP を探し，NP 指定部にある WE² と HE² を見つけて，それを v*P 指定部に繰り上げ，NP 指定部に WE と HE のトークンを残す．(42c) では主動詞が非対格の go であるが，θ 役割と [Cntr] を担っているのは v である．この v がその領域において2つ以上の D のトークンを持つ DP を探し，the² John を直近の候補として見つけ，定決定詞のトークンを残して，vP 指定部に繰り上げる．(主要部移動，すなわち編出の影響は簡潔性のため割愛してある．)

　結果は以下に示す通りである．

(43) a. [$_{v*P}$ WE v* [$_{VP}$ that [$_{V'}$ keep [$_{PP}$ in [$_{NP}$ WE mind]]]]]
　　　　θ_1　Cntr　Acc
　　b. [$_{v*P}$ HE v* [$_{VP}$ everything [$_{V'}$ have [$_{PP}$ under [$_{NP}$ HE control]]]]]
　　　　θ_1　Cntr　Acc
　　c. [$_{v*P}$ [$_{DP}$ the John] v [$_{VP}$ [$_{V'}$ go [$_{PP}$ to [$_{NP}$ the school/church/office/
　　　　θ_1　　　　　Cntr　　　　　　　Acc
　　　bed]]]]]

3つの場合のすべてにおいて，前置詞 in, under, to の目的語は DP でも，NumP でもなく，NP であることに注意が必要である．Num が存在しないことは名詞の複数形がないことを説明する．「痕跡」の決定詞 WE, HE, the に属格を付与する Num がないのであるから，属格形 our, his, his は出て来ない．N が空格を付与することができると仮定すれば，WE, HE, the は PRO として書き出されることになる．[11]

(44) a. We should keep that in PRO mind.

---

[11] 上で述べたように，これらの名詞の NP 内部の主語は指定部の位置ではなくて，補部の位置に発している可能性がある．しかし，そのことはここでの議論に影響を与えない．なぜなら，痕跡の決定詞はいずれにせよ空の書き出しを受けるからである．

b.　He has everything under PRO control.
   c.　John goes to PRO school/church/office/bed at nine.

これらの例が PRO を含んでいることは，疎漏同一性 (Sloppy Identity) を必要とし，厳密同一性 (Strict Identity) を許さないことからも確認される．

(45) a.　We should keep that in mind and so should you.
   b.　He has everything under control and so does she.
   c.　John goes to school/church/office/bed at nine and so does Bill.

(45c) を考えてみよう．この例は John と Bill が同じ学校／教会／職場／ベッドに行くことを全く意味しない．もちろん偶然同じであることはありうる．

このように，Hornstein が移動によって派生することを提案する義務的制御の PRO のほかに，無冠詞名詞句の中に義務的制御の PRO が含まれる場合がある．これらの照応形は v* または V に仕組まれた [Cntr] と追加の θ 役割と，v* または V の領域に存在する D の2つ以上のトークンの結果生じるのである．言うまでもないことであるが，照応形はそれを C 統御する局所的先行詞により「束縛される」という照応形を定義づける特徴はこの探索子に基づく移動分析から自動的に帰結する．

7.　代名詞化

さて代名詞化に話を移そう．代名詞が DP が Nunes (2001, 2004) の（大幅に拡大した）意味での側方移動により移動されたときに後に残された定決定詞の書き出しであるという意味で，Hornstein (2001) の表現を借用すれば，代名詞もまた「移動の残滓 (residue of movement)」であることを提案する．

7.1.　側方移動 (Sideward Movement)

(46) に例示される寄生空所に基づいて，Nunes (2004) は1つの統語体から別の統語体へ要素を移動する，側方移動と呼ぶ操作が UG の一部として含まれることを提案した．移動 (Move) が複写 (Copy) と併合 (Merge) の組み合わせであるという広く流布している仮定から出発して，併合がその中から要素が取り出された統語体に対してだけでなく，下に示すように，作業台にある別の統語体に対しても適用できることを Nunes は提案した．

(46) a.　Which paper did you file without reading?
   b.　file　　without reading which paper　→複写

82

  c. file which paper without reading which paper →併合
  d. file which paper without reading which paper
  e. [file which paper [without reading which paper]]

(46b) の 2 つの統語体が与えられると，側方移動は (46c) にあるように WH 句 which paper のコピーを付加部の PP から取り出し，それを動詞 file と併合し，(46d) のように VP を形成し，それに付加部を付加し，(46e) の中核 VP を作り出す．側方移動は次の図式としてまとめることができる．

(47)

統語体 K に含まれていた要素 α がコピーとして取り出され，統語体 L と併合されより大きい統語体 M が形成される．

 もともとの側方移動では，(46)，(47) に示すように複写操作の直後に（外部）併合が起こることになっていた．しかし，これは，移動は移動される要素が併合されるなんらかの要素によって駆動されるとする当時広く流布していた仮定によるものであった．しかし，この仮定は規定的 (stipulative) であり，ゆえに除去して，移動すなわち内部併合は自由に適用するとする帰無仮説に取って代わられるべきである．複写操作も除去して，本章第 2 節で示唆したように語彙項目は任意の数の同一のトークンとしてレキシコンから取り出されうるとする代案の仮定により置き換えることができる．このように側方移動を捉えなおすと，(46a) の派生は下に示すように進むことになる．which paper は定決定詞の 2 つのトークンを含んでいることに注意されたい．

(48) a. file without reading which the^2 paper
  b. file which the paper without reading the

which paper の中に含まれる定決定詞のトークンは，(2e) で示したように，数量詞または WH 演算子に先行されると空の書き出しを受ける．reading の補部の位置に残されている定決定詞のトークンが空書き出しを受けるのはまた別の話である．この場合は WH 移動の「痕跡」であるからである．reading の目的語への最初の併合の適用は A′ 移動としての性質を持っており，定決定詞の意味のトークン {the} を後に残し，reading から付与された格とともに音のトークン /the/ を運んでいくと提案する．そのため，「痕跡」は /the/ を欠いて

いるので，書き出しのしようがないのである．
　定決定詞のトークンの数が派生において併合が適用する数に合わなければ，θ役割が付与されずに残るか，Dのトークンがθ役割を受けられないために，派生が破綻する．したがって，トークンの数について何も言う必要はないのである．間違った決定がなされれば，派生が破綻するのである．
　併合の適用として，このように改定された側方移動を一旦許せば，併合の遅延適用 (deferred application) の可能性が開ける．併合の遅延適用というのは，ある要素が統語体から取り出された状況で，併合をすぐに受けるのではなく，作業台に一旦おかれて，主要部であろうが，それより大きいものであろうが，それと併合できる何らかの統語体が形成されるのを待つことができることを意味する．例示すると以下のようになる．

(49) 　　　　　　βのKへの併合　αのQへの併合

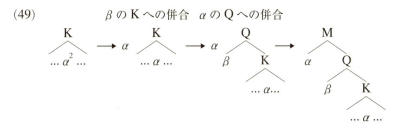

これまでのことをまとめるとUGには次の移動の種類があることになる．

(50)　移動の類型

駆動子	探索子駆動 非θ駆動		探索子駆動 θ駆動	非探索子駆動 θ駆動	
類型	A 移動	A′ 移動	θ 移動	側方移動	
				即座	遅延
局所性	局所的	局所的	局所的	半局所	非局所
痕跡	DP 痕跡	WH 痕跡	照応形	PRO または代名詞	代名詞

A移動とA′移動は探索子により駆動され，したがって位相内で適用するか，位相の周縁から次の位相との間で適用しなければならないので，厳密に局所的である．これらはともに空の痕跡，DP痕跡，WH痕跡を残す．照応形は [Ref/Rec] とθ役割を持ったv*（またはV）により駆動されていると言う意味で，θ役割に駆動されているとともに，探索子にも駆動されている．した

84

がって，照応形も厳密に局所的である．痕跡の書き出しは目標子 DP の格特性とその中に含まれる要素による．側方移動は探索子によって駆動されるのではなく，併合が常に θ 位置であると言う意味で θ 駆動である．局所的に適用される場合，つまり，対象を取り出してすぐに併合が適用される場合は，痕跡は通常 PRO であるが，再録代名詞（resumptive pronouns）のように顕在的である場合もある．非局所的である場合，つまり，併合が派生の後の段階まで遅延される場合には，「痕跡」は顕在的で，代名詞の形をとる．

7.2. 代名詞化

　これで代名詞がいかに生成されるかを論じる用意が整った．次の例の派生を検討しよう．

(51) a. The student thinks that he is smart.
　　 b. Every student thinks that he is smart.

埋め込み CP が形成されたところで，次のような構造になっている．（述語内主語仮説は論述の単純化のために割愛してある．また every student という DP には定決定詞が含まれていることに留意されたい．）

(52) a. [$_{CP}$ that [$_{TP}$ [$_{DP}$ the^2 student] is smart]]
　　 b. [$_{CP}$ that [$_{TP}$ [$_{DP}$ every the^2 student] is smart]]

この段階での選択肢の1つは v*-think を併合することであるが，v*-think の主語の位置に併合できる DP を形成する何かを語彙配列が有していなければ派生は破綻する．しかし，the^2 として示すように定決定詞に2つ以上のトークンがあれば，D のトークンの1つを後に残して，もう1つのトークンを含む DP を作業台に取り出しておくことができる．他方 v*-think は CP と併合され，v* が編出されて，(53) のようになる．

(53) a. [$_{v*P}$ v*-/thinks/ [$_{VP}$ {thinks} [$_{CP}$ that [$_{TP}$ the is smart]]]]
　　　　[$_{DP}$ the student]
　　 b. [$_{v*P}$ v*-/thinks/ [$_{VP}$ {thinks} [$_{CP}$ that [$_{TP}$ the is smart]]]
　　　　[$_{DP}$ every the student]

ここで，v*-/think/ はその指定部に併合されて，θ 役割を与えられるべき主語を必要としている．作業台上にある DP はこの必要に答えて併合されうる．その結果が (54) である．

(54) a. [$_{v*P}$ [$_{DP}$ the student] v*-/thinks/ [$_{VP}$ {thinks} [$_{CP}$ that [$_{TP}$ the is smart]]]]
b. [$_{v*P}$ [$_{DP}$ every the student] v*-/thinks/ [$_{VP}$ {thinks} [$_{CP}$ that [$_{TP}$ the is smart]]]]

T と C の併合により派生は進み，主語が TP の指定部に移動して，(55) が得られる．(C-T からの C の編出の部分は割愛してある．)

(55) a. [$_{CP/TP}$ [$_{DP}$ /the student/] C-T [$_{v*P}$ [$_{DP}$ {the student}] v*-/thinks/ [$_{VP}$ {thinks} [$_{CP}$ that [$_{TP}$ thc is smart]]]]]
b. [$_{CP/TP}$ [$_{DP}$ /every the student/] C-T [$_{v*P}$ [$_{DP}$ {every the student}] v*-/thinks/ [$_{VP}$ {thinks} [$_{CP}$ that [$_{TP}$ the is smart]]]]]

A 移動が形態論的コードだけを移動し，意味は後に残して行くと想定していることを想起されたい．したがって，TP 指定部にある主語は音だけで，主語の意味は v*P 指定部にあるのである．さて，従属節に残っている定決定詞は student が男性だと仮定すると，それとの一致で，[3 人称，男性，単数] という素性を持ち，また [主格] を持っていることになる．この素性の束が形態論レキシコンからの he によって置き換えられ，[主格] という解釈不能な素性が除去される．これが (51) の表面的な形を説明する．LF 表示は (55) から音を取り去って得られるが，(56) のようになる．

(56) a. [$_{CP/TP}$ C-T [$_{v*P}$ [$_{DP}$ the student] v* [$_{VP}$ thinks [$_{CP}$ that [$_{TP}$ the is smart]]]]]
b. [$_{CP/TP}$ C-T [$_{v*P}$ [$_{DP}$ every the student] v* [$_{VP}$ thinks [$_{CP}$ that [$_{TP}$ the is smart]]]]]

各々の表示において，定決定詞の 2 つのトークンは互いのコピーである．このことが (56a) において the student と he との間の同一指示を捉える．このことはまた (56b) において，every student が he を束縛し，every student x thinks x is smart として解釈されることを捉える．

この派生例において，側方移動は (52) の CP から主語の DP を取り出し，後に定決定詞のトークンの 1 つを残し，取り出した DP を，そこから DP が取り出された同じ統語体のさらなる投射と併合したのである．それゆえ，「先行詞」トークンは「代名詞」トークンを C 統御する．この関係を逆転できないのは，拡大条件を破ることになるからである．これにより，(57) の例が排除され，条件 C が捉えられる．

(57) a. *He_i thinks that the student_i is smart.
   b. *He_i thinks that every student_i is smart.

これらの例を派生するためには，the student/every student は主節の主語の位置に発して，そこから埋め込み節の主語の位置に下方移動されなければならないが，それは拡大条件に違反する．

側方移動が，例えば目的語 DP を取って，それを同じ節の主語の位置に併合し，条件 B 違反を引き起こすことを排除しなければならない．

(58) a. *The student_i admires him_i.
   b. *Every student_i admires him_i.

このような偶発的束縛条件 B 違反は，側方移動は位相境界，(52) の場合は，CP をまたぐときにのみ可能であると想定すれば阻止することができる．このことは再帰代名詞，相互代名詞における移動も，DP が位相であると考えれば，同じ側方移動であることになり，探索子が関与しているという違いはあるが，結局は代名詞化と同じであることになる．ただ，再帰化，相互化は，探索子駆動かつ θ 駆動であるのに対して，代名詞化は θ 駆動のみであるという違いは残る．

代名詞化の側方移動分析は代名詞がその先行詞を C 統御することを排除するが，代名詞が先行詞を C 統御しない限り，それに先行することは妨げない．側方移動が主節と付加部節の間で起こるときにそのような状況が生じる．

(59) a. When John_i came home that night, he_i was drenched.
   b. When he_i came home that night, John_i was drenched.

(59a) の派生において，John は主節に発して，付加部節に側方移動されているが，どちらの方向の移動も可能である．

8. 遅延併合 (Late Merge)

これまでのところ，再帰化，相互化，代名詞化に関わる移動（内部併合）は常にその主要部の D のトークンの 1 つを残して，DP 全体を移動すると想定してきた．しかし，移動が統語体を取り出すときには，常に，即座に併合される場合と後に併合されるべく作業台の上に置いておかれる場合の選択があるという想定の下では，遅延併合という新しい可能性が生まれる．つまり，(51) の派生は，(52) における the^2 student や every the^2 student の代わりに，(60)

から始まることも可能であるのである．

(60) a.　[$_{CP}$ that [$_{TP}$ the^2 is smart]]
　　 b.　[$_{CP}$ that [$_{TP}$ the^2 is smart]]

派生の収束のためには，the^2 はこの段階で併合の取り出し部分の適用を受け，一時的に 2 つの統語体が生まれなければならない（そうでなければ，the は転送され派生は破綻する）．

(61) a.　[$_{CP}$ that [$_{TP}$ the is smart]]　　　the
　　 b.　[$_{CP}$ that [$_{TP}$ the is smart]]　　　the

CP は v*-think と併合され，v* が編出を受けることができる，他方 the は student と併合され，さらに every と併合され，(62) が生じる．(the と student が φ 素性において一致しなければ派生は破綻する．)

(62) a.　[v*/think/ [{think} [$_{CP}$ that [$_{TP}$ the is smart]]]]　　the student
　　 b.　[v*-/think/ [{think} [$_{CP}$ that [$_{TP}$ the is smart]]]]　　every the student

この 2 つの統語体は併合を受けて，(54) を形成することができる．遅延併合は必然ではなく，選択肢であることは留意する必要がある．

9. 束縛条件の問題点

　GB 時代に，多くの問題が束縛条件について指摘された．ここではそれらの問題が併合分析のもとでどのように解決されるかを見る．[12]

9.1. 非局所的照応形

　束縛条件 A には例外があることは多くの研究者の指摘するところである．以下がその一部である．

(63) a.　Larry$_i$ thinks that there are pictures of himself$_i$ on the table.

---

[12] 以下で述べることの多くについて 2008 年春学期にハワイ大学言語学科で William O'Grady 氏担当の Binding と題するコースに負うところが大である．この授業では束縛理論の条件 A に違反している多くの例をカバーしたが，それらから，束縛理論は維持し難いと確信を持ったのである．このセクションは束縛理論に対して向けられた批判に答えようとする努力の結果である．これまでのことから明白であろうが，筆者が到達した解決法は束縛条件全体を放棄し，併合に基づく説明を採用することである．多くの反例を知らしめてくれた O'Grady 氏に感謝する．

b. John's$_i$ diary contains several pictures of himself$_i$.
(64) a. John and Mary$_i$'s houses appealed to each other$_i$'s taste.
　　b. They$_i$ expected that each other's$_i$ pictures would be hanging in the post office.
　　c. The arguments that John and Mary$_i$ presented were the basis for each other$_i$'s articles.

　(63) にあるように絵画名詞 (picture noun) を含む例では，照応形の himself は局所的に束縛されていないが，これらの例は文法的である．(63b) では照応形はその先行詞に C 統御すらされていない．(64) では，別の照応形 each other が，局所的に束縛されていないが，これらの例も文法的である．(64c) では照応形はその先行詞 John and Mary が，関係節内にあるので，これに C 統御されていない．

　最初に Ross (1970) が指摘した，以下のような例も条件 A にとって問題であることが知られている．

(65) a. Physicists like myself were never happy with the parity principle.
　　　　　　　　　　　　　　　　　　(Ross (1970: 230 (26)))
　　b. A theoretical physicist like myself/me feels like a fish in the water in this new world.　　(Bela Mulder "Long live physics!")
　　c. Bismarck's impulsiveness has, as so often, rebounded against himself.　　(Reinhart and Reuland (1993: 672))

(65a, b) では先行詞すらない．第 3 人称再帰代名詞は (65a, b) の文脈では使うことはできないが，(65c) のように先行詞があれば，C 統御の必要はないが，使うことができる．Ross (1970) は (65a, b) について，これらは I say to you の下に埋め込まれていて，その結果再帰代名詞には先行詞があるという遂行分析 (Performative Analysis) を提案した．それでも先行詞が局所的ではないため条件 A 違反であることには変わりない．

　(63), (64) の長距離照応形も条件 A にとっては問題である．なぜなら，束縛理論という表示的アプローチは self/selves 形, each other/one another はすべて [+照応詞][−代名詞] という指定を持つ照応形であって，そのために無条件に条件 A に従うという仮定から出発する．再帰化，相互化，代名詞化に対するここで提案するアプローチでは，これらの「照応的な」要素に対してそのような画一的な見解を取る必要はない．ある照応表現がどのような形を取るかは，それが出発点において何を含んでいたか，派生の過程においてどの

ような素性を獲得したかによって決定されるのである．

(63), (64) の「照応形」は一般的に「代名詞」によって置き換えが可能である．このことはそれらが実際は「代名詞」であって，代名詞とし扱われるべきである，すなわちその派生は v* に組み込まれた [Ref/Rec] という素性に駆動される併合が関わっているのではなく，代名詞を生じる側方移動が関わっていることを示唆する．通常の代名詞化の場合と異なるのは，self 形，each other を含んでいるという点である．これらの擬似再帰形，擬似相互形は，再帰性，相互性とは無関係で，何らかの語用論的条件により認可されているのである．[13] 筆者は Kuno (1987), Pollard and Sag (1992), Reinhart and Reuland (1993) の研究に従って，話者指示的代名詞 (logophor) については，その適切な使用に関して談話上，語用論上などの要因が関わっていると仮定するが，それらは [Ref/Rec] という素性により述語に取り込まれている再帰性，相互性とは独立のものであると仮定する．

9.2.　談話登録と条件 B と条件 C

(66) に示すように，条件 B は代名詞が局所的先行詞に束縛されることを禁止している一方，条件 C は名前のような指示表現が代名詞により束縛されることを禁止している．

(66)　a.　*John$_i$ admires him$_i$.
　　　b.　*He$_i$ thinks John$_i$ is smart.

しかし，これらの条件についても多くの反例による挑戦がある．

(67)　a.　I know what Mary and Bill have in common. Mary adores him and Bill adores him too.　　　(Reuland (2001: 448))
　　　b.　He$_i$ then did what John$_i$ always did in such situations.
　　　　　　　　　　　　　　　　　　　(Kazanina et al. (2007: 388))

(67a), 特に Bill adores him の部分は，束縛条件 B にとって深刻な問題を提起するだけなく，もし代名詞 him が adores の目的語の位置からの移動の残滓であるならば，側方移動による本章の提案にとっても問題となる．しかし，(66) と (67) には明白な相違が存在する．(66) の例はそれぞれ独立の文であるが，(67) の問題の例は談話の一部である．(67a) では問題となる Bill adores him の部分は Mary と Bill が話題に上っている談話に先行されている．

---

[13] これらは Reinhart and Reuland (1993: 673) が perspective logphors と呼ぶものである．

(67b) は John という名前の人物に言及している談話を前提としている．この相違が問題を解く道を拓いてくれる．

(67a) は (68) に示すように派生できる．(67a) の最初の文は，(68a) に示すように Bill と併合されている定決定詞と，Mary と併合されている定決定詞の2つを持っている．この2つの定決定詞は B と M の下付き文字で区別しているが，これは記憶のためのもので，指示指標ではない．

(68) a. I know what the$_B$ Bill and the$_M$ Mary have in common.
   b. the$_M$ Mary adores him (= the$_B$),
   c. (and) the$_B$ Bill adores him (= the$_B$).

(67a) の2番目の文を形成する際には，話者（または聴者）の頭の中には (68a) が存在し，そこから the$_B$ と the$_M$ Mary を取り出して，adores の目的語と主語として併合することができると仮定し，その際の (68a) は談話内に登録されているという言い方をしよう．これにより (68b) を形成することができ，さらに，談話登録 (Discourse Registry) から，the$_B$ と the$_B$ Bill を取り出し，adores の目的語と主語に併合すれば (68c) をも形成することができる．この際に adores の目的語の位置から主語の位置への移動は生じていないので，何の問題も生じない．この結果下の3つの節ができる．

(69) a. I know what the$_B$ Bill and the$_M$ Mary have in common.
   b. the$_M$ Mary adores the$_B$,
   c. (and) the$_B$ Bill adores the$_B$.

(67a) は3つの独立の節からなる談話である．固有名詞が後続する定決定詞はすべて空の書き出しを受け，the$_B$ の2つのトークンは (69b, c) においてそれぞれ him と書き出されている．この派生のどの部分にも him から Bill への直接移動はなく，それゆえ拡大条件などの条件の違反は一切なく，(67a) の文法性が説明されている．

基本的には同じことが (67b) においても言える．(70) は (67b) を含む可能な談話である．

(70) a. ... the$_J$ John ...
   b. the$_J$ then did what the$_J$ John always did in such situations

(70a) は先行文脈に含まれる文が定決定詞を1つ含んでいることを表している．(70b) ではそれが2回取り出され，1つは John との（遅延）併合ののちに関係節の主語の位置に，もう1つは主節の主語の位置に併合されている．

ここでも，補文の主語（John）から主節の主語（he）への直接の移動はない．話者Aと話者Bとの間の次の対話を見てみよう．

(71) A: Where are John and Mary?
　　　B: (i) John's in the kitchen and Mary's in the living room.
　　　　 (ii) He's in the kitchen and she's in the living room.

当然ながら，話者Aが，話者Bのために定決定詞の余分なトークンを提供するわけにはいかない．話者AのJohn/Maryと，話者BのJohn/Maryとhe/sheとの間の同一指示を捉える方法はないという反論があるかもしれない．問題の同一性に責任があるのは明らかに話者Bである．話者AがJohnとMaryで指した人物を指すのにJohnを使うかheを使うか，Maryを使うかsheを使うかの決定を行ったのは話者Bである．ここで提案している同一指示に関する理論のもとでは，話者Aの発話を話者Bが聞き，正しく解釈したときには，話者Bの頭（mind）の中には異なる指示を持つ2つの定決定詞を含めて，何らかの表示が生じたと考えなければならない．話者Bが次に表現を生成する際にこの2つの定決定詞を用いることを妨げるものは何もない．そしてそれらを使う方法は，(71Bi)にあるようにそれらをJohnとMaryと併合してから使うことであるか，またはそのまま使うかである．後者の場合には2つの定決定詞は(71Bii)にあるようにheとsheとして書き出される．つまり，各々の談話において，それぞれの参加者の中には談話登録が作られ，そこに蓄えられた定決定詞は常に新しい発話を生成する際に利用可能であると考えなければならない．一人が物語を語る際にも同じ談話登録が使われると仮定しなければならない．[14]

9.3. 相互代名詞と代名詞の相互作用
9.3.1. Heim, Lasnik and May (1991)

ここでの提案は，each otherは基底生成され，「その［相互表現］の意味は… それを構成する部分つまり，[each]と[other]が独立に持っている意味の合成的な相互作用によって生じる」というHeim, Lasnik and Mary（今後はHLM）(1991: 68)に従うものである．しかしながら，HLMの分析は束縛理論の枠組みの中に組み込まれているのに対して，ここでの提案は極小主義の枠組み，特に移動の非コピー理論（non-copy theory of movement）に組み込ま

---

[14] 談話登録という用語は用いないが，これと基本的には同じ提案を高橋 (2011, 2012) が行っている．

れていることから来る相違に加えて，2つの理論は重要な点で異なる．HLM は (72a) の4通りの多義性と，(72b) の2通りの多義性について，極めて示唆に富む説明を提供している．

(72) a. John and Mary told each other that they should leave.

(HLM (1991: 64 (2)))

b. John and Mary think that they are taller than each other.

(HLM (1991: 86 (71))) より改作)

HLM の分析が2つの多義性の例をどのように説明するかと，現在の提案がそれらをどのように説明するかを対比することにより，2つの分析の相違を対比し，その結果，ここでの提案のほうがより簡潔であることを示す．

HLM は (72a) の4つの解釈は次のように言い換えが可能であると言う．

(73) a. John told Mary that he should leave and Mary told John that she should leave.
b. John told Mary that she should leave and Mary told John that he should leave.
c. John told Mary, and Mary told John, 'We (together/separately) should leave'.

(73a) の解釈は補部節を直接話法でいうと I should leave となるので，HLM はこれを I 解釈と呼ぶ．(73b) の解釈は，補部節を直接話法でいうと you should leave となるため，これを you 解釈と呼ぶ．(73c) の2つの解釈は we should leave を含んでいるという明白な理由で，we 解釈と呼ぶ．

HLM は (72a) は (74a) の S 構造を持っていて，(痕跡 e_2 を残しての) each の数量詞繰り上げ (Quantifeir Raising: QR) と they の異なる指標づけとの組み合わせにより導かれる (74b-e) の4つの LF 表示に写像されうると提案する．

(74) a. [John and Mary] told [each other] that they should leave
b. [John and Mary$_1$ each$_2$] told [e_2 other]$_3$ that they$_2$ should leave
c. [John and Mary$_1$ each$_2$] told [e_2 other]$_3$ that they$_3$ should leave
d. [John and Mary$_1$ each$_2$] told [e_2 other]$_3$ that they$_1$ should leave
e. [John and Mary$_1$ each$_2$] told [e_2 other]$_3$ that [they$_1$ D$_4$] should leave

4つの LF 表示のすべてにおいて，QR が適用し，each が each other から繰り上げられて，主語の DP に付加される．異なる解釈は they に付与される異

なる指標と非顕在的な分配子 D (すなわち非顕在的な each) の有無によって生来する. (74b) では they は each と同一指標が与えられている. John and Mary each が主語で, they は主語を指すので, I 解釈が出てくる. (74c) では they は間接目的語である [e other] と同一指標が与えられているので, you 解釈が出てくる. (74d, e) では, they は John and Mary と同一指標が与えられているので, we 解釈がでてくる. 分配子のない (74d) は「いっしょに」という解釈で, 非顕在的分配子がある (74e) は「べつべつに」という解釈になる.

以上は HLM が木目問題 (Grain Problem) と呼ぶ 4 通りの多義性についての極めてエレガントな説明である. しかし, この時点で 2 つのことを述べておかねばならない. 1 つは, この分析が束縛理論の枠組みに埋め込まれているため当然であるが, they に自由に指示指標を付与して (74b-e) の文の 4 つに到達するために指示指標を不可欠の要素として使用している点である. もう 1 つは QR をこれも不可欠の要素として使用していて, しかも, この QR は分配子 each を主語に付加するという点で, 数量詞を TP に付加するという通常の QR とは全く別物であるという点である.[15]

(72b) に目を転じよう. HLM はこれを作用域の謎 (Scope Puzzle) と称する. (72b) は 2 通りに多義的で, (75) のように言い換えられる.

(75) a.　John and Mary think: John and Mary are taller than each other.
　　 b.　John thinks that he is taller than Mary and Mary thinks that she is taller than John.

(72b) が (75a) のように言い換えられることは驚くにあたらない. 二人は矛盾する信念を持っているということである. つまり, 二人の人間はそれぞれが相手より背が高いということはあり得ないからである. しかし, 驚くべきことに (72b) は矛盾のない (75b) の解釈もあるというのである. HLM の説明は, QR が each に適用して, 補文の主語に付加することも可能であるし, 主節の主語に付加することも可能であり, それによって下の 2 つの異なる LF 表示を生むというものである.

(76) a.　[John and Mary$_1$ D] think [that [they$_1$ each$_2$] are taller than [e$_2$ other]$_3$]
　　 b.　[John and Mary$_1$ each$_2$] think [that [they$_2$] are taller than [e$_2$ other]$_3$]

---

[15] 顕在的統語論条件に違反していることは言わずもがなである.

(76a) は分配子 each の「狭い」解釈を表す．ここでは each は補部節で作用域を取ることから John and Mary are taller than each other という矛盾した考えを生む．「広い」解釈を表す (76b) では，分配子は主節で作用域を取り，その結果 John and Mary each think that he or she is taller than the other という解釈が出てくるというのである．つまり，John と Mary はそれぞれに矛盾のない考えを持っているが，付き合わせると二人の考えは矛盾しているのである．この分析においても，指示指標とこれまでにない QR が不可欠な形で関係している．

9.3.2. 併合アプローチのもとでの代案

さて，本章での 提案が木目問題と作用域の謎をいかに処理できるかを見よう．(72a) の派生において補部節が形成されたところでは，(77) のような姿をしていて，the^3 として表されている定決定詞の 3 つのトークンを含んでいる．また，each-other が 1 つの単位として扱われていることに注意されたい．

(77)　[$_{CP}$ that [each-other the^3 should leave]]

派生が収束するためには each-other the^2 が後に the のトークンを 1 つ残して，作業台に取り出されねばならない．これにより told が併合された段階では (78a) が得られる（時制の形態論は省略）．

(78) a.　[v^{Rec}-told [$_{CP}$ that [the should leave]]]　each-other the^2

作業台上の each-other the^2 という統語体は何処かに併合されねばならず，VP 指定部が 1 つの可能性である．これが選ばれれば (78b) が得られる．v*-/told/ の編出の結果 (78c) が得られる．

(78) b.　[$_{VP}$ each-other the^2 v^{Rec}-told [$_{CP}$ that [the should leave]]]
　　 c.　[v^{Rec}-/told/ [$_{VP}$ each-other the^2 {told} [$_{CP}$ that [the should leave]]]]

相互性の v，v^{Rec} はそれ自体の指定部に the を併合される必要がある．上で行ったと同様に，この時 each の意味 {each} が the の移動に便乗できると仮定しよう．そうすると，{each}-the が取り出され，それに John and Mary が併合され（遅延併合），(78d) の 2 つの統語体が生じる．この DP を v^{Rec}P 指定部に併合すると (78e) が得られる．

(78) d.　[v^{Rec}-/told/ [$_{VP}$ /each/-other the {told} [$_{CP}$ that [the should leave]]]]
　　　　[{each} the [John and Mary]]

e. [[{each} the [John and Mary]] v^{Rec}-/told/ [$_{VP}$ /each/-other the {told} [$_{CP}$ that [the should leave]]]

v^{Rec}P 指定部にある the の最初のトークンが，数量詞の後にあるというその位置のために空書き出しを受け，VP 指定部にある 2 番目のトークンも同じ理由で空書き出しをうけ，最後のトークンが，[Nominative, 3rd Person, Plural] という素性構成のため they と書き出されると，John and Mary told each other that they should leave が得られる．((78e) から音を引き剥がすことによって得られる) (78f) の LF 表示では，定決定詞の 3 つのトークンは John and Mary を制限子とする束縛変項として機能するが，should leave の主語にある the と told の主語に含まれる the が同じものを指すので，これが we 解釈を捉える．

(78) f. each the [John and Mary] told other the that the should leave

次に (73b) の you 解釈を見て見よう．これについては埋め込み主語と結びついた隠れた other があるとする分析を提案する．派生は (79a) から始まるが，other$^{1.5}$ は /other/ + {other}^{2} からなっていることを示している．つまり，それは 1 つ余計な意味のトークンを持っているのである．派生の最終段階は (79b) で，LF 表示は (79c) である．

(79) a. [$_{CP}$ that [each-other$^{1.5}$ the^3 should leave]]
     b. [[{each} the [John and Mary]] v^{Rec}-/told/ [$_{VP}$ /each/-other the {told} [$_{CP}$ that [{other} the should leave]]]]
     c. [[each the [John and Mary]] v^{Rec} [$_{VP}$ other the told [$_{CP}$ that [other the should leave]]]]

(79c) の LF 表示において，1 つは埋め込み節の主語にあり，もう 1 つは主節の主語にある 2 つの other のトークンが主節主語にある each と呼応している．このことは間接目的語と埋め込み節主語は John と Mary の各々の補集合を指すことを意味し，これが you 解釈を捉える．つまり，間接目的語が John を指すときは，従属節主語は Mary を指し，間接目的語が Mary を指すときは従属節主語は John を指すからである．

I 解釈は each-other のトークン 1 つ半が関係している．つまり，(80a) に示すように /each-other/ という音のトークン 1 つと，{each-other} という意味のトークン 2 つが関係しているということである．派生の最後の行は (80b) である．(80b) が each と other の 2 つのペアを含んでいることに留意された

い．LF 表示は (80c) の姿をしており，each と other の対は便宜上下付き文字で示してある．

(80) a. [$_{CP}$ that [each$^{1.5}$ -other$^{1.5}$ the^3 should leave]]
  b. [[{each} the [John and Mary]] v^{Rec}-/told/ [$_{VP}$ each-other the {told} [$_{CP}$ that [{other} the should leave]]]
  c. [[each$_1$ the [John and Mary]] v^{Rec} [$_{VP}$ each$_2$ other$_1$ the told [$_{CP}$ that [other$_2$ the should leave]]]]

主節主語の each$_1$ と間接目的語の other$_1$ との結びつきが，間接目的語は John と Mary からなる集合から主節主語が指すものを除いたものであるということ，つまり，John told Mary という可能性と Mary told John という可能性を捉える．間接目的語の each$_2$ と補部節主語の other$_2$ の結びつきが，補部節の主語が John と Mary からなる集合から間接目的語が指すものを除いたものであるということ，つまり，間接目的語が John を指す時には補部節主語は Mary を指し，その逆も然りであるという事実を捉える．この 2 つの結びつきをまとめると，John told Mary that John should leave と Mary told John that Mary should leave が得られ，これが I 解釈である．

次に作用域の謎に転じよう．(72b) は (81a) として再録してある．2 つの解釈は (81b, c) に図式的に示してある構造を持っている．(81b) では相互性は補部節動詞の are に込められているのに対して，(81c) では主節動詞 think に込められている．遅延併合の想定のもとでは，(81b, c) はそれぞれ (82a, b) を生じる．そしてそれらは (83a, b) の LF 表示に対応する．

(81) a. John and Mary think that they are taller than each other.
  b. [think [that [are^{Rec} [taller than each-other the]]]]
  c. [think^{Rec} [that are taller than each-other the]]
(82) a. the John and Mary think that {each} the are^{Rec} taller than /each/-other the
  b. {each} the John and Mary think^{Rec} the are taller than /each/-other the
(83) a. the John and Mary think that each the are^{Rec} taller than other the
  b. each the John and Mary think^{Rec} the are taller than other the

(83a) は矛盾した考えを含んでいる．(83b) は each の広い作用域解釈である．つまり John thinks that Mary is taller than John and Mary thinks that John is taller than Mary という解釈である．

HLM の説明と本章での提案による説明を比較すると，後者では前者が持つ2つの問題となる要素，つまり，指標の使用と非顕在的操作が除去されていることが明確になる．HLM の分析は無作為指標付与（random index assignment）と（普通でない）QR を不可欠な要素として使用している．指示指標を付与することは Chomsky（1995）の包含性条件に違反するため，他のより原理的なメカニズムにより取って代わられるべきである．その原理的なメカニズムは定決定詞がレキシコンから取り出されるときに作られるトークンの同一性である．QR のような非顕在的な操作は UG を複雑化するもので，同じ効果を生む別の操作があれば除去するのが最善である．便乗（Piggybacking）がこの場合そのような代替手段である．

10. 結論

再帰代名詞や相互代名詞のような局所的照応形が，[Ref/Rec] と外項 θ 役割によって軽動詞に仕組まれた探索子-目標子に基づく θ 移動の残滓であるということを示した．また，代名詞は探索子によって駆動されない θ 移動，すなわち側方移動の残滓であることも示した．この結果 GB 時代の束縛条件は今や文法から除去することができたのである．

第 4 章　束縛の併合理論：
　　　　　日本語のケーススタディー

1. はじめに

　この章では束縛の併合理論が日本語の束縛現象も捉えることを示したい．束縛の併合理論は英語に関して，すべての指示機能を持った表現は定決定詞を持っており，それは定決定詞 the，指示決定詞 this, these, that, those，いわゆる人称代名詞 I, my, me, we, our, us, you, your, you, it, its, it, he, his, him, she, her, her, they, their, them，そして，固有名詞が後続する場合，様々な演算子が先行する場合には空と，様々な形で書き出されるという仮説である．

　英語との間に体系的な相違もあるが，日本語についても基本的に同じことが成り立つことを見ることになる．英語で定決定詞 D は代名詞として様々な書き出しがあるのに対して，日本語では D は 2 種類の書き出ししかない．顕在的書き出しと非顕在的書き出しの 2 種類である．D はいわゆる格助詞の「が」「の」「に」「を」等という顕在的な書き出しがある．D が NP 補部を伴わないときには，D は付与されている格に関わりなく空書き出しを持つ．これらは「が」「の」「に」「を」等の空の対応物である．

　したがって，日本語の本当の代名詞は Kuroda (1965) の意味でのゼロ代名詞 (zero pronoun) である．「これ」「それ」「あれ」のような要素や，「私」「あなた」「彼」「彼ら」「彼女」「彼女ら」などのいわゆる人称代名詞は，限られた語彙的内容しか持たないが，すべて名詞であって，±人間，人称，数，直示性 (deixis) のような意味素性によって定義されるものである．その意味でこれらは真の意味での「代名詞」である．つまりこれらは名詞の代用形である．

　日本語における束縛についての関連する事実は次の 3 つの例に要約される．

(1) a. ［pro スパイである］ことを　田中が隠している
　　b. ［彼がスパイである］ことを　田中が隠している
　　c. ［自分がスパイである］ことを　田中が隠している

　これらの3つの例は補部節の主語が異なるだけである．(1a) はゼロ代名詞，pro を含んでおり，(1b) はいわゆる代名詞「彼」を含んでおり，(1c) はいわゆる再帰代名詞「自分」を含んでいる．これらは，微妙な違いはあるが，基本的に同じ内容を表している．(1a) のゼロ代名詞が一番自然で，中立的である．(1c) は田中と他の誰かとの間に対比があることを含意する．(1b) も同じであるが，(1c) に比べると自然さが劣る．

　(1) は3種類の要素が相互排他的ではないこと，したがって，「自分」が束縛理論で言う所の照応形で，ゼロ代名詞と「彼」が代名詞であるとは言えないことを示している．広い意味での代名詞が移動の残滓であり，移動の結果残された定決定詞の異なる書き出しであるとする，ここで提案している束縛の併合理論のもとで (1) の事実をどのように説明できるだろうか．

　提案している束縛の併合理論のもとでは2つのことを説明しなければならない．1つは「彼」「自分」という顕在的な要素と非顕在的要素 pro との間の交替がある事実で，2つ目は格助詞「が」が「自分」と「彼」とでは出て来るのに，pro とは出てこないという事実である．これらの2つの事実を説明して，同時に3つの代名詞的形式が移動の結果残された定決定詞のトークンの書き出しであるということをどうすれば維持できるだろうか？さらに，多くの研究者，とりわけ Fukui (1986, 1995) は日本語は決定詞を欠いていると主張している．もしそれが正しければ，日本語には代名詞はないことになる．本当に日本語には決定詞はないのだろうか．

2. 決定詞としての格標識，本当の代名詞としての「代名詞」

　第1節の疑問に対する答えとして次の想定を提案する．

(2) a. 日本語には決定詞 D があり，それはいわゆる格助詞「が」「の」「に」「を」等として顕在的に書き出されるか，非顕在的にゼロ代名詞 pro として書き出される．[1]

---

[1] Fukui (1986) の日本語には機能範疇はないという主張に対して，格助詞が決定詞である可能性について，Tonoike (1987) で初めて指摘し，Tonoike (1991) でそれをさらに詳しく述べた．Ueda (1990) はそれとは独立に日本語の格助詞が決定詞であることを提案している．

b. 「彼」「自分」などを含むいわゆる代名詞は英語の one/ones のように名詞の代用形であるという文字通りの意味で本当の代名詞であ（り，英語の him が決定詞であるのと同じ意味では決定詞ではないのであ）る．
c. D が顕在的な補部を伴い，［主格］［属格］［与格］［対格］等を持っているときには「が」「の」「に」「を」等として書き出される．顕在的な NP 補部を欠いている場合には空（すなわち pro）として書き出される．

言い換えると，「が」「の」「に」「を」等のいわゆる格助詞は単なる格助詞ではなく，格特性を持った決定詞なのである．事実これらはすべての指示的 DP の中に含まれると，筆者が主張する定決定詞が顕在的に発音されたものである．その意味で次の日英語の例は決定詞について，正確に対応している．英語の例は，第 3 章で論じたように，the で示す定決定詞の空書き出しを含んでいる．

(3) a. メアリーに ビルを ジョンが 紹介した
 b. ~~the~~ John introduced ~~the~~ Bill to ~~the~~ Mary

第 3 章で論じた束縛の併合理論の不可欠の想定は，John introduced Bill to Mary のような文は (3b) に示す非顕在的決定詞を 3 つ含んでいるということであった．日本語の場合，(3a) に含まれる 3 つの定決定詞は「に」「を」「が」として顕在的に書き出される．日本語で，定決定詞が NP 補部に後続するのは日本語が主要部後続型言語であるからである．[2]

(2b) の想定は Fukui (1986) が指摘するように，英語の決定詞 he/his/him を形容詞や関係節で修飾することができないのに対して，日本語のいわゆる代名詞が形容詞や関係節により修飾することができるという事実により支持され

---

[2]「が」「を」が「誰か」のような不定の表現と現れうることに基づいて，格助詞を定決定詞として扱う分析に対して異議を唱える人がいるかもしれない．しかしこれは見かけ上の問題である．以下の例 (i) において 2 つの格助詞は定決定詞の顕在的な書き出しで，不定性は不定の補部「誰か」（より正確には「誰」は補部名詞で，存在数量詞「か」）に由来する．同じことが英語の例 (ii) においても成り立つ．不定性は不定補部 someone（より正確には存在数量詞 some）に由来する．両者の違いは英語では定決定詞はそれに先行する数量詞 some があるときは一般的に非顕在的書き出しを受けるということである．
  (i) 誰かを 誰かが 愛している
  (ii) Some-the-one loves some-the-one
さらに，「誰」と one は名詞で，定決定詞を変項とし，存在数量詞を演算子として，その制限子として働いている．詳しくは第 5-7 章を参照．

る.³

(4) a. 怒った彼は
    b. そこの彼女
    c. わがままな自分

(2c) に対して，英語の定決定詞 the が格形態を示さないという表面的な事実にもとづいて，日本語のいわゆる格助詞「が」「の」「に」「を」等は単なる格助詞であって，決定詞でないという反論が出てくるかもしれない．しかし，英語の定決定詞（つまり定冠詞 the）が格形態を示さないというのは歴史的変化の結果にすぎない．以下の男性単数の部分的変化表でわかるように，古英語においては，現代のドイツ語と同じ格変化をすべて示していたのである．

(5)
	主格	属格	与格	対格
古英語	se	þæs	þæm	þone
ドイツ語	der	des	dem	den
日本語	が	の	に	を

英語における劇的な歴史的変化によって，定決定詞における格変化は消失したが，定決定詞の格変化は he/his/him などのいわゆる人称代名詞ではまだ健在である．⁴ 事実，格形態を示すことが言語横断的に定決定詞を定義づける特徴と見做すことができる．このことは抽象格が普遍的であるとする Vergnaud の (Chomsky と Lasnik にあてた手紙 (1977) と Vergnaud (2008)) の観察と軌を一にするものである．⁵

---

³ ただし he who ... は可能であるが，ここでは he は通常の代名詞として使われているのではなく，the one のような総称的な名詞として使われていると考えられる．

⁴ Postal (1966) が指摘するように，人称代名詞は人称，数，性のφ素性を伴う定決定詞である．このことは主語位置における the と he との相補分布という最も基本的なテストによっても支持される．

(i) a. The man is a spy.
    b. *The is spy.
    c. *He man is a spy
    d. He is a spy.

3人称，単数，男性，主格という素性を持った定決定詞は NP 補部を欠くときは he として書き出され，NP 補部があるときには the として書き出されるのである．

⁵ 中国語のような決定詞の形でも，いわゆる格助詞のような形でも格形態を示さない言語は，空の決定詞を持っていると分析されることになる．

3. 日本語のいわゆる「代名詞」

日本語のいわゆる代名詞のシステムは3つの部分からなっていることはよく知られている．1つはいわゆる人称代名詞である．つまり「私」「僕」「私達」「僕ら」「あなた」「あなた方」「お前」「お前達」「彼」「彼ら」「彼女」「彼女ら」等である．もう1つはいわゆるゼロ代名詞，すなわち pro である．そして3番目はいわゆる再帰代名詞「自分」といわゆる相互代名詞の「お互い」である．この事情は上の(1)の3つの例に示されている．

いわゆる代名詞は下に要約される直示的名詞のシステムを含んでいる．日本語の（しばしば指示詞と考えられている）直示的名詞はいくつかの類に分かれる．物（または侮蔑的に人）を指す「れ」で終わる類，人または（侮蔑的に）物を指す「いつ」で終わる類，「こ」「っち」「ちら」で終わる場所を指す3つの類である．さらにそれぞれの類は「こ，そ，あ，ど」と呼ばれる異なる直示的関係を持つ4つのメンバーを含んでいる．

(6) 日本語の直示的システム

	−人「物」	±人「物/人」	場所	場所	場所
近話者「こ」系列	これ	こいつ	ここ	こっち	こちら
近聴者「そ」系列	それ	そいつ	そこ	そっち	そちら
遠話・聴者「あ」系列	あれ	あいつ	あ(そ)こ	あっち	あちら
未定詞「ど」系列	どれ	どいつ	どこ	どっち	どちら

この表が示すことは the, this, these, that, those, it, they の間の対比に見られるように英語が直示的区別を決定詞そのものに込めるのに対して，日本語では文字通りの意味での代名詞という名詞に込めているということである．

「彼」「彼女」「彼ら」「彼女ら」のいわゆる人称代名詞はこの直示的システムの一部である．このことは「かなた」と「あなた」が同義の擬古体の表現であるという事実からわかるように，「か」と「あ」は同じ働きを持つ変異形であることからも見て取れる．（「貴方」は聴者を「あなた」の人として捉える尊敬表現から発した．）

1つ特筆に値することは，いわゆる代名詞を含むこれらの直示的名詞はそれ

それかなり抽象的な意味，つまり，直示的区別，人／物／場所の区別，1，2，3 人称区別，数区別を持っていることである．

(7) a. 彼　　　[3 人称，単数，男性]
    b. 彼女　　[3 人称，単数，女性]
    c. 彼ら　　[3 人称，複数，男性]
    d. 彼女ら　[3 人称，複数，女性]

これらのことを念頭において，(1) の例が束縛の併合理論のもとでどのように生成されるか見よう．

3.1. ゼロ代名詞 (pro)

(8a) に再録する (1a) から始めよう．決定詞を D と表す．

(8) a. [pro スパイである] ことを 田中が隠している
    b. [[D^2 スパイである] ことを] 隠し
    c. [[[D スパイである] ことを] 隠し] D
    d. [[[D スパイである] ことを] 隠し] [田中 D]
    e. [[田中 D] [[[D スパイである] ことを] 隠し]]

(8b) には「こと」を主名詞とする補部節と主節動詞「隠す」がある．補部節 CP の主語の位置には D の 2 つのトークンがある．併合の摘出部分が適用し，2 つのトークンの 1 つを作業台に取り出す．これは動詞「隠す」が補部節と併合されるのと同時に起こりうる．その結果 (8c) が得られる．固有名詞「田中」がこの D と併合され（遅延併合），(8d) が得られ，こうして形成された DP は主節の主語として併合でき，(8e) が得られる．派生の最後に「田中 D」は時制から主格を付与され，D は「が」として書き出される．補部節のもう 1 つの D のトークンもまた主格を付与されているが，NP 補部を持たないため，「が」とは書き出すことができない．代わりに，空書き出しを受ける．これがゼロ代名詞である．問題の D の 2 つのトークンは同じ D の同一のコピーであるという事実がそれらの間の同一指示を捉える．「隠し」は実際は「隠している」という語彙複合体として派生に参加し，「ている」の部分が「隠し」の音形をひき連れて右方に編出した結果 (8a) の語順が得られる．詳しくは第 6 章参照．

もし，話題標識「は」が [田中 D] に併合されると，主格 D は空書き出しを受け，そのため，DP 全体は「田中は」と発音される．定決定詞が演算子とともに生じるときの空書き出しは，第 3 章で見た every the student における定決定詞が空になるのと平行的である．

3.2. 「代名詞」

(9a) として再録する (1b) に移ろう．この派生は，(9b) に見るように「代名詞」「彼」が問題の定決定詞と併合されていることを除けば (1a) の場合と全く同じように進行する．

(9) a. ［彼がスパイである］ことを田中が隠している
 b. ［［彼-D^2 スパイである］ことを］隠し
 c. ［［［彼-D スパイである］ことを］隠し］D
 d. ［［［彼-D スパイである］ことを］隠し］［田中 D］
 e. ［［田中 D］［［彼-D スパイである］ことを］隠し］

D のトークンは 2 つとも主格が付与され，「が」として書き出される．[6] これらの同一性が同一指示を捉えている．

もし (9b) で「彼」ではなく，「田中」が D と併合され，(9d) で取り出された D に「彼」が併合されると「田中」と「彼」が同一指示的である解釈で (10) が生成されるが，これは非文法的である．

(10) *［田中がスパイであることを，彼が隠している］

この種の例は束縛理論の枠組みでは束縛条件 C 違反として排除される．指示表現「田中」が代名詞「彼」により束縛されているからである．しかし，(10) を排除するために束縛条件 C を生き返らせるわけにはいかない．なぜなら，概念的必然性に乏しいし指示指標をも蘇らせることになるからである．

1 つの解決方法は次のようなことを考えることである．(9b) における D の 2 つのトークンにそれらと併合できる N(P) の種類について意味素性による制限を伴うと考えることは理にかなっている．「田中」との併合が後に起こることを見越して話をすると，「田中」が男性であると仮定して，問題の素性は［人間］［男性］［単数］と {田中} を含む，ただし，{田中} は田中という人物を特定する，あるいは特定する助けとなる彼の名前を含む一群の属性を指しているとする．

(9b) の DP が (11a) のようであったとしよう．

(11) a. … 彼 D^2 ［人間］，［男性］，［単数］，{田中} …
 b. … 彼 D … D［人間］，［男性］，［単数］，{田中} …

---

[6] くだけた日本語では N(P) を伴う定決定詞も空書き出しを持ちうる．
 (i) おい，バス（が）きたよ！
 (ii) ビール（を）飲む？

N(P) が D と併合されるとき，前者は後者が担っている意味素性の真部分集合を担っていなければならないと仮定しよう．(11a) において「彼」の意味素性の集合，すなわち [人間]，[男性]，[単数] は D の意味素性，すなわち [人間]，[男性]，[単数]，{田中} の真部分集合である．これは N と D の併合についての一般的な制限であると仮定しよう．そうすると（側方移動の）併合が (11a) の DP に適用するとき，「D [人間]，[男性]，[単数]，{田中}」を取り出し，D だけを残すことになる．取り出されたトークンは，それが残った唯一のトークンである場合には，それが担っている意味素性全部に合致するNP，すなわち「田中」と併合されねばならないということになる．

3つのトークンがあれば，(12) に示すように，最初の2つは「彼」と併合され，最後のものは「田中」と併合されることになる．

(12)　[[[彼がスパイであることを] 彼が隠していることを] 山田にだけ 田中が話した]

3.3. 「再帰代名詞」と話者指示性 (logophoricity)

(13a) に再録する「自分」を含んでいる (1c) の派生を見て見よう．(V-v*-T-C 繰り上げは説明の簡素化のため省略してある．)

(13)　a.　[自分がスパイである] ことを 田中が隠している
　　　b.　[[自分-D^2 スパイである] ことを] 隠し
　　　c.　[[[自分-D スパイである] ことを] 隠し] D
　　　d.　[[[自分-D スパイである] ことを] 隠し] [田中 D]
　　　e.　[[田中 D] [[[自分-D スパイである] ことを] 隠し]]

この派生は，「彼」の代わりに「再帰代名詞」「自分」が埋め込み節の主語に含まれていることを除けば (1b) の場合と全く同様に進行する．

(1) の3つの例において，3つの代名詞的形式は同じ照応的文脈において生じているが，これまで多くの研究で指摘されているように，「自分」と他の2つとの間には明らかな分布上の相違がある．「自分」の先行詞が主語の位置になければならないことは確立された観察である (Kuno (1973) 等参照)．次の例は「彼」と「自分」の違いのさらなる例である．

(14)　a.　ビル$_j$ から [メアリーが彼$_{i/j}$ を愛している] ことをジョン$_i$ は聞いた
　　　b.　ビル$_j$ から [メアリー$_k$ が自分$_{i/*j/k}$ を愛している] ことをジョン$_i$ は聞いた[7]

---

[7] この例は「自分」が，話者または聴者を指す解釈であれば文法的である．この点について

(15) a. ［ジョン$_i$ に会って］,［彼$_i$ をメアリーが愛している］訳がわかった
　　 b. *［ジョン$_i$ に会って］,［自分$_i$ をメアリーが愛している］訳がわかった

(14a, b) は「自分」が主語と同一指示的でなければならないが,「彼」はそうでなくて良いことを示しており,(15a, b) は「自分」が先行詞により C 統御されなければならないが,「彼」はそうではないことを示している. この種の制限を捉える1つの方法は主語指示素性 (logophoricity feature) を仮定することである. これを「志向素性」(orientation feature) と呼ぶことにして, 次のことを想定する.

(16) a. 「自分」は (転移した) 素性値「主語」を持つ.
　　 b. 軽動詞 v* は素性枠 [　志向　] を持ちうる.

(14a) は「彼」の先行詞に関して多義的である. 指標で示すように, ジョンを指してもよいし, ビルを指してもよい. この 2 つの解釈は下の (17), (18) に示すように派生することができる. (位相不可侵条件の効果は記述の単純化のために省略してある. v* の投射も同様.)

　(17a) に示す (14a) の派生の段階で, D の 2 つのトークンの 1 つが側方移動により作業台に取り出され, 一時的に独立の統語体となる.「ジョン」がその D のトークンと併合され, (17c) となる. ここではまだ 2 つの統語体が存在する. 最後に 2 つの統語体が (側方移動の最後のステップとして) 併合されると, (17d) が得られる. D の 2 つのトークンは「を」「が」として書き出されるが, 同一であるので「ジョン」と「彼」は同一指示的である. (説明の簡素化のため主語を左端に置いていることに留意.)

(17) a. ［ビルから［メアリーが彼 D^2 愛している］ことを聞いた］
　　 b. ［ビルから［メアリーが彼 D 愛している］ことを聞いた］D
　　 c. ［ビルから［メアリーが彼 D 愛している］ことを聞いた］［ジョン D］
　　 d. ［［ジョン D］［ビルから［メアリーが彼 D 愛している］ことを聞いた］］

もう 1 つの解釈は次の (18) の派生をたどる.

(18) a. から［［メアリーが彼 D^2 愛している］ことを聞いた］
　　 b. D から［［メアリーが彼 D 愛している］ことを聞いた］
　　 c. ビル D から［［メアリーが彼 D 愛している］ことを聞いた］
　　 d. ［ビル D から［［メアリーが彼 D 愛している］ことを聞いた］］

は下で立ち戻る.

　　　　e. ［ジョン D は［ビル D からメアリーが彼 D 愛している］ことを聞いた］

(18a) の派生の段階で，併合は D のトークンを1つ作業台に取り出し，(18b) となる．「ビル」が D と併合され，それが「から」と併合（併合の最後のステップ）され，(18c) が得られる．2つの統語体が併合され，(18d) が得られ，主題主語の「ジョン D は」が併合されて (18e) が得られる．「ビル D から」は「ビルから」として（つまり D は空として），そして「彼 D」は「彼を」として書き出される．[8] 2つのトークンの同一性が「ビル」と「彼」の同一指示を捉える．多義性は取り出された D のトークンがどこに併合されるかについて制限がないことから生じる．

　そのような選択は (14b) の派生においては利用可能でない．しかし，どちらの v* が志向素性枠を持つかについては選択がある．埋め込み v* が志向素性枠を持っている (19a) から始めたとしよう．以下の例では，主語は v*P の右端にある指定部に生じるという第6章の分析を先取りしていることに注意されたい．

(19) a. ［$_{v*P}$ ［$_{VP}$ 自分 D^2 愛］ v*］
　　　　　　　主語　　　［$_{志向}$　　］
　　　b. ［$_{v*P}$ ［$_{VP}$ 自分 D 愛］ v*］　メアリー-D
　　　　　　　　　　［$_{志向}$　　］　　　　　主語
　　　c. ［$_{v*P}$ ［$_{VP}$ 自分 D 愛］ v* メアリー-D］
　　　　　　　　　　　　　　　　［$_{志向}$ 主語］

(19a) で D のトークンの1つが「自分」からもらった志向素性値［主語］を伴い取り出され，メアリーと併合され，(19b) の2つの統語体が生じる．DP が v*P 指定部に併合されると志向素性値が v* の志向素性枠に移動する．残りの派生はすでにお馴染みの形で進行する．最終的な語順は OSV になるがこれは「愛」が C まで繰り上がるからである．D の2つのトークン，1つは「メアリー」と，もう1つは「自分」と併合されているが，それぞれ，主格（「が」），対格（「を」）として書き出される．これらの同一性が同一指示を捉える．[9]

　他の選択肢は志向素性枠が主節の v* にあるとすることである．派生が

---

[8] 「から」が，「奪格」の格標識であるなら，その格は「聞く」という動詞に由来し，「から」は奪格の D の書き出しということになる．

[9] この解釈のもとでの (15b) は本当の再帰代名詞の例ではないかと思う向きもあると思われる．しかし，これも話者志向代名詞の例であると主張し，実は「自分」を含まない本当の再帰性の例が他にあることを以下で論じる．

第4章 束縛の併合理論：日本語のケーススタディー　　　109

(20a) まで進んだとしよう．

(20) a. [$_{VP}$ ビルから [メアリーが自分 D^2 愛している] ことを 聞いた]
　　　　　　　　　　　　　　主語
　　 b. [$_{VP}$ ビルから [メアリーが自分 D 愛している] ことを 聞いた]
　　　　ジョン D
　　　　　主語
　　 c. [ジョン D [$_{VP}$ ビルから [メアリーが自分 D 愛している] ことを 聞いた] v*]
　　　　　主語　　　　　　　　　　　　　　　　　　　　　　　　　　　　[$_{志向}$　]
　　 d. [ジョン D [[$_{VP}$ ビルから [メアリーが自分 D 愛している] ことを 聞いた] v* ジョン D]
　　　　　　　　　　　　　　　　　　　　　　　　　　　　　　　　　　　[$_{志向}$ 主語]

(20a) において「自分」は志向素性値［主語］を持っている．D のトークンの1つが「自分」から受け取った志向素性値を伴って側方移動により取り出され，この D が「ジョン」と併合されて，(20b) が生じる．志向素性枠を持つ v* がVP と併合されると (20c) が生じる．［主語］を持つ DP「ジョン D」が v*P指定部に併合されると (20d) となる．(V-v*-T-C 繰り上げはここでも省略してある．) 志向素性値と素性枠は同じ (つまり v* の) 投射に入るので，示されている通り，値が枠に入り，「ジョン」と「自分」に併合されている D のトークンは両者の同一指示を捉え，主格 (「が」) と対格 (「を」) としてそれぞれ書き出される．

　これらの2つが収束する派生である．明らかに排除されているのは［主語］を持つ D を主語でない「ビル」と併合し，それを (おそらく) VP 指定部に併合することである．

　次に (21) として再録する (15) を検討してみよう．

(21) a. [ジョンに$_i$ 会って], [メアリーが彼を$_i$ 愛している] 訳がわかった
　　 b. *[ジョンに$_i$ 会って], [メアリーが自分を$_i$ 愛している] 訳がわかった

(21a) では「彼 D」は付加部節の「ジョン D」と同一指示的でありうるが，(21b) では，志向素性値を持った「自分 D」は補部節の主語の「メアリー D」と同一指示的でなければならず，付加部節の「ジョン D」と同一指示的ではあり得ないが，これは「ジョン D」が「自分」を C 統御せず，かつ主語位置にないからである．[10]

---

　[10] 主語要件は志向素性により捉えられるが，C 統御要件は自動的には出て来ない．C 統御要件を捉える1つの方法はこの場合には併合が連続循環的に起こらなければならないと言い

3.4. 見かけ上の再帰代名詞

次のような例に対応する英語の例が再帰代名詞を伴うため「自分」はしばしば再帰代名詞と呼ばれる.

(22) a. 自分を山田が責めた.[11]
  b. 自分自身を山田が責めた
  c. 自分のことを山田が責めた
  d. 自分自身のことを山田が責めた

(22a-d) はすべて単文で, 基本的には英語の Yamada blamed himself と同じ意味である. このため, これらは再帰代名詞の例であると広く考えられている. しかし, これらはたまたま探索子の v* が同じ v*P 内にある話者先行詞 (logophoric) の例であり, (18a-d) は次の v*P の基底構造から派生されるものと提案する. (「こと-D」は「ことを」と書き出される.)

(23) a. [[[自分 D^2 責め $_{VP}$] v* ___ $_{v*P}$] た $_{TP}$]
   主語   [$_{志向}$]
  b. [[[自分自身 D^2 責め $_{VP}$] v* ___ $_{v*P}$] た $_{TP}$]
   主語   [$_{志向}$]
  c. [[[自分 D^2 こと-D 責め $_{VP}$] v* ___ $_{v*P}$] た $_{TP}$]
   主語   [$_{志向}$]
  d. [[[自分自身 D^2 こと-D 責め $_{VP}$] v* ___ $_{v*P}$] た $_{TP}$]
   主語   [$_{志向}$]

それぞれの場合において併合は D のトークンの1つに適用する. この D が名詞「山田」と併合し, その DP が v*P 指定部に併合されるのである.

これにより, 英語の再帰代名詞とは異なり, ここに見られる「自分」は主語志向を維持していることを説明する. それは以下の例において「メアリー」を指すことができないことから分かる.

(24) a. メアリーに$_j$ 自分$_{i/*j}$ についてジョン$_i$ は話した
  b. メアリーから$_j$ 自分の$_{i/*j}$ ことをジョン$_i$ は聞いた

うことであるが, この点については今後の課題としたい.

[11] これらの例は説明の便宜のために選んだもので, 単独ではかなり不自然である. 次のような命令文にした方がもっと自然である.
 (i) 自分 (のこと) を責めるのはやめて
しかし, そういう例には顕在的な主語がなく, 派生を例示するには適さない.

このように「自分」を含む例は話者先行詞代名詞であり，本当の再帰性の例ではない．[12]

次の例は非文法的で，束縛理論の枠組みでは条件 A と条件 C の違反として排除されたものである．

(25) a. *山田を自分が責めた
b. *彼を自分が責めた

(25a, b) はともに「自分」に対する主語志向要件を満たさないために排除される．(25a) はまた，最初の，そして中間のトークンは D が持つ意味素性の集合の真部分集合を含む名詞と併合されなければならないという制約にも違反している．

3.5. 話者・聴者代名詞としての「自分」

よく知られているように「自分」は話者または聴者を指して使うことができる．[13]

(26) a. 自分は行きません
b. 自分はどうする？
c. 田中は自分は行かないと言った

これらは束縛理論では変則ということになるであろう．しかし，話者先行詞名詞として「自分」を扱う提案が正しければ，(26a, b) のような例は変則ではなく，(26c) に見られる話者先行詞現象の中核的現象ということになる．なぜならすべての発話は話者と聴者を前提とするからである．実際に，この考え方を，すべての発話は I say to you に埋め込まれているとする Ross (1970) の分析で処理することも可能である．

---

[12] 黒田成幸氏（個人談話）のように「自分」が後に「自身」を伴っているときには局所的に束縛されなければならないから，そのような場合は本当の再帰性の例であると言う研究者もいる．しかし，「自分自身」が局所的解釈を促しやすいことを認めるものの，非局所的先行詞を持つことができると筆者は考える．次の例がそのことを示している．
　(i) ジョンは CIA が（ビルではなく）自分自身を探していると思っている
[13] この章で「自分」を含み非文法的であるとしている例はすべて「自分」が話者または聴者を指すものとして解釈できる．

4. 真の再帰性

しかし，日本語には真の再帰性を示す例があると筆者は信じるが，それは「自分」ではなく，ゼロ代名詞を含むものである．日本語には身体部分を含む再帰的意味を持つ多くのVPイディオムがある．[14]

(27) a. 山田が首を傾げた
b. 子供が目を輝かせた
c. 容疑者がやっと口を割った

VPイディオムに含まれる身体部分は局所主語の身体部分でなければならず，代名詞的であれ，話者先行詞的であれ顕在的な所有表現を持ち，かつイディオム的な解釈を持つことはできない．

(28) a. ［山田が *彼／*自分の首を傾げた］と 田中は思った
b. ［子供たちが *彼ら／*自分たちの目を 輝かせた］と田中は思った
c. ［容疑者がやっと *彼／*自分の口を 割った］と田中は聞いた

目的語の中に含まれる身体部分が主節の主語のものであると解釈することは不可能である．そして，例に示してある通り，身体部分は所有表現を許さない．(28) のような例は再帰性の本当の例であり，下に示すように v* の [Ref] という素性を含むものであると提案する．（説明の簡素化のために主語の θ 役割は省略する．）

(29) a. [[山田 D^2 首 D 傾げ $_{VP}$] v* [Ref]___ $_{v*P}$]
b. [[子供たち D^2 目 D 輝かせ $_{VP}$] v* [Ref]___ $_{v*P}$]
c. [[容疑者 D^2 口 D 割る $_{VP}$] v* [Ref]___ $_{v*P}$]

軽動詞 v* [Ref] はその領域内を D のトークンを2つ持つ目標子を探して，目的語内の属格「主語」にそれを見つけて，D のトークンの1つを残して下線で示してある指定部に繰り上げ，それに新しい θ 役割をあたえ，(30a-c) が得られる．(V-v*-T-C 繰り上げと主語の Scrambling で (27) の語順になる．)

(30) a. [[D 首 D 傾げ $_{VP}$] v* [Ref] 山田 D $_{v*P}$]
b. [[D 目 D 輝かせ $_{VP}$] v* [Ref] 子供たち D $_{v*P}$]

---

[14] これらの例は他動的な行為が自らに及ぶというほどの強い再帰性はなく，意味的には自動詞的であるが，英語の例の中でも「怪我をする」という意味での John hurt himself のように自動詞的な例がある．

c.　[[D ロ D 割る $_{VP}$]v* [Ref] 容疑者 D $_{v*P}$]

身体部分 DP 全体は対格を付与され，その主要部 D は「を」と書き出される．身体部分の所有者の D は，(NP 補部があれば属格「の」として書き出されるが) NP 補部を持たない D が常にそうであるように空 (すなわち pro) として書き出される．このように，日本語の再帰表現は「自分」を含む表現ではなく，照応的空所有者を含む身体部分名詞を含むのである．[15]

(27) のすべての例において身体部分は対格を付与されている．身体部分が与格を付与されるイディオムもある．

(31)　a.　良い成績を山田は鼻にかけている
　　　b.　山田は腕に撚りをかけた
　　　c.　山田はそのことを心に留めた

これらはすべて主語が与格の身体部分の空所有決定詞と同一指示的であるという特徴を共有している．

5.　相互化

日本語には相互性を表すのに 2 つの方法がある．動詞形態によるものと，相互代名詞／副詞によるもので，両者を組み合わせることもできる．次の例を見てみよう．

(32)　a.　ジョンとビル（と）が殺し-あっ-た
　　　b.　ジョンとビル（と）が（それぞれ）（お）互いを殺し-あっ-た

(32a) は相互動詞形態論の例である．[16] 相互動詞は任意の他動詞に「合う」(aw) という動詞語幹を加えることによって作ることができる．相互動詞「合う」を用いた相互文を動詞相互文と呼ぶことにする．動詞相互文には，それが表す相互的な行為が未完了 (atelic) であるという特徴がある．例えば (32a) が真であっても，二人のどちらも殺されていないということが可能である．さらにこの種の相互文には通常顕在的な目的語が欠けているという重要な特徴が

---

[15] 1 つの興味ある（事実蓋然性の高い）可能性は，いわゆる再帰代名詞「自分」は英語の self に比較されるような最も一般的な「身体部分」名詞の一種であるということであるかもしれない．

[16] 「合う」(aw) +「た」は同化により，「合った」となる．現在形の場合「合う」(aw) +「る」では，子音の後で，ru の r が脱落し，母音 u の前で w が脱落して，「合う (a-u)」となる．

ある．このことは主語が目的語の位置に発したことを示唆している．(32b) は任意の副詞表現「それぞれ」と相互名詞「（お）互い」を含んでいる．相互動詞を含む (32a) と違って，(32b) で「合う」の部分を欠いている場合は「ジョン」と「ビル」は実際に殺されたことになる．この場合相互名詞には格助詞「を」が付いている．(32b) のタイプの相互文を代名詞相互文と呼ぶことにする．

(32a) を相互軽動詞「合う」を含む (33a) から派生することを提案する．目的語の DP には [each/other] という2部構成の素性を持った D の2つのトークンがある．相互軽動詞は [each/other] という素性を持つ目標子をその領域に探し，見つけると (33b) に示すように，[each] を伴ってトークンを1つ取り出し，後に [other] を伴ったもう1つを残す．取り出された D [each] は複数の事物を指す NP と併合しなければならない．この例の場合等位接続された NP，「ジョンとビル（と）」と併合されており，その結果が (33c) である．そして最後に新しく形成された DP は v*P 指定部に併合され，(33d) が得られる．（V-v*-T-C の移動はいつもの通りである．）

(33) a.　[[D² 殺し $_{VP}$] 合う ___ $_{v*P}$]
　　　　 [each/other]
　　 b.　[[D 殺し $_{VP}$] 合う ___ $_{v*P}$]D
　　　　 [other] kill　　　　　　 [each]
　　 c.　[[D 殺し $_{VP}$] 合う ___ $_{v*P}$] [$_{DP}$[ジョンとビル（と）] D]
　　　　 [other]　　　　　　　　　　　　　　　　　　　　　 [each]
　　 d.　[[D 殺し $_{VP}$] 合う [$_{DP}$[ジョンとビル（と）] D]$_{v*P}$]
　　　　 [other]　　　　　　　　　　　　　　　　　　　　 [each]

「殺し」の目的語の位置に残された D のトークンは対格を付与され，それが接語化できる NP があれば「を」として書き出される．通常の代名詞化の場合には D は「彼」「自分」のような「代名詞」と生じることができるが，この場合の D はそのような NP がなく，したがってそれは空（つまりゼロ代名詞, pro）として書き出される．D の2つのトークンは同じ決定詞のコピーである．このことが相互文の意味の一部を捉えている．しかし相互文の意味に決定的に重要であるのは [each/other] という2部構成の素性である．主語の D と結び付いている [each] のほうは演算子（Heim, Lasnik and May (1991)）の用語に従えば分配子（distributor）として機能し，D は変項として機能している．動詞の補部の位置の D に付いている [other] は HLM の用語では，相互子（reciprocator）である．両者合わせて「各々の x について，x＝ジョンかビル，x は x′ を殺（そうと）した」という，相互読みを作り出すのである．ただし，

x′ は集合 x の補集合を表す．

(34a) に示すように相互性の相手は対格の顕在的 D（「を」）でマークされることもありうる．

(34) a. お互いの足を田中と山田が引っ張り合った
b. [[[お互い D^2 足 D] 引っ張り] 合う]
　　　　　　[each]
c. [[[お互い D 足 D] 引っ張り] 合う] [[田中と山田] D]
　　　　　　　　　　　　　　　　　　　　　[each]
d. [[[お互い D 足 D] 引っ張り] 合う [[田中と山田]-D]]
　　　　　　　　　　　　　　　　　　　　　[each]
e. D 足を田中と山田が 引っ張り合った
　　　[each]

派生は顕在的な「お互い」と非顕在的な [each] を含む (34b) から始まる．D の 2 つのトークンの 1 つが [each] とともに併合により取り出され，「田中と山田」と併合され，(34c) が生じる．この DP が v*P 指定部に併合されると (34d) が生じる．派生の残りはすでにお馴染みである．「お互い」は (34b) になくても良い．その場合は (34e) となるが，D の左端のトークンは属格を付与されているが，補部の N(P) を欠いているため空書き出しを受ける．(34e) には顕在的な「お互い」の代わりに空の「お互い」すなわち [other] が属格の D に含まれていると仮定できるかもしれない．

2 部構成の素性は (35) として再録する (32b) のように顕在的に出てくることもできる．

(35) ジョンとビル（と）が（それぞれ）（お）互いを殺し-あっ-た

「それぞれ」はここでは遊離数量詞として使われており，「(お)互い」は動詞の目的語である．相互動詞「合う」は余剰的であるが，これを取り除くと未完了 (atelic) の読みは消えてしまう．

次の一対の例を見てみよう．

(36) a. *[メアリーが愛している] と ジョンとビルは思い合っている
b. [(お)互いを メアリーが愛している] とジョンとビルは（それぞれに）思っている

両方の例において，推定される相互性は主節主語と埋め込み節の目的語の間に存在する．相互動詞「合う」を含む (36a) は非文法的であるのに対して，「合

う」は含まないが代わりに「それぞれ-お互い」を含む (36b) は文法的である．動詞的相互文において相互性が節内部において成り立つが，節境界を超えては成り立たないのに対して，代名詞相互文では相互性が節境界を超えて成り立つという事実は相互動詞がその領域内において [each/other] を持つ目標子を探すという提案を支持する．探索子が埋め込み節の中を探すことができないのは，埋め込み節は転送されていてその後のいかなる操作にとっても接近不能であるからである．(36b) のような代名詞相互文では相互性が節境界を超えて長距離で成り立つことは，それが側方移動によって派生したことを示しているように思われる．言い換えると，(36b) の派生は下に図式的に示すように進行する．(記述の簡素化のため，関係しない D は格助詞で表し，編出（主要部移動）の効果は割愛してある．)

(37) a. [D^2 お互いを Mary が愛している] と
 [each]
 b. [D お互いを Mary が愛している] と ジョンとビル D 思う
 [each]
 c. [[D お互いを Mary が愛している] と ジョンとビル D 思っている
 [each]

D の 2 つのトークンのうち左端のものは補部の NP を欠いているため空として書き出される．[17]

以上のように日本語の真の相互文（すなわち動詞的相互文）は，探索子として振る舞う相互的軽動詞「合う」を含んでおり，他方代名詞的相互文は側方移動が関与することを見た．[18]

---

[17] あるいは「彼ら」が使われると，D は属格の「の」として書き出され，「彼らのお互いを」となる．
[18] 動詞的相互文は次の交代を見せる．
 (i) a. ジョンとビル（と）が助け合った
  b. ジョンがビルと助け合った
問題は (ib) をどのように派生するかである．目的語 D の 2 つのトークンを下に示すように相補分布的に書き出すことが可能であれば (ib) を派生することは可能である．この問題は今後の研究課題とする．
 (ii) a. [[ジョンとビルと D 助け] 合う]
  b. [[~~ジョンとビルと D 助け~~] 合う] ジョンとビルと D

6. 結論

　日本語においても，英語の場合と同じように照応形と代名詞の間に基本的に同じ相違があることが判明した．照応形は探索子に基づく θ 移動の結果生じ，代名詞は側方移動の結果生じる．この段階で 2 つのことが特筆に値する．1 つは相互性は「合う」という相互軽動詞が司る態の一種であるということで，これは再帰性と相互性，さらに他動性，受動性などの区別は軽動詞が司っているという考えを支えるものであるということである．もう 1 つ定決定詞のトークンの同一性に基づく同一指示性の説明が「が」「の」「に」「を」等の日本語のいわゆる格助詞がそれらに与えられた主格，属格，与格，対格等という格を伴った定決定詞の書き出しであるとするここで提案している仮説を支持しているということである．

第5章　演算子-変項構造：英語

1. はじめに：包含性条件と演算子-変項構造

　以下の2つの例には演算子-変項構造（Operator-Variable Construction: OVC）が含まれていて，そのために，演算子の位置と変項の位置という2つの統語的位置が必要であり，それは，顕在的であるか非顕在的であるかを問わず，移動により関係付けられていると広く想定されている．

(1) a.　Which linguists did John offend?
　　b.　John offended every linguist.

しかし，本章では，OVC は2つの位置を必要とせず，元位置で成り立っていると主張する．この結論は (1a) の WH 疑問文を扱う上でも (1b) のような数量詞を含む例を扱う上でも広範な影響を及ぼす．
　本章の構成は以下のようになっている．第2節では非顕在的移動のアプローチの到達点として Fox (2002) を取り上げ，それが Chomsky (1995) の包含性条件に違反するため維持不能であることを示す．第3節ではすべての DP が定決定詞を含み，それが数量詞句では変項として機能している代案を提案する．第4節ではラムダ演算子 λ の導入という Fox における包含性条件違反も除去できることを提案する．第5節では OVC が移動を用いずに成立することを提案する．顕在的数量詞繰り上げ（Overt Quantifier Raising: Overt QR）と呼称する右方付加による代案を提案する．第6節では非顕在的 QR を支持するとされる現象を精査し，それらは顕在的 QR でも同じように（あるいはより良く）扱うことができることを示す．さらに，非顕在的 QR には，深刻な習得可能性についての問題があるが，顕在的 QR 分析にはそのような問題がないことを指摘する．第7節では顕在的 QR により非顕在的 QR を支持する

とされる現象が問題なく処理できることを示す．第8節は非顕在的QRの持つ，言語習得上の問題を指摘する．第9節はKayne (1998) が提案するもう1つ別の顕在的移動による分析を検討し，それについて経験的，理論的問題を指摘する．第10節は本章の締めくくりである．

2. Fox (2002)

May (1977, 1985) の萌芽的研究以来，演算子-変項構造 (OVC) は演算子の位置と変項の位置の2つの位置が関係していると広く想定されてきた．この考え方はこれまで様々な形で実行されてきたが，ミニマリズムの最近の枠組み，特にChomsky (1995) の移動のコピー理論との関係で，Fox (2002) の分析がおそらく最も魅力的であろう．彼は変項挿入（Variable Insertion）と決定詞置換（Determiner Replacement）という2つの操作を提案し，これらを合わせて痕跡転換（Trace Conversion）と呼び，次のように定式化している．

(2) 痕跡転換
    a. 変項挿入：(Det) Pred → (Det)[Pred $\lambda y\ (y = x)$]
    b. 決定詞置換：(Det)[Pred $\lambda y\ (y = x)$]
            → the [Pred $\lambda y\ (y = x)$]

痕跡転換がどのように働くかを見るために，(1a, b) の派生を (3) と (4) に例示する．(3b), (4b) はそれぞれ (3a), (4a) の（やや単純化された）LF前の表示である．[1] (3b) にはWH移動が適用しており，(4b) には，数量詞繰り上げ（Quantifier Raising: QR）が適用している．FoxはMayに従って，QRは非顕在的な操作であると仮定している．

(3) a. Which linguist did John offend?
    b. which linguist John offended which linguist
       痕跡転換 →
    c. which linguist λx [John offended the linguist x]
(4) a. John offended every linguist.
    b. every linguist John offended every linguist
       痕跡転換 →

---

[1] 説明の便宜のため，Heim and Kratzer (1998) の下の例を改作した．
  (i) a. Which boy did Mary visit?
     b. A girl talked to every boy.

c. every linguist λx [John offended the linguist x]

痕跡転換は (3b), (4b) をそれぞれ (3c), (4c) の LF 表示に転ずる．変項挿入は変項 x を導入し，決定詞置換は which と every の 2 番目の生起を the に置き換える．(3c), (4c) の出力が (1a, b) の LF 表示である．これはこの種の例における OVC を捉える非常にエレガントな方法であると言える．特に魅力的であるのは，(3c), (4c) における定決定詞の使用である．これにより，(3c), (4c) はその意味の散文的な表現，「どの言語学者 x は，その言語学者 x をジョンが怒らせたような属性を持っているか」「すべての言語学者 x は，その言語学者 x をジョンが怒らせたという性質を持っている」に極めて近い．

しかし，Fox の OVC の扱いは現在の極小主義の枠組みにおける重要な条件，すなわち，Chomsky (1995) の包含性条件に違反している．

(5) 包含性条件 (Inclusiveness Condition)
2 つのインターフェイスレベルは語彙素性の配列以上の何物も含まない． (Chomsky (1995: 225))

この条件は派生の過程においていかなる要素の導入も認めないのである．変項挿入による変項 x の導入，決定詞置換による定決定詞 the の導入は包含性条件のあからさまな違反である．なぜなら，これらのどれも，(3b), (4b) には含まれていなかったからである．そのように考えれば，ラムダ演算子 λ の導入もこの条件に違反している．そうなると，(3), (4) の分析を完全に放棄するか，包含性条件の例外を認めるかという，2 つに 1 つの選択しかないように思われる．しかし，Fox の提案の背後にある洞察を維持し，かつ包含性条件の違反を避ける方法があることを示す．ただ，その解決法は意外な影響をもたらすものである．[2]

---

[2] Fox の分析にはもう 1 つ問題がある．下の (ia, b) は OVC に関して，全称数量詞 all/both が集合的 (collective) であるという点を除いて，(4c) と違いはない．
  (i) a. John offended all the linguists.
     b. John offended both the linguists.
痕跡転換を (ia, b) に適用すると，2 つの the を持った (iia, b) が生じる．
  (ii) a. all linguists λx [John offended the the linguists x]
     b. both linguists λx [John offended the the linguists x]
(iia, b) は適格な LF 表示ではない．2 つある the のうちの 1 つが適切な解釈を持たないため，完全解釈の原理 (Principle of Full Interpretation) に違反している．このことは Fox の痕跡転換分析が (iia, b) が非文法的／不適格であるという間違った予測をすることを意味する．第 2-5 節の論考の詳細については Tonoike (2011a) を参照されたい．

3. 演算子表現の一部としての定決定詞

　包含性条件の違反を避け，かつ Fox の洞察を維持する最も簡単な方法は問題の LF 表示において必要なものはすべて最初の語彙配列に含まれており，したがってレキシコンの一部であると仮定することである．問題は，LF 表示の何が絶対的に必要でかつレキシコンの一部であると考えても差し支えないかである．定決定詞（英語の the）は間違いなく（英語の）レキシコンの一部である，そこで，which, every などの演算子を含む句はすべて定決定詞を含むと提案する．しかし，定決定詞は，他の場合には the としても，また他の決定詞の形（第 3 章で論じたように指示代名詞，人称代名詞）としても書き出される．ここで必要なことは，演算子に先行される場合，決定詞は通常空書き出しを受けると想定することである．言い換えると，which や every のような演算子は下の形状で生じるということである．[3]

(6)　a.　　　　　　　　　　b.

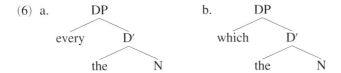

これらの数量詞が DP の中でどのような位置を占めているかは明らかではないが，それが最もありそうな候補であり，構造的にも最も単純であることから，ここでは試験的に DP 指定部を占めていると想定する．[4]

　ラムダ演算子 λ が包含性条件に違反している問題を棚上げにして，ここで提案している演算子の分析で (3b), (4b) の LF 前の構造がどうなるかを見てみよう．

(7)　a.　{[$_{DP}$ which the linguist] λ [John offended [$_{DP}$ which the linguist]]}
　　　b.　{[$_{DP}$ every the linguist] λ [John offended [$_{DP}$ every the linguist]]}

(7) の 2 つの構造は，演算子と結びついた定決定詞が変項として機能すると仮定すると (8) に示すように (2a), (3a) の妥当な LF 表示である．（定決定詞は変項 x に置き換えられるのではなく，変項として働くことに注意されたい．）

---

[3] より詳しく言うと，the は /the/ と {the} からなり，/the/ は格素性などが与えられたときの the の書き出しを決定する助けとなる形態論的コードである．

[4] 注 2 の例で分かるように，演算子と結びついている定決定詞が常に非顕在的であるとは限らない．定決定詞が空書き出しをうけるか，顕在的書き出しを受けるかはそれが生じる統語環境による．

(8) a. {[$_{DP}$ which x linguist] λ [John offended [$_{DP}$ which x linguist]]}
    b. {[$_{DP}$ every x linguist] λ [John offended [$_{DP}$ every x linguist]]}

このことは大いに理にかなっている．なぜなら第3章で見たように定決定詞はDPの中の唯一指示的な要素であると見做すことができ，それゆえ，同じ定決定詞のトークンを共有する表現は同一指示的であるからである．2つのDPが同じものを指すことは移動のコピー理論の自動的な結果として帰結するのである．[5] 演算子の2回目の生起を消すという単純な手続きで，(9)に到達する．

(9) a. [$_{DP}$ which the linguist] λ [John offended [$_{DP}$ the linguist]]
    b. [$_{DP}$ every the linguist] λ [John offended [$_{DP}$ the linguist]]

これまでのところをまとめる．変項挿入と決定詞置換を廃止して，すべての演算子は空書き出しを受ける（目に見えない）定決定詞と結びついていて，それは演算子に束縛される変項として機能すると仮定することによって包含性条件違反を除去することができることを見た．[6] 残っているのはラムダ演算子λである．

4. ラムダ演算子λの除去

(9)をもう一度見てみよう．ラムダ演算子λは形式意味論においては不可欠の道具立てであるようだが，これが自然言語にそのようなものとして用いられているとする真の証拠はない．つまり，ラムダ演算子λの働きをする形態素があるようには思われない．（これまでのところ誰もそのような提案をしていない．）ラムダ演算子λの働きを演算子とそれと結びついた変項を含む命題表現との関係を捉えるものと見なすならば，その関係は(9)にも，またその

---

[5] 第3章で論じたように，筆者は標準的な移動のコピー理論を移動の非コピー理論によって置き換えることを提案している．しかし，ここではFoxの想定に従っているだけで，本章の後ではまた非コピー理論に立ち戻る．

[6] これにより，注2で見たall/both the linguistsのような顕在的な定決定詞を含む数量詞の例の問題も解決する．
さらに次章で論じるように日本語ではOVCはそれを構成するすべての要素が見える形で成り立っている．
 (i) a. 誰-も-が
    b. 誰-か-が
「誰」はKuroda (1965)の意味の未定詞 (indeterminate) で，制限子 (restriction) として機能（人間に制限）している．「も」と「か」はそれぞれ全称数量詞，存在数量詞である．「が」はいわゆる主格標識であるが，数量詞により束縛される変項として機能する決定詞Dである．

ように見れば (8) にすでに存在している．それゆえ，ラムダ演算子λは構造的に捉えられる関係概念であり，それゆえ，それを捉えるためにλのような記号は必要ないと仮定しよう．そうすると (8) は (10) に置き換えることができ，そこから2番目の演算子を除去すると (11) が得られる．

(10) a. [$_{DP}$ which the linguist] [John offended [$_{DP}$ which the linguist]]
    b. [$_{DP}$ every the linguist] [John offended [$_{DP}$ every the linguist]]
(11) a. [$_{DP}$ which the linguist] [John offended [$_{DP}$ the linguist]]
    b. [$_{DP}$ every the linguist] [John offended [$_{DP}$ the linguist]]

これで，Fox (2002) のもともとの提案の中のラムダ演算子λ導入による包含性条件違反が取り除かれたことになり，改訂分析では包含性条件違反は完全になくなったことになる．定冠詞はレキシコンから取り出されて，演算子と結び付けられ，定冠詞が変項の働きをするため，変項を挿入する必要もなくなり，ラムダ演算子λは演算子とそれと結び付いた変項を含む命題表現との間の関係として構造的に捉えられることとなった．言い換えれば，痕跡転換は完全に除去可能となったのである．

5. OVC の成立条件としての移動の除去

もう一度 (10a, b) をよく見てみよう．それぞれには同じ演算子 DP の生起が2つあり，その2つのコピーのそれぞれが，OVC の3つの必要材料すべてを含んでいる．すなわち演算子 (which/every)，変項 (x すなわち the)，そして制限子 (linguist) である．OVC が演算子と変項の間で成り立つものと（当然のことながら）仮定すると，OVC は元の位置ですでに成り立っていることになる．言い換えると，(10) や (11) のような表示は必要なく，問題の OVC は，移動の前の (12) の構造で元の位置で成立していることになる．

(12) a. [John offended [$_{DP}$ which the linguist]]
    b. [John offended [$_{DP}$ every the linguist]]

移動前の構造が OVC の3つの必要材料をすべて含んでいるという事実は包含性条件の違反の問題を解決する一方で，2つの深刻な問題を提起する．まず，OVC が (12) の元位置で成り立っているということは，数量詞繰り上げ (QR) という非顕在的操作を除去することが可能になることで，そのこと自体は，実現可能であれば，普遍文法の重要な簡素化に繋がり，第2章で論じた顕在的統語論条件にもかなう形で，非顕在的操作一般を除去することができる可能性

を開く．しかし，下で見るように，QR を支持する強力な議論は 2 つの数量詞を含む文における作用域の多義性である．QR が除去されると，作用域の多義性について別の説明が必要となる．

次に，OVC が元位置で成り立ち，2 つの位置を必要としないと言うことになると，(3a) において WH 移動を駆動しているのは OVC を形成する必要性であるとはもはや言えなくなる．そうなると何が WH 移動を駆動しているのかということが問題となる．英語のように WH 移動を見せる言語もあれば，日本語，韓国語，中国語のように WH 移動を見せない言語もあり，これまでの標準的な説明は，WH 移動は普遍的であるが，顕在的な場合もあれば，非顕在的な場合もあるというものであった (Huang (1982), Nishigauchi (1990))．OVC が元位置で成り立つということになれば，標準的な説明は根拠を失うことになる．WH 移動がある言語になぜ WH 移動があり，WH 移動を見せない言語になぜ WH 移動がないのかという問題に全く新しい説明が必要になる．

作用域の多義性についての別の説明は本章で取り上げ，WH 移動の問題は第 7 章で取り上げる．その前に QR が除去可能であることを確かめておくことにする．

6. QR を支持する議論の再検討

Heim and Kratzer (1998) が指摘するように，非顕在的 QR を支持するものとして（少なくとも）3 つの議論が提出されている．(13a) に見られる作用域の多義性に基づくもの，(13b) に例示される束縛変項照応に基づくもの，そして，(13c) に例示される先行詞内包削除（Antecedent-Contained Deletion: ACD) に基づく議論である．これらの現象を非顕在的移動を使わずに処理することができれば，UG からすべての非顕在的操作を除去する可能性への一歩となる．

(13) a. Somebody offended everybody.
　　　b. No woman blamed herself
　　　c. I read every book that you did [$_{VP}$　]

作用域による議論は，(13a) の多義性は 2 つの量化 DP に対する QR の適用が 2 通りあることからの自動的な帰結であるというものである．(14) に例示するように，QR はまず，somebody に，次に everybody に適用することもできれば，逆に先に everybody に適用し，次に somebody に適用することもできる．前者の場合には somebody が everybody を C 統御する構造を作り，

後者の場合には everybody が somebody を C 統御する構造を作る.[7] 言い換えると,作用域の多義性は QR という非顕在的操作の副産物として説明される.

(14) a. [everybody$_j$ [somebody$_i$ [t_i offended t_j]]]
    b. [somebody$_i$ [everybody$_j$ [t_i offended t_j]]]

Heim and Kratzer (1998) の解釈での,束縛照応の議論は次のようなものである.彼らの提案では QR は (13b) を (15) に転じる.

(15)
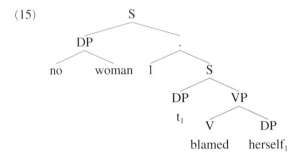

この構造は再帰代名詞が no woman に束縛される変項として解釈されることを許す.それはちょうど,主語の位置にある痕跡が no woman に束縛される変項として解釈されるのと同様である.どちらも演算子により C 統御されているからである.これにより,(13b) が「x が x を責めるような女性 x はいなかった」(there was no woman x such that x blamed x) というように解釈される事実を捉えることができる.

ACD の議論は次のようなものである.(13c) の削除されている VP は非顕在的 QR のアプローチのもとでは,退行問題 (regress problem) に陥ることなく,復元できる.every book that you did [ ] は QR を受けて移動し,(16a) のように後に痕跡が残る.[read t] を削除された VP にコピーすると (16b) が得られる.

(16) a. every book that you did [$_{VP}$] [I [read t]]
    b. every book that you did [$_{VP}$ read t] [I [read t]]

削除された VP へコピーできる [read t] という VP は非顕在的 QR によってのみ生じうる.

---

[7] これは May (1977) に基づくもので,May (1985) では多義性は QR の結果の解釈の仕方にあるとされる.

第 5 章 演算子-変項構造：英語

これらに加え May (1985) は 4 番目の QR を支持する議論を提供する．簡単にいうと次のような議論である．項のみが θ 役割を受け取ることができるが，演算子はそれができない．θ 役割は項位置 (argument position: A position) にのみ，付与される．すなわち，主語の位置，目的語の位置等である．それゆえ，もし演算子が項位置に生じると，そこから退出して非項位置 (A′ position) に移動しなければならない．さもなければ θ 基準 (θ-criterion) の違反が起こる．QR を想定すれば，演算子が項位置に出てきても，θ 基準の違反は起こらない．したがって，QR は必要である．という議論である．

そうなると問題は，OVC が元位置で成り立っているという提案がこれら 4 つの根拠を，非顕在的 QR のアプローチと比べて，同様にうまく，あるいは，より優れた形で，処理できるかどうか，そして，できるとすればどのように処理されるかである．[8]

7. 元位置 OVC アプローチにおける説明

ここでは，非顕在的 QR を支持するとされる 4 つの議論について，元位置 OVC アプローチでの別の説明があることを示す．

7.1. 作用域の多義性

(13a) の作用域の多義性は本位置 OVC アプローチの下では，次の 2 つのことを想定すれば説明できる．

(17) a. 主語の A 移動は音を移動するが，意味は v*P 指定部に残す．
　　 b. 以下に示すように，（例えば）目的語数量詞句 (OBJQP) を v*P に付加し，目的語の位置には定決定詞を残す随意的な右方付加操作がある．これにより目的語 QP は v*P 内の主語の意味を C 統御することになる．これを顕在的 QR と呼ぶことにする．

　　 c.
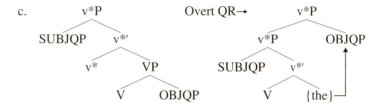

---
[8] 以下の議論は Tonoike (2003b) による．

この 2 つを仮定すると，(13a) は次の 2 つの構造を持ちうることになる．ただし，/X/ は X の音形を表し，{X} は X の意味を表し，/{X}/ は両方の組み合わせを表す．(v*P の内部構造はやや単純化してある．特に T の外部併合と /somebody/ の内部併合は顕在的 QR 適用後に起こる．)

(18)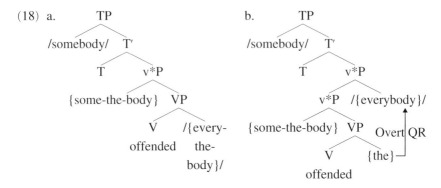

(18a) において，演算子 {some} は演算子 {every} を C 統御している．これは some > every の解釈を生む．(18b) では，everybody の音形と意味は v*P 内で θ 役割を与えられ変項として機能する非顕在的定決定詞を後に残して v*P に右方付加している．繰り上げられた数量詞 {every} はもう 1 つの数量詞 {some} を一方的に C 統御していて，every > some の解釈を生んでいる．どちらの場合においても数量詞 {some} と {every} は {the} を変項として OVC を形成している．(13) の多義性は (18a) と (18b) が同じ語順でありながら，構造的に多義的であることにより説明される．[9]

ここで顕在的 QR と呼んでいる操作を英語が単に偶然有しているということでは決してない．英語にこれが存在するのは 2 つの独立の要因の結果である．1 つは英語が主要部先頭言語であり，したがって，補部後続の言語である

---

[9] 顕在的 QR はこれらの場合において，連鎖空疎的 (string-vacuously) にすなわち語順に影響を与えない形で適用している．しかし，重名詞句転移 (Heavy NP Shift)（より正確には Heavy DP Shift) や外置 (Extraposition) も同じ顕在的 QR の操作，すなわち内部併合により形成されたものと想定する．言い換えれば顕在的 QR というものはそのような形では存在せず，実際は右方付加であり，内部併合の一例である．同じ右方付加が，重名詞句転移や外置のように中央埋め込み (center embedding) を除去するという構文処理を容易にするという効果がある場合には語順に影響を与えるのである．ここで両者の場合を統合する概念はおそらく経済性ということであろう．右方付加はなんらかの効果を有する場合に認可される．それは数量詞の作用域の変更の場合もあれば，言語処理の促進の場合もある．詳しくは Tonoike (2003b) 参照．

という要因，もう1つは関係節や（時，場所，理由などの）副詞節のような付加部の方向性でわかるように，英語では付加部を右側に許すという要因である．言い換えると英語に顕在的 QR が存在するのは補部の方向性と付加部の方向性が一致していることの結果である．

このことは，2つの方向性が一致しない場合には英語のような形での作用域の多義性が見られないという興味ある予測を生む．該当する言語は，英語のような形では作用域の多義性を欠いていることで知られている中国語である(Huang (1982))．そして確かに中国語では補部の方向性と付加部の方向性は一致していない．中国語は補部後続（つまり主要部先頭）で，関係節は左側に現れることで分かるように，付加は左側である．[10]

7.2. 束縛照応

束縛照応の事実は第3章の束縛の併合理論が正しければ，元位置 OVC アプローチのもとで極めて自然な形で捉えられる．問題の (13b) の例は次の派生を持つことになる．(no と woman が遅延併合されることに注意．)

(19) a.　[$_{v*P}$ v* [Ref],θ [$_{VP}$ blame [$_{DP}$ the^2's self]], no, woman
　　 b.　[$_{v*P}$ v* [Ref],θ [$_{VP}$ blame [$_{DP}$ the's self]], [$_{DP}$ no [the woman]]
　　 c.　[$_{v*P}$ [$_{DP}$ no the woman] v* [$_{VP}$ blame the's self]]

再帰性は，self と self の属格「主語」にある定決定詞の2つのトークンを，その領域の中に探し，見つかった場合にトークンの1つを，その指定部に併合し，それに主語の θ 役割を付与せよという指示として v* [Ref] に組み込まれている．派生は (19a) で始まるが，no と woman は作業台に取り出されていることに注意されたい．探索子 v* [Ref] はその領域を探して，the^2's self を見つけ，the のトークンの1つをその指定部に併合するが，そのトークンが v*P 指定部に併合される前に woman と no をそれに併合することができ，その結果 (19b) に示すように，[no [the woman]] が形成され，これが v*P 指定部に併合され，(19c) が形成される．属格「主語」の the's はそれが持つ属格と woman との一致の結果獲得した ϕ 素性（女性，単数）のために，her として書き出される．[11] [no [the woman]] の中に含まれる定決定詞は定決定詞が数量詞に先行される場合に通常起こるように空書き出しを受ける．her と self は

---

　[10] 中国語については本章の追記を参照．日本語がどのように振る舞うかについては次章第6章を参照．
　[11] このような形の一致があるということは指定しておく必要はない．D はそれ自身の ϕ 素性を持ち，それらが woman の ϕ 素性と一致しない場合には派生が破綻するだけである．

低レベル形態規則により herself という語を形成する．the の 2 つのトークンはお互いのコピーであり，ともに演算子 no により「束縛」されている（より正確には演算子とともに OVC を形成している）．それゆえ，文の意味についてはこれ以上何も言う必要はないのである．(19c) は，そのままで，(13b) の LF 表示であり，そのままで「x が x 自身を責めたような女性 x はいなかった」(no woman x such that x blamed x's self) という意味を捉えている．[12]

Tonoike (2008b) に従い，第 3 章で論じたように，代名詞も移動の結果生じるものであり，Hornstein (2001) の分析のように移動が不首尾に終わった結果形成されるのではないと仮定する．例えば (20a) は，遅延併合のもとでは，(20b-d) に示すように形成される．

(20) a. No woman thought she was wrong.
   b. [___ v* [$_{VP}$ thought [$_{CP}$ the^2 was wrong]]], no, woman
   c. [___ v* [$_{VP}$ thought [$_{CP}$ the was wrong]]], [$_{DP}$ no [the woman]]
   d. [[[$_{DP}$ no [the woman]] v* [$_{VP}$ thought [$_{CP}$ the was wrong]]]

(20b) が形成された段階で，no と woman はまだ作業台上にあり，主語は the^2 で示されるごとく，同じ D の 2 つのトークンを含んでいる．(20c) ではこの 1 つが取り出され no と woman と併合され，もう 1 つのトークンは後に残されている．これは Nunes (2001, 2004) の側方移動 (Sideward Movement) を一般化したものである．Nunes の提案では，側方移動はコピーとその直後に起こる併合の組み合わせである．第 3 章で提案したように，ここでは，決定詞は複数のトークンの形で派生に参画し，各々のトークンがどこかに併合され，適切な θ 役割を付与されると，派生は収束する可能性があると仮定する．（もし派生の最終段階でトークンが 1 つでも併合されずに残ると，派生は破綻する．）(20b) の 2 つのトークンの 1 つには埋め込み節の主語としての θ 役割が付与されているが，もう 1 つのトークンも θ 役割を受け取る必要がある．これが θ 役割を受け取る唯一の方法は，それが可能などこかの場所に移動することであり，その唯一の方法は側方移動を受けることである．側方移動の最初の一歩として定決定詞のトークンが作業台に取り出されたとき，woman と no と併合することが可能で，その結果 (20c) が得られる．側方移動の最後の一歩でこの DP が v*P 指定部に併合されると (20d) が得られる．定決定詞の補

---

[12] この文の意味は「x が x を責めたような女性 x はいなかった」(there was no woman x such that x blamed x) と表すべきであるという意見もあるかもしれない．つまり self は除去しなければならないとする意見である．しかし，部分的に Hornstein などに従って self には意味があると想定する．この点についてのさらなる論述については第 3 章参照．

部内のトークンは主格を（そして woman と一致して女性，単数という素性を）有し，義務的に she と書き出される．主節主語に含まれるトークンは，上の再帰文の場合と同じく空書き出しを受ける．(20d) は「x が間違っていると x が思っているような女性 x はいなかった（there was no woman x such that x thought x was wrong)」という解釈である．このように，束縛照応の現象は元位置 OVC アプローチでも容易に扱うことができる．[13]

7.3. 先行詞内包削除

　元位置 OVC アプローチのもとでは先行詞内包削除の説明にも移動が関与するが，非顕在的 QR ではなく，顕在的 QR である．ACD には必ず関係節が関係しているから，関係化（Relativization）についての明確な理論が必然的に関係してくる．ここでは，下に例示する Tonoike (2008a) の関係節についての DP 移動理論を仮定する（詳しくは第 8 章を参照）．

(21)　関係化の DP 移動—CP 付加理論

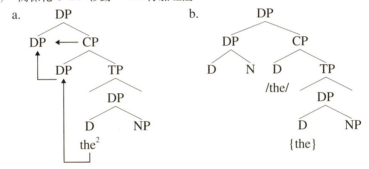

定決定詞のトークンを（少なくとも）2 つ持っている関係化される DP（またはそれを含むより大きな構成素）は，いわゆる WH 移動により CP 指定部に移動されるが，これは内部併合の一例である．その際 1 つのトークンの意味 {the} を元の位置に残す．この DP は CP 指定部から取り出されるが，今度は同じトークンの音 /the/ を後に残し，それが関係代名詞 who/which などとして書き出されうる．この取り出しは上で触れた通り Nunes の側方移動を一般化したものによって実行され，残るトークンが θ 役割を受け取る必要により駆

---

[13] さらに，指示指標はレキシコンの一部ではないと思われるが，それが正しければ，指示指標に依存しない顕在的 QR アプローチのほうが，非顕在的 QR による説明よりはるかに優れていることになる．

動されるものである.[14] その取り出された DP が他の場所に θ 役割を得るために併合される前に，関係節 CP がこれに付加し，(21b) に示すように関係化された DP が形成される．

(13c) には VP 削除が絡んでいるので，VP 削除の理論も必要となる．VP 削除・省略についての競合する PF 削除のアプローチと LF コピーのアプローチに代わって，[15] 第 3 章で提案した束縛の移動理論の VP 版として，第 10 章で省略の移動理論を提案する．以下の例を見てみよう．

(22) a. I will talk to the man if he is available.
     b. I will talk to the man if I can.

(22a) の派生には側方移動が関係していて，(23a) の（その中に含まれる Predication Phrase の詳細は省略してあるが）if 節の主語に含まれる定決定詞のトークンの 1 つを，(23b) に示すように，前置詞の目的語の位置に，途中で man を拾いながら移動していて，(23c) を生じている．付加部節の主語の位置のトークンは (23d) に示すように he として書き出される．

(23) a. (I will talk) to   if the^2 is available
     b. (I will talk) to   the man   if the is available
     c. (I will talk) to the man   if the is available
     d. (I will talk) to the man   if he is available

残りの派生は繰り返すまでもないであろう．the man と him の同一指示性は 2 つのトークンの同一性により捉えられる．

(22b) の派生は 2 つの v*P が形成された段階で，(24) に示すように VP の側方移動を含むためやや複雑になる．

(24) a.   v*   [$_{v*P}$ /{I}/^{2} v* [$_{VP}$ /{talk to the man}^{2}/]]
     b. [v* [/{talk to the man}/]]   [$_{v*P}$ /{I}/^{2} v* [$_{VP}$ {talk to the man}]]]
     c. [$_{v*P}$ /{I}/ v* [/{talk to the man}/] [$_{v*P}$ /{I}/ v* [$_{VP}$ {talk to the man}]]]

(24a) には上付き文字で示すように VP の意味の 2 つのトークンと音の 1 つ

---

[14] DP が CP から出て行くのは θ 役割を受けとるためであるということは高橋洋平氏の指摘による．
[15] PF 削除と LF コピーのアプローチの問題点は，両者が表記上の変異であって，どちらかを選ぶことができないということにある．ある種の省略の現象，右方接点繰り上げが，削除と多重支配 (multidomination) の両方を必要とするとするという立場については Barros and Vicente (2011) を参照．

第 5 章　演算子-変項構造：英語　　　　　　　　　　133

のトークンを含む v*P と補部の VP を必要とする単独の v* が含まれている．talk to the man の音と意味が側方移動を受けて v* の補部となると (24b) が生じる．左側の v*P は主語を必要としているが，その必要性は /{I}/ を併合することによって満たされる．これにより (24c) の2つの v*P が生じ，この後の派生は説明の必要はないであろう．付加部の VP は書き出される必要がない．これは定決定詞は解釈不能な素性，すなわち格素性を持っているため，これを除去するために音形に置き換えられねばならないが，この場合にはそのような解釈不能素性が関与していない．その可能性のあるものは時制素性であるが，時制素性は動詞ではなく，助動詞が担うことになるので関与してこない．

　これらを念頭に置いて，元位置 OVC アプローチのもとでの (13c) の派生を見てみよう．

(25) a. [$_{CP}$ that [$_{TP}$ you did [$_{v*P}$ {you} v* [$_{VP}$ /{read^2 every the^2 book}/]]]]
　　　 Past, /{I}/, v*
　　b. [$_{CP}$ that [$_{TP}$ you did [$_{v*P}$ {you} v* [$_{VP}$ {read the}]]]]
　　　 Past, /{I}/ [v* [$_{VP}$ {read every the book}]]
　　c. [$_{v*P}$ {I} v* [$_{VP}$ read [every the book]]]
　　　 [$_{CP}$ that you did [$_{VP}$ {read the}]]
　　d.

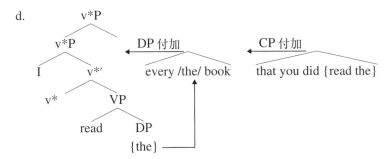

(25a) では，read と the の2つの意味のトークンと read the の1つの音とを含む関係節となる C の投射と，作業台の3つの語彙項目がある．この C は関係節補文標識で，それはその補部の TP の中から取り出された DP に付加するという任務を負っていると仮定しよう．作業台の上の他動的軽動詞 v* は補部の VP を必要としている．/{read every the book}/ を CP から取り出し，v* に併合すると (25b) が得られるが，後には {read the} が残される．さらに主語の /{I}/ を併合すると (25c) が得られる．that に導かれた CP は関係節である．この場合通常の CP 指定部からの DP の取り出しは，すでに VP の

側方移動によって DP が取り出されているので適用の必要がない．関係節が，「先行詞」の DP every the book に付加することができれば，派生は収束する可能性がある．しかし，この DP に関係節 CP を付加することは Chomsky (1995) の拡大条件に違反する．つまり，この DP を含んでいる v*P を拡大しないのである．このままでは派生は破綻する運命にある．

しかし，顕在的 QR はこの DP の every the book に適用可能である．顕在的 QR は，取り出しと付加の複合操作である．だから，(25d) に示すように，顕在的 QR が適用すると，一瞬のあいだ，3 つの独立の統語体が生じる．この時点で CP は摘出された DP に拡大条件に違反することなく付加できる．関係化された DP は次に，いわば，途中で拾った大きな荷物に気づくことなく，v*P に付加される．これにより ACD の 2 つの事実がうまく説明できる．ACD はすべて目的語を修飾する関係節を含み，目的語の QP は主語もまた QP である場合には主語より広い作用域を持ちうるという事実である．(例えば Everybody read some book that John did がそうである．)[16]

以上見たように Heim and Kratzer (1998) が QR を支持するものとしてあげた 3 つの事実は顕在的 QR を用いた元位置 OVC アプローチのもとでも遜色なく扱えることがわかった．

8. 作用域多義性と習得可能性

上でも見たように (13a) に見られる種類の作用域の多義性は媒介変数的変異を示すことが知られている．中国語のような言語では欠如していて (Huang (1982))，日本語のような言語では若干の捻れを伴って存在している (第 6 章参照)．もし，May (1977) 以来広く想定されているように非顕在的 QR が作用域の多義性を引き起こしているのであれば，これらの言語は深刻な習得可能性についての問題を提起する．非顕在的 QR を持つならば，英語は言語獲得についての標準的な想定のもとでは習得不能であることになる．なぜなら，その存在についての唯一の証拠は (13a) のような例の作用域の多義性であるが，そのような情報は英語に接する子供にとっては利用可能ではない．作用域の多義性を見せない中国語のような言語も習得可能ではなくなる．なぜなら，作用域の多義性欠如の情報も中国語のような言語に接する子供にとって利用可能な

---

[16] 量化され，関係(詞)化された目的語は主語より広い作用域を持ち得るが，そうである必要はない．しかし，主語より狭い作用域を持つ解釈は主語のほうが広い作用域を持つ解釈の特殊な場合として扱うことができる．詳しくは第 10 章 5.2.3 節参照．

証拠ではないからである．

他方，任意の言語が顕在的 QR を有しているかどうか（すなわち作用域の多義性を示すかどうか）は，積極的な証拠により決定可能である．顕在的 QR が言語に存在する（それゆえ，作用域の多義性を言語が示す）ためには，補部と付加部の方向性が一致していなければならない．さもなければ言語は顕在的 QR を（そして，ゆえに作用域の多義性も）欠く．英語を習得中の子供は英語では補部が語彙的主要部の右に生じ，付加部がその「句の主要部」の右に付加されることは，何の苦もなく判別できる．[17]

9. Kayne (1998) 多重顕在移動アプローチ

作用域の多義性の扱いについて顕在的 QR が対峙しなければならないもう 1 つの提案がある．つまり，顕在的 QR に依存しないが，顕在的左方移動を多重に利用する Kayne の説明である．Kayne (1998) は，（おそらくは非顕在的移動のアプローチの抱える問題を認識して，）Klima (1964) が最初に指摘した節境界を超える種類の作用域の多義性に対して顕在的移動アプローチを提案している．[18]

Kayne (1998) から改作した次の例により，彼の説明がどのような仕組みかを見ることにしよう．

(26) a. We require that our students read only *Aspects*.
   require > only   only > require
   b. We require that only the second-year students read *Aspects*.
   require > only   *only > require

(26a) は require と only の作用域に関して，「我々は学生たちが Aspects 以外の本を読まないことを求める」という require > only の作用域解釈と，「我々が学生たちに読むことを求めるのは Aspects だけである」という only > require の解釈との間で多義的である．これに対して (26b) は only が主節で作用域を取る解釈がなく，「2 年生だけが Aspects を読むことを求める」という

---

[17] ここでは「句の主要部」という用語を付加部が付加された統語体を，通常の主要部と区別するために使っている．後者には「語彙的主要部」という用語を一時的に用いる．

[18] Klima のもともとの例文は (i) にあるもので，これは force > no one の解釈「お前に誰とも結婚しないことを強要する」と，no one > force の解釈「お前を無理やり結婚させるつもりの相手などいない」という解釈の間で多義的である．

 (i) I will force you to marry no one.

解釈しかない．言い換えると (26a) は require > only の解釈と，only > require の解釈の両方があるが，(26b) は require > only の解釈しかないのである．

(26) の例に対処するために，Kayne は 2 つの非顕在的機能主要部 ONLY と W と，3 つの顕在的移動を想定する．この説明では (26a) は (27a) で始まる派生と，(28a) で始まる 2 つの派生を持ちうる．

(27) a. We require that our students *W ONLY* read *only Aspects* →
　　 b. We require that our students *W* [only *Aspects* ONLY] read *t* →
　　 c. We require that our students *W-ONLY* [only *Aspects t*] read *t* →
　　 d. We require that our students [read *t*] W-ONLY [only *Aspects t*] *t*

(27a) は ONLY と W という 2 つの機能範疇が補部節に含まれている．ONLY は only 句をその指定部に牽引する特性があり，これにより (27b) が得られる．W は主要部 ONLY を牽引し，(27c) を導き，さらに VP をその指定部に牽引し，(27d) を導く特性がある．顕在的な要素の線形順序に変化はない．only 句が主節動詞の領域内にある事実が require > only の解釈を捉えている．次に (28a) を見てみよう．

(28) a. We *W ONLY* require that our students read only *Aspects* →
　　 b. We *W* [only *Aspects* ONLY] require that our students read *t* →
　　 c. We *W-ONLY* [only *Aspects t*] require that our students read *t* →
　　 d. We [require that our students read *t*] W-ONLY [only *Aspects t*] *t*[19]

(28a) も同じ機能範疇を含んでいるが，それらは主節に含まれている．同じ 3 つの移動が適用して，(28d) が生じる．顕在的要素の線形順序は同じであるが，ここでは only 句は主節にあり，only > require の解釈を捉えている．

(26b) については，もし W と ONLY が (29) に示すように主節にあれば，結果として，埋込節の主語 only the second-year students を補文標識を超えて摘出することになり，(29d) が that 痕跡効果を引き起こす．これが (26b)

---

[19] （本書では採用していないが）標準的な移動のコピー理論のもとでは以下の 2 つの表示から (27d), (28d) が得られるのかという疑問が生じる．
　(i) We require that our students read only *Aspects* W-ONLY *only Aspects* ONLY read only *Aspects*
　(ii) We require that our students read only *Aspects* W-ONLY only *Aspects* ONLY require that our students read only *Aspects*

には only > require の解釈がないことを説明する.[20]

(29) a. We W *ONLY* require that only the second-year students read *Aspects* →
   b. We *W* [only the second-year students ONLY] require that *t* read *Aspects* →
   c. We *W*-ONLY [only the second-year students] require that *t* read *Aspects* →
   d. We [require that *t* read *Aspects*] W-ONLY [only the second-year students] *t*]

　Kayne の提案は (26a) の作用域解釈の多義性と, (26b) における多義性の欠如を QR のような非顕在的操作を使うことなく直裁的な説明を与えているが, いくつかの問題がある. まず, 2つの非顕在的機能範疇と3つの移動操作は, 特に, ここで提案していて, 以下に例示する, 1つの右方付加だけを使う顕在的 QR に比べると, 非常に複雑であるばかりでなく, 独立の根拠も欠いている. Kayne の説明の最大の問題は機能範疇 W の使用である. これは何ら意味的な働きもなく, 音声形も持たない. その唯一の貢献は正しい語順をもたらすことだけである.

　この状況と, 顕在的 QR が (26) の事実をどのように説明するかとを比較してみよう. (26a) の require > only の解釈は, (30a) に示すごとく主節動詞 require が補部節の数量詞 only を非対称的に C 統御するという事実から帰結する. only > require の解釈を捉えるのには, (30b) に示すように顕在的 QR が節境界を超えて, 主節の v*P に only 句を付加することができると想定しさえすれば良いのである. (埋込 CP の内部構造は簡略化してある.) (/X/ と {X} がそれぞれ X の音と意味を表すことに注意されたい.) (30b) において, 量化 DP の only *Aspects* は顕在的 QR によって v*P に付加されていて, 主節動詞 {requrie} を非対称的に C 統御していて, これにより only > require の解釈が捉えられている. 語順は変わらないので, (26a) の多義性が説明される. (30c) に示すように量化 DP を補部節の主語の位置に持つ (26b) では, それが文末にないことから, 顕在的 QR を受けていようがない. それゆえ, require > only の解釈しか持ち得ないのである.

---

[20] しかしながら, ONLY と W が従属節にあった場合にどうなるのかという疑問が残る.
　(i) We require that only the second-year students W ONLY read *Aspects*
ONLY は only 句を C 統御していないので, それをその指定部に牽引することはできない.

(30)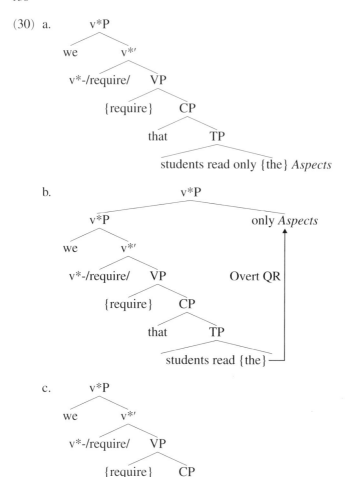

簡潔性からして，顕在的QRによる説明が，多重顕在移動アプローチに優先して選ばれるべきである．[21] さらに，これらの要素と操作の効果は目に見え

---

[21] Kayneの提案のもう1つの問題は，上でも触れた通り，Wの使用である．それは意味的内容も，音声形も持たず，唯一の機能は望む語順を導くことだけである．そのような要素は概念的必然性を持っているとは言いがたく，それゆえ現在のミニマリズムの想定のもとでは記述の道具箱の中から除去されるべきものである．

るものではなく，(26a) の作用域の多義性としてのみ浮上するので，言語獲得の問題を避けるためには，UG の一部として存在すると想定しなければならない．なぜなら積極的な証拠に基づいて子供が獲得することができないからである．しかし，そうなると，次章第 6 章の (7a) (学生が Aspects だけ読むことを要求する) が非多義的で，対応する (5a) (= (27a)) が多義的である一方で，(8a) が多義的であり，それに対応する (5b) が多義的でないというような事実を説明する方法がなくなる．(詳しくは次章参照．) それゆえ Kayne の提案は英語のような言語における作用域現象と日本語のような言語における作用域現象を統一的に捉えるには不適切であると結論づけなければならない．[22]

(31) の例で分かるように，作用域の多義性は通常節境界を超えては成り立たない．Kayne が論じる節境界を超える作用域の多義性のすべての例は，(32) に例示するように不定詞 TP か仮定法現在の TP が関与している．

(31) a. Somebody believes that John loves everybody.
　　 b. Somebody hopes that you will marry no one.
(32) a. I will force you to marry no one.
　　 b. She requested that you point out some problem.

(26a)，(32a, b)，そして Kayne があげる多くの他の例における補部節の非現実の法 (moods) が節境界を越境可能にしていると考えるか，あるいは，直説法は補部節をそこからの取り出しに関して不透明にしていると仮定しなければならない．ところで，作用域の多義性のすべての関連する例では，顕在的 QR 分析で予測される通りに，低い数量詞表現は文末の位置にある．節末にある統語体は補部末尾言語においては通常最も深く埋め込まれた位置にあるが，右方付加を許す言語ではより高い位置にある可能性もある．

さらに，ここで提案する顕在的 QR は次の例における作用域の事実を説明できるが，非顕在的 QR のアプローチや Kayne の多重顕在移動のアプローチでは説明できない．

(33) a. Somebody sent everybody a nasty letter.
　　 b. Somebody sent a nasty letter to everybody.

筆者が相談した人たち (言語学者) によると，(33b) は数量詞の作用域に関し

---

[22] Kayne は (1b) のような標準的なタイプの作用域の多義性については Beghelli and Stowell (1997) の素性照合アプローチと主語の v*P への再構築を用いて扱うという立場を取っている．そのような立場は，また，その点では Beghelli and Stowell のアプローチは，日本語のような事実を説明することができないという問題に直面する．

て，多義的であるが，(33a) を everyone が someone より広い作用域を持つものとして解釈するのは難しいということであった．[23] これはまさに顕在的 QR 分析が予測することである．(33b) の 2 番目の数量詞 every は文末にあるため，最も深く埋め込まれた位置にあるかもしれないし，v*P に付加されていて，v*P 指定部の主語の位置の数量詞 some より広い作用域を持っているかもしれない．(33b) ではそのようなことはない．

非顕在的 QR アプローチのもとでは，文末の数量詞と，文中の数量詞を区別する方法はない．それゆえどちらの場合も同様に多義的であることが誤って予測される．注 22 で言及したように，Kayne は Beghelli and Stowell (1997) の素性による説明を想定しているが，これも (33) の 2 つの場合について区別ができない点では同様である．[24]

10. 結論

広く受け入れられている見解とは異なり，OVC は DP の内部構造の中で元位置で成立していて，したがって，それらを作るためには移動は必要ではないということを提案した．量化表現の間の作用域の多義性は，非顕在的 QR を支持する最も強い議論であったが，顕在的 QR と呼ぶことにした右方付加操作を仮定することにより，導くことができることを示した．この結論は第 2 章で提唱した顕在的統語論仮説にとっての大きな障害を取り除くものである．しかし，この結論は対処すべきさらなる大きな問題を提起する．すなわち，(1a) の which linguist がなぜ CP 指定部に移動するのかという問題である．この問題は第 7 章で取り上げる．その前に次章で数量詞が関与する日本語の OVC を検討する．

---

[23] つまり，通常の強勢パターンのものではということである．人によっては（例えば Christopher Tancredi (p.c.)) everybody に強い強勢を置くことによって (33a) でも every > some の解釈をすることが可能である．

[24] 主語と目的語との間の作用域の多義性については，A 移動の痕跡に言及する Kitahara (1992), Hornstein (1999) の第 3 のアプローチがある．このアプローチは Agr に基づく節構造と主語と目的語の移動の連鎖が交差し，そのため，主語の連鎖の末尾 (tail) が目的語の連鎖の先頭 (head) を C 統御するということを前提としている．第 1 章で見た Chomsky (2008) の節構造の提案を採用するならば，2 つの連鎖は交差しないことになる．さらに，Kitahara, Hornstein のアプローチは本章 (26) や次章 (5), (7), (8) のような節境界を超える作用域の相互作用を含む例についてはお手上げである．また，機能主義的な説明については Kuno and Takami (2002) を参照．彼らのアプローチでは次章 (3) の（そしてその意味では (9) の）一般化を捉えることはできない．

第6章　数量詞作用域と日本語節構造

1. はじめに

　Kuno and Takami (2002) から（一部改作）の次の英日語の例を比較することから始めよう．（ただし，彼らの (2a) の判断は筆者のそれとは異なる．）

(1) a.　Each of us has read many of these books.　（多義的）
　　 b.　Many of these books, each of us has read.　（一義的）
(2) a.　我々の誰もがこれらの本の多くを読んだ　（一義的）
　　 b.　これらの本の多くを我々の誰もが読んだ　（多義的）

ここには奇妙な非対称性がある．(1a) は each > many という解釈と，many > each という解釈との間で多義的であるのに対して，(2a) にはそのような多義性はなく，「誰も>多く」の解釈しかない．(1b) は，目的語が主語の前に置かれていて，many > each の解釈しかないが，これに対して，同じく目的語が主語の前に置かれている (2b) は，「多く>誰も」と「誰も>多く」の解釈との間での多義性を示す．言い換えると英語で成り立っていることが，日本語でそれに相当すると思われる例においては成り立っていないのである．
　本章では日本語と英語との間の一見すると矛盾するように見える作用域現象に対して，ある言語において成り立っていることは，そうではないと信ずる独立の根拠がなければ，他のすべての言語においても成り立っているとするミニマリスト的帰無仮説のもとで，統一的な記述を与えたいと思う．この試みの1つの驚くべき結論は日本語の節構造がこれまで広く信じられてきたものとは大きく異なるということが明らかになることである．
　本章は次のように構成されている．第2節は英語と日本語の数量詞作用域現象を概観し，捉えられるべき記述的一般化を引き出す．第3節では日本語

141

の数量詞作用域に対する2つの重要なアプローチを検討し，それらに対する概念上の，また記述上の問題点を指摘する．第4節はいわゆる Scrambling は実は左方移動としての顕在的 QR の効果を持つとする代案のアプローチを提案する．さらにこの顕在的 QR を用いる代案は英語と日本語の間で成り立つ作用域現象についての記述的一般化が，日本語の節構造が左枝分かれであり，したがって基本語順は SOV ではなく，OSV であると仮定すれば，極めて簡潔かつ優美に捉えることができることを示す（4.2節）．この節ではまた提案するアプローチに対する考えられる3つの異論を取り上げ，考えられうる対処法を論じる（4.3節）．第5節は節にまたがる場合の数量詞作用域を論じ，第6節は直接目的語と間接目的語の間の数量詞作用域を論じる．第7節で編出分析を論じる．第8節が結論である．これに2つの付記が続く．付記1はここで提案するアプローチが，筆者の以前の分析が抱えていた問題をいかに解決するかを論じる．付記2は，補部の方向性と付加の方向性が一致しない言語においては作用域の多義性が生じないという，本提案全体の予測通り中国語では該当する例が英語や日本語と違って作用域の多義性を示さないということを示す．

2. 英語と日本語における数量詞作用域

2.1. 英語における数量詞作用域

　英語では数量詞作用域に関して次のような記述的一般化が成り立つことを前章で見た．これを右端一般化と呼ぶことにする．

(3) 右端一般化
　　2つの要素の間で作用域の多義性が生じるのはそれらの1つが文末にある場合である．[1]

単一の節では，(1a)のほかに，第5章の次の例がこの点を示している．下線で示す2つの作用域要素の1つが右端にある場合のみ多義性を示す．

(4) a.　Somebody wrote a nasty letter to everybody.
　　　　　some > every　　every > some
　　b.　Somebody wrote everybody a nasty letter.
　　　　　some > every　　*every > some

---

[1] 第5章で触れた通り，通常のイントネーションの場合に限る．強い強勢は文中の要素に対して広い作用域を与えるように思われる．

(4a) について every > some の解釈（各々の人について，その人に意地悪な手紙を書いた人が誰かいる）をすることは比較的容易であるが，同じ解釈を (4b) ですることは困難である．everybody が文末にある (4a) だけが多義的であるのである．

第5章9節で見たように Kayne (1998) の次の例は，節境界をまたいでも文末位置が特別な性質を持っていることを示している．

(5) a. We require that our students read only *Aspects*.
      require > only   only > require
   b. We require that only the second year students read *Aspects*.
      require > only   *only > require

(5a) は only が埋め込み節で作用域を取る解釈と主節で作用域を取る解釈の間で多義的である．補部節での作用域解釈は we require that our students read no other books than *Aspects*（我々の学生が Aspects 以外を読まないことを我々は要求する）と言い換えられ，主節作用域の解釈は *Aspects* is the only book that we require that our students to read（Aspects が我々が我々の学生が読むことを要求する唯一の本である）と言い換えられる．他方 (5b) は only の主節作用域解釈を欠いている．We require that no other students but the second-year students read *Aspects*（二年生以外誰も Aspects を読まないことを我々は要求する）という解釈しかできないのである．言い換えると，(5a) は require > only と only > require の解釈はできるが，(5b) は require > only の解釈しかできないのである．

英語の数量詞作用域の記述は，どのような記述であれ，それが適切であるためには，なぜ (3) の右端一般化が成り立つかについて原理的説明を与えられなければならない．

2.2. 日本語の数量詞作用域

日本語においても作用域について同様の記述的一般化が成立するが，ちょっとした捻れが見られる．Kuroda (1971), Kuno (1973), Hoji (1985) など多くの研究者が報告しているように，(2a, b) と (6) のような単一節の場合には，作用域の多義性は目的語 QP が主語の QP を超えて文頭の位置に Scrambling で移動している場合にのみ生じる．

(6) a. このクラスの誰かが君のクラスのどの人も愛している
       some（誰か）> every（どの人も）   *every（どの人も）> some（誰か）

b. 君のクラスのどの人もこのクラスの誰かが愛している
    some > every   every > some

　(5a) に相当する (7) の節境界をまたぐ場合にも同じ一般化が，文末を文頭に置き換えれば，成立するよう一見すると思われる．しかし，(5a) と違って，(7a) は作用域の多義性を示さない．補部目的語 QP が文頭の位置に Scrambling されている (7b) のみが作用域多義性を示すのである．

(7) a. 学生が Aspects だけ（を）読むことを要求する
    require（要求する）> only（だけ）　*only（だけ）> require（要求する）
  b. Aspects だけ学生が読むことを要求する
    require > only　　only > require
  c. Aspects だけを学生が読むことを要求する
    require > only　　??*only > require

(7c) のように QP に格助詞「を」が付いている場合は，広い作用域解釈が難しいということも着目すべきことである．

　これまでのところ，Scrambling に関する一般化が成り立っているように思われる．しかし，(5b) に対応する次の例を見るとその一般化は瓦解する．作用域の多義性を示さない (5b) とは異なり，(8a) は Scrambling を受けていないにもかかわらず，作用域の多義性を示す．(8b) は (6b) のように Scrambling を受けたものであるが，(6b) は作用域の多義性を示すのに，(8b) は示さない．

(8) a. 二年生だけ Aspects を読むことを要求する
    only > require　　require > only
  b. Aspects を二年生だけ（が）読むことを要求する
    *only > require　　require > only
  c. 二年生だけが Aspects を読むことを要求する
    ??*only > require　　require > only

(8c) に見えるように主語の QP が格助詞「が」を伴うと広い作用域が困難になることが注目される．

　このように，左端一般化とまとめて呼ぶ2つの異なる記述的一般化が得られる．(Scrambling の効果については後述．)

(9)　左端一般化
  a. 単一節の場合には，主語 QP との作用域多義性は別の QP が

第6章 数量詞作用域と日本語節構造　　　145

　　　　Scramblingによって文頭位置にある場合に生じる．
　　b.　節境界をまたぐ場合は，主節動詞との間の作用域多義性はQPが，
　　　　どのようにしてそうなったかにかかわらず，文頭の位置にあるとき
　　　　に生じる．（ただし，Scramblingで文頭に移動された要素がある場
　　　　合この限りではない．）

　これらは奇妙な一般化である．明らかに，これらの背後にはより深い一般化が
なければならない．日本語の作用域の多義性についての適切な分析は，それが
どんなものであれ，次の2つのことができなければならない．つまり，(9) の
背後にあるより深い一般化を発見し，そして，なぜその一般化が成り立つのか
について原理的な説明を提供することである．
　以下において，英語と日本語の作用域現象についての主なアプローチを概観
し，それらが (3) の右端一般化と (9) の左端一般化について原理的な説明を
与えうるかを見る．

3. 日本語数量詞作用域についての諸研究

3.1. 既存のアプローチ

　Kuroda (1971) の先駆的な研究以来，日本語における数量詞作用域の多義
性については多様なアプローチが提案されてきた．しかし，それらをすべて概
観するのではなく，ここでは2つのアプローチに絞って取り上げたい．つま
り，Hayashishita (2000), Ueyama (1998, 2002), Hoji (2003) の一連の研
究に体現されるアプローチと，Miyagawa (1997, 2001, 2003, 2005) のアプ
ローチである．そしてこれらが (9) の2つの一般化に対して原理的な説明を
与えるかどうかを検討する．まず，これらのアプローチのどれも残念ながら
(9b) の一般化に対処できないことを指摘しなければならない．事実，この記
述的一般化はこれまで定式化されることがなかったのである．そこで，まず，
これら2つのアプローチが (9a) の一般化に対して原理的説明を与えることが
できるかどうかに焦点を当てる．

3.1.1. 二重出所アプローチ

　Hayashishita, Ueyama, Hoji の基本的な主張は「Scramblingの結果とされ
るOSVの語順には，OがSの前に基底生成されたものと，Oが文頭の位置
に移動されたものの2つの出所がある」ということである．このため，これら
の研究努力を二重出所アプローチと呼ぶことにする．このアプローチは，

Ueyama（2002: 44）に従って次のように要約できる．以下ではDL（おそらくdislocatedの意か）は文頭の主格を持たない構成素を指す中立的な用語として使われている．

(10) OS構文は，((10a)のように）深層（deep）のDLを含むか，(10b)のように表層（surface）のDLを含むかのいずれかである．
    a. 深層OSタイプ
        PF: NP-ACC/DAT（=DL)... NP-NOM ... V
        LF: [NP-ACC/DAT（=DL)[...NP-NOM ...V]]
    b. 表層OSタイプ
        PF: NP-ACC/DAT（=DL)... NP-NOM ... V
        LF: [NP-NOM [...NP-ACC/DAT（=DL)...V]]

深層OSタイプは文頭に非主格のNP（つまりDL）を持つ．このDLは空演算子によりθ位置と関係づけられているが，空演算子はいかなる形でもDLの作用域には影響を与えないと想定されている．そこで，このアプローチの空演算子に関わる部分は無視することにする．(10a)のLFでは，DLは主格主語を非対称的にC統御し，ゆえにそれより広い作用域を取る．(10b)の表層OSタイプでは，文頭のNP（つまりDL）はPF移動によりそこへ移動されており，そのため(10b)のLFでは主格主語はそのDLを非対称的にC統御し，ゆえにそれに対し広い作用域を取る．

　このアプローチに従うと，(6b)は次の2つの派生を持つことになる．

(11) 深層OSタイプ派生
    君のクラスのどの人も［このクラスの誰かが ec 愛している］
    every（どの人も）> some（誰か）　　some（誰か）> every（どの人も）
(12) 表層OSタイプ派生
    a.［このクラスの誰かが　君のクラスのどの人も愛している］
       PF移動
    b.［君のクラスのどの人も［このクラスの誰かが<u>君のクラスのどの人も</u>愛している］

(11)では「君のクラスのどの人も」は主語の前に基底生成されていて，ecが空演算子の位置を示している．DLの「君のクラスのどの人も」が主語の「このクラスの誰かが」を非対称的にC統御しているので，every > some の解釈になる．(12)の派生では，構造中に基底生成されたDLがない．目的語「君のクラスのどの人も」が移動を受けるが，この移動は純粋なPF移動であると

想定されているため,「君のクラスのどの人も」の意味は,下線で示すように,特に作用域を取る数量詞特性とともに主語より後の位置に留まっている. LF において, 前置された句は見えないので, 主語は直接目的語を非対称的に C 統御し, これが some > every の解釈を捉える.

(6b) のような例の作用域の多義性を首尾よく捉えてはいるが, この二重出所アプローチは, それが UG により許された選択肢の 1 つの実現例であると見なすと多くの深刻な概念的問題を生じ, 守備範囲のデータを拡大しようとすると困難な (おそらくは克服不能な) 記述上の問題を引き起こす. このアプローチについての最も根本的な問題は以下のようなことである. もし UG が日本語のような言語において主語の位置の前に項を (あるいは付加部を) 基底生成し, 空演算子がそれを節内部の位置と関係付けることを許すのであれば, 英語のような言語が同じことをして, *Everybody in your class, a nasty letter, someone in this class wrote のような Scrambling がかかった例を作用域の多義性を伴って生成することを一体何が阻むのだろうか.

純粋な PF 移動を用いることも概念的問題を引き起こす. もし UG が, 意味的な効果を伴わない純粋な PF 移動を使用するのであれば, 英語のような言語においてもそれは適用可能なはずである. その場合, Kuno and Takami (2002: 36 (71a, b)) の例はどちらも多義的であることになる.

(13) a. All of us have read many of these books with great enthusiasm.
　　　b. Many of these books, all of us have read with great enthusiasm.

しかしながら, 話題化が適用している (13b) の例は, 多義的でなく, Kuno and Takami が指摘するように many > all の読みしかない.

日本語のような言語と英語のような言語を区別するのに媒介変数を持ち出そうとする試みは, どんなものであれ, 言語習得上の問題に直面する. (13b) と (6b) の間には前者が多義的でなく, 後者は多義的であるという意味的な事実以外の形式的な相違はなく, 子供が媒介変数を設定する際にそのような意味的相違を利用するということは期待できない.

二重出所アプローチはまたいくつかの記述的問題を抱えている.「DL が基底生成される場所は 1 つの節に 1 つしかない」と仮定されているので, このアプローチは, 作用域を担う要素が主語の前に 2 つ以上ある場合には最初のものは 2 番目のものに対して広い作用域を取り得ないということを予測する. 具体的に検討してみよう. A と B の両方が鍵カッコで示す節の項であるような (14a) に示す図式的表層語順があったとしよう.

(14) a.　A　B　[SUB …V]
　　　b.　B [SUB A V]

そうすると (14a) は，主語の前の位置に B が基底生成されている (14b) から，A を B の左に移動する純粋な PF 移動によって派生されなければならない．この移動は純粋な PF 移動であるから，A は LF では (14b) の位置に留まっている．事実 (14b) は (14a) の LF 表示である．B は A を非対称的に C 統御し，SUB は A を非対称的に C 統御するから，作用域関係は B > SUB > A であると予測される．より明確には A は B や SUB より広い作用域を取れないと予測されるのである．

そこで，次の例を見てみよう．

(15) a.　誰かが山田にだけどの本も貸した
　　　　　some (誰か) > only (だけ) > every (どの本も)[2]
　　　b.　山田にだけどの本も誰かが貸した
　　　　　only > every > some[3]
　　　c.　どの本も山田にだけ誰かが貸した
　　　　　every > only > some[4]

(15b) には主語より前に 2 つの要素がある．そのうち右側の「どの本も」は深層 DL でなければならず，その左側の要素は表層 DL でなければならない．予測は「山田にだけ」は「どの本も」や「誰かが」より広い作用域を取ることができないというものである．しかし，不等号記号で示すように only > every > some の解釈は容易にできる．事実，これが多くの話者にとって優先的な読みである．同じことが (15c) にも当てはまる．「どの本も」が「山田にだけ」や「誰かが」より広い作用域を取り得ないという二重出所アプローチの予測にもかかわらず，不等号記号で示すようにそれが優先的な読みである．[5]

---

　[2] 実はこの例は筆者には every > only の読みもある．
　[3] この例も筆者には every > only の読みもある．
　[4] この例は筆者には every > only の読みはない．以上 3 点については第 6 節で立ち戻る．
　[5] Ueyama (1998) は実際主語の前に 2 つの要素がある例における作用域の相互作用を論じている．彼女は A > B > C の読みが不可能であることを次の例を引用して主張している．
　　(i)　ヤオハンさえをかなりの数の銀行に 2 つ以上の政治団体が推薦した
　　(ii)　ヤオハンにさえかなりの数の銀行を 2 つ以上の政治団体が推薦した
彼女は even > quite-many > two-or-more の解釈はこれらの例では不可能であると報告している．これらの例における作用域の解釈を判断することは筆者にとっては極めて困難であるので，そのような解釈が不可能であるかどうかについては，不可知論の立場を取らざるを得ない．ただ，これらの例からなぜそれが不可能であるのかは理解できない．しかし，それはとも

二重出所アプローチは下に再録する (9b) の一般化を捉えることができない，何故なら，これも下に再録する (7b) において「Aspects だけ」を主節動詞の作用域内から取り出す唯一の方法は長距離 A′ 移動によるものであるが，長距離 A′ 移動は PF 移動であると仮定されているので，補部節内で作用域を取る以外にないのである (Ueyama (1998: §2.4.1) 参照)．

(9)　左端一般化
　　　b.　節境界をまたぐ場合は，主節動詞との間の作用域多義性は QP が，どのようにそうなったかにかかわらず，文頭の位置にあるときに生じる．
(7)　b.　Aspects だけ学生が読むことを要求する
　　　　　　require > only　　　only > require

こうして見たように二重出所アプローチは (9) の 2 つの一般化のどちらも適切に扱うことができない．

3.1.2. EPP／一致アプローチ

もう 1 つのアプローチは筆者が EPP／一致アプローチと呼ぶ Miyagawa (2003, 2005) のそれである．このアプローチは，日本語は非一致言語であり，それゆえ TP 指定部（当時は IP 指定部）が Scrambling の着地点を提供すると提案した Kuroda (1988) に遡る．Miyagawa (2003) の日本語についての提案は以下の規定に要約される．

(16)　a.　T は EPP 素性を持っている．そのため，主語か目的語（か何らかの句）が TP 指定部に移動しなければならない．これは A 移動であり，A 移動は再構築されない．
　　　b.　TP 指定部への移動に加えて，どんな要素でも TP に付加できる．これは A′ 移動であり，義務的に再構築される．（すなわちこれは PF 移動である．）

(16) から，2 つの異なる構造が同じ OSV の語順を持ちうることが帰結する．

(17)　a.　[$_{TP}$ OBJ [$_{v*P}$ SUB [$_{VP}$ t$_{obj}$ t$_V$] t$_v$] V-v*-T]
　　　　　　object > subject
　　　b.　[$_{TP}$ OBJ [$_{TP}$ SUB [$_{v*P}$ t$_{sub}$ [$_{VP}$ t$_{obj}$ t$_V$] t$_v$] V-v*-T]]
　　　　　　subject > object

かく，上で挙げた例は，少なくとも筆者にとってはそのような読みが可能であることを明らかに示している．

(17a, b) のどちらにおいても，V は v* に繰り上がり，v* はさらに T に繰り上がっている．(17a) では主語は元の v*P 内部の位置にあり，目的語は TP 指定部に繰り上がっている．これは A 移動であるから，VP 内に残された痕跡は作用域を持たない．目的語が主語を非対称的に C 統御するから，前者が後者に対して広い作用域を取る．他方 (17b) では，主語は TP 指定部まで繰り上がっている．これは A 移動であるから v*P 指定部に残された痕跡も作用域を持たない．目的語は TP 指定部に付加されており，これは A′ 移動であり，A′ 移動は義務的に再構築されると仮定されているから，LF では付加された OBJ はそこには存在せず，目的語は下線で記したその痕跡の位置で作用域を取る．主語が目的語の痕跡を非対称的に C 統御するので，主語が目的語よりも広い作用域を取る．これが作用域の多義性を説明するということである．

　Miyagawa (2005) は日本語のような言語に成り立つものとして次の規定を追加している．

(18) a. C は焦点素性 (focus feature) を含みえて，これは T に浸透 (percolate) する．
　　 b. 焦点素性を持った T は焦点素性を持った句を見つけ (これと一致して)，T の EPP 素性がこれをその指定部に引き上げる．
　　 c. 「XP-も」と「XP-しか」(おそらくはその他多く) は焦点素性を持つ．
　　 d. この移動は A 移動であるが，「XP-しか」については，否定と一致しているので，その痕跡は可視的である．

焦点素性を導入する証拠として，Miyagawa は次の例において「も」でマークされた句は否定の作用域の外にあるという Hasegawa (1991, 1994) の観察を引用する．

(19) a. ジョンも来なかった
　　 b. ジョンが本も買わなかった

もし (19a) の「ジョンも」と (19b) の「本も」が v*P 内に留まるのであれば，それらは v* よりは高い位置にあると思われる否定により C 統御され，否定の作用域の内部になければならない．しかし，それらが (18b) の規定により TP 指定部に繰り上がらなければならないのであれば，T とともにあるか T より低い位置にある否定により C 統御されないことになり，(19) の解釈が説明される．

　(18d) の規定の根拠は次の例である．「しか」は否定との組み合わせのとき

に「だけ」の意味になり，肯定的な環境で用いることはできないので，否定極性項目であると考えられる．

(20) a. 花子がピザしか食べなかった
b. 花子が太郎にしか手紙を送らなかった
c. 太郎しか寿司を食べなかった

「しか」が否定極性項目で，焦点素性を持っていると仮定すれば，TP指定部へA移動を受けるが，同時に否定の作用域の中に残らなければならないことになる．この問題は(18d)の規定を追加することで解消されるのである．

MiyagawaのアプローチはOSV語順の作用域の多義性を説明するけれども，深刻な問題も抱えている．次の例を見てみよう．

(21) a. ジョンもビールしか飲まなかった
b. ビールしかジョンも飲まなかった

これらの例には2つの焦点要素「ジョンも」と「ビールしか」を含んでいて，この事実がMiyagawaのアプローチに対して克服し難い困難をもたらす．実際2つの問題が生じる．1つの容易な問題はこうである．「XPも」も「XPしか」も焦点素性を含んでいると仮定されているから，どちらもTP指定部に繰り上がらねばならないことになる．もし，日本語のTは指定部位置を1つしか許さないのであれば，これらの例は生成され得なくなる．しかし，この問題は（広く想定されているように）日本語は多重指定部を許す言語であると仮定すれば容易に解決する．[6] これが唯一の解決方法である．[7]

本当の問題点は次のようなものである．もし焦点要素が両方ともA移動によりTP指定部に移動したとすると，A移動は再構築しないと仮定されているので，それらはその着地点で作用域を取ることになり，(21a)も(21b)も，最初の焦点要素が2番目の焦点要素より広い作用域を取るという解釈しかなく多義的でないと予測されることになる．つまり，(21a)はalso（も）＞only（しか）の読みしかなく，(21b)はonly＞alsoの読みしかないと予測される．これらの2つの読みは次の図で例示できる．矢印は「飲む」という関係で，b, w, vはそれぞれビール，ウイスキー，ウオッカを表す．

---

[6] Hiraiwa (2001b) 参照．
[7] ただし，多重一致を許すことが，多重指定部を許すことと同一ではない．日本語では低い格付与子の投射にScrambingで付加し，その領域から脱して，高い格付与子の領域に入ることによって一致 (Agree) による格付与を受けるという提案については，本章第7節参照．

(22) a. also > only					b. only > also
　　　ジョン　→ b				　　　ジョン　→ b,
　　　ビル　　→ b				　　　ビル　　→ b, w
　　　トム　　→ b, w, v			　　　トム　　→ b, w, v
　　　ダン　　→ b, v			　　　ダン　　→ b, v

(22a) では，ビールしか飲んでないのはジョンだけでなくビルもそうである．この状況は also > only の読みと両立する．他方 (22b) は「ジョンも X を飲んだ」という命題を成立させるのはビールだけであるという状況である．この状況は only > also の読みと両立する．(21a) についての予測は正しい．(21a) は (22a) の状況を表しうるが，(22b) の状況を表すことはできないからである．しかし，(21b) については二重に誤った予想をする．(21b) は also > only の読みはなく，(22b) の状況のみを表すと予測されるのである．実際は，(22a) の読みのほうがはるかに優先される読みであり，予測される (22b) の状況を表す only > also の読みはやや困難を伴う．[8]

さらに，ここで A′ 移動を使って作用域の多義性を説明することができないことも着目すべきことである．どちらの句も焦点句であり，定義上 A 移動を受けなければならず，そのため，(21b) において「ビールしか」が PF の A′ 移動を受ける可能性は排除されているのである．したがって，(21b) において only > also の読みが困難であることの理由が何であれ，持たないと予測される also > only の解釈を持つというまさにその事実が全体のアプローチに対して深刻な問題を提起しているのである．[9]

さらに次の例を見てみよう．

---

[8] Miyagawa 分析では (21b) において「ビールしか」は元位置で否定と一致しているので，その位置に再構築されるということによって問題を回避しようという試みがなされるかもしれない．しかし，可視性の規定は否定極性項目の認可のためだけである．この規定により「ビールしか」を全面的に再構築することはできない．なぜならそうすると焦点句が A 移動を受けるという要件に違反することになるからである．

[9] 面白いことに，何故か，「しか」は「も」を超えた作用域を取りづらい．次の例を検討しよう．
　　(i) a. ジョンしかビールも飲まなかった
　　　　b. ビールもジョンしか飲まなかった
(ia) は only > also の読みがあってしかるべきであるが，どういう訳かこの文は容認可能性が低く，何かを意味しているとしてもそれがどういう意味であるのか明らかでない．これに対して (ib) は何の問題もなく，「ジョンだけが飲んだものが 2 つ以上あり，その 1 つがビールである」という also > only の読みがある．

(23) a.　ジョンもビールだけ飲んだ　　also > only
　　 b.　ビールだけジョンも飲んだ　　only > also, also > only

ここでは,「しか」+否定が「だけ」に置き換わっている．Miyagawa は「だけ」には言及していないが,「も」を焦点要素として扱っているのであるから,「だけ」も焦点要素と見なされるべきであろう．(23b) は明らかに多義的である．それは (23a) と同じく,(22a) の状況を表すが,(22b) の状況をも表す．ここでは「しか」の場合のように再構築により多義性を説明する可能性はわずかと言えども残っていない．[10]

これは2つの QP の語順が逆転するときに生じるという Kuroda (1971) が最初に指摘した典型的作用域の多義性である．このような日本語における基本的な作用域の多義性を扱うことができないという事実は，一致卓立言語 (agreement-prominent languages) と焦点卓立言語 (focus-prominent languages) を統一することに際して，どのような潜在的な利点があるにしても，Miyagawa のアプローチに対して深刻な疑念を生じさせる．[11]

さらに EPP／一致アプローチはどうやっても (9b) の左端一般化を捉えることはできない．節境界を超える Scrambling は純粋な PF の A′ 移動として扱われているから，文頭への移動は必ず再構築され，従属節で作用域を取らねばならない．

本章との関係で言えば,（これまでの結論が正しいとして）Miyagawa のアプローチはなぜ英語のような言語が顕在的 QR を使用し日本語のような言語が（焦点に駆動される A 移動と PF の A′ 移動という）全く関係のないメカニズムを使うのかという疑問に答えていない．さらに多重出所アプローチのよう

---

　[10] 筆者の私見では「しか」は否定極性項目として分析されるものではなく，その領域内に否定を要求する肯定極性項目として分析されるべきである．言い換えると,「しか」は否定により C 統御される位置に生じて，後者がそれを見つけて，その C 統御領域の外に取り出される性質を持っているということである．そうなると「しか」の意味は only ではなく，フランス語の ne-que における que と同じように except の意味であることになる．

　[11] さらに Miyagawa が彼の全提案の土台としている「文否定と共起する場合「も」句は否定の作用域の外にある」という Hasegawa (1991) の観察にも問題がある．次の例を見てみよう．
　　(i)　パーティには30人も来なかった
この例は「も」句と否定との間の相対的作用域に関して多義的である．「来なかった人が30人もいた」とも解釈できるし,「来た人の数は30にも達したということはなかった」とも解釈できる．したがって,「も」句は常に否定の作用域の外になければならないと一律に言うことができないことは明らかである．次の例も同様のことを示している．
　　(ii)　僕は旅行中に一万円も遣わなかった
この例は「遣った金額が一万円にも達しなかった」とも解釈できるし,「遣わなかった（つまり残った）金額が一万円にも達した」とも解釈できる．本章付記2を参照．

に純粋な PF 移動を使うのであるから，同じように獲得問題にも直面する．

このように，日本語（と他の言語）の作用域解釈の現象に対する2つの主要なアプローチは (9b) の左端一般化を説明することができないことが示された．記述的な問題に乗り上げず，さらに重要なことには言語獲得の問題に乗り上げないより原理的な説明を探す必要がある．[12]

4. 提案：Scrambling＝顕在的 QR

英語と日本語の間には一見して独立した3つの捉えられるべき媒介変数的変異がある．

(24) a. 日本語は顕在的 QR を持たないように見えるが，英語にはある．
   b. 日本語は Scrambling という現象を見せるが，英語はそうではない．
   c. 日本語では，作用域の多義性が生じるのは作用域要素の1つが文頭にある場合であり，英語で作用域の多義性が生じるのは作用域要素の1つが文末にある場合である．

(24c) は (3) の右端一般化と (9a) の左端一般化を1つにまとめたものである．この3つの媒介変数的変異を2つに，そして最終的には1つに還元するために取りうる明らかな一歩は，ある言語で真であることは他のすべての言語においても真であるという本章の冒頭で論じた帰無仮説を採用することである．そうすると日本語にも顕在的 QR の効果を持つ操作が存在すると想定し，それが Scrambling の現象に責任があるとすることができる．顕在的 QR が Scrambling 現象を説明できることが示せれば，それにより (24a, b) が説明されることになる．さらに顕在的 QR が日本語において適用する方法から (24c) が導き出せるということが示せれば，すべては両言語において顕在的 QR の働きにおける媒介変数的変異に還元されることになる．

---

[12] Saito (2003) もまた，Scrambling により形成された連鎖を解釈する方法を考案することにより Scrambling の研究における重要な方向を示している．にもかかわらず，ここでの議論に含めなかったのは，束縛の問題を主に扱っており，作用域の問題を扱っていないからである．しかし，彼の提案については一言意見がある．彼の提案は束縛条件，具体的には条件 A と条件 C は派生の異なる時点で適用するという仮定に基づいている．もし，束縛条件が Hornstein (2001) の提案のように移動に還元され，そして第3章で提案するような形で実行されるのであれば，Saito の提案はそのままでは維持不能である．

4.1. 安易な解決法

　しかしながら，顕在的 QR が日本語においても働いていると単に仮定するだけでは不十分である．顕在的 QR について方向性の差を導入しなければならないことがすぐさま明らかになる．もし日本語にも顕在的 QR があったとしても，それは英語におけるように右方向ではあり得ない．というのは日本語においては動詞の後の位置の使用は限られているからである．[13] 日本語の主要部-補部の方向性は，英語とは反対であるということを考慮すれば，顕在的 QR の方向性が両言語において反対であっても驚くには当たらない．顕在的 QR は付加操作であり，英語では付加は，少なくとも句を句に付加する場合は，右側である．日本語では関係節や副詞節がすべて被修飾要素の左側に生じることから明らかであるように，付加は左側である．したがって，もし日本語に顕在的 QR が存在するなら，それは右ではなく，左側に働くというのが帰無仮説として期待されることである．そして，事実 Scrambling は左側に起こる．

　それゆえ Scrambling を顕在的 QR の一例であるとすることにより，(24a) と (24b) を 1 つの媒介変数的な相違から導くことができる．つまり，両言語は顕在的 QR を持っているが，その方向性において異なり，英語では右，日本語では左であるということである．問題は，両言語の間の他の関連する相違がここで提案する可能性の自動的な結果として帰結するかどうかである．(6a, b) の派生を検討して見よう．(6a) は (25a) の構造を持ち，左方顕在的 QR がこれに適用すると (25b) が生じる．(この時点では節の内部構造の詳細は不詳のままにしておく．)

(25) a.　［このクラスの誰かが君のクラスのどの人も愛している］
　　　　　some (誰か) > every (どの人も)　　 *every > some
　　 b.　［君のクラスのどの人も［このクラスの誰かが t 愛している］］
　　　　　every > some 　　 some > every

基本語順の (25a) では存在数量詞を持つ主語が全称数量詞を持つ目的語を非対称的に C 統御していて，some > every の解釈しかない．これは (9a) の左端一般化の半分を説明する．文は Scrambling が適用していなければ作用域の多義性を示さない．しかし，記述的一般化のもう半分の (9a) は (25b) の構造では説明できない．この構造では Scrambling／顕在的 QR を受けた全称数量詞を含む目的語は存在数量詞を含む主語を非対称的に C 統御している．し

---

[13] 興味ある 1 つの可能性は日本語における動詞の後の位置，つまり文末の位置への移動は，右方転移としても知られるが，英語の話題化に対応するかもしれないということである．

たがって，every > some の読みを持つことが予測され，事実そうである．しかし，その多義性は説明されない．顕在的 QR は A 移動とは異なり，義務的に意味的内容を運ぶ顕在的な演算子移動として定義しているので，再構築を受けないのである．[14]

これで2つのことが明らかになった．まず，OSV 語順における O と S の作用域の多義性を説明する方法を見つけなければならない．2番目に，方向性の媒介変数だけを伴った安易な顕在的 QR の採用だけではうまくいかないことである．さらに深く探らなければならない．

4.2. OSV 言語としての日本語

だから，(6b) のような（そしてその意味では (7b) や (8a) のような）例の作用域の多義性の説明を見つけることが解決への鍵なのである．この時点で (4a)，(5a) のような英語の例の作用域の多義性が先に提案した顕在的 QR による説明でどのように扱われているかを思い起こして見よう．作用域の多義性は次の3つの条件が充足されたときに生じる．

(26) a. 2つの数量詞表現 QE_1 と QE_2 がこの順に存在し，QE_1 が QE_2 を非対称的に C 統御する．
   b. QE_2 が文末にある．
   c. 顕在的 QR は QE_2 に連鎖空疎的に（string-vacuously）適用し，QE_1 と QE_2 の C 統御関係を変えるが，語順は変えない．

(26c) が作用域の多義性にとって決定的に重要である．これを図式的に表すと下のようになる．

(27)
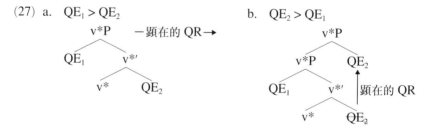

これと同じ状況を日本語において再現することができれば日本語の数量詞作用

---

[14] 事実，第2章で概説した枠組みからして，再構築という操作はあり得ない．なぜなら，再構築という現象は A 移動，A′ 移動の結果として生じるとされるものであるが，これらの移動は本質的には音形の移動であると想定しているからである．

域の多義性を捉えることに成功する．典型的な英語の単一節における作用域の多義性では，QE$_1$ が主語で，QE$_2$ が目的語（または何らかの他の文末の項）である．日本語は SOV 言語であるとする（ほぼ）あまねく受け入れられている見解に反して，日本語の語順は OSV であるというもう 1 つ別の想定を追加すれば，日本語における顕在的 QR は要素を左に移動するとの想定を変えずに，(26) を（線形順序を除いて）再現することができる．

もし，日本語が OSV 言語であって，S が O を非対称的に C 統御するならば（これを OSV 仮説と呼ぼう），O に顕在的 QR を適用して，S を非対称的に C 統御するに十分に高い位置に付加することで，異なる C 統御関係を持つ同じ語順が生じ，多義性に必要な条件が整う．これを図示すると下のごとくになる．

(28)　a.　QE$_1$ > QE$_2$　　　　　　　　　b.　QE$_2$ > QE$_1$

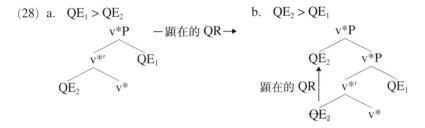

C 統御関係は逆転しているが語順は変わらない．対処すべく残っているのは唯一動詞の位置である．

Tonoike (1991, 1995, 2007a)，外池 (1988, 1994) に基本的に従って，日本語の節構造は英語のそれの鏡像であると仮定して見よう．このことは (25a, b) のような他動詞文の基底構造は次の (29a) のようなもので，動詞が V から，v* に繰り上がり，さらに v* は T に繰り上がって，(29a) に示すような OSV の語順が生じることを意味する．（ここでは VP 指定部と TP 指定部は，そこに OBJ と SUBJ が繰り上がる可能性を残して，埋めないままにしている．もし SUBJ が TP 指定部に移動するのであれば，V-v*-T の複合体は C まで繰り上がると想定しなければならない．いずれにせよ，SUBJ と OBJ の意味内容は元位置にとどまると想定しているので，この選択は作用域関係には影響を与えない．）

(29) a. SUBJ > OBJ　　　　　　　　b. OBJ > SUBJ

```
         TP                              TP
         /\                              /\
        /  \                            /  \
       /    T'                         /    T'
      /    /\                         /    /\
     /    /  \                       /    /  \
    v*P    T                       v*P   V-v*-T
    /\                             /\
   /  \                           /  \
  v*'  SUBJ                    →OBJ   v*P
  /\                                  /\
 /  \                                /  \
VP   v*                            v*'   SUBJ
/\      ↑                          /\
V'      |                         /  \
/\      |                        VP   v*
OBJ V---+                        /\
                                V'
                               /\
                              O̶B̶J̶  V̶
```

顕在的 QR は OBJ に適用して，これを v*P に付加して，OBJ-SUBJ-V-v*-T という同じ語順で OBJ が SUBJ を非対称的に C 統御する (29b) が生じる．

　これは，Scrambling の結果生じたと言われる OSV 語順の (6b(=25b)) の多義性を説明するだけでなく，基本語順と言われる (6a(=25a)) の多義性の欠如も説明する．なぜなら，(6a(=25a)) の SOV の語順は実は (30b) に示すように，OBJ を越えて，SUBJ に顕在的 QR (=Scrambling) を適用することによってのみ生じうる Scrambling 語順だからである．このことから，顕在的 QR は英語では一般的に連鎖空疎的（string-vacuous）であるように思われるが，日本語においてはそのような条件に従わないと想定しなければならない．さらに，(30b) における顕在的 QR の適用は他の方法では得られない新たな解釈を生んでいる訳でもない．SUBJ > OBJ の解釈は顕在的 QR の適用を待つまでもなく存在しているからである．これらの点については下で特別な規定を設けなくても，扱うことができることを示す．

(30) a.　SUB > OBJ　　　　　　b.　SUB > OBJ

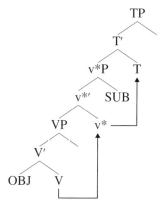
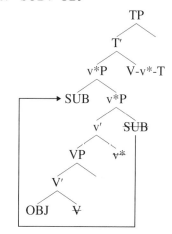

　OSV 仮説と顕在的 QR 分析を合わせると，(24) の 3 つの一般化すべてを捉えることができる．英語が顕在的 QR を示すのに日本語にこれがないように思われるのは，英語では右方向でかつ連鎖空疎性の条件に従うのに対して，日本語では左方向で連鎖空疎条件に従わないからである．英語が Scrambling の効果を示さず，日本語が示すのも同じ理由による．英語における作用域の多義性には文末の要素が関与し，日本語の場合は文頭の要素が関与するが，これは両言語の節構造が相互に鏡像関係にあり，付加の方向性，ゆえに顕在的 QR の方向性が両言語で反対であり，反対方向の終端において構造的多義性が生じるからである．

　このことにより (6b) と (6a) との間の作用域の多義性の有無のみならず，(2b) と (2a)，(7b) と (7a) の，そして (25b) と (25a) の間の作用域の多義性の有無が説明される．(15) のような 3 つの作用域要素を含む場合については下で立ち戻る．

4.3. 3 つの問題

　次に進む前に提案する分析にまつわる 3 つの懸念点を解消しておく必要がある．英語の顕在的 QR の連鎖空疎性と，顕在的 QR の本質と，OSV 仮説である．

4.3.1. 連鎖空疎性

　当然問題となるのはなぜ顕在的 QR が英語では連鎖空疎的であり，日本語

ではそうでないのかということである．この差が最も明確に現れるのは主語が顕在的 QR を受けるかどうかという点である．英語では主語は節末に右方付加できないが，日本語では節頭に左方付加できる．筆者の提案する答えは2つの部分からなる．連鎖空疎性に関するこの相違の背後にある両言語の最も基本的な相違は日本語における顕在的な格表示の存在と，英語におけるそのような表示の一般的欠如である．英語では格の区別は代名詞にのみ見られる．連鎖空疎性を顕在的格表示の豊富／貧困に関係付ける媒介変数を仮定することは考えることであり，手取り早いやり方であるかもしれない．しかし，UG にはそのような媒介変数はなく，この相違が文処理の容易／困難の差によるものとするほうがより極小主義的立場であろう．次の例は格の区別の貧困のため処理（解析）するのが困難である．

(31) a. *likes Bill, Mary < Mary likes Bill
    b. *John wrote to me a letter < John wrote a letter to me
    c. *John told that me < John told me that

そのような可能性は，英語話者は解析装置を使用していると仮定することにより，より蓋然性が高まる．その解析装置が，文が定形動詞から始まることを英語話者が予想することを妨げる方略を含んでいると仮定すれば，(31a) は解析不能として排除される．しかし，代名詞の主語を追加することで，この方略を欺くことができ，それは She likes Bill, Mary のような右方転移構文となる．解析装置が，そうでないと予想する理由がなければ，動詞に直接後続する DP をほぼ自動的に目的語と見なす方略を含んでいれば，(31b, c) は排除される．そうでないと予想する理由の1つは異常に重い要素で，(31b) の代わりに John wrote to me a letter containing a detailed explanation for his absence のように文末に移動する理由を提供する．2つの要素がともに代名詞であるような (31c) にはそのような余地はない．

4.3.2. 顕在的 QR

顕在的 QR は，作用域関係を変える付加操作，Chomsky (2000) の用語を使えば対併合 (pair-Merge) である．その意味では非顕在的 QR も同様である．しかし，現在の極小主義の枠組みからすると，量化表現の作用域を変えることに特化した操作というものは厳密に言えばありえない．[15]

---

[15] QR は演算子が演算子-変項構造に入る必要に駆動されるものであると広く想定されている．QR も他の移動も必要としない演算子-変項構造の代案分析については第5章参照．

ここで主張するように顕在的 QR が Scrambling であるならば，新たな作用域関係を作り出す必要性に駆動されているということはありえないことは明らかである．なぜなら，いずれも基本的な意味を共有している次の例から明らかであるように，量化表現でないものも Scrambling を受けるからである．

(32) a. ジョンがビルにメアリーを紹介した
 b. ジョンがメアリーをビルに紹介した
 c. ビルにジョンがメアリーを紹介した
 d. ビルにメアリーをジョンが紹介した
 e. メアリーをジョンがビルに紹介した
 f. メアリーをビルにジョンが紹介した

Scrambling により影響を受ける数量詞の作用域関係はここにはない．

したがって，Scrambling／顕在的 QR の正しい特徴付けは，それが適用する統語体に対して（適用時において）最も高い卓立を与えるという機能を果たすものであるということである．それが，量化表現が他の量化表現を超える場合には広い作用域という形で現れるのである．それでも，Scrambling／顕在的 QR の適用は常に新しい解釈を作る結果になるが，必ずしも新しい数量詞作用域解釈であるとは限らないということである．

このように Scrambling／顕在的 QR を再解釈することにより，(30a) から (30b) の派生において，どちらの構造においても SUBJ が OBJ を非対称的に C 統御するため，何ら新しい解釈が生まれないという事実が提起する問題が解決される．なぜなら，Scrambling／顕在的 QR による SUBJ の文頭への移動は問題の要素の中で最も高い卓立を与え同時に OBJ に対する明確な広い作用域を保証しているからである．

現在の極小主義の枠組みの歴史の中では，移動は一般的に解釈不能素性により駆動されると考えられたことがあった．[16] この考慮から Miyagawa は Scrambling は T における焦点素性と EPP 素性により駆動されるシステムを提案した．Miyagawa は Scrambling を A 移動であると考えていたから，これは理屈に合っていた．本書での提案では，上で指摘した問題点がなんとか解決されるとしても，そのような方向は探らないことにしたが，それは指定部は日本語では右側にあると考えたからであった．したがって，次の 2 つのどれ

---

[16] しかし，現在では事情は変わっている．例えば Chomsky, Gellego and Ott (2017) は内部併合が解釈不能素性に駆動されるという想定を放棄して，併合は自由に適用されると主張している．

かしかないということになる．付加操作は任意の操作で，解析を容易にする，新たな解釈を生むなどの目的を果たす限り自由に適用するとするか，付加を駆動する EPP のような素性をもう 1 つあるとするかである．この時点では，移動についての画一的な扱いを可能にするということを除いてはそのようなことを仮定する理由はない．したがって，付加は自由に適用できる任意の操作であると想定する．さらに，Miyagawa の EPP／一致アプローチも，二重出所アプローチも PF 移動を仮定するが，これには解釈不能素性は関与しない．

4.3.3. OSV 仮説

　上の提案に対して容易に想像できる反応は次のようなものである．日本語が SOV 言語であるのは明らかである．なぜなら，それが大多数の文が示す「規範的な語順」であるからであるというものである．そのような反論に対しては 2 つ言いたいことがある．まず，日本語の大多数の（単）文が SOV の語順であるということは事実であるかもしれない．しかし，そのこと自体では SOV が，文法から Scrambling の効果を取り去った後に残る基本語順であるとする証拠にはならない．基本語順は OSV であるが，多くの文は主語を絶対的な卓立の位置に置く必要性から，SOV を示すということも大いにありうることである．OSV 仮説と顕在的 QR 仮説が，(24) の一般化を完全に捉えることができるが，SOV 仮説に基づく他のアプローチではそれができないというその事実そのものが OSV 仮説を強く支持する．

　OSV 仮説を支持する事実はほかにもある．次の例を見てみよう．

(33) a.　ジョンがビルがトムがメアリーが愛していると言ったと思っている
　　 b.　メアリーをトムが愛しているとビルが言ったとジョンが思っている

(33a) ではすべての節が SOV の語順を示しているが，(33b) ではすべての節が OSV の語順を示している．(33a) is the cheese the rat the cat chased ate was rotten に比すべき Kuno (1973) の意味での中央埋込 (center embedding) を何重にも含んだひどい文であるのに対して，(33b) は容易に解析できる文である．もし SOV が基本語順であるとすると，日本語は中央埋込を生成するよう設計された言語であるということになる．OSV 仮説の下では (33b) が基本語順である．

5.　節境界をまたぐ数量詞作用域と D の空書き出し

　(7)，(8) の節境界をまたぐ例に立ち戻り，まず，下に再録する (7) から検

討しよう.

(7) a. 学生が Aspects だけ（を）読むことを要求する
　　b. Aspects だけ学生が読むことを要求する
　　c. Aspects だけを学生が読むことを要求する

(7a)が「要求＞だけ」の読みを持つが「だけ＞要求」の読みを持たないという事実は次のように説明される．補部節主語「学生が」は「Aspects だけ」に先行するので，量化されていない主語が「要求」の作用域外にあると考える理由はない．「だけ」の句はまた補部節の内部で解釈され，これにより「要求＞だけ」の読みが説明される．主節の主語「我々は」を文頭に追加することで明示的にすると「だけ」の句が主節に Scrambling を受けていることはさらに可能性が低くなる．(7b)では「だけ」の句は文頭にある．これは「だけ」の句が補部節に含まれていて，それゆえ「要求」の作用域の中にある構造と，「だけ」の句が補部節から Scrambling を受けて主節の v*P に付加され，そこで，(34)に示すように「要求」を非対称的に C 統御する構造との間で多義的である．

(34) ［Aspects だけ［［t　学生が　読むことを］(我々は／が) 要求す］る］

これができるためには，顕在的 QR はある種の節境界をまたぐことができると想定する必要がある．不定詞節や仮定法節の境界を超えることができるが，直説法節の境界を超えることはできないという英語の事実から判断して，日本語においても基本的には同じことが成り立っていると仮定しよう．[17] 主節主語を補部節の後に補うとこの広い作用域の読みがさらに容易くなる．

　Scrambling を受けた主語が主格決定詞（＝格助詞）「が」を維持している(7a)では「だけ」の句が「要求」より広い作用域を取る解釈はかなり難しい．このことは Scrambling を受けた量化表現が格助詞を含んでいるときには一般的に見られる現象である．Scrambling を受けた量化表現が格助詞を含まない場合は文の残りに対して広い作用域を取るが，その一方で格助詞を伴うと狭い作用域を取る．この事実について有力な説明は次のようなものである．第 5

---

[17] Kayne (1998) が論ずるもう一種類の例は Klima (1964) が最初に指摘したもので，不定詞補部を含む．
　(i) I will force you to marry no one.
ここでは no one は補部節で作用域を取り，I will force you not to marry anyone の解釈を受けることもできれば，主節で作用域を取り，I will not force you to marry anyone の解釈を受けることもできる．この多義性もまた顕在的（右方）QR により (5a) と同じく処理することができる．

章で，英語では定決定詞がすべての量化 DP の一部であり，数量詞と結び付くときは空書き出しを受けることを見た．さらに，下の (35) に再録するように第 5 章の (18) に例示するごとく，量化表現が顕在的 QR を受けるとき，元の位置に隠れた定決定詞（{the}）を残すことを見た．

(35)

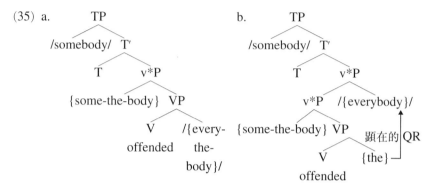

(35b)（= 第 5 章 (18)）において，目に見えない定決定詞 {the} は元の位置に残っている．さらに第 4 章で，格助詞「が」，「の」，「に」，「を」などは決定詞であり，単独で残されるとゼロ代名詞として知られる空書き出しを受けることを見た．

これら 2 つの要因を考慮すると，上の (7b) と (7c) の対比は，量化表現が節境界を超えて顕在的 QR／Scrambling を受けると (36a) で {D} として示すゼロ代名詞の定決定詞を後に残さなければならないと仮定すると綺麗に説明できる．（あるいは D が単独で残されて，空書き出しをうけるとしても説明できる．）量化表現は (36b) に示すように空の決定詞を伴って補部節内部に留まることもありうる．これはしばしば格助詞脱落（case drop）として知られる現象である．我々の用語で言えば，ある種の格助詞（= 決定詞），特に「が」と「を」は卑近な話し言葉では空書き出しを持ちうるということにすぎない．(36a) と (36b) の間の構造的多義性が (7b) の作用域の多義性を捉える．もし主格格助詞を伴う量化表現が補部節の内部に留まり，定決定詞が（改まった話し言葉で）格助詞として (36c) のように実現されると，非多義的な (7c) が得られる．

(36) a. [Aspects だけ [[{D} 学生が読むことを] 要求する]]（= (7b)）
　　　　「だけ」＞「要求」
　　b. [[Aspects だけ {D} 学生が読むことを] 要求する]（= (7b)）
　　　　「要求」＞「だけ」

c. [[Aspects だけを学生が読むことを] 要求する] （= (7c)）
「要求」＞「だけ」

さて，下に再録する (8) に戻ろう．

(8) a. 二年生だけ Aspects を読むことを要求する
「だけ」＞「要求」，「要求」＞「だけ」
b. Aspects を二年生だけが読むことを要求する
??*「だけ」＞「要求」，「要求」＞「だけ」
c. 二年生だけが Aspects を読むことを要求する
??*「だけ」＞「要求」，「要求」＞「だけ」

(8) について奇妙なことは，(8a) が多義的であるのに対して，英語の対応版 (5b)（すなわち We require that only the second-year students read *Aspects*）が多義的でないことである．しかし，これはまさに提案する分析から期待されることである．OSV 仮説と顕在的 QR 仮説からなる提案する分析においては，「二年生だけ」の「だけ」句は文頭の位置にある．この位置は補部節の文頭の位置でもありうるし，Scrambling を受けた主節の文頭位置でもありうる．言い換えると (8a) は「だけ」句に関して構造的に多義的であり，ゆえに「要求」との間で作用域の多義性を有する．(8b) については，「だけ」句の広い作用域解釈は困難である．このことは，量化表現が節境界をまたいで顕在的 QR の適用を受けるときには，ゼロ代名詞として定決定詞を後に残さなければならないという上で立てた仮定から帰結する．(8b) では問題の量化表現は格助詞（＝定決定詞）を保持しているから，補部節の内部になければならない．

(8c) は「だけ」＞「要求」の読みをするのは難しい．この事実もまた (7c) や (8b) について行ったように，節境界を超える顕在的 QR／Scrambling は元の場所に定決定詞を残さなければならず，それは空書き出しをうけると仮定することにより説明される．(8a) の多義性は次の 2 つの構造により捉えられる．

(37) a. ［二年生だけ [[Aspects を {D} 読むことを] 要求する]]
「だけ」＞「要求」
b. [[二年生だけ [Aspects を {D} 読むことを]] 要求する]

(37a) は節境界を超えた長距離 Scrambling の結果である．(37b) は空決定詞を持った（すなわち格脱落の）主語の節内部での顕在的 QR／Scrambling の結果である．

このように（7）と（8）はここで提案する分析に対して追加の支持を提供している．先に指摘したように，EPP／一致アプローチも，二重出所アプローチも，純粋な PF 移動のみが長距離 Scrambling を引き起こせると仮定しているために，これらの例に対処できないからである．[18]

6. 二重目的語

ここで二重目的語構文における顕在的 QR／Scrambling の効果を見てみよう．二重目的語構文が興味あるのは，3つの項を含み，その語順により多義的な解釈を示すが，それにより何が基本語順であるかについての証拠を提供してくれるからである．より詳しく言うと，問題の例の解釈により，「に-を」の語順が基本語順であるのか，「を-に」の語順が基本語順であるのかについて，そして，本章で提案する左枝分かれ分析が正しいのか，広く想定されている中央枝分かれ分析が正しいのかについて証拠を提供してくれるのである．(29a) の左枝分かれ分析の当然の延長として，日本語の二重目的語構文は，(38b) に示す X give Y to Z の形の英語の二重目的語構文に対応して，(38a) に示す左枝分かれの v*P 構造を持つことを提案する．[19]

---

[18] Tada (1990), Saito (1992) 以来 Scrambling は長距離で適用できるが，義務的に再構築されると広く想定されている．筆者はいわゆる「長距離 Scrambling」の例はすべてせいぜい良くても下接の条件違反であると感じる．この点で，Ueyama (1998) が報告している Hoji の判断と同意である．さらに，「長距離 Scrambling」が例外的に許される例（例えば上の (7),(8)）においては，Scrambling＝顕在的 QR を受けた要素は，それらが示す作用域の多義性が示すようにその着地点で作用域を取る．このこともまた長距離 Scrambling について流布している義務的再構築の見解に対する反例となる．

[19] ここでは助詞「に」を後置詞として扱っているが，格助詞，すなわち決定詞である可能性を否定するものではない．

(38) a. 日本語二重目的語構文   b. 英語二重目的語構文

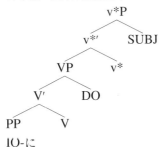
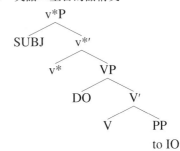

言い換えると，日本語には英語の X give Z Y の与格構文に対応するものはないということを主張するのである．[20]

Scrambling／顕在的 QR は DO に適用し，それを v*P に付加でき，それにより SUBJ より広い作用域を達成できると想定しているので，帰無仮説はそれが IO に適用してそれを VP に付加し，それにより DO より広い作用域を達成できると想定することである．SUBJ に適用してこれを v*P に付加し，それにより他のすべてに対して一義的卓立を達成することを許しているので，同じ理屈で，DO に適用して，VP に付加し，それにより IO より一義的卓立を達成することを許さなければならない．ここから，下に図式的に示すように，日本語の IO-DO の語順と DO-IO の語順のうち前者は多義的で，後者は多義的でないことが予測される．というのは Scrambling／顕在的 QR は IO

---

[20] どちらの語順も基本語順であるとする見解については，Miyagawa and Tsujioka (2004) およびその参考文献を参照．これらの代案とここでの提案の比較についての包括的な議論は今後の課題とするが，以下の論述はここで提案するアプローチの基本的な正しさを示すことになろう．
　日本語には英語の与格構文に対応するものが欠けていると考える1つの理由は，英語のhave に対応する動詞の欠如である．英語は (i) に示す2つの与格構文を有し，それらは (ii) に示す2つの文に対応し，ゆえに，(iia, b) は (ia, b) にそれぞれ対応していると考えられる．
　(i) a. John gave much money to Mary.
　　　b. John gave Mary much money.
　(ii) a. Much money belongs to Mary.
　　　b. Mary has much money.
日本語には (iib) ではなく，(iia) に対応するものしかない．
　(iii) a. メアリーにお金がたくさんある
　　　b. 該当例なし
(iiia) は「メアリーがお金をたくさん持っている」によっても表しうるが，これは日本語の歴史において最近出現したもので，両者は完全に平行的ではない．「メアリーに子供がたくさんいる」は「*メアリーは沢山子供を持っている」と自然に言い換えることはできない．

に対して連鎖空疎的に適用することができるため，(39a, b) の構造的多義性が生じるが，DO に適用する場合は (39c) に見るようにそれに一義的卓立を与えるため多義性が阻まれる．

(39)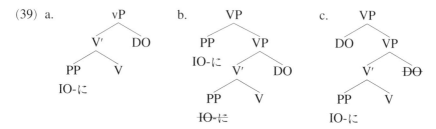

中央枝分かれのアプローチは DO-IO 語順は Scrambling により派生され，Scrambling は一般的に多義性を生じると仮定するため，IO-DO 語順が多義的でなく，DO-IO 語順が多義的であることを予測する．この点が (40) に例示してある．但し主語の位置による効果を捨象するために主語は無視してある．[21]

(40)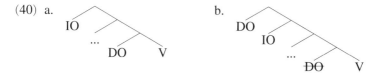

これを念頭において次の例を見てみよう．

(41) a. どの依頼人にも同じ事務所の弁護士の誰かを紹介した
　　　　　誰か＞どの ... も，どの ... も＞誰か
　　b. 同じ事務所の弁護士の誰かをどの依頼人にも 紹介した
　　　　　誰か＞どの ... も，＊ どの ... も＞誰か

判断は微妙であるが，(41a) は every（どの）＞ some（誰か）の読みと，some ＞ every の読みがあるのに対して，(41b) は some ＞ every の読みしかないように思われる．これを支える根拠として，(41a) に続けて，(42a) または (42b) を言うことはできるが，(41b) に続けて，(42a, b) を言うことはできないと言う事実がある．

(42) a. でも，誰にどの弁護士を紹介したか覚えていない

---

[21] 主語の位置は Scrambling が TP への付加のみであるか，v*P や VP への付加でもあるかを決定する際に重要になる．

b. でも，どの弁護士を誰に紹介したか覚えていない

これらの多重 WH 疑問文を (41a) を受けて使うことはできても，(41b) を受けて使うことができないということは，前者だけが，every > some の読みに特徴的なペア・リストの読みを持っていて，(41b) にはこの読みが欠けていることを示している．(39) に図式的に示す左枝分かれアプローチのもとでは，(41a) の多義性は (39a, b) の 2 つの構造により捉えられ，(41b) の多義性の欠如は (39c) の構造で捉えられる．(40) に図式的に示す中央枝分かれアプローチのもとでは，「に-を」を基本語順と考えるか，「を-に」を基本語順と考えるかによって異なるが，(41a) か (41b) かどちらかの多義性の有無について誤った予測をする．((15a, b) には every > only の解釈もあるが，(15c) には only > every の解釈がないという注 1, 2, 3 の事実も同様に説明される．)

一人称単数の主語が省略されている次の例も見てみよう．

(43) a. 山田にだけどの本も貸した
b. どの本も山田にだけ貸した

(43a) は only（だけ）> every（どの）の読みと，every > only の読みの間で多義的であり，そのため，山田，田中，鈴木の 3 人と，a, b, c, d, e の 5 冊の本が関係する次のどちらの状況とも矛盾しない．

(44) a. 山田 ← a, b, c, d, e　　b. 山田 ← a, b, c, d, e
　　　 田中　　　　　　　　　　　 田中 ← a, b, c,
　　　 鈴木　　　　　　　　　　　 鈴木 ← b, c, d, e

(44a) はどの本をとっても，それを借りたのは山田だけだという every > only の状況である．(44b) はどの本も借りたと言えるのは山田だけだという only > every の状況である．(43b) は every > only の読みしかなく，(44a) の状況においてのみ真である．この事実も左枝分かれアプローチから予想される通りであるが，右枝分かれからは予想されない．

UG には構成素をもとより高い投射に付加する対併合を含んでいるということを示した．言語は対併合の方向性において異なり，それは（その主要部との関係における）関係節のような付加部の位置や，副詞節の位置によって判別できる．英語は，関係節が主要部に後続することからわかるように右方付加言語であり，日本語は関係節が主要部に先行することからわかるように左方付加の言語である．この操作が量化表現を別の量化表現（あるいは作用域を持つ要素）より広い作用域を持つのに十分な高い位置に付加すると，英語では顕在的 QR

や重名詞句転移や外置と見なされる効果を持ち，日本語では Scrambling と見なされる効果を持つ．この状況は下の (45) に例示してあるが，両言語は驚くべき細部にわたって互いに鏡像関係にあることを示している．(/SUBJ/ は主語の音形を，{SUBJ} はその意味を表している．)

(45) a. 英語　　　　　　　　　　b. 日本語

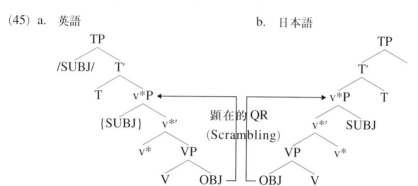

この鏡像関係が，作用域の多義性は英語では文末の位置が，日本語では文頭の位置が関与しているという両言語の最も基本的な作用域の事実を捉えている．なぜなら，両言語の文末，文頭という 2 つの位置は，最も深く C 統御された位置（すなわち (45) における OBJ の位置）と，それほど C 統御されていない位置（すなわち (45) において OBJ が付加されている位置）との間で要素が構造的に多義的でありうる位置であるからである．

　どのような要素がどの位置までこの操作を受けうるかは注意深く決定されなければならない．英語では，重名詞句転移や，外置のように移動の理由が分かる場合を除いて，この操作は連鎖空疎的でなければならない．日本語では，伝統的に「文節」と呼ばれてきた節の主要構成素であればこの操作を受けることができる．日本語ではこの操作は，おそらく豊かな格標識システムのためであろうが，連鎖空疎的である必要はない．付加の位置を決めている原理は「必要最低限の高さ」という概念で捉えることができるように思われる．例えば，目的語が主語より広い作用域を取るためには，その効果をうる必要最低限の高さは v*P への付加ということになる．

　ここでの提案全体について特筆すべき事実は，日本語の節構造についての，それが基底では OVS で，表層では OSV 言語であるという主張である．この主張は，いわゆる Scrambling を受けたとされる OSV の文が作用域の多義性を示し，Scrambling を受けていないとされる SOV の文が作用域の多義性を示さない，言い換えると，日本語における作用域の多義性は常に文頭の位置が

関与しているという事実に対して原理的な説明を与える点で決定的な役割を果たしていることを示した．これは外池 (1988)，Tonoike (1991, 1995, 2007a) などで提唱した左枝分かれ節構造に対する証拠を提供する．

7. 編出分析：格付与と作用域

第 2 章で，英語における格付与は，格付与子と被格付与子の併合の結果生じること，そして，v*-V, C-T は語彙複合体として派生に参入し，編出を受けるということを提案した．本節では，日本語の節構造との関係で，日本語においては，格付与は併合ではなく一致 (Agree) の結果生じることと，V, v*, T, C という節を構成する主要部は，V-v*-T-C という語彙複合体として派生に参入し，順次編出を受けるが，拘束形態素としての性質のために，音形は最上位の C まで，繰り上がるが，意味要素はそれぞれの位置に残っていることを提案する．さらに Scrambling と呼ばれる左方付加が，英語の右方付加と同じ働きをし，これが，格交替と作用域の相互作用を捉えることを示す．

7.1. Saito (2012)

この提案は，Saito (2012) が提案する日本語と英語の格付与のメカニズムに対する代案であるので，まず簡単に Saito の提案を見ることから始めよう．

Saito は Shimada (2007)，外池 (2009)，江頭・外池 (2010) の編出 (Excorporation) 分析を前提とした上で，(46) (47) のような媒介変数的対比が英語と日本語の間にあり，(48) の格付与メカニズムが日本語にあると言う．({X, Y} は X と Y の複合体を表す．)

(46) a. 英語では格付与は一致のもとに生じる．
　　 b. 英語では編出は顕在的で，作用域効果を持つ．
(47) a. 日本語では格付与は併合のもとに生じる．
　　 b. 日本語では編出は非顕在的で，作用域効果をもたない．
(48) a. D(P) は {T, C} との併合により主格を与えられる．
　　 b. D(P) は (他動的){V, v} との併合により，対格を与えられる．
　　 c. D(P) は {N, D} との併合により属格を与えられる．

その提案の主な根拠は次の対格／主格交代である．[22]

---

[22] もう 1 つの根拠として Saito は (i) のような主格/属格交替の例をあげているが，その 4 つの組み合わせの中で，(iia, b) は意図された解釈のもとでは筆者にとっては文法的でないと

(49) a. キヨミが右目だけをつむれる　　（「れ」＞「だけ」）
　　　b. キヨミが右目だけがつむれる　　（「だけ」＞「れ」）

(49a) は「右目だけをつむるということができる」という解釈で，(49b) は「キヨミがつむることができるのは右目だけで，左目はつむれない」という解釈である．「右目だけを」と対格が与えられている (49a) について，Saito は「右目だけ」が「{つむ r, v}」という語彙複合体から vP 内で，対格を付与されていて，その vP は {{{れ, v}, T}, C} と併合されている Saito の (35) を改作した最小限句構造で表示する (50) の構造をしていると提案する．

(50)
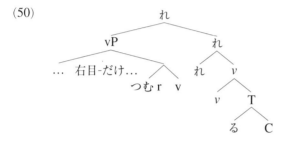

他方「右目だけが」と主格が与えられている (49b) の派生では，V が対格を欠き，目的語の「右目だけ」は「れ -C」の部分が主格を持つ「{{{{つむ r, v}, れ}, る, C}」という複合体と併合され，これにより Saito の (37) を改作した (51) が生じる．[23]

いう問題があるので，ここではあえて取り上げない．
　(i)　太郎が／の音楽が／の聞ける場所
　(ii) a. *太郎が音楽の聞ける場所
　　　b. *太郎の音楽が聴ける場所

[23]「つむ r」と「れ」の間に「v」が存在し，さらに可能の「れ」と現在時制の「る」との間には v は存在しないのではと思われるが，このような細部は無視することにする．

第6章　数量詞作用域と日本語節構造　　173

(51)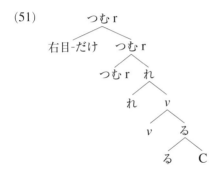

複合体「{る, C}」は主格を持っていて，格は併合の結果与えられるので，「{る, C}」は「右目-だけ」に主格を与える．(51) では，「右目-だけ」は「れ」を C 統御しており，これが「だけ」＞「れ」の解釈を捉えている．[24] しかしながら，編出はこの複合体に循環的に適用し，「れ」が「だけ」を C 統御する (52) のような構造におそらくなると考えられる．[25]

(52)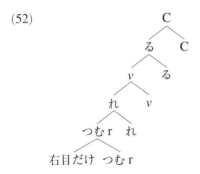

編出された項目がその位置で作用域を取るとすると，このことは，事実に反して，(49b) が「れ」＞「だけ」の解釈しか持たないことを意味する．この問題を解決するために，Saito は，編出は日本語においては非顕在的であり，非顕在的な要素は作用域の計算に関しては不可視で，無視される ("invisible and ignored in the calculation of the scope relation") (＝(47b)) と提案する．そ

---

[24] (50) と (51) で，対格と主格の交替が捉えられるとしても，同じ語彙項目の併合によってこのほかにいくつもの構造が考えられるが，その中でこの 2 つ以外の構造はどうなるのかという素朴な疑問が残る．

[25] Saito は「(50) に類似した構造になる」と述べているが，それは「右目だけ」と「れ」との間の C 統御関係だけに着目してのことと思われる．関連する主要部の間の意味関係を考えると，(52) の構造が (v の問題を除いては) 適切な構造であると考えられる．

してこの提案の根拠として，英語では多義的な (53a) に対応する (53b) の例が「誰か＞どの人も」の作用域解釈しか示さないという (Saito が「硬直性 (rigidity)」と呼ぶ) 事実を指摘する．

(53) a. Somebody loves everybody.[26]
　　 b. 誰かが誰もを愛している

7.2. Saito (2012) の提案の問題点

このような処理にはいくつかの深刻な問題がある．まず日本語における編出は非顕在的であるとすることには独立の根拠が無い．音声的には全体として「つむれる（の）」のように 1 つの音韻的語 (phonological word) を構成しているという点は正しいが，編出が非顕在的であると想定することがそれを捉える唯一の方法ではない．関係するすべての要素が拘束形態素であるため，編出はすべての音を C まで随伴していると想定することもできるからである．[27]

次に，Saito は作用域が「計算される」と想定しているが，「だけ」や「れ」のような作用域要素の作用域はそれらが構造内において占める位置で自動的に決定されるとするのが帰無仮説であり，「計算」されなければならないとするのは，余計な操作を持ち込むことになるという問題点がある．「だけ」の部分を無視して (49a, b) に共通した日本語の例 (54a) の LF 表示 (54b) は，それに対応する英語の例 (54c) の解釈を表す LF 表示 (54d) との間に（v に関わる点を除けば）綺麗な左右対称の対応関係を示していて，その意味で極めて妥当な LF 表示であると考えられ，編出という操作の結果の構造が，正しく意味関係を捉えていると言えるのである．[28] つまり，編出された一連の主要部はそれらが編出された結果占めることになる位置において意味を担っているのである．

(54) a. 右目を/がキヨミはつむれる C
　　 b. {{{{{右目つむ r} v キヨミ} れ} る} C}
　　 c. Kiyomi can close her right eye

---

[26] 筆者は「誰もを」よりも，「どの人も」のほうが自然であると判断するが，議論の本質には関係しない．

[27] もう 1 つの根拠として Kayne (1994) の線形対応公理 (Linear Correspondence Axiom: LCA) の枠組みのもとで，日本語が主要部末尾 (head-final) であることを自動的に導くことができるという事実を Saito は挙げているが，前章と本章で，LCA を用いなくても，日本語の構造を適切に捉えることができることを示したので，この点については無視することとする．

[28] 主語「キヨミ」の位置については後述．

d. {C {Pres {can {Kiyomi v {close her right eye}}}}}

英語において法助動詞 can は v*P の {Kiyomi v {close her right eye}} 全体をその作用域の中に含んでいるのと同じように，日本語においても可能動詞「れ」は v*P {{右目つむ r} v キヨミ} をその作用域の中に含んでいるので，この点において日英語に相違があると考える理由は (49b) の「だけ>れ」の解釈を除いて何もない．下で見るように (49b) が「だけ>れ」の解釈を持つことが別のより簡潔な（規定を含まない）形で説明されれば，(47b) を想定する理由はなくなる．

そうなると問題は (53b) の「硬直性」である．これを根拠として示す背後にある議論は次のようなものであろうと思われる．May (1977, 1985) などに従ってすべての言語には非顕在的な数量詞繰り上げ QR が存在するということを前提とする．そのため英語の (53a) は多義的である．しかし (53b) が多義的でないことは多くの研究者の意見が一致するところである．[29] そこから引き出せる唯一の合理的な結論は，非顕在的操作は日本語では，数量詞繰り上げでも，編出でも同様に，作用域効果を持たないと想定することである．

しかし，この議論には大きな欠陥がある．まず，英語における数量詞作用域の多義性は，May などの提案するように，非顕在的数量詞繰り上げを用いなくても，右方付加（顕在的 QR）を用いてできることは第5章で示した．さらに日本語においては，左方付加である Scrambling がこれに相当するものであることを本章で示した．したがって，Saito の議論の前提そのものが成立しない可能性があるのである．

次に，本章で (30b) において示したように，顕在的左方付加の顕在的 QR 分析であれば，(53b) の多義性の欠如は自動的に説明される．日本語の節構造が左枝分かれで，後述するように，動詞などは編出により，主語より右側に繰り上がるため，日本語の基本語順は OSV であるから，(53b) の SOV の語順を導くためには，主語を v*P の左に付加する必要があり，その結果主語が目的語を一方的に C 統御する構造しかあり得ないからである．この分析を採用すれば，日本語においては非顕在的操作は作用域計算で無視されるという仮定も必要なくなる．

さらにもっと深刻な問題は，日本語において数量詞繰り上げも，編出も非顕在的であり，かつそのために「作用域計算において無視される」とする主張は，日本語は習得不能であるということを意味するため，維持不可能であることで

---

[29] ただし，Kuno and Takami (2002) は (53b) が多義的であると判断する．

ある．日本語を獲得中の子供は (53b) が非多義的であるということを知らないので，非顕在的操作が作用域効果を持たないということを知るすべがない．ましてや，(49b) の例が「だけ＞れ」の解釈しかないなどということも知らない．そのようなことを知らされることはなく，読心術を操るわけではないので，周囲の大人が意図する作用域解釈を知るよしもない．したがって，日本語が非顕在的操作が作用域効果を持たない言語であるということが正しいならば，現在の言語習得理論からして，日本語は習得することができない言語であることを意味する．[30]

さて，以上の議論から，日本語では格付与は併合に基づいて行われ，編出は非顕在的で，したがって作用域効果を持たないという提案が維持し難いということが明らかになったとして，問題は，では，(49a, b) に見られる対格／主格交替と，「だけ」と「れ」の作用域関係の相互作用を，他の関連現象とともにどのように捉えるべきかという問題が残っている．

7.3. 代案
7.3.1. 日本語における格付与

第2章で英語における格付与は併合に基づくことを提案したが，日本語に関しては，格付与子との間における一致に基づくものであることを提案する．これを (55a) の「花子を太郎が愛している」と，(55b) の「お金が花子は欲しい」の構造について説明すると以下のようになる．[31]（この段階では編出の効果は伏せてあることに注意．）

---

[30] 言うまでもなく，日本語話者は最終的にはこのような判断ができるようになるが，そのことは説明されるべき事実であって，日本語習得中の子供にとって利用可能な証拠ではない．硬直性の原理的な説明については下で扱う．

[31] (55b) の構造中の a は，語根から形容詞を作る形態素の意味で用いている．動詞語根「欲s」は hos で，動詞として使われると「欲す」hos-ru = hossu となるが，これに形容詞形態素がつき，現在時制「い」がつくと，「欲しい」となるということを想定している．

(55)

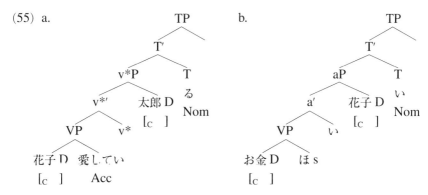

　(55a) では，「花子 D」は動詞 V から Acc の値を一致により受け取り，「花子を」として書き出される．(55a) (55b) の主語「太郎 D」と「花子 D」は時制「る」「い」から Nom の値を一致により受け取り，それぞれ「太郎が」「花子が」と書き出される．いずれの場合も，格付与子と当該の DP の間には他の主要部が介在していない．そこで，一致による格付与は最小性 (minimality) に従うと想定しよう．間に他の主要部が介在しない形で格付与子により C 統御されることを，その格付与子により直接 C 統御 (directly c-command) されると言うことにしよう．(55b) の「お金 D」については，いくつかの可能性が考えられるが，「ほ s」が介在しているため，このままでは，主格 (Nom) を受け取ることができないが，aP が形成された段階で，Scrambling の左方付加で，元の位置に D の意味 {D} を残し，「お金 /D/」として aP に付加され，その後 T が併合されると，(55c) に示すように，a の「い」の領域から脱して，時制「い」により直接 C 統御されることになる．Hiraiwa (2001b) に倣って，主格は多重付与が可能であると想定すれば，目的語の「お金 /D/」も，主語の「花子 D」も，時制「い」に直接 C 統御されるので，Nom を受け取り，それぞれ「お金が」，「花子が」として書き出され，「お金が花子が欲しい」が得られる．さらに，「花子が」が TP に左方付加されれば，「花子がお金が欲しい」が得られる．(その折には元の位置には {D} が残り，「花子 /が/」が左方付加されていることになる．) ((55c) の「お金」は「お金」の音と意味，すなわち /{お金}/ を表す．)

(55) c.

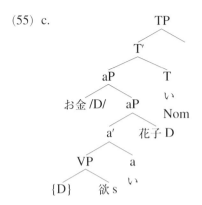

7.3.2. 日本語における編出

　日本語では節構造の骨格をなす主要部，V, v*, T, C は 1 つの語彙複合体としてレキシコンから取り出され，最初は V として振る舞い，他動詞であるならば補部を取り，その後順次編出により取り出されるが，その際に音形は拘束形態素としての性質上すべて随伴されるが，その後に意味を残していくということを提案する．これを (49a, b) の例で例示すると以下のようになる．

(56) a. 右目だけ D　つむ r-v*-れ-る-C[32]

b.

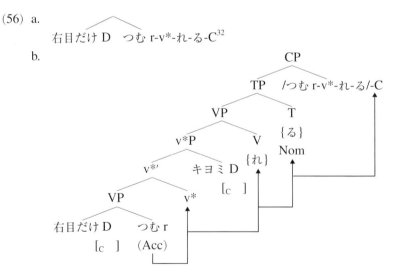

---

[32]「つむ r-v*-れ-る-C」は tumur-v*-re-ru-C で，v* は音形を持たないので，可能動詞の re の子音が tumur の語末の子音のために，脱落し，/tumur-e-ru-C/ となる．

(56a) が派生の出発点であり，目的語「右目だけ D」が語彙複合全体と併合されているが，それは一番内側の動詞「つむ r」の周縁素性 [EF] を満たしている．この段階で，「つむ r」が Acc を持っていれば，その値は一致により，「右目だけ D」に付与され，「右目だけを」として書き出しを受ける．その後，V の意味 {つむ r} を残し，その音形 /つむ r/ を随伴して，v*-V-re-T-C が編出により取り出され，すでに形成されている VP と併合される．その段階で，v* は主語を必要としているので，この要請に答えて，「キヨミ D」が併合され，v* の意味を残して，/つむ r-v*/ の音を引き連れて，「れ-る-C」が編出され，すでにできている v*P と併合される．さらに，その位置に「れ」の意味 {れ} を残して，/つむ r-v*-れ/ を引き連れて，「る-C」が編出し，すでにできている VP と併合され，最後に時制「る」の意味 {る} を後に残して，/つむ r-v*-れ-る/ を引き連れて，C が編出し，すでにできている TP と併合される．こうしてできた構造が (56b) である．この構造において，対格を受け取っている「右目だけ D」は「右目だけを」と書き出されるが，可能動詞の意味 {れ} により C 統御されている．これにより，(49a) の「れ>だけ」の解釈が捉えられる．

では，(49b) の「右目だけが」の主格と，「だけ>れ」の解釈はどう捉えられるだろうか．(56b) の構造で，動詞「つむ r」が，Acc という値を持っていなかったと仮定しよう．(つまり，他動詞の Acc は随意的であると仮定しよう．) そうすると，「右目だけ D」が動詞の補部の位置に留まっていると，格が付与されないままになる．時制「る」から Nom の値を受け取る可能性はあるが，それは介在する主要部の「つむ r, v*, れ」の介在により阻止される．しかし，可能動詞「れ」の投射の VP が形成された段階で，これに左方付加されれば，その後に，「る-C」の編出，C の編出の結果，「右目だけ /D/」は「る」により直接 C 統御されることになる．主語の「キヨミ D」は「れ」の介在のため，「る」により直接 C 統御されていない．これも，決定詞 D の意味 {D} を残し，「れ」を主要部とする VP に左方付加されると，「る」により直接 C 統御されることになる．結果は (56c) に示す通りである．(これ以降は D が持つ値のない格素性枠は説明の簡素化のために省略する．)

(56) c.

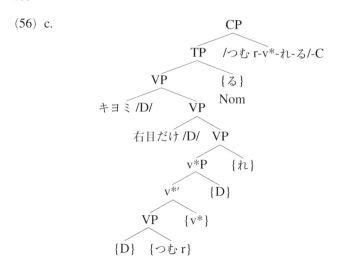

　これで,「右目だけ /D/」と「キヨミ /D/」は時制 {る} により直接 C 統御されることとなり,（実は C の編出の前に）Nom が与えられ,「キヨミが右目だけがつむれる」が得られる．主語と目的語の左方付加 (Scrambling) の順を逆にすれば,「右目だけがキヨミがつむれる」が得られる．いずれの場合でも「右目だけ /D/」が可能動詞「れ」を一方的に C 統御しているので,これにより (49b) が「だけ＞れ」の解釈しか持たないことが捉えられる．
　ここで重要なことは,この提案では,編出は日本語では非顕在的であるという規定も,非顕在的操作は作用域の計算では無視されるなどという規定も必要なく（それにより日本語が習得不能であるという受け入れがたい結果に甘んじる必要もなく）,格付与は格付与子による直接 C 統御に基づく一致により成り立つことを仮定するだけで,後は左方付加として捉えられる Scrambling により,「右目だけが」は主格を与えられるためには,可能動詞「れ」の投射に付加されなければならず,したがって「れ」の作用域から出なければならないということが自動的に帰結するということである．[33]
　(49) の例に加えて次の例もある．(49) の例との違いは「右目だけ」に「格助詞」「が」「を」が含まれていないということである．

---

[33]「右目だけが」の /が/ が目的語の位置に残された {D} と対をなし,「キヨミが」の /が/ が主語の位置に残された {D} と対をなしていることを捉えるためには,「右目」,「キヨミ」の意味は, {右目 D}, {キヨミ D} として目的語,主語の位置に残っていて,左方付加されているのは,「/右目/ だけ /D/」,「/キヨミ D/」だけであると想定することも考えられる．しかしその場合にも「だけ」についてはその意味も音も左方付加を受けていると想定する必要がある．

(57) a. 右目だけキヨミがつむれる
　　 b. キヨミが右目だけつむれる

判断は微妙であるが，いずれの例にも「だけ＞れ」の解釈も，「れ＞だけ」の解釈もあるように思われる．その判断が正しいとすれば，（いくつか他の可能性が考えられるが）次のような興味ある可能性がある．「格助詞」が表に現れていないという事実は，日本語では決定詞が補部の NP を欠く場合にはゼロ代名詞として空書き出しを受けるという第 4 章での提案により処理することができる．

(58) a. [右目だけをキヨミがつむれる]
　　 b. [右目だけ [右目だけをキヨミがつむれる]]　を＝D[Acc]
(59) a. [キヨミが右目だけがつむれる]
　　 b. [右目だけ [キヨミが右目だけがつむれる]]　が＝D[Nom]

(58a) がすでに形成された段階を考えると，これは (49a) と同じであるから，「だけ＞れ」の解釈を持つ．(58a) で「右目だけ」の NP 部分に Scrambling を適用できると仮定しよう．そうすると，(58b) が形成される．(58b) において，単独で取り残された「を」は対格（Acc）を持つ D であるが，補部の NP を欠いているから，第 4 章での分析からすると，ゼロ代名詞として空書き出しを受ける．ただし，この場合「右目だけ」は例えば v*P に付加することもできれば，「れ」の VP に付加することもできる．したがって，(58b) そのものが「だけ＞れ」の解釈を持つ構造でもありうるし，「れ＞だけ」の解釈を持つ構造でもありうるのである．他方 (59a) は (49b) の「れ＞だけ」の解釈を持つが，ここに含まれる NP「右目だけ」に Scrambling を適用することは TP に付加する以外に実行不能であるので，結果得られる (59b) は「だけ＞れ」の解釈しか持ち得ない．しかし，(58b) と (59b) は音声的には区別できないので，「右目だけキヨミがつむれる」は 2 通りの解釈を許すことになる．「キヨミが右目だけつむれる」も同様に 2 通りに解釈を許すように思われるが，これは (59a) が多義的であることから，特に説明を必要としない．

　さらに，以前から知られていることであるが，次のような格交替もある．[34]

---

[34] 例えば Kuno (1973), 井上 (1976) 参照.

(60) a. 右目だけがキヨミにつむれる
b. キヨミに右目だけがつむれる
c. *右目だけをキヨミにつむれる
d. *キヨミに右目だけをつむれる
e. キヨミが右目だけをつむれる
f. キヨミが右目だけがつむれる

これについては，可能動詞「れ」が与格（Dative）を付与することができると仮定すれば，本節で提案する枠組みで問題なく処理できる．関係する部分だけを図示する．

(61)
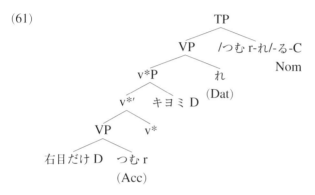

この構造のままで，「右目だけ D」に「つむ r」から対格 Acc が付与され，「キヨミ D」に可能動詞「れ」から与格 Dat が付与されると (60c) が派生するが，その場合には時制「る」にある解釈不能の主格格素性値 Nom が最後まで残り，派生が破綻する．「キヨミに」をさらに Scrambling で左に移動した (60d) も同様である．「キヨミ D」には「れ」から与格 Dat を与え，「右目だけ /D/」を可能動詞「れ」の VP に左方付加し，これに時制「る」から主格 Nom を与えると，(60a) が得られ，これに「キヨミに」を Scrambling で左方付加すれば，(60b) が得られる．(60d) で「れ」が与格 Dat を付与しなくてもよいと仮定すると，「キヨミ D」は「れ」の VP に Scrambling で付加され，「る」から主格 Nom が与えられ (60e) が得られる．(60a) でさらに「キヨミ D」に与格 Dat が付与されなかった場合には，Scrambing で「れ」の VP に付加され，「る」から主格 Nom が与えられると (60f) が得られる．

7.3.3. 他の格交替

これと類似した「に／が」交替，「の／が」交替の例を Kuno (1973) が主語

第6章　数量詞作用域と日本語節構造　　　　　　　　　　183

化 (Subjectivization) の例として扱っている．[35]

(62) a. NY の郊外にいい住宅地がある
　　 b. NY の郊外がいい住宅地がある
　　 c. NY が郊外がいい住宅地がある
(63) a. 隣の家の屋根の瓦の色がピンクだ
　　 b. 隣の家の屋根の瓦が色がピンクだ
　　 c. 隣の家の屋根が瓦が色がピンクだ
　　 d. 隣の家が屋根が瓦が色がピンクだ
　　 e. 隣が家が屋根が瓦が色がピンクだ
　　 f. 隣が家が屋根の瓦が色がピンクだ
　　 g. 隣が家の屋根の瓦の色がピンクだ

(62) の例については (64a) に示す構造から派生することが考えられる．動詞「ある」は場所を表す項を補部として，存在するものを主語として取り，場所の DP に与格 Dat を与えると仮定しよう．また（部分的に Saito (2012) に倣って）決定詞 D はそれが直接 C 統御する D に属格 Gen を与えることができると仮定しよう．[36] (64a) のままで，NY-D に属格 Gen，場所の DP に与格 Dat，主語の DP に主格 Nom が与えられると (62a) が得られる．

(64) a.

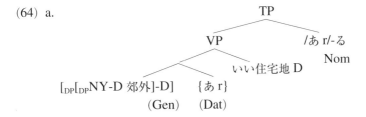

---

[35] 柴谷 (1978) は主格化 (Nominativization) と呼ぶ．(63) の例は山口光氏からいただいた例を改作したもので，元の例は「隣が家が瓦が色が青い」であった．これに対応する Kuno の有名な例は「文明国が男性が平均寿命が短い」である．(62) に対応する Kuno の例では「ある」ではなく，「多い」が用いられていた．

[36] 第3章で英語における主格 Nom と属格 Gen との対応関係を前者は CP の中の C のすぐ下の主要部 T が担い，後者は DP の中の D のすぐ下の数 Num(ber) が担っているという提案を行った．日本語では属格は D が付与するとすると，CP と DP の並行性と日本語と英語の並行性が崩れてしまう．日本語の決定詞句の構造で D のすぐ下に「3冊」などの助数詞が入る数 Num(ber) があると仮定すると，属格はこの Num が付与することになる．「言語学の本3冊を」では，N =「本」，Num =「3冊」，D =「を」のように英語とは逆の語順であるが，日本語にも Num があることになる．日本語の助数詞については Tonoike (2003a) 参照．

動詞「ある」が Dat を持たない場合は，「る」の編出の前に，[[NY- の郊外]-D] を Scrambling により，VP に付加すると，結果 (64b) の構造が得られ，場所の DP と主語の DP はともに，時制「る」により直接 C 統御されることになり，そこから主格 Nom が付与されて，(62b) が得られる．

(64) b.

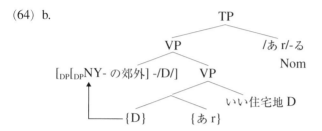

その構造で，もし「郊外 -D」の D が与えるべき Gen を欠いていると，同じく「る」の編出の前に「NY-D」が，さらに Scrambling で，VP に付加することができ，「る」の編出後には (64c) の構造が得られる．

(64) c.

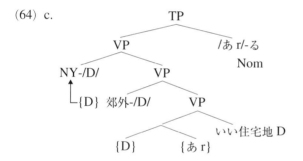

3 つの DP はいずれも時制「る」により直接 C 統御されているので，主格 Nom が付与され，(62c) が得られる．

　(63) の例はすべて (64b, c) と同じことを繰り返すことにより派生される．基底構造は (65a) である．[37]

---

[37] Bowers (1993) の Predication 分析に従う．日本語で形容動詞や名詞句が述語になるときの Pr は「で」で，de-ar-ru は「だ」として実現されると想定している．「ある」の内部構造は (65a) では省略している．

(65) a.

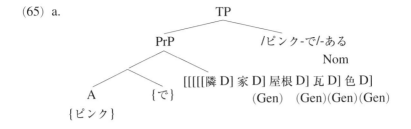

主語の DP の中に含まれるすべての D は右側にあってそれらを C 統御する D により属格 Gen が与えられ,「の」として書き出され, 全体の D は時制「ある」(の「る」) から主格 Nom が与えられ, これにより, (63a) が得られる. (/ピンク-で/ を引き連れて,「ある」が編出する前の段階で,「隣の家の屋根の瓦 D」が, Scrambling により PrP に付加され, その後で TP が編出により形成されると (65b) が得られる.(「瓦 D」にはまだ格が付与されていないことに注意.)

(65) b.

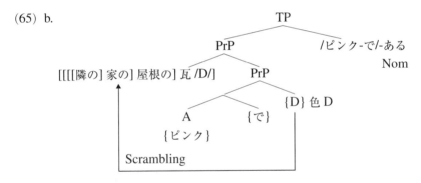

格がまだ付与されていない 2 つの D には,「ある」から主格 Nom が付与され, (63b) が得られる. この (65b) の構造で,「屋根 D」にまだ格が与えられていなければ,(「ある」の編出の前に)「隣の家の屋根 D」全体をさらに Scrambling により PrP に付加すると,「ある」の編出の後で最終的には (65c) の構造が得られる.

(65) c.

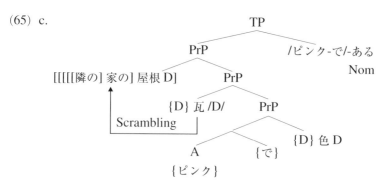

まだ格が与えられていない3つのDはいずれも時制「ある」により直接C統御されているから，主格Nomを与えられ，(63c) が得られる．同じことを，「隣の家D」に対して行えば，(63d) が得られ，それに対して，同じことを「隣D」に対して行えば，(63e) が得られることは容易に理解できるであろう．

さらに (65a) で「隣の家D」を Scrambling で PrP に付加すれば，(63f) が得られ，(65a) で，「隣D」を Scrambling で PrP に付加すれば，(63g) が得られる．

最後に従属節の主語が「が／の」の交替を見せる以下の例を検討しよう．(66) は関係節を含む例，(67) は補部節を含む名詞句の場合である．

(66) a. 政府が隠している事実
　　 b. 政府の隠している事実
(67) a. 経済が低迷している問題
　　 b. 経済の低迷している問題
(68)

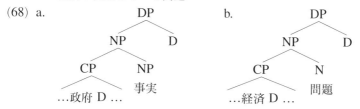

細部を無視すると，(66a) と (67a) は (68a) と (68b) の構造であると考えられる．[38] これらの構造において主語の「政府D」「経済D」は従属節の中で時制から主格が与えられ，その結果 (66a) (67a) の表現が生成される．しかし，

---

[38] (68a) の関係節構造については，第9章 (7a, b) を，そして繰出による分析については第8章 (41) を参照．

第6章　数量詞作用域と日本語節構造　　187

この場合に Scrambling が従属節 CP の中から「政府 D」「経済 D」を取り出し，それを NP に付加できると仮定しよう．そうすると (69) に示す構造になる．元の位置に {D} が残されていることに注意．

(69)
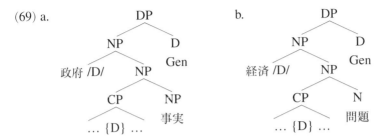

これらの構造において，「政府 /D/」「経済 /D/」は全体の DP の主要部 D により直接 C 統御されているから，そこから属格 Gen を与えられ，「政府の」「経済の」と書き出されることになり，これにより (66b) (67b) が得られる．

　しかし，ちょっと問題が残っている．上で非文法的な (60c, d)（「*右目だけをキヨミにつむれる」と「*キヨミに右目だけをつむれる」）が排除される理由として，時制要素が持っている主格 Nom がどこにも付与されないで，そのため解釈不能素性が残ってしまうためであるとした．(69a, b) で CP 内に D の意味 {D} が残されているが，時制要素から主語に与えられたはずの主格 Nom はどうなってしまったのかという問題が残っている．

　「れ」が付与する与格（以下 Dat），「ある」が付与する与格 Dat，D が付与する属格 Gen と同じように，時制要素が主格 Nom を持たない場合もあるなどというわけには行かない．(60c, d) の非文法性の説明が失われてしまうからである．はるかに原理的な処理は，(69a, b) の CP 内部に残されている D は主格を与えられた D，その音形 /D/ も含んでいる，すなわち /{D [Nom]}/ であり，したがってこの D は「が」と発音されるべき D であるが，それを支える NP を欠いているために空書き出しを受けると想定することである．しかし，そのためには Scrambling を受けた「政府 /D/」は D の音形 /D/ を伴っていなければならない．さもなくば，属格を与える D が存在しなくなる．

　解決方法は，Scrambling を受ける前の段階では「政府 D」の D はその音形 /D/ のトークンを2つ持っていて，{D} と $/D/^2$ の組み合わせであると仮定することである．これを取り入れると (69) は (70) として再分析される．

(70)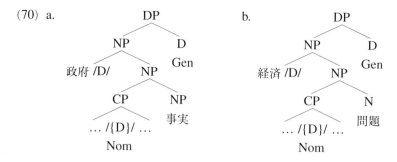

CPの中の/{D}/は主格を持つが,それを支えるNPが存在しないので,空書き出しを受ける.その意味で,これは第4章で見たゼロ代名詞の一種ということになる.ただしゼロ代名詞と異なるのは,「先行詞」がθ位置ではないということである.その意味でScramblingは伝統的な意味でA′移動ということになる.他方「政府/D/」のほうは全体のDから属格Genを付与され,「政府の」として書き出される.このように分析しなおすと,音形のコピーを2つ持つということを言う必要はない.音形のコピーも,またその点では意味のコピーも任意の数存在して,何かが余れば派生が破綻するとしておけばよい.

このような立場を取れば,(57)と(60)の文法的な例の派生において,可能動詞「れ」も常に与格Datを持っているとすることができるし,(62)の例においても,存在動詞「ある」も場所表現があるときにはそれに与える与格Datを持っているとすることができる.また,(63)の例の基底構造である(65a)においても,すべてのDが属格Genを持っているとすることができる.[39]

7.4. 主語の位置

最後に主語の特性についてもう一言.日本語における格付与が当該DPとこれを直接C統御する格付与子との一致により成立するという本章での提案

---

[39] もう1つ問題が残っている.(ia)は文法的であるが,(ib)は非文法的である.
  (i) a. 太郎が本を買った店
     b. *太郎の本を買った店
この文法性の対比を説明しようとする様々な試みが行われた.(Bošković (2011)およびそこで言及されている文献を参照.)しかし,ここでは暫定的に,(ib)のような例が悪いのは文法により排除されているためではなく,解析装置が(iia)のように分析してしまい,「太郎の」を主語として解釈することが阻まれるという可能性を指摘しておきたい.というのは,(iib)のように,副詞を入れるとそのような分析の可能性が排除され,結果も文法的になるからである.
  (ii) a. [太郎の本を] 買った店
     b. 太郎のいつも漫画を買う店

は，主語の表層の位置について重要な予測を生む．主語が v*P 指定にあり，主格 Nom は時制による直接 C 統御のもとで付与されるとなると，主語は主格を得るために TP 指定部に移動する必要はなく，v*P 指定部に留まっていられることになる．そのような主張は Kuroda (1988) にも見られるが，日本語の主語と否定の作用域との関係について，正しい予測をするという意味において，十分な根拠を持っていると言える．次の例を比較してみよう．

(71) a. *Anybody didn't see John.
　　 b. John didn't see anybody.
(72) a. 誰も山田に会わなかった
　　 b. 山田は誰にも会わなかった

anybody のような否定極性項目 (Negative Polarity Item: NPI) が否定の作用域になければならないというのは周知の事実である．「誰も」も同じく NPI であると考えられるので，同じことが成り立つと考えるのが帰無仮説である．(71) の例は，否定の部分以外は簡略化してあるが，(73) のような構造であると考えられ，(72) の日本語の例は，(74) のような構造であると考えられる．

(73)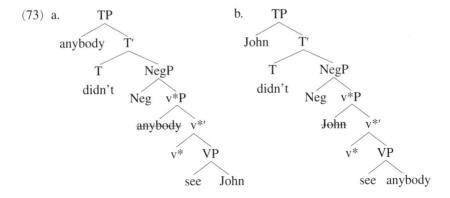

(74)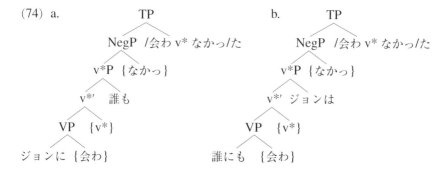

(73a) では anybody が Neg の作用域の外にあるために，認可されず非文法的であるが，(73b) では，anybody が Neg の作用域にあるため文法的である．ただし，この処理のためには anybody の TP 指定部への移動はその音形だけでなく，NPI としての素性も伴わなければならないということをどこかに述べておかねばならない．他方，主語が v*P に留まっていることができる日本語では，(74) のいずれの構造も「誰も」「誰にも」は否定の作用域の中に留まっているので，文法的であることが予測される．（「誰もジョンに会わなかった」では，「誰も」が Scrambling を受けているが，それは v*P への付加として処理できる．）

8. 結び

本章では，日本語においても演算子-変項構造は元位置で成立し，数量詞作用域の多義性は，節の左枝分かれ構造と顕在的 QR としての Scrambling により，節境界を超える場合も含めて，すべて処理できることを示した．また，この枠組みの中で，日本語における格付与は直接 C 統御に基づく格付与子との一致のもとで成立するということを提案し，それにより様々な格交替と作用域の相互作用が捉えられることを示した．

付記 1　2 つの問題とその解決

上で提案した分析は以前の筆者の提案における 2 つの問題も解決する．

1.　束縛問題

Tonoike (1997, 2002a, b)，外池 (2004b) で筆者は，主語，目的語などの

第 6 章 数量詞作用域と日本語節構造　　191

節の項はすべてゼロ代名詞 pro であり，主語や目的語等のように見えるものは TP に（自由な語順で）付加されていて，pro の項を束縛している付加部であり，これが Scrambling の事実を捉えるものであるという主張をしていた．この提案に対する深刻な（実際致命的な）問題を金水敏氏（日本言語学会 126 回大会におけるコメント）に指摘していただいた．それは次の例に関する問題であった．

(1) a.　自分の母親を太郎が愛している（こと）
　　 b.　[自分の母親_j を_i [太郎が_i [pro_j pro_i 愛している]]]（こと）

金水氏の指摘はこうである．もし「自分の母親を」が「太郎が」を非対称的に C 統御する (1b) が (1a) の構造であるなら，「自分」はその先行詞に C 統御されなくてよいということを誤って想定しなければならない．[40] だから，この提案ではこの問題を処理するために何か特別なメカニズムを必要とするが，それは全く好ましくない．

本章の提案では，この問題は生じない．(1a) が，下に示すように右側にある主語が左側にある目的語を非対照的に C 統御する「基底」構造なのである．（V は v* へ，そして T に，繰り上がっている．）

(2)

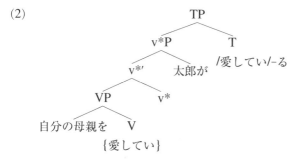

ここでは「自分」はその先行詞「太郎」により非対称的に C 統御されている．「通常の」SOV 語順は主語を文頭の位置に Scrambling することにより派生される．その際ですら「太郎」と「自分」の間の C 統御関係は変わらないままである．それに，第 3 章で提案した束縛に対する併合アプローチを採用すれば，派生された並び替えられた形状における C 統御関係は，束縛関係に影響を与えないはずである (The picture of himself, John hates 参照)．いうまでもな

---

[40] 金水氏のこの指摘に深く感謝する．これを契機として筆者の日本語の節構造についての考えを劇的に変化せざるを得なくなった．

く，中核節構造がゼロ代名詞のみを含むという以前の立場は放棄しなければならない．

2. 作用域問題

　本章で提案した分析は筆者の以前の分析が抱えていたもう1つの問題も解決する．Tonoike (2002a) では，項のように見えるものが実は節の中の pro の項を束縛する付加部であるとする主張の証拠として次の例を引用した．

(3) a. 5人の学生全員に会わなかった
　　b. 5人の学生全員を合格させなかった

(3a, b) の自然な，そして（筆者にとっては）唯一の解釈は，「5人の学生」が否定より広い作用域を取るものである．量化表現「5人の学生」はどちらの例においても内項であるから，否定により C 統御されているはずで，それゆえ否定の作用域の中にあるはずである．もし量化表現が TP に付加されてゼロ代名詞項（pro）を束縛する付加部であるなら，それが否定の作用域の外で解釈されるという事実は，自動的に帰結する．量化表現は否定を非対称的に C 統御するから，「5人＞否定」の解釈しか出てこないというわけである．

　この限りにおいてはこれは有効な議論であり，否定の外に生成されている項であるように見える量化表現を要求する場合があるのであるから，すべての項のように見える表現は TP に付加された真の pro 項を束縛する付加部であると想定することが帰無仮説である．これが Tonoike (2002a) の論点であった．しかし，筆者の頭にずっと引っかかっていた悩ましい事実があった．それは次の例が明らかに多義的であることであった．

(4) a. 10人も来なかった
　　　　10人も＞ない，ない＞10人も
　　b. 1万円も遣わなかった
　　　　1万円も＞ない，ない＞1万円も

「数詞＋助数詞＋も」を主語に含む (4a) も，目的語に含む (4b) も，否定との関係において多義的である．(4a) は「来なかった人の数が10人もいた」という意味にも，「来た人の数が10人にも達しなかった」という意味にも取れる．(4b) は「遣わずに残ったお金が1万円もあった」という意味にも，「遣ったお金が1万円にも達しなかった」という意味にも取れる．これらの「も」句が TP に付加されていると想定することは，それらを否定の作用域の中に取り込むその場限りのメカニズムを使わないと，これらの例の多義性が捉えられない

第6章　数量詞作用域と日本語節構造　　　193

ことを示している．数量詞繰り下げ（Quantifier Lowering）のような非顕在的操作を認めればそうすることは可能である．しかし，すべての非顕在的操作を除去するということを追求したいのである．

　顕在的 QR／Scrambling を用いた本章での提案であれば (4) の例はうまく処理できる．次の 2 つの LF 表示を持ちうるからである．（V と Neg は T に繰り上がり，「来なかった」「遣わなかった」という音声連鎖を形成するが，これらの意味は元の位置に留まっているので，下の LF 表示ではそのように表示してある．取り消し線は移動の出発点を表している）

(5) a.　[[[10 人も来 vP] なかっ NegP] た TP]
　　b.　[[10 人も [[10人も来 vP] なかっ NegP] NegP] た TP]
(6) a.　[[[1 万円も遣わ v*P] なかっ NegP] た TP]
　　b.　[[1 万円も [[1万円も遣わ v*P] なかっ NegP] NegP] た TP]

(5a), (6a) では「も」句は vP/v*P 内に留まっていて，否定により非対称的に C 統御されていて，「否定＞も」の解釈を生んでいる．(5b), (6b) では「も」句は顕在的 QR／Scrambling を受け，最低限必要な高さを満たして，NegP に付加されており，「も＞否定」の解釈を生んでいる．

　これにより (4a, b) の問題はうまく対処できているが，代わりに (3a, b) について疑問が生じる．なぜ (4a, b) の例と同じく (3a, b) の例もまた多義的ではないのであろうか．極性項目は NPI であるか，肯定極性項目（Positive Polarity Item: PPI）であるかで区別されているという自然な仮定を立てることにしよう．「一冊も」のような「1＋助数詞も」の形をした典型的な否定極性項目は [NPI] と表示され，「誰か」のような典型的な肯定極性項目は [PPI] と表示されることになる．これを念頭において，次の例を見てみよう．

(7) a.　[[[1 冊も [NPI] 読ま v*P] なかっ NegP] た TP]
　　b.　*[[1 冊も [NPI] 読ん v*P] だ TP]
(8) a.　*[[[誰かに [PPI] 会わ v*P] なかっ NegP] た TP]
　　b.　[[誰かに [[PPI][誰かに [PPI] 会わ vP] なかっ NegP]NegP] た TP]
　　c.　[[誰かに [PPI] 会っ vP] た TP]

この文法性のパラダイムは，NPI は否定の領域の中になければならず，PPI は否定の領域の中にあってはならないという標準的な想定をどこであれ（Kato (2000) 参照）立てることによって説明できる．(7a) が文法的であるのは NPI が否定の領域にあるからである．(7b) が非文法的であるのは NPI が否定の領域にないからである．(8a) が排除されるのは PPI が否定の領域にあ

るからであり，(8b) が文法的であるのは PPI が Scrambling で v*P から取り出され NegP に付加され，よって否定の領域にないからである．(8c) が文法的であるのは PPI が否定に C 統御されていないからである．

このような枠組みにおいて必要なことは「数詞＋助数詞＋も」のような形の表現は [NPI] か [PPI] かのどちらかでありうるが，しかし，(「全員」などを伴う) 数詞＋助数詞＋名詞のような表現は，(3a, b) を多義的でないと思う筆者を含め大多数の話者にとっては [PPI] と指定されていると仮定することである．(3a, b) を多義的であると判断する話者もいるが，彼らにとっては問題の量化表現は [NPI] でも [PPI] でもありうる (あるいはどちらでもない) と仮定すればよい．

このように (5), (6) のような例に見られる多義性は本章で提案している枠組みにより，特別なメカニズムを想定せずとも直裁的に処理することができるのである．

付記 2　中国語

作用域の多義性が成立するためには，2 つの方向性，すなわち補部の方向性と付加部の方向性が一致することが必要であるという本文での議論を想起されたい．英語では，補部の方向性と付加部の方向性は同じで，右方向である．つまり，補部はその「主要部」に後続し，付加部もまたその「主要部」に後続する．日本語でも 2 つの方向性は一致し，左方向である．これは，2 つの方向性が一致して初めて，同じ連続が異なる構造を持つ可能性が生じるという事情による．このため，本章での提案は，2 つの方向性が一致しない場合には作用域の多義性は生じないという明確な予測を生む．この予測は，すべての言語が作用域の多義性を示すことを予測する非顕在的 QR のアプローチの予測とは大きく異なる．

それゆえ，2 つの方向性が一致しない言語を調べ，どちらの予測が正しいかを調べることがこの上なく重要になる．中国語がそのような言語である．中国語（北京官話）は英語と同じく補部の方向性に関しては右枝分かれであるが，(関係節の位置に見られるように) 付加部に関しては日本語のように，左方付加である．そして作用域の逆転を許さないことで悪名高い．

(9) Meige nanren dou xihuan yige nuren　　(Aoun and Li (1993))
　　每个　男人　都　喜欢　一个 女人　（どの男も一人の女が好きだ）
　　every man　　　like　one woman
　　every > one, *one > every

多義性の欠如は，主語が目的語を非対称的に C 統御しており，付加は左方向であるから，（例えば目的語を主語の左に移動するというように）語順を変えない限りこの C 統御関係を変更することはできないという事情から自動的に帰結する．主語が顕在的 QR／Scrambling により左に移動するということはありうるが，それによっても主語と目的語の間の C 統御関係は変わらない．

事実 Kuno and Takami（2002）によると，目的語を主語の左に移動することは可能である．彼らはこれを Topicalization と呼ぶが，顕在的 QR／Scrambling の結果であるということは大いにありうる．彼らは以下の例を挙げて，これらが非多義的であると報告している．

(10) a. Hendou zhexie shu$_i$, women dou kanou e$_i$
　　　 许多　　这些　书　　我们　都　看过
　　　 many these book we　each read
　　　 （多くの本を私たちはみんな読んだ）
　　　　many > all
　　　 "Many of these books, all of us have read"
　　 b. Zhexie shu dangzhong de jibu$_i$, yizie zuesheng kanguo e$_i$
　　　 这些　书　当中　　的 几部，一些 学生　　　看过
　　　 these book amang　　　several some student read
　　　 （これらの本の数冊を何人かの学生が読んだ）
　　　　several > some
　　　 "Several of these books, some students have read"

目的語は e$_i$ の位置から前置されている．この移動が顕在的 QR／Scrambling であると解釈することが正しければ，前置された数量詞が一義的に主語よりも広い作用域を取ることも本章の提案から帰結する．この移動は主語と目的語の語順のみならず，C 統御関係も変えるのであるから，当然，一義的逆転作用域解釈を結果としてもたらす．

　このような2つの方向性が一致しない言語をざっと見ただけでも，2つの方向性が一致する言語においてのみ作用域の多義性が生じるという本章の提案の予測が確認されることが明らかになった．より決定的な結論に至るには中国語

に類似した言語と，2つの方向性の値が中国語のそれとは逆の言語（左枝分かれ節構造で右付加の言語）について詳しい調査を待たなければならない．

　(9) は偶然の解釈として one > every の状況も表すことができるが，(11) では some > every の解釈しかない．

(11)　Mei　ge　ren　　shuaipo　le　　mei　ge　panzi
　　　one　Cl　person　drop　　Asp　every　Cl　plate
　　　（誰かがすべてのお皿を落した）

(Chu, Gabriele and Minai (2014: 158 (3)))

　このことすべては，さらに UG はこれら 2 つの方向性を認めなければならないということであり，それは Kayne (1994) の普遍的基底仮説 (Universal Base Hypothesis) が維持できないことを意味している．

第7章　WH 演算子-変項構造：
WH 疑問文の一般理論*

1. はじめに

(1) にあげる種類の疑問文を，英語では which などの WH 語を含むことから，WH 疑問文と称することは改めて確認するまでもないが，これらの WH 疑問文は May (1977), Huang (1982) など以来広く，演算子-変項構造 (Operator-Variable Construction: OVC) を含み，それは WH 演算子 (WH-Operator) と変項 (variable) からなると考えられている．そして，演算子-変項構造の成立には演算子の場所と変項の場所という2つの場所が必要であり，それを実現するのは英語では顕在的な WH 疑問文であり，日本語では非顕在的な WH 移動であると広く考えられている．[1] これに対して本章では，いずれの言語の疑問文においても WH 移動が適用しているが，それは選言関数 (disjunction function) を文中の位置から命題 (TP) をその引数(ひきすう) (argument) として取るための位置への移動であり，演算子-変項構造は元位置において成立しているとする WH 疑問文の一般理論を提案する．

(1) a. Which linguist did John offend?
　　b. ジョンはどの言語学者を怒らせましたか？

本章は以下の構成になっている．第2節では WH 疑問文において成立していると想定されている演算子-変項構造の標準的分析を概観する．第3節では日本語の「か」と「も」の数量詞としての働きを見る．第4節では「か」と「も」

---

* 本章は外池 (2014, 2015a, 2015b, 2015c, 2016), Tonoike (2015b) に基づいている．
[1] 英語については，May (1977, 1985), Aoun and Li (1993, 2003), Fox (2002) など，日本語については Huang (1982), Nishiguchi (1990) など多数ある．

の論理結合子としての働きを見る．第5節では「か」と「も」の2つの働きを統合して，これらは「選言関数」「連言関数」であるという提案を行う．第6節では，「か」と「も」がWH疑問文とWH譲歩文の節末に現れることに着目して，その意味も，選言関数，連言関数としての働きから説明することができることを示す．6.1節では「か」「も」はWH疑問文，WH譲歩文のCP指定部に直接併合されると仮定して，英語と日本語の当該構文の意味がほぼうまく捉えられることを見る．6.2節では，CP指定部への直接併合を仮定していては，日本語と英語のWH疑問／譲歩文の処理を完全に平行的に行うことはできないことを見て，そのためには，選言関数，連言関数は日本語においても未定詞と併合される形で派生に導入され，その後CP指定部へ移動されるという分析を提案する．第7節では，「か」「も」の平行性に問題となるかに見える現象（7.1節），さらに比較構文における平行性（7.2節）を論じる．第8節では，未定詞との併合＋CP指定部への移動以外の可能性を検討する．第9節では主節疑問文における助動詞倒置の扱いを提案する．9.1節では英語における助動詞倒置は発話内力の移動が関与していることを主張し，9.2節では日本語における発話内力は音調などによって表されるとする分析を提案する．第10節では中国語では，選言関数は音形を持たず，CP指定部に直接併合されるとする分析を提案する．第11節は結論である．

2. 演算子-変項構造の標準的分析

第5章で，演算子-変項構造については，義務的な数量詞繰り上げによって，演算子の位置を作る必要はなく，以下に示すように，数量詞演算子を含む場合も，WH演算子を含む場合も，演算子-変項構造は元位置で成り立っていると分析できることを見た．

(2) a. [John offended [$_{DP}$ which the linguist]]
　　 b. [John offended [$_{DP}$ every the linguist]]

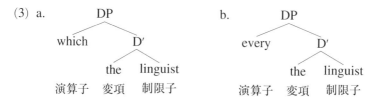

ここで重要なことはすべてのDPが定決定詞theを含むという仮説で，これ

第7章　WH 演算子-変項構造：WH 疑問文の一般理論　　199

が演算子を含む DP においては，通常，空書き出しを受け，かつ変項として働くのに対して，演算子がなければ定決定詞 the として書き出され，いわゆる定冠詞として働くという仮説である．[2] その折に (2a) では WH 移動が適用されるが，演算子-変項構造が元位置で成り立っているのであれば，なぜ WH 移動が適用されるのかという問題が残るが，これについては第7章で取り上げると予告した．

　他方，日本語では (4) (5) に示す通りである．数量詞の演算子-変項構造に関しては，DP の構造が左右対称になっているということを除けば日英語が綺麗に対応している．

(4)　a.　［どの言語学者を？］ジョンは怒らせましたか？
　　 b.　［どの言語学者をも］ジョンは怒らせました

(5)　a.　　　　　　　　　　　　　　　　b.

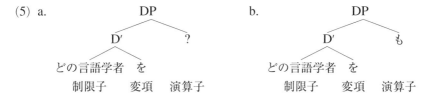

しかし，WH 疑問文と数量詞の演算子-変項構造に関しては英語と日本語では次の点で異なっている．

(6)　a.　数量詞「どの言語学者をも」では数量詞と思しき「も」が数量詞句内にあるが，WH 句の同じ位置には？で示したように演算子らしきものはなく，代わりに，「か」が文末にある．
　　 b.　英語では WH 句 which linguist が文頭に WH 移動を受けるのに対して，日本語では WH 句と思しき「どの言語学者を」は文中に留まっている．

この奇妙な事実には次のことを仮定すれば自然な説明が与えられる．

(7)　a.　(4a) の文末の「か」は (4b) の「も」に対応する？の位置から文末に移動した．
　　 b.　(1a) における WH 句 which linguist の移動と (4a) における「か」

---

[2] いわゆる不定冠詞 a/an を含む場合は，この不定冠詞が存在数量詞として働き，空書き出しを受ける定決定詞 the が変項として働く．
　(i)　John offended [DP a the linguist]

の移動は何らかの同じ目的で生じている．

第5章，第6章の結論が正しければ，日本語においても英語においても演算子-変項構造は元位置で成り立っており，移動を必要としない．であるから，WH句の移動と「か」の移動は，演算子-変項構造形成とは別の目的があるはずである．それが本章の眼目である．そのためには日本語のWH疑問文に現れる助詞「か」と，数量詞表現に現れる「も」を仔細に見る必要がある．

3. 数量詞としての「か」と「も」

まず，次の日本語と英語の例は同義と考えてよい．

(8) a. 誰かが帰った
 b. Somebody left.
(9) a. 誰もが帰った
 b. Everybody left.

これらの例の比較から，英語の some には日本語の「か」が，そして英語の every には日本語の「も」が対応していて，それぞれ存在数量詞と全称数量詞であり，日本語の「誰」は Kuroda (1965) のいう未定詞 (indeterminate)[3] であって，同じ意味で，英語の body も未定詞であり，ともに「人」を表していることから制限子 (restriction) であることが分かる．それを加味すると，次のような対応関係があり，(10a) = (10b)，(11a) = (11b) の関係が成り立っている．

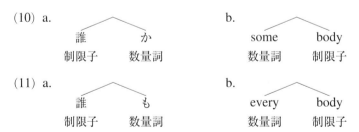

両者から共通の制限子を取り除くと次の等式が成り立つ．

---

[3] 日本語研究者の間では indeterminate に「不定詞」という訳語を当てる慣行があるようであるが，これは infinitive の訳語「不定詞」と混乱を生じるので，本書では，数量詞等との組み合わせにおいてその性質が定まるため，そのままでは「未だ定まらざる」語という意味で「未定詞」という訳語をあてる．

(12) a. か = some 　（存在数量詞）
　　　b. も = every 　（全称数量詞）[4]

しかし，すべての未定詞が「か」と「も」を追加して，存在数量詞，全称数量詞になるわけではない．

(13) a. 　誰かが　　　誰かを　　　誰かに　　　誰かの　　　（somebody）
　　　b. 　誰もが　　*誰もを[5]　*誰もに[6]　*誰もの[7]　（everybody）
(14) a. 　何かが　　　何かを　　　何かに　　　何かの　　　（something）
　　　b. *何もが　　*何もを　　*何もに　　*何もの[8]　（everything）
(15) a. 　何処かが　　何処かを　　何処かに　　何処かの　　（somewhere）
　　　b. 　何処もが　　何処もを　　何処もに　　*何処もの[9]　（everywhere）
(16) a. 　何時かが　　何時かを　　何時かに　　何時かの　　（sometime）
　　　b. *何時もが　*何時もを　*何時もに　*何時もの[10]　（every time）

「も」に関しては注に記したように多くの補充（suppletion）が見られるが，全体としては「か」が存在数量詞として働き，「も」が全称数量詞として働いていることは明らかであろう．日本語ではこれらはすべて未定詞（すなわち疑問詞にもなる要素）との組み合わせであるが，英語では疑問詞との組み合わせは where と；部分的であるが，somewhat, somehow のみであり，body, thing, time など数量詞専用の名詞が使われている．この意味で補充という現象が起こっていることに変わりはない．[11]

---

[4]「も」は (i) に示すように多くの否定極性項目にも現れる．そこから (ii) の等式も成り立つ．
　(i) 何も，誰も，どれも，どこも，1つも，一滴も，一睡も
　(ii) も = any

[5]「どの人も」のほうが好ましい．

[6]「誰にも」は可である．

[7]「誰の X も」は可である．同様に下の「*何もの」「*何処もの」に対して，「何の X も」「何処の X の」は可である．

[8]「何も」の系列はいずれも不可で，「どの X も」の形が用いられる．

[9]「何処も」の系列は格助詞がつくといずれも不可であるが，「何処にも」は可．

[10] ただし，副詞的に使う場合は，「何処か」「何処も」「何時か」「何時も」すべて可である．

[11] 古英語（Old English）では現代英語の who に相当する hwa が what/who の意味のほかに something/somebody の意味を持っており，現代英語の which に相当する hwilc が what/some の意味で，疑問数量詞と存在数量詞を兼ねており，これらに相当する全称数量詞は gehwa, gehwilc であった．このことは，古英語では ge- が日本語の「も」に対応することを示唆しており，興味深い．
　(i) 　ge-hwa 　　　誰も
　　　　ge-hwilc X 　どの X も

4. 論理結合子としての「か」「も」

「か」と「も」には論理結合子（logical connectives），いわゆる等位接続詞（coordinating conjunctions）として，英語の選言（disjunction）の or と英語の連言（conjunction）の and に対応しているという共通点もある。[12]

(17) a.
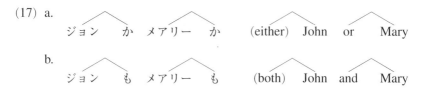
　　　b.

日本語では「か」も「も」も被接続項（conjunct）それぞれに1つずつ現れるのに対して，英語では *and John and Mary とか *or John or Mary とかは許されない．しかし，フランス語では，接続詞が重ねて現れうる．

(18) a.
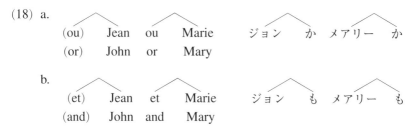
　　　b.

このような事実について，「か」や「も」とは別に選言（disjunction），連言（conjunction）の働きをする目に見えない要素があると考える研究者もいるが，[13] これは，「か」，「も」が，or, and と同じように接続詞として使われるときの，書き出し（Spell-Out）における言語間の相違として捉えるのが適切であると考える．下での結論を先取りして，「か」，「も」，or, and（および他言語におけるこれに類するもの）は，複数の要素からなる集合をその補部として取る要素であると仮定しよう．そして集合は多層構造として派生に導入されると仮定しよう．そうすると (17a, b) は次の構造が出発点になる．

---

[12] and に相当する日本語の等位接続詞は「と」であって，「も」は also に相当するものであると考える向きもある．例えば豊島孝之氏（個人談話）および Toyoshima (2013)．しかし，以下に見る WH 譲歩文と WH 疑問文との平行性など，「か」と「も」が対応／対立していることは明らかである．「と」は「ジョンとメアリー（と）」が Mary in addition to John のように追加を表す働きがあるだけと捉えるのが妥当ではないかと考える．

[13] 例えば，Szabolsci (2015)．

(19) a.
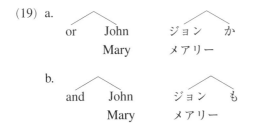
b.

このままでは発音できないので，付加操作により線形化されると仮定しよう．その際に英語では，被接続項の音は接続詞の音のコピーとともに左側に付加され，日本語では，右側に付加されると仮定しよう．その結果 (20) の構造が得られる．ここでも /X/ は X の形式 (音) を，{X} は X の意味を表す．

(20) a.
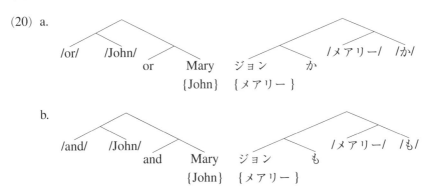
b.

このように仮定すると，PF においては (20) のようになるが，LF ではあくまで (19) の構造のままであることになる．さらに，英語では /or/ と /and/ は，前者では無条件に either と，後者では被接続項が 2 つの場合には both と書き出されるか，空書き出しとなることは，英語のレキシコンにおいて記載できる．日本語では最後の /か/，/も/ は空で書き出すことができる．

5. 統合

少し遠回りをしたが，これらのことから次の等式が得られる．

(21) a. か = or （選言接続詞）
    b. も = and （連言接続詞）

この等式と，(12) の等式を重ねると，次の等式が得られる．

(22) a. some（存在数量詞）＝か＝or（選言接続詞）
    b. every（全称数量詞）＝も＝and（連言接続詞）

ここから得られる単純な結論は (23) である．

(23) a. 「か」は存在数量詞でもあるし，選言接続詞でもある．
    b. 「も」は全称数量詞でもあるし，連言接続詞でもある．

しかし，このような捉え方は，存在数量詞と選言接続詞が同じ「か」という音形を持ち，全称数量詞と連言接続詞が同じ「も」という音形を持つという事実に対して何の説明も与えず，それは単なる偶然であると主張するに等しい．西洋哲学の伝統の中で，英語の some と every は数量詞であり，or と and は論理結合子であって，これらは全くの別物であるというのが伝統的な捉え方である．しかし，日本語から見れば，両者が同じ音形を持つ形態素「か」「も」であるという事実からして，むしろ，「か」と「も」それぞれは1つの機能を持ち，それが英語では統語的文脈によって some/or, every/and として書き出される（つまり，some/or は「か」の，そして，every/and は「も」の異形態 (allomorphs) である）ように見える．

　some/or, every/and の共通性は McCawley の観察として，Lakoff (1974) が to hell with に続く表現として and で結ばれたものと全称数量詞に導かれたもの，(24a) (25a) は文法的（適格）であるが，or で結ばれたものと存在数量詞に導かれたもの，(24b) (25b) は非文法的（不適格）であることを指摘している．つまり，and と every，そして or と some には，to hell with との関係で同じ性質を共有しているのである．

(24) a. To hell with Lyndon Johnson and Richard Nixon.
    b. *To hell with Lyndon Johnson or Richard Nixon.
(25) a. To hell with everyone.
    b. *To hell with someone.

日本語でも同様のことが成り立つ．

(26) a. 山田も田中もクソ食らえ
    b. *山田か田中かクソ食らえ
(27) a. どいつも（こいつも）クソ食らえ
    b. *どいつか（こいつか）クソ食らえ

そして特筆すべきは，日本語では「も」は「クソ食らえ」と共起するが，「か」

は共起しないという，1つの性質として捉えられることである．[14]

「か」と some と or，「も」と every と and には以下の機能を共有していると仮定すれば，上の事実はエレガントに捉えられる．

(28) a. 「か」は集合を引数(ひきすう)（argument）として取り，その成員の（少なくとも）1つをその値（value）として出す選言関数（disjunction function）である．
b. 「も」は集合を引数（argument）として取り，その成員をすべてその値（value）として出す連言関数（conjunction function）である．

卑近なことばで言い換えれば，「か」は「（すくなくとも）1つ選べ（Pick (at least) one）」という指示で，「も」は「すべて選べ（Pick all）」という指示である．集合は「人」「物」などの名詞（実は述語）が指し示すもの（外延 extension）である場合と，成員を羅列することによって形成される場合がある．未定詞はその意味で集合にほかならない．「誰」は人の集合を，「何」は物の集合を，「何処」は場所の集合を，「何時」は時の集合を表している．どの場合にも文脈によって特定される集合を表していると考えられる．存在数量詞，全称数量詞としての「か」「も」の働きは，この「1つ選べ」「全部選べ」という関数の働きとして捉えられる．「か」という選言関数が，「誰」「何」「何処」「何時」という文脈により特定されている集合を引数として取ると，その集合の中から1つを値として出す．例えば「何処」を例に取って，今，京都と，奈良という場所が問題となっている文脈を仮定しよう．その場合「何処」は｛京都，奈良｝という集合を表すことになるので，それを「か」と併合することにより，「か」の引数として与えたと考えよう．

(29) a. 何処か＝何処｛京都，奈良｝ → か　1つの場所，例えば京都
b. 何処も＝何処｛京都，奈良｝ → も　すべての場所＝京都，奈良

そうすると上で図示したように，選言関数「か」は例えば｛京都｝を値として出し，連言関数は｛京都，奈良｝を値として出す．

集合はその場限りで成員を羅列することによっても作ることができる．文脈によって特定できる場所の集合が｛京都，奈良｝であったとしよう．この集合を「か」と「も」の引数として併合すると，以下のようになる．

---

[14] さらに日本語の「か」と「も」との関わりでは，Shimoyama (2011)，Kratzer and Shimoyama (2002)，Szabolsci (2015) などの研究がある．特に Szabolsci は日本語の「か」と「も」に類似する要素を持つ言語として Athabaskan, East Asian, South-East Asian, Slavic, Finno-Ugric languages をあげて，本論で取り上げる多くの部分と重なる観察を行っている．

(30) a.　{京都, 奈良} か = {京都, 奈良} → か　1つの場所, 例えば京都
　　 b.　{京都, 奈良} も = {京都, 奈良} → も　すべての場所 = 京都, 奈良

これらは, (20) で論じた線形化により,「京都か奈良か」「京都も奈良も」として書き出される.[15]

英語についてはどう考えれば良いであろうか, 答えは簡単である. まず, 選言関数と連言関数はすべての言語に普遍的に存在すると仮定し, これを∨と∧として表すことにしよう. 日本語では∨は「か」として, ∧は「も」として書き出される. 英語では where が未定詞として, 文脈により定義される場所の集合 {Kyoto, Nara} を表しているとして, それを∨と∧とに併合すると, (29) と同じ関係が成り立つ.

(31) a.　∨ where = ∨ {Kyoto, Nara} = {Kyoto, Nara} → ∨　1つの場所, 例えば京都
　　 b.　∧ where = ∧ {Kyoto, Nara} = {Kyoto, Nara} → ∨　すべての場所 = 京都と奈良

未定詞ではなく, 臨時に形成された {Kyoto, Nara} という集合と併合された場合は以下のようになる.

(32) a.　∨ {Kyoto, Nara} = {Kyoto, Nara} → ∨　1つの場所, 例えば京都
　　 b.　∧ {Kyoto, Nara} = {Kyoto, Nara} → ∨　すべての場所 = 京都と奈良

後は∨と∧が英語ではどのように書き出されるかであるが, 併合の相手が未定詞であるか, 臨時の集合であるかによって, 区別する形態論的規則を想定すればよい.

(33) a.　∨ → some / ___ 未定詞
　　 b.　∨ → or
(34) a.　∧ → every / ___ 未定詞
　　 b.　∧ → and

つまり, 未定詞と併合されている場合には some/every として書き出され, それ以外の場合(すなわち臨時の集合と併合されている場合)には or/and として書き出される. そして, or/and として書き出される場合には (19) (20) に

---

[15] 言うまでもないが,「京都か, 奈良か, 滋賀か」「京都も, 奈良も, 滋賀も」と集合の成員が3個以上でも事情は全く同じである.

示す線状化により，A or/and B として書き出される．[16, 17]

6. WH 譲歩文と WH 疑問文

「か」と「も」の並行関係は，数量詞，等位接続詞に止まらない．次の例を比較するとさらなる緊密な関係が明らかになる．

(35) a. 君が何処へ行ったか（気にしない）
　　 b. (I don't care) where you went.
(36) a. 君が何処へ行っても
　　 b. Wherever you went,

(35) の例は WH 疑問文であり，(36) は WH 譲歩文である．全部に共通していることは，未定詞（「何処へ」，where）を含んでいることであり，日本語の例に共通していることは，いずれも，「か」「も」が節末にあることであり，英語の例に共通していることは，いずれの場合も WH 移動により，where が節頭にあることである．

これらの例の語順と WH 疑問文，WH 譲歩文の意味が，余計な規定なしで自然に導かれなければ満足の行く記述とは言えない．日本語の例 (35a) と (36a) の語順の事実と「か」と「も」の選言関数と連言関数としての機能から

---

[16] 「か」と「も」がそれぞれ一貫して選言関数，連言関数として平行的な振る舞いを見せることを見たが，平行的でない事実が2つある．これについては下で取り上げる．
　(i) a. *山田か来た
　　　 b. 山田も来た
　(ii) a. 何故か山田が来た
　　　 b. *何故も山田が来た

[17] 標準的な論理学では，以下の6つの論理記号が用いられ，存在量化子，全称量化子は，選言と連言とは無関係のものとして扱われていて，それぞれ，not, every, some, or, and, if-then に対応している．（ただし，含意は否定と連言の組み合わせと同義．）
　(i) 否定（¬），存在量化子（∃），全称量化子（∀），選言（∨），連言（∧），含意（⊃）
しかし，これまでの論考が正しければ，(iii) に示すように，否定と含意を除く，残りの4つは，選言関数と連言関数という2つに還元されることになる．
　(ii) some = or = か　　選言関数
　(iii) every = and = も　　連言関数
このことは，現代論理学はそれが主に発達した西洋の言語に根ざしたもので，たまたま西洋の言語では，some, every, or, and およびそれに相当するものは別個の形態素として存在することから，これらを別個のものとして扱うシステムを構築したということを示唆する．もし，日本語のような言語に根ざしていれば，標準的な論理学とは異なるものが出現していたのではないかと想像される．

説明されるかどうかから見ていこう.

6.1. 基底生成か WH 移動か

(35)(36) の例で「か」「も」をそれぞれ選言関数, 連言関数として扱うためには, 命題の集合を引数として取る必要があるが, それには広く想定されているように, 次のことを仮定することである.

(37)　基底生成仮定
　　　選言関数, 連言関数の「か」「も」は TP と併合されることで派生に導入される.

この併合により (38) の構造が生まれることとなる.

(38) a.　[[$_{TP}$ 君が何処へ行った] か]
　　 b.　[[$_{TP}$ 君が何処へ行って] も]

ここに含まれる未定詞「何処」は文脈により定義される京都, 奈良, 滋賀の三箇所からなる場所の集合であると仮定しよう. そうすると, (38a) の TP は「君が京都へ行った」「君が奈良へ行った」「君が滋賀へ行った」という 3 つの命題の集合を表していると言える. 同じことが (38b) の TP についても言える. 3 つの命題が選言関数「か」と連言関数「も」の引数となっているから, (38a) の意味は, 独立の疑問文であれば, 聴者に対して, 未定詞が表す集合の 1 つの成員を選択することから, 真である命題を 1 つ選択するようにという指示と捉えることができる. より抽象的には, 3 つの命題からの 1 つの選択を表していることになるが, これが WH 疑問の基本的な意味であるとすれば, それは「か」の「1 つ選べ」という指示に由来するものと分析できる.

(38b) では,「君が何処へ行って」は「君が京都へ行って」「君が奈良へ行って」「君が滋賀へ行って」という 3 つの条件節の集合と捉えることができる. この集合が連言関数の引数となっているわけであるから, (38b) 全体は, 3 つの条件すべてのもとにおいてという意味を持っていると捉えることができる. これが譲歩節の持つ基本的な意味であるとすれば, これも連言関数の意味機能から帰結することとなる.

次に英語の (35b)(36b) を検討しよう.

(39) a.　(I don't care) where you went.
　　 b.　Wherever you went,

この段階で押さえておかなければならないことは, 当然のことであるが,

(38a) と (39a), (38b) と (39b) は, 両言語に渡って同義であるという事実と, Chomsky (2001, 2004) の画一性の原理である.

(40) 画一性原理 (Uniformity Principle)
そうでないという強力な証拠がなければ諸言語は画一的であり, その間の変異は容易に発見できる発話の特性に限られると想定せよ.[18]

(40) から日本語における WH 疑問文, WH 譲歩文の意味の成立に決定的に重要な働きをするのが選言関数と連言関数であるということから, そうではないという強力な証拠がなければ, (39) の例においても同じく選言関数と連言関数が決定的な役割を果たしていると想定すべきであることになる. そこで問題になるのは次の点である.

(41) a. (39) のいずれの例も, 未定詞 where が節頭に出ている.
b. WH 疑問文 (39a) には選言関数と思しきものが見当たらない.
c. WH 譲歩文 (39b) では未定詞 where に ever がついている.

(41c) から始めよう. wherever の ever は何であろうか. その形態的特徴からして, every が連言関数∧が (where などの) 未定詞と併合した場合の書き出しであるのと同じように, ever は譲歩文における連言関数∧の書き出しであると仮定してみよう. そうすると (39b) は WH 移動の前は (42a) の姿をしていたと考えられる.

(42) a. you went wherever
b. wherever you went
c. /where/-ever you went {where}
d. PF: wherever you went   Cf. 君が何処へ行っても
e. LF: [∧ [you went where]]   Cf. [[君が何処へ行って] ∧]

しかし, 何らかの事情で wherever は節頭に移動しなければならなかったのである. 演算子-変項構造は元位置において成り立っているという第 5 章の結論が正しいとすれば, その移動は演算子-変項構造を作るためではないということになる. 日本語の例からして, 連言関数は (選言関数と同じく) TP を引数として取るために TP と併合されねばならないことを上で見た. この連言関数の ever を移動するために wherever 全体が移動したとなれば, (42c) のよう

---

[18] In the absence of compelling evidence to the contrary, assume languages to be uniform, with variety restricted to easily detectable properties of utterances. (Chomsky (2001: 1))

な姿になる．移動しなければならなかった ever に付随して where も移動しているが，where は元位置で演算子-変項構造を形成していると考えられるから，その意味は元位置に残っていなければならない．そうすると，より厳密には (42c) に示す構造になったと考えなければならない．この PF は (42d) に示す通りであるが，その意味を表す LF は ever を連言関数∧に置き換えた (42e) ということになる．

　Cf. を付して (38b) の「も」を連言関数に置き換えた日本語の LF を示したが，構造が左右対称になっていることを除けば，連言関数が条件を表す命題の集合を表す TP を補部（すなわち引数）として取っているという点で全く同じであることがわかる．

　では WH 疑問文はどうであろうか？日本語の場合は PF では (43a) の姿をしていると仮定したが，「か」が選言関数であるので，これを∨で表すと LF は (43b) のようになる．では英語の (44a) はどう分析すればよいであろうか．where が WH 移動で節頭に出てきていることと，演算子-変項構造は元位置で成り立っていると言うことからすれば，移動しているのは where の音，/where/ だけで，意味 {where} は元位置に残っていると考えなければならない．そうすると，(44b) の姿をしていることになる．

(43) a.　PF: [[君が何処へ行った $_{TP}$] か]
　　　b.　LF: [[君が何処へ行った $_{TP}$] ∨]
(44) a.　[$_{CP}$ where[$_{TP}$ you went]]
　　　b.　[$_{CP}$ /where/ [$_{TP}$ you went {where}]]
　　　c.　PF: where you went
　　　d.　LF: [you went where]

(43b) の日本語疑問文の LF と (44d) の英語疑問文の LF は重要な点で異なっている．(44d) には選言関数∨が存在しない．日本語の分析から，疑問文は，「1つ選べ」という指示である選言関数が，未定詞で捉えられる文脈により定義される集合を含む命題の集合を引数として取るということにより成り立っていることを見たが，これは (40) の画一性原理から，英語の (39a)，つまり (44d) においても成り立っていなければならないが，明らかにそうではない．

　問題の解決方法は自明であろう．以下に示すように音形のない選言関数∨が，where と一体となっており，where の音の移動は，この空の選言関数を CP の指定部へ移動するためであったと仮定することである．そうすると (39a) の派生は，以下の通りということになる．

(45) a. [_TP you went ∨ -where]　WH-Movement →
　　 b. [_CP ∨ -/where/ [_TP you went {where}]]
　　 c. PF: where you went
　　 d. LF: [_CP ∨ [_TP you went where]]

こうして得られた (45d) の LF は，(43b) の LF と語順を除いては重要な点で同じである．特に，命題の集合を表す TP を選言関数∨が引数として取っているという，疑問文の意味の成立に不可欠な部分は完全に共通している．
　ここまでをまとめると次のようになる．

(46) a. PF: [[君が何処へいった] か]
　　 b. LF: [[君が何処へ行った] ∨]
(47) a. PF: [where you went]　← you went ∨-where
　　 b. LF: [∨ [you went where]]
(48) a. PF: [[君が何処へ行って] も]
　　 b. LF: [[君が何処へ行って] ∧]
(49) a. PF: [wherever you went]　← you went wherever
　　 b. LF: [∧ [you went where]]

どの LF においても，選言関数または連言関数が命題の集合を引数としていて，WH 疑問文と WH 譲歩文の意味が的確に捉えられていると思われる．
　しかし，1 つ問題がある．英語の譲歩文では，ever という書き出しを持つ連言関数∧が WH 移動により節頭に移動していることが確認できる．しかし，WH 疑問文の (46) の派生において選言関数∨が where とともに移動したとする音声的な根拠はない．他方，日本語では，WH 疑問文でも，WH 譲歩文でも，選言関数，連言関数は最初から，「か」「も」として文末に併合（基底生成）されたものと分析している．これが許されるのであれば，英語の WH 疑問文においても，選言関数を節頭に基底生成することが許されるはずである．そうなると，英語の WH 疑問文は (47a) ではなく，(46b) = (50d) と並行的な (50c) の LF を持ち，そして (50b) の PF であってもいいはずである．そして，移動をするより，基底生成の方がより経済的であるという考え方からすれば，(39a) の間接疑問文の PF は (50b)，LF は日本語の (50d) と平行的な (50c) でなければならないことになる．

(50) a.　where you went　= (46a)
　　 b. PF: *you went where
　　 c. LF: [∨ [you went where]]

d.　LF: [[君が何処へ行った] か]

しかし，事実は（50b）の PF は（39a）の文脈では非文法的である（*I don't care you went where）.[19]

　以上の論考は（50b）が文法的な間接疑問文であるという間違った結論を導いてしまった．その結論は同時に（50a）は非文法的であるという間違った結論でもある．論考は（37）の仮定から始まったが，一体どこで間違ったのだろうか．（37）以降の論考は画一性原理に忠実に進めてきた．その論考が正しく，しかし間違った結論に導いたということであれば，その原因は唯一（37）の「か」「も」の基底生成仮説にあると言わざるを得ない．[20]

　そこで，（37）の基底生成仮説を放棄し，次のことを仮定しよう．

(51)　選言／連言関数の移動仮説
　　　選言／連言関数は WH 疑問文，WH 譲歩文においては，TP 内の未定詞と関係する位置から，CP 指定部に移動する．

この仮説は英語においては，英語の WH 疑問文について，(47a) に示す分析を採用すれば，すでに成り立っている．日本語においても英語の譲歩文の ever と同じく，選言関数「か」と，連言関数「も」は（52）に示すように TP 内部の未定詞と結びついた形で生じると仮定しよう．

(52)　a.　[君が [何処へか] 行った $_{TP}$]
　　　b.　[君が [何処へも] 行って $_{TP}$]

いずれの関数も TP を引数として取れる位置に移動しなければならないが，英語の場合と違って，「か」「も」は音形を持ち，かつ単独で移動できると仮定すれば，（52）から（53）が得られる．（この移動は音も意味も移動するので後には何の痕跡も残らない．）

(53)　a.　[[君が [何処へ] 行った $_{TP}$] か]
　　　b.　[[君が [何処へ] 行って $_{TP}$] も]

WH 移動は CP の指定部への移動であると考えられるので，これを明示化すると，全体として次のような分析が得られる．（WH 疑問文，WH 譲歩文を合わせて示す．）[21]

---

[19]　(50b) は元位置 WH 疑問文としては文法的である．この点については後述．
[20]　この帰謬法（Reductio ad absurdum）に基づく議論は外池 (2016) の議論である．
[21]　日本語の WH 疑問文では「か」が移動しているという主張は Tonoike (1992)，外池

(54)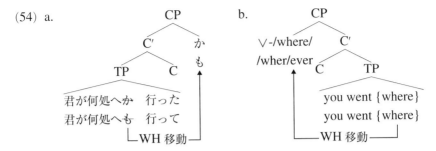

　この状況はまさに画一性原理が要請する通りである．WH 疑問文，WH 譲歩文成立のメカニズムと構造に関しては画一的であるが，左右の順序，選言関数，連言関数の顕在性（音形があるかどうか），形態論的特性（「か」「も」は単独で移動できるが，ever は拘束形態素である）という「容易に発見できる発話の特性」においては異なっている．

6.2. 島の制約

　前節の結論は日本語における WH 移動は「か／も」の節末への移動であるということであった．そうすると，以下の日本語の例でも「か／も」が t の位置から節末へ移動していることになり，それは (55a, b) ではカギカッコで示した関係節の中からの移動であり，複合名詞句制約を破っていることになり，(56a, b) では，原因を表す副詞節の中からの移動であり，付加部制約を破っていることになる．しかし，多くの研究者が指摘するように，これらの例は，対応する英語の (55a′, b′) (56a′, b′) が重篤な非文法性を示すのに対して，いずれも日本語としては問題のない表現である．[22]

(55) a.　[彼が何について t 書いた] 論文を読みましたか
　　 a′.　*What did you read a paper [that he wrote about t]?
　　 b.　[彼が何について t 書いた] 論文を読んでも
　　 b′.　*Whatever I read a paper [that he wrote about t],
(56) a.　[どの論文を t 読んで]，言語学を志しましたか

(1994)，Tonoike (1995) において行ったものである．Hagstrom (1998, 1999) は独立にシンハラ語の類似の現象と比較しながら，「か」の右方移動の分析を提出しているが，C への移動を想定している点が異なっている．
　[22] この種の例についての先行研究としては Kuno (1973), Nishigauchi (1990) などを参照．本節での Nishigauchi の LF Pied-Piping の提案に対する代案については Tonoike (1995) 参照．

a′. *Which paper did you decide to major in linguistics after you read *t*?
b. ［どの論文を t 読んで］言語学を志しても
b′. *Whichever paper you may decide to major in linguistics after you read *t*,

　この事実についてのよく知られている説明はいくつかあるが，いずれも「疑問要素」「何を」「どの論文を」の移動を想定するもので，代表的なものは中国語や日本語では WH 移動は LF で適用し，LF での WH 移動は下接の条件などには従わないというもの（Huang (1982)）と，その延長線上で，「疑問要素」移動は，(55) ではそれを含む関係化された名詞句全体を，(56) では副詞節全体を随伴するという LF Pied-Piping によるもの（Nishigauchi (1990)）である．ただし残念ながら，顕在的統語論仮説（第 2 章第 2 節参照）を採用する本書では，そのような解決法は採用できない．

　しかし，LF 移動を使わなくても，Tonoike (1995) などに従って，以下に示すように「か／も」が，「疑問要素」（すなわち未定詞表現）を含むより大きな構成素（(55) では関係化された DP，(56) では副詞節そのもの）の指定部に発し，そこから節末へ移動したとすれば，島の制約違反が生じないことが説明できる．

(57) a. ［彼が何について書いた］論文 t を読みましたか
　　　b. ［彼が何について書いた］論文を t 読んでも
(58) a. ［どの論文を読んで］t，言語学を志しましたか
　　　b. ［どの論文を読んで］t 言語学を志しても

必要なことは「か／も」が未定詞表現（「何を」「どの論文を」）を C 統御する位置に併合され，そこから移動されることを定めておくことである．

　ここにおいても画一性原理は守られていることに着目することは重要である．日本語においては，(55a, b) (56a, b) のような表現が観察されるが，英語においては (55a′, b′) (56a′, b′) のような例は観察されない．つまり，「容易に発見できる発話の特性」として捉えることができるのである．ただし William O'Grady 氏（2018 年講義）によると After reading which paper did you decide to major in linguistics? のような非定形節の例はかなり容認可能であるということである．

7. 関連するいくつかの事例

7.1. 「か」と「も」の非平行性

注 16 で，「か」と「も」が平行的ではない事例を見た．これは見かけ上の現象で，むしろ両者の平行性を証明する事例であることを見る．以下の事例が問題であった．

(59) a. *山田か来た
b. 山田も来た
(60) a. 何故か山田が来た
b. *何故も山田が来た

まず (59) から検討しよう．(59) は 2 つの問題を提起している．1 つは，なぜ (59b) が文法的であるのに，(59a) が文法的でないのかという問題で，もう 1 つは「も」が英語で言えば also, too, even のような解釈があるので，「も」は副助詞のようなものではないかという疑問である．いずれの事実も，選言関数，連言関数の働きから，説明することができる．その関数としての働きからして，「か」も「も」も，単一の成員を持つ集合 (singleton) でない集合を引数として取るものと考えられる．目下の文脈において「X が来た」を成り立たせている X の集合を Σ と表すことにすると (59) は (61) という構造を持つことになる．(当然のことであるが，Σ は音形を持たない.) 線形化の結果 (62) となり，その LF 表示は (63) となる．

(61) a. {山田, Σ} か来た
b. {山田, Σ} も来た
(62) a. 山田か, Σ か来た
b. 山田も, Σ も来た
(63) a. {山田, Σ} ∨ 来た
b. {山田, Σ} ∧ 来た

まず，(59a) が文法的でないのは，「山田か」が {山田, Σ} という集合の 1 つの成員のみを値として取ることを許すことになり，例えば，山田が選択された場合には，「X が来た」という命題が Σ の成員の誰についても成り立たなくてよいことになり，それはこの命題を成立させるものの集合を Σ として定義したことと矛盾する．これが (59a) の非文法性を説明する．

(59b) が also, too の解釈になるのは，(63b) が示すように，Σ という集合に加えて，「山田」について (も)「X が来た」という命題が成り立つことを述

べているから，当然のことである．even のような解釈があるように思われるのは，話者または聴者が山田のことを「X が来た」を成り立たせることが最もありそうにないと思っているという条件付きで成り立つことであって，「も」そのものの働きではないと考えることができる．「さえも」「までも」のように even の意味を持つものと合わせて使えるのもこのことを支持する．

次に (60) の，「何故か」は文法的であるが，「何故も」は非文法的である事実を検討してみよう．(60) は (64) として捉えられる．多くの研究者がすでに指摘していることであるが，「何故」は理由／原因の集合を表す．しかし，他の未定詞は文脈で定義された閉じた集合を表すのに対して，「何故」は「開いた集合」を表すという特徴がある．

(64) a. [何故∨]
   b. [何故∧]

(64a) の選言関数は集合の成員を「1 つ選べ」ということであるので，開いた集合であっても，何か 1 つ選ぶことはできる．しかし，連言関数は「すべて選べ」ということであるので，これに従うためには，集合が明確に定義されていなければならない．「何故」が表す「開いた集合」はその条件を満たさない．つまり，「何故」は連言関数の引数としての条件を満たしていないのである．

(59) (60) の事実は，「か」と「も」の平行性の反例ではなく，むしろ，これらの平行性に対して一見反例となるように見えるが，それは，選言関数，連言関数としての両者の相違から自動的に説明されることであり，その意味で，まさに「規則を証明する例外 (exceptions that prove the rule)」の典型である．

7.2. 比較構文

「か」と「も」の平行性を示す事実として，両者が比較構文の比較表現に現れるという共通点もある．

(65) a. ジョンが (書いた) より (か) 面白い論文を書いた
   b. ジョンが (書いた) より (も) 面白い論文を書いた
   Cf. I wrote more interesting papers than John did (write)

英語の比較構文に関しては，Bresnan (1973, 1975) が，削除による分析を提案したが，Chomsky (1977) は空演算子の WH 移動による分析を提案した．第 8, 9 章の関係節の分析を先取りして，その延長線上で考えれば，空演算子ではなく比較されている要素そのものが CP 指定部を経由して外に取り出されていると分析するのが最も自然であると考えられる．そうなると，(66)-(68)

に示す派生が可能性として考えられる．

(66) a. [[ジョンが面白い論文を（か）書いた $_{TP}$] より $_{CP}$] → 述語形成（WH移動）
b. [[ジョンがを書いた $_{TP}$] より面白い論文 D（か）$_{CP}$] → DP 摘出＋CP 付加
c. [[[ジョンがを書いた $_{TP}$] より（か）$_{CP}$] 面白い論文 D $_{DP}$]

(67) a. [[ジョンが面白い論文を（も）書いた $_{TP}$] より $_{CP}$] → 述語形成（WH移動）
b. [[ジョンがを書いた] より面白い論文 D（も）$_{CP}$] → DP 摘出＋CP 付加
c. [[[ジョンがを書いた] より（も）$_{CP}$] 面白い論文 D $_{DP}$]

(68) a. [$_{CP}$ than [$_{TP}$ John wrote more interesting papers]] → 述語形成（WH移動）
b. [$_{CP}$ more interesting papers than [$_{TP}$ John wrote D]] → DP 摘出＋CP 付加
c. [$_{DP}$ [$_{DP}$ more interesting papers] [$_{CP}$ than [$_{TP}$ John wrote D]]]

つまり，「か」「も」は比較される要素（上では，「面白い論文」）とともに（おそらくその指定部に）生じ，述語形成の折に，CP 指定部に移動し，DP 摘出の折に CP 指定部に取り残されると分析できる．WH 移動を受けるという点では，WH 疑問文，WH 譲歩文における「か」「も」と平行的であると言える．問題は「か」「も」が選言関数，連言関数として，どのような意味的寄与をしているかであるが，1つ考えられる可能性は (65a) は「ジョンが書いた論文の少なくとも1つより」を意味し，(65b) は「ジョンが書いた論文すべてより」ということを意味するということである．より単純な以下の例でも同様に，(69a) では「少なくともジョンより」という意味で，(69b) では「ジョンも含めた他の人よりも」という意味になると考えられる．

(69) a. ジョンよりかハンサム
b. ジョンよりもハンサム

ちなみに，「ジョンか」は許されないのに，「ジョンよりか」が許されることも，この分析であれば説明される．

8. 基底生成の可能性

　日本語と英語の比較において，画一性原理に照らして，基底生成仮定を退けて，WH 疑問文，WH 譲歩文のいずれにおいても，選言関数，連言関数が TP 内部から移動していると仮定する必要があることを見た．しかし，移動が生じていないように思われる例が，日本語においても，英語においても見られる．

(70) a.　いずれの日にか故国に帰らん　　　　　　（島崎藤村「椰子の実」）
　　　b.　何（を）食べてるの？
(71) a.　Columbus discovered America in which year?（クイズ番組の質問）
　　　b.　You're eating what?（何かを食べているのを見て，元位置 WH 疑問文）

　まず，(70a) の例は，いわゆる「係り結び」の例であるが，意味上は（反語的）WH 疑問文であるが，「か」は TP 内にある．筆者は現代日本語で「か」が文末に移動する前は，このように「か」は TP 内にあって，動詞の連体形と一致するという分析を提案してきたが，[23] 一致だけで，選言関数が C の領域に生じるかどうかは明確ではない．(70b) は口語調の WH 疑問文である．この場合も，節末には「か」は生じていない．(70) についての１つの解決方法は (70a) においては顕在的な「か」が，(70b) においては非顕在的な「か」（すなわち∨）が，「何を」の後にあるが，これが主節においては主節作用域を持っているとすることであるが，その際に主節作用域を取るということがどういうことであるのかを明確にしなければならないという問題が残る．もう１つの解決方法は，主節では空の選言関数∨を CP 指定部に併合するという選択があるとすることである．[24] (71) の英語の例は元位置 WH 疑問文であるが，この場合も日本語の場合と同じように元位置 WH 疑問文成立の条件のもとでは，選言関数∨を CP 指定部に直接併合することができると仮定しなければならない．

　このような「例外規定」を作ることは，画一性原理に違反するのではないかという懸念ももっともではあるが，実はそうではない，画一性原理の「その間の変異は容易に発見できる発話の特性に限られる」という但し書きが当てはまっているのである．普遍的画一性は，「WH 疑問文でも，WH 譲歩文でも，

---

[23] 外池 (1988) 参照．
[24] (70a) において，「か」が非顕在的に LF で移動する，あるいは (70b) において，空の選言関数∨を移動するということは顕在的統語論仮説に違反するので，本書では採用できない．

当該の関数は CP 指定部への移動を受ける」というものであり，それは英語でも日本語でも，通常の WH 疑問文, WH 譲歩文において成り立っている．つまり日本語では，「か」「も」の顕在的移動，英語では WH 句の移動が見られる．日本語における係り結び，および口語調の主節 WH 疑問文，英語の元位置 WH 疑問文においてのみ，WH 移動が見られないのである．

9. 主節疑問文と Yes/No 疑問文

英語の主節疑問文では，Yes/No 疑問文でも，WII 疑問文でも，助動詞倒置が見られるが，日本語の主節疑問文にはそのような現象は少なくとも目に見える形では存在しない．他方，日本語では，Yes/No 疑問文でも，選言関数の「か」が現れ，また，譲歩文では，未定詞を含まない場合も連言関数の「も」が現れる．

(72) a. Which book did John read?
   b. どの本をジョンは読みましたか
(73) a. Did John read this book?
   b. [[この本をジョンは読みました] か]?
   c. [[ジョンがこの本を読んで] も]

ここから 2 つの疑問が生じる．1 つは英語などに見られる助動詞倒置は何のために生じているのかという問題であり，Yes/No 疑問文の疑問の意味はどこから来るのかという問題である．

9.1. 助動詞倒置

英語における定形補文標識が，平叙文の that と疑問文の if で区別されることは周知の事実である．そして，疑問の補文標識と助動詞倒置が両立しないことも事実である．助動詞倒置の扱いについては，Kats and Postal (1964), Baker (1970) に発する長い研究の蓄積があるが，抽象的疑問形態素 Q を用いる分析が標準的である．Chomsky (1995) では，Q は接辞 (affix) であるので，時制を引き寄せるというメカニズムを提唱した．主要部移動を，引き寄せる上位の主要部の持つ接辞としての性質に帰す Chomsky の提案の代案として，第 2 章で，What did you buy? を例として，下に再録する編出 (Excorporation) による分析を提案した．

(74)　　　　Q-/did/　　　　（= 第 2 章 (28a)）

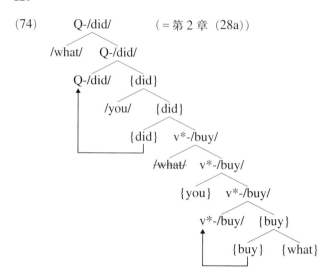

　その重要な部分は疑問形態素 Q の扱いである．Q は範疇上は C であるが，音形を持たず，音形のある時制要素（この場合は did）と，Q-did という形の語彙複合を構成し，時制 T の位置に併合される．しかし，Q は C として，TP と併合されなければならないので，編出により取り出され，TP と併合されるが，Q は音形を持たないので，did の音形 /did/ とともに移動され TP と併合される．Q-did の語彙複合体を仮定すれば，did の音形が移動することは顕在的統語論条件の帰結として説明され，これにより主要部移動が抱えていた拡大条件違反の問題も解消するというのが第 2 章での説明であった．（さらに本章での提案では，/what/ の移動は，音形のない選言関数∨の CP 指定部への移動のための乗り物を提供しているということで，CP 指定部に実際に移動しているのは∨-/what/ である．）
　問題は Q の意味的な働きである．助動詞倒置は疑問の補文標識 if と両立しないこと，if は平叙文の補文標識と対立をなすこと（Radford (2004)），WH 疑問文と if とは両立しないが，倒置は WH 疑問文でも，Yes/No 疑問文でも主節では義務的であることを考慮すると，Q は疑問に答えることを求める発話内力 (illocutionary force) を表していると考えるのが妥当である．WH 疑問文は CP 指定部に選言関数 (Pick one) を持っているというこの章での提案と重ね合わせると，発話内力は「依頼 (request)」を表し，選言関数の Pick one と合わせて，「1 つ選択することの依頼 (request to pick one)」と捉えることができる．そうすると What did you buy? は (75b) のように分析され，その LF は (75c) である．

(75) a. PF: What did you buy?
b. [∨ /what/ [Q-/did/ [/you/ {did} [{you} v* [buy {what}]]]]]
c. LF: [∨ [Q [did [you v* [buy what]]]]]

Yes/No 疑問文についても，当該の TP が表す命題が選言関数の引数となっていて，質問の趣旨はこの選択で正しいかを問うていると捉えることができるが，顕在的選言関数が存在しないので，直接 CP 指定部への併合と考えるのが帰無仮説である．[25]

(76) a. PF: Did you buy this book?
b. [∨ [Q-/did/ [/you/ {did} [{you} v* [buy this book]]]]]
c. LF: [∨ [Q [did [you v* [buy this book]]]]]

9.2. 日本語

日本語では WH 疑問文についても，Yes/No 疑問文についても，助動詞倒置が生じないが，「か」が文末に現れることもあれば，音調だけで，マークされることもあれば，両方が使われることもあり，下に見るような幾つかの可能性がある．

(77) a. 君は何／それを買ったの↑
b. 君は何／それを買った（の）かい
c. 君は何／それを買いましたか↑
d. 君が何／それを買った（の）か（知らない）

これらを総合すると以下のような分析が考えられる．

(78) a. 日本語で英語の発話内力としての Q にあたるものは，i) 上昇調，ii) 形態素「い」，および，iii) 丁寧体形態素 (-mas) の 3 種類ある
b. 選言関数「か」は，WH 疑問文では WH 移動により CP 指定部に移動するが，Yes/No 疑問文では，i) CP 指定部に直接併合される場合と，ii) 疑問の焦点に発して，CP 指定部に移動される場合の 2 通りの可能性がある．

(78a) のどれも当てはまらない (77d) は発話内力を含んでいないため，主節

---

[25] もともと，∨と Q が助動詞 did と語彙複合を形成しており，そこから，did の音 /did/ に乗って，C まで移動してきたという分析も可能であるし，さらには，語彙複合の中で∨が Q（=C）の指定部にあったという分析も可能である．そうなると Yes/No 疑問文の場合と，WH 疑問文の場合で，選言関数の出所が異なることになる．

の質問ではなく，間接疑問文としての解釈しか許さない．

(77a, b, d) の例の「の」は補文標識であると考えられる．(77a) では，(79a) に示すように Q に相当する上昇調↑を補文標識「の」が担っており，選言関数がその指定部に併合されていると考えられる．選言関数の「か」が現れている (77b-d) は 2 通りの分析が可能である．(77b-d) の WH 疑問文については，選言関数の「か」が未定詞の「何を」の指定部から CP 指定部に移動していると分析されるが，Yes/No 疑問文についても，疑問の焦点，例えば「それを」の指定部から，CP 指定部に移動していると分析することができる．その場合には「買ったのかそれを」のように，「それを」に焦点が当たった疑問文になる．選言関数の出所を「か」で表していることに注意．他方，(79b′), (79c′), (79d′) に示すごとく，「君がそれを買った」という命題全体の真偽を問うために「か」が直接 CP 指定部に併合されているとも解釈される．

(79) a. 君は何／それを買ったの↑∨
    b. 君は何／それをか買った（の）かい↑
    b′. 君がそれを買った（の）かい↑
    c. 君は何／それをか買いましたか↑
    c′. 君がそれを買いましたか↑
    d. 君が何／それをか買った（の）か（知らない）
    d′. 君がそれを買った（の）か（知らない）

(77a) と (77d) の対比は興味深い．丁寧体でない場合は，「かい」と「い」を補わないと質問にはならない．これが，(78a) で「い」を発話内力の形態素として立てた理由である．[26]

日本語についてまとめると，選言関数には音形のある「か」と音形のない∨があるが，通常の WH 疑問文と焦点のある Yes/No 疑問文では未定詞表現／焦点表現から CP 指定部への移動が生じる．主節疑問文（=質問）では，英語の発話内力を担う Q に相当するものとしては，音調，丁寧体，「い」の 3 種類がある．[27]

---

[26]「君は何を買ったのか」は，詰問調では許されるが，通常の質問ではないとう観察は田窪行則氏（個人談話）による．

[27] Baker (1970) は Yes/No 疑問文と WH 疑問文の両方において，日本語と同じように，(カッコ内に示す) 同じ助詞が使われる言語として，ホピ語 (ya)，韓国語 (ci) を挙げている．また，Jayaseelan (2008) は選言標識 (disjunction marker) すなわち or が疑問助詞 (question particle) として使われる言語として，日本語のほかに，マラヤラム語 (-oo)，シンハラ語 (d-) を挙げている．シンハラ語については Hagstrom (1998, 1999) も参照．

下に例示するように，WH 譲歩文では，連言関数「も」が未定詞表現から CP 指定部に移動するが，未定詞表現を含まない譲歩文においても「も」は同じ位置に生じる．

(80) a. [[何をも買って] も]
　　 b. [[それをも買って] も]

それゆえ，(80a) の場合と同じように (80b) においても，「も」が「も」の位置から，CP 指定部に移動していると分析される．

10. 中国語

Huang (1982) 以来中国語（北京官話）では，WH 句（未定詞の句）の移動もなければ，「か」や「も」のような助詞の移動もないことは知られている．[28] このことは選言関数も，連言関数も空であることを物語っている．以下が基本的な事実である．

(81) a.　Ni　xihuan shui?
　　　　你　喜欢　谁？
　　　　You like　who
　　　　（あなたは誰が好きですか）
　　 b.　Zhangsan yiwei Lisi mai-le　shenme?
　　　　张三　　 以为 李四 买了　 什么？
　　　　Zhangsan think Lisi buy-ASP what
　　　　（張三は李四が何を買ったと思いますか？）
　　 c.　Zhangsan jide　　Lisi mai-le　shenme(?)
　　　　张三　　 记得　　李四 买了　 什么 (?)
　　　　Zhangsan remember Lisi buy-ASP what
　　　　（張三は李四が何を買ったか覚えています）
　　　　（張三は李四が何を買ったことを覚えていますか？）

(81) のすべてにおいて選言関数に当たるものは見当たらないが，(81a) は主節 WH 疑問文で，(81b) も主節 WH 疑問文であり，(81c) は主節 WH 疑問文と従節 WH 疑問文の二通りの解釈がある．Huang (1982) の LF における

---

[28] 以下の中国語の例については，Jing Crystal Zhong（個人談話）および，Zhong (2017) に負うところ大である．

WH移動を用いる分析は顕在的統語論仮説に反して採用できない．事実を捉えるそれ以外の最も単純な方法は，以下に示すようにそれぞれの節のCP指定部に選言関数∨を直接併合することである．

(82) a.　[$_{CP}$ [$_{TP}$ Ni　xihuan shui] ∨]?²⁹
　　　　　你　喜欢　　谁？
　　　　　You like　　who
　　　（あなたは誰が好きですか）
　　b.　[$_{CP}$ [$_{TP}$ Zhangsan yiwei [$_{CP}$ [$_{TP}$ Lisi mai-le　shenme] ∨]]]?
　　　　　张三　　　以为　　　　李四　买了　　什么？
　　　　　Zhangsan think　　　Lisi buy-ASP what
　　　（張三は李四が何を買ったと思いますか？）
　　c.　[$_{CP}$ [$_{TP}$ Zhangsan jide　[$_{CP}$ [$_{TP}$ Lisi mai-le　shenme] ∨]]]
　　　　　张三　　　记得　　　李四　买了　　什么
　　　　　Zhangsan remember　Lisi buy-ASP what
　　　（張三は李四が何を買ったか覚えています）
　　c'.　[$_{CP}$ [$_{TP}$ Zhangsan jide　[$_{CP}$ [$_{TP}$ Lisi mai-le　shenme]]] ∨]?
　　　　　张三　　　记得　　　李四　买了　　什么？
　　　　　Zhangsan remember　Lisi buy-ASP what
　　　（張三は李四が何を買ったことを覚えていますか？）

以上から中国語では選言関数∨には音形がなく，未定詞と直接併合されると「誰か」などと同じく存在数量詞となり，元位置WH句を含むCP指定部に併合されるとWH疑問文となると分析される．

　中国語の連言関数∧はどうであろうか？

(83) a.　shei zai tushuguan dou kan shu
　　　　　谁　在　图书馆　　都　看　书
　　　　　who at　library　　all　read book

---

²⁹ この例に疑問の要素ma（吗）を追加すると，未定詞は「誰か」の意味になる．
　(i)　Ni xihuan shui ma
　　　你　喜欢　谁　吗
　　　you like　someone
　　（あなたは誰かが好きですか）
選言関数が音声的に空の∨であるなら，未定詞に直接∨を併合すると，「誰∨」となり，日本語の「誰か」と同じ意味になることが予測されるが，その通りになっているのである．後で出てくる連言関数と思しき要素が未定詞の後に出てくることを考慮して，節末に置いている．

（図書館にいる誰もが本を読む）
- b. wulun　　wo qu nali
  无论　　我 去 哪里
  no-matter I　go where
  （私が何処へ行っても）
- c. wulun　　ta shi shui
  无论　　他 是 谁
  no-matter he is　who
  （彼が誰であっても）
- d. wulun　　ta zuo shenme
  无论　　他 做 什么
  no matter he do　what
  （彼が何をしても）

(83a) は「図書館の誰もが」という全称数量詞を含んでいるが，それは未定詞「谁」と連言関数と思われる「都」からなっている．つまり，選言関数は音形を持たないが，連言関数は「都」という音形を持っているのである．このことは注11で触れた古英語において，未定詞 hwa は移動を受けて who/what に，文中にあっては someone/something として機能し，gehwa と ge と併合すると everyone/everything の意味を持つという事実と比較すると興味深い．古英語においても，中国語においても，選言関数は音声的に空であるが，連言関数は，ge-，-都という形で音形を持つのである．ただし，(83b-d) はいずれも WH 譲歩文に相当するものであるが，英語の ever に当たるものではなく，英語の no matter を用いた譲歩文であるが，通常の WH 疑問文と同じく空の選言関数が CP 指定部に併合されていると分析される．

11. 結論

　本章では，「か」と「も」が，それぞれ，英語の some, or と every, and に対応するという観察に基づいて，これを統一的に捉えるためには，前者を選言関数，後者を連言関数と見なすという分析を提案し，それが WH 疑問文，WH 譲歩文の分析においても有効であることを見た．さらに，WH 疑問文であれ，Yes/No 疑問文であれ，疑問文はすべて，その意味表示（LF 表示）において，選言関数∨を CP 指定部に含んでいて，英語や日本語では，選言関数は，未定詞の位置から CP 指定部へ移動しているという分析を提案した．選言

関数は日本語では「か」という音形を持ち，英語では音形を持たない．顕在的統語論仮説（条件）に従い，日本語では「か」が移動するが，英語では音形を持った未定詞（いわゆる WH 句）が移動する．この意味で，日本語にも英語にも WH 移動が存在する．同様のことが WH 譲歩文においても言える．日本語の場合は連言関数は「も」という音形を持ち，これが譲歩文の CP 指定部に移動するが，英語の場合には，連言関数は -ever という音形を持ち，この形態素は拘束形態素で，未定詞（WH 語）と一語をなすため，WH 句全体が移動する．したがって，WH 移動は譲歩文においても，英語にも日本語にもあるのである．

この結論に至る過程で以下に再録する「画一性原理」が重要な指導原理としての役割を果たした．

(84) 画一性原理
そうでないという強力な証拠がなければ諸言語は画一的であり，その間の変異は容易に発見できる発話の特性に限られると想定せよ．

他方，中国語では，WH 疑問文では，選言関数は音形を持っては現れないばかりか，英語のような WH 移動も見られない．そこでこの場合は選言関数は未定詞からの移動ではなく，CP 指定部に直接併合されるものとした．この場合一見すると「画一性原理」が守られていないように見えるが，そうではない．すべての言語において WH 疑問文および Yes/No 疑問文の成立には LF 表示における CP 指定部に選言関数が生じるということが決定的な形で関わっているという点で「諸言語は画一的である」．選言関数が音形を持つかどうか，そして，未定詞と併合される形で派生に導入され，そこから何らかの形で CP 指定部への WH 移動を受けるか，直接 CP 指定部に併合されるかという点は「容易に発見できる発話の特性に限られている」のである．

以上の考察においてもう 1 つ重要な働きを担ったのは，通常は当該言語内において適用される相補分布（complementary distribution）の概念を，言語にまたがって適用したことである．これにより，日本語の「か」と「も」と英語の some/or と every/and と WH 疑問文におけるゼロ（∨）と ever が，選言関数と連言関数の「異形態素（allomorphs）」であるという事実を捉えることができたのである．通常の語彙項目では，このような言語間の異形態（allomorphy）の概念を使うことにどれほどの意味があるかは明確ではないが，言語の，そして論理の最も基本的な性質であると思われる，存在／全称量化子，選言／連言結合子のレベルでは有効であるし，正当化されるものと考えられる．

第 8 章　関係節 I

1. はじめに

　本章では，DP を関係節の先行詞（今後は r 主要部）とすることを関係節化／関係詞化を含めて関係化と呼ぶことにする．DP の関係化には，(i) 対象となる DP（あるいはそれを含むより大きな句）を関係節の CP 指定部へ取り出し，TP を開放文（open sentence）として述語にする「述語形成（Predicate Formation）」（一般に WH 移動），(ii) Nunes (2001, 2004) の側方移動（Sideward Movement）を拡張した移動により，対象となる DP を CP の外へ取り出す「DP 摘出（DP Extraction）」，そして，(iii) 関係節 CP を対象の DP に付加する「CP 付加（DP Adjunction）」という 3 つの操作が関与しているという関係化の一般理論を提案する．3 つの操作は (1) に図示する通りで，簡単な例の派生を (2) に示す．

(1)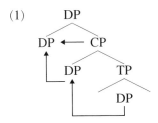

(2) a. K: [CP C [TP John bought [DP the book]]]　—述語形成 →
　　b. K: [CP [DP the book] C [TP John bought [DP the book]]]　—DP 摘出→
　　c. L: [DP the book]
　　　 K: [CP [DP the book] C [TP John bought [DP the book]]]　—CP 付加→
　　d. L: [DP [DP the book] [CP [DP the book] C [TP John bought [DP the

book]]]]

　派生が（2a）のKという統語体を形成したとしよう．目的語のDPがWH移動（つまり述語形成）によってCP指定部に取り出されると（2b）の構造が得られる．この操作は関係節を導くCが探索子（probe）として働き，関係化されるDP（またはそれを含む句）を目標子として取り出すという，探索子-目標子関係（Probe-Goal relation）に基づき行われると考えられる．[1] この操作が関係化の中核にあり，TPという命題から述語（属性）を形成する．CP指定部に取り出されたDPはそこから取り出されて，独立した統語体となる．この操作は，当該のDPが関係節の外で新たなθ役割を担うために必要な操作であり，関係化の不可欠な部分である．この段階で（2c）に見るように，KとLという2つの統語体が存在する．最後にCPがDPに付加されて，1つの統語体，すなわち関係化されたDPが形成される．本章での主張は，語順とどの部分がどのように発音されるかについての言語間の変異を除いて，（1）の関係節化が，すべての言語に普遍的に存在するというものである．

　本章は以下の構成になっている．第2節で，Alexiadou et al.（2000）に大きく依拠する形で，関係節に関する先行研究を特徴付ける2つの仮説を取り上げ，それぞれの利点と問題点，そして両者に共通する問題点を整理する．第3節では，それぞれの仮説の問題点を克服する形での混成分析を提案し，それがすべての問題を解決できることを例示する．第4節では随伴の扱いと関係節の補文標識の統語的特性を論じる．4.1節では随伴を適切に捉えるためには焦点素性を導入することが必要であることを提案し，4.2節では，関係節補文標識は全体が述語となることを捉える[+Pr]という素性と，それが修飾という働きをすることを捉える[+Mod]という素性を持つことを論じる．第5節では，関連構文として，5.1節で不定詞関係節，5.2節で比較構文，5.3節で相関構文，5.4節でtough構文を扱う．第6節はまとめである．

2. 背景

　Alexiadou, Law, Meinunger and Wilder（以下ALMW）（2000）が簡潔にしかし網羅的にまとめているように関係節の形成に関して2つの主要な提案群がある．1つはALMWが「付加仮説（Adjunction Hypothesis）」と，「主要部基底生成仮説（Base-generated Head Hypothesis）（以下基底生成仮説）」と

---

[1] そのためには関係化の対象となる句に焦点（Focus）のような素性が与えられていると考えられる．

呼ぶ2つの仮説からなる．付加仮説は関係節 CP に関するもので，それが r 主要部の NP に付加されているとする仮説である．基底生成仮説は関係節の r 主要部に関するもので，r 主要部は NP か DP であるが，これは表層の位置に基底生成されており，移動されたのではないとする仮説である．このアプローチは the claim which John made を例として (3) に図示してある．

(3)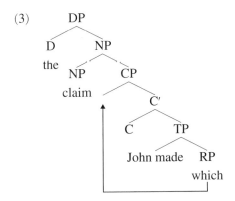

ここでは関係節 CP は NP に付加される形で生成され，したがって r 主要部はその位置に基底生成される．関係代名詞 RP は TP 内に基底生成され，WH 移動により CP 指定部に移動される．r 主要部の NP (または DP) と関係代名詞 RP との関係は同一指標により捉えられるものと想定されている．この組み合わせを「r 主要部基底生成-CP 付加仮説」と呼ぶことにする．

このアプローチの範囲内ではあるが，CP が DP に付加されているという可能性がある．これは実際に提案されたものであるが，現段階では不適格であると見なされている．その判断は，次の ALMW からの例において，ともに述語である girl と that Mary saw がどちらも数量詞 every の作用域内になければならないという事実に基づいている．

(4) a. every girl that Mary saw
　　 b. $\forall x\ [\text{girl}(x) \wedge \text{Mary saw}\ (x)]$

言い換えると，もし関係節が DP に付加されているのであれば，DP の主要部 ((4) では every) は，関係節を C 統御せず，したがって，そこに含まれる変項を束縛できないからである．[2]

もう1つの提案群は ALMW が「決定詞補部仮説 (Determiner Comple-

---

[2] この点については後に立ち戻る．

mentation Hypothesis)」と「r 主要部繰り上げ仮説 (Head-Raising Hypothesis)」と呼ぶ 2 つの仮説からなる．決定詞補部仮説は CP 付加部仮説に対立するもので，関係節は，r 主要部への付加部ではなく，主要部 D の補部であるとするものである．r 主要部繰り上げ仮説は r 主要部基底生成仮説に対立するもので，r 主要部は関係節の内部に発し，r 主要部位置に繰り上げられるとするものである．この組み合わせは (5) のように図示できる．[3]

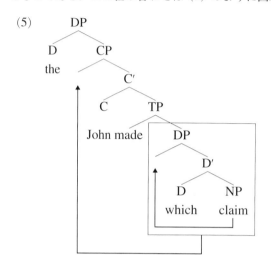

この立場の Kayne の実行例では，the claim which John made の派生には 2 つの別の移動が関与する．1 つの移動は r 主要部の部分となるべき DP の内部で生じる．つまり，D の補部である NP が DP 指定部に繰り上がり，which claim から claim which が導かれる．もう 1 つの移動は，この DP を CP 指定部に繰り上げる．C はこの場合空である．この組み合わせを決定詞補部-r 主要部繰り上げ仮説と呼ぶ．

3. 対立する証拠

　これら 2 つの立場のそれぞれにはそれを支持する証拠があるが，その関係は補完的である．一方の立場を支持する事実は通常もう 1 つの立場を論駁し，その逆もまた然りである．言い換えると，2 つの立場はある点ではどちらも正

---

[3] ここでは Kayne (1994) の分析がおそらくこの組み合わせの体現として最も影響力があると思われるので，これを例として用いる．

しいが，他の点ではどちらも間違っているのである．この状況を示す例をALMW からいくつか見ておこう．

3.1. r 主要部基底生成-CP 付加仮説の証拠
3.1.1. 外置
　r 主要部基底生成-CP 付加仮説（基底生成付加仮説）は関係節が構成素をなすことを主張する．この仮説は，関係節が r 主要部から分離できるという事実から支持を得る．

(6) a. We will discuss the claim tomorrow which John made yesterday.
(ALMW (2000: 19 (52a)))
　　b. We will see the boy tomorrow with whose mother I spoke.

どちらの例においても，関係節は副詞を越えて，節末まで外置されている．これは，基底生成付加仮説におけるように，関係節が構成素をなしていれば可能であるが，決定詞補部-r 主要部繰り上げ仮説（以下 r 主要部繰り上げ仮説）のもとではほぼ不可能に近い．なぜなら，この仮説のもとでは，(5) の図からわかるように，(6a) の関係節 which John made yesterday は構成素をなさないからである．

3.1.2. D と N との間の形態論的一致
　基底生成付加仮説を支持して，r 主要部繰り上げ仮説を排除するもう 1 つの事実はドイツ語の D と N の一致の事実からもたらされる．次例を見てみよう．

(7) a.　der　　Junge/*Jungen,　　den　　wir kennen
(ALMW (2000: 19 (49)))
　　the-nom boy-nom/*boy-acc who-acc we know
　　'the boy we know'
　b.　[$_{DP}$ der [$_{NP}$ [$_{NP}$ Junge [$_{CP}$ [$_{TP}$ wir kennen den]]]]]
　c.　[$_{DP}$ der [$_{CP}$ [wir kennen den Jungen]]]

この関係化された DP が文の主語として使われるとしよう．全体の DP の主要部 D とその N(P) 補部は格において一致し，どちらも主格になっているが，関係代名詞（とされる）den は対格である．(7b) の関係代名詞 den の移動により派生されたとする基底生成付加仮説であれば，主要部の D と NP と，関係代名詞との間にはなんら直接的な関係がないのであるから，これは予想される通りである．主要部 D は主格を持ち，それゆえ N もまた主格を持つが，関

係代名詞は kennen「知る」の目的語の位置に発するのであるから，対格を持っているのである．しかし，(7c) から派生されるとする r 主要部繰り上げ仮説のもとでは，このことは問題である．r 主要部 N(P) と関係代名詞 D は，kennen という動詞の目的語の位置において，構成素 den Jungen (というDP) を構成し，それゆえ主要部の N(P) は，移動した後も関係代名詞 den に一致して対格を持つはずである．

これらの2つの事実は基底生成付加仮説を支持し，r 主要部繰り上げ仮説を排除する．

3.2. r 主要部繰り上げ仮説を支持する証拠
3.2.1. 再構築

r 主要部繰り上げ仮説を支持し，基底生成付加仮説を排除する他の事実もある．その1つは再構築に関係している．

(8) a. the picture of himself which the boy painted

(ALMW (2000: 7 (19)))

　　b. [the picture of himself [C the boy painted which]]
　　c. [the [the boy painted which picture of himself]]

もし，(8a) が (8b) のような構造から which の移動によって導かれたとすれば，himself が the boy と同一指示的である事実を捉える単純な方法はない．しかし，もし (8a) が (8c) のような構造から導かれたのであれば，the boy と himself の間の束縛関係は the boy が himself を C 統御するから容易に捉えられる．基底生成付加仮説のもとでは，この再構築の事実を説明する簡単な方法はない．

3.2.2. 選択問題 (Selection Problem)

r 主要部繰り上げ仮説，特にその一部である決定詞補部仮説を支持し，基底生成付加仮説を排除するもうひとつの議論はドイツ語においてある種の決定詞は NP 補部の存在は必要としないが，関係節の存在を必要とするという事実から得られる．

(9) a. derjenige (Mann)　*(der　dort　sitzt)　(ALMW (2000: 8 (20)))
　　　 the+that　man　　who　there sits
　　　 'the very man who is sitting there'

選択に関する議論は次の相関構文に基づいても構築することができる．

(10) a. more books [than John can read]　　　(ALMW (2000: 5 (13a)))
　　 b. as many books [as John can read]　　　(ALMW (2000: 5 (13b)))
　　 c. too many books [for John to read]　　　(ALMW (2000: 5 (13c)))

カギ括弧で括った表現はそれぞれ主要部要素 more, as, too により選択されているように見える．しかし，もし，これらの修飾表現が付加部であるなら，主要部が付加部を選ばなければならなくなり，それは文法の他の箇所では成り立っていないように見える．

　どちらのアプローチにもそれを支持する証拠と，それを排除する証拠があるのである．さらに，ALMW はどちらのアプローチにとっても問題となる事実をあげている．

3.3. 両仮説にとっての問題

　次の事実はどちらのアプローチによっても説明できず，したがって，両方にとっての反証となる．

3.3.1. 等位接続 DP

　まず，関係化された DP は D を 2 つ以上含みうる．

(11) a. the man and the woman who the police arrested
　　　　　　　　　　　　　　　　　　　(ALMW (2000: 13 (39)))
　　 b. every man and every woman who the police arrested
　　　　　　　　　　　　　　　　　　　(ALMW (2000: 13 (39)))

(11a) と (11b) はそれぞれ and で結ばれた 2 つの D と 2 つの N を含んでいる．(3) (5) の図式からわかるように，どちらの分析も D と N をひとつしか含みえない．したがって，どちらの仮説を採用しても，(11) を生成することはできない．

3.3.2. 相克する制限

　(12a) でわかるように，there 構文はその論理的主語に対して，不定性の制限を課すが，there 構文の主語が関係化されると，この制限が逆転して，(12b) に示すように全体の DP は定 (definite) でなければならない．

(12) a. There were *the/some men in the garden.
　　　　　　　　　　　　　　　　　　　(ALMW (2000: 10 (31a)))

b. the/*some men that there were in the garden

(ALMW (2000: 10 (31b)))

ALMWが指摘するように，この事実は基底生成付加仮説を支持するためにも使われたし (Browning (1991)), r主要部繰り上げ仮説を支持するためにも使われた (Carlson (1987)) が，下で見るように，どちらの説明にも非文法的な例を排除するためになんらかの規定が必要になり，全体の事実を独立の根拠を持つ原理により導くことはできない．それゆえ，この例はどちらの仮説にとっても問題であると見なすべきであると思われる．

3.3.3. Bach-Peters の逆説 (Bach-Peters Paradox)

関係化についてのいかなる理論であれ，究極的な課題は次の Bach-Peters の逆説の例を適切に処理することである．

(13) Every pilot who shot at it hit some MIG that chased him.[4]

ここでは，it の先行詞は目的語の some MIG that chased him であり，him の先行詞は主語の every pilot who shot at it であり，そのため，代名詞を欠けるところのない DP から導こうとするいかなる試みも無限の退行問題に陥ることになる．というのが，これが指摘されたときのこの問題の意味合いに関する想定であった．しかしながら，it の先行詞は（関係節を除いた）some MIG であり，him の先行詞も（関係節を除いた）every pilot であるということも十分ありうるのである．それにしても，it と him がそれぞれ some MIG と every pilot により束縛される変項として機能するという事実を，2つの仮説のもとでどのように捉えられるかは明らかではない．

3.3.4. 同一指示問題

最後に2つの仮説に共通するさらに深刻な問題がある．いかなる関係化の分析であれ，必ず捉えなければならない最も基本的な事実は，関係節内の空所と r 主要部（＝先行詞）が同じ事物を指すという同一指示である．例えば (6a) We will discuss the claim tomorrow which John made yesterday で言えば，

---

[4] Bach (1970: 121) のもともとの例は例えば (i) であったが，Karttunen (1971: 157 (2a)) がそれを (ii) として取り上げ，これが Bach-Peters の逆説の例として定着した．(13) はさらにこれに数量詞 every と some を追加したものである．
  (i) I gave the book that he wanted to the man who asked for it.
  (ii) The pilot who shot at it hit the Mig that chased him.

関係節内の made の目的語と，主節の discuss の目的語が同じ事物を指すということである．問題の2つの仮説は，(その成立時期からして当然であるが)，問題の同一指示について，指示指標を用いることを前提としている．しかし，第3章で論じたように，指示指標が概念的必然性の要件を満たすものであるかどうかは甚だ疑問である．この点で，2つの仮説は深刻な問題を抱えているのである．

以下の論述で，第1節で提案した関係化の理論がこれらすべての問題を解決することを示す．

4. 混成分析 (Hybrid Analysis)：DP 移動-CP 付加分析

上で見たように，2つの仮説はそのままでは維持できない．ただし，それぞれについてはそれを支持する証拠がある．そこで，最も理にかなった選択は両者を組み合わせて，証拠に支えられている部分だけを保持することである．その結果が，この章の冒頭で提案し，(1) に図示した3つの操作からなる混成分析である．この提案は最初の4つの議論が引き起こす困難を回避し，それらが提供する支持を取り込むものである．しかし，この混成分析がどのようにこれまで論じた問題をすべて回避しているかを論じる前に，3つの操作がどのように働き，どのような機能を果たすかをもう少し詳しく見ておくことにする．

そのために (2) の派生をもう一度詳しくみるが，その前に，(1) の提案を，第2章および第3章で論じた，DP 移動のメカニズムに合わせて調整をする必要がある．第3章では，DP が移動するときに，D のトークンが元位置に残ることを捉えるメカニズムとして，θ 位置へ n 回移動する場合には，DP は n+1 の D のトークンを持って派生に導入されるという提案をした．具体的には第3章 (51)-(56) の例がわかりやすいので，下にこれを再録して，簡単に復習することにする．(14a, b) の派生は，従属節が完成した段階では (15a, b) の姿をしている．ここで，主語の DP は the^2 で示されるように the の2つのトークンを持っている．派生が進んで，主節の v*P が形成され，主語を併合する段階で，従属節にある the^2 を含む DP を the を1つ残して取り出すと，(16a, b) に示す2つの統語体が生じるが，取り出された DP が主節主語の位置に併合されると (17a, b) が生じる．

(14) a. The student thinks that he is smart.
   b. Every student thinks that he is smart.
(15) a. [$_{CP}$ that [$_{TP}$ [$_{DP}$ the^2 student] is smart]]

b. [$_{CP}$ that [$_{TP}$ [$_{DP}$ every the^2 student] is smart]]

(16) a. [$_{v*P}$ v*-/thinks/ [$_{VP}$ {thinks} [$_{CP}$ that [$_{TP}$ the is smart]]]]
　　　 [$_{DP}$ the student]

b. [$_{v*P}$ v*-/thinks/ [$_{VP}$ {thinks} [$_{CP}$ that [$_{TP}$ the is smart]]]]
　　 [$_{DP}$ every the student]

(17) a. [$_{v*P}$ [$_{DP}$ the student] v*-/thinks/ [$_{VP}$ {thinks} [$_{CP}$ that [$_{TP}$ the is smart]]]]

b. [$_{v*P}$ [$_{DP}$ every the student] v*-/thinks/[$_{VP}$ {thinks} [$_{CP}$ that [$_{TP}$ the is smart]]]]

さらに T が併合され，主語が A 移動を受けると，(18a, b) となり，従属節の主語の位置の the は，［男性，単数，主格］という素性を持つので，he と書き出されると (14a, b) が得られる．これらの文の LF (19a, b) では，2 つの the が同じ the のトークンであることにより，the student/every student と he との同一指示／束縛関係が捉えられる．というものであった．

(18) a. [$_{CP}$ C [$_{TP}$ [$_{DP}$ /the student/] T [$_{v*P}$ [$_{DP}$ {the student}] v*-/thinks/ [$_{VP}$ {thinks} [$_{CP}$ that [$_{TP}$ the is smart]]]]]]

b. [$_{CP}$ C [$_{TP}$ [$_{DP}$ /every the student/] T [$_{v*P}$ [$_{DP}$ {every the student}] v*-/thinks/ [$_{VP}$ {thinks} [$_{CP}$ that [$_{TP}$ the is smart]]]]]]

(19) a. [$_{CP}$ C [$_{TP}$ T [$_{v*P}$ [$_{DP}$ the student] v* [$_{VP}$ thinks [$_{CP}$ that [$_{TP}$ the is smart]]]]]]

b. [$_{CP}$ C [$_{TP}$ T [$_{v*P}$ [$_{DP}$ every the student] v* [$_{VP}$ thinks [$_{CP}$ that [$_{TP}$ the is smart]]]]]]

(1) で図示する関係化の場合も，r 主要部の DP は，関係節内の θ 位置より，取り出され，最終的にはどこかの θ 位置に併合されることになるから，代名詞化の場合と同じメカニズムのもとで形成されると考えるのが最も自然である．(2) では関係化される DP は D のトークンを 2 つ含んでいなければならないので，これを修正すると (20a) のようになる．

(20) a. [$_{CP}$ C [$_{TP}$ John bought [$_{DP}$ the^2 book]]]　格付与＋述語形成 →

b. [$_{CP}$ [$_{DP}$ the- /the/ book] C [$_{TP}$ John bought [$_{DP}$ {the}]]]　DP 摘出 →

c. [$_{DP}$ the book]
　 [$_{CP}$ [$_{DP}$ /the/] C [$_{TP}$ John bought [$_{DP}$ {the}]]]　CP 付加 →

d. [$_{DP}$ [$_{DP}$ the book] [$_{CP}$ [$_{DP}$ /the/] C [$_{TP}$ John bought [$_{DP}$ {the}]]]]

(20a) にある 2 つの the（＝the^2）のそれぞれは，その意味 {the} とその音形 /the/ の組み合わせであることを想起されたい．格付与の後，述語形成によって，the book が移動されるが，代名詞化の場合と異なるのは，この段階では，the がそっくり元の位置に残されるのではなく，the の意味 {the} だけが残され，それに対応する音形 /the/ は，the book とともに，CP 指定部に移動するとしなければならない．このような扱いにするのには一連の理由がある．まず，述語形成（＝WH 移動）は θ 位置ではない CP 指定部への移動であるので，この点では代名詞化の場合の側方移動とは異なる．述語形成の移動の元位置には，他の WH 移動の場合同様，（再録代名詞（resumptive pronoun）の場合を除いて）何の音形も残らない．しかし，(20) の例で言えば，その位置は動詞 bought の目的語の位置であるから，bought から θ 役割を与えられるものがなければならない．さらに CP 指定部には関係代名詞という音形を持つものが現れる可能性がある．これらのことを考慮すると，(20a) の段階で，bought から the^2 book に（より正確には 1 つの the に）対格が付与され，述語形成の結果，元位置には {the} が残るが，CP 指定部には (20b) に示すように，残るもう 1 つの the と，対格を与えられた the の音形，/the/ が book とともに移動していると考えなければならない．より正確には，/the/ は /the/ [対格] ということになる．次に DP 摘出で the book だけが取り出され，/the/ [対格] は CP 指定部に取り残される．摘出された the book にはまだ格が付与されていないことに注意されたい．残された /the/ [対格] は 2 つの書き出しの可能性があり，the book (that) John bought のように，空書き出しか，あるいは，the book which C John bought のように，関係代名詞 which としての書き出しである．この場合の which は形態的には区別されていないが，対格を含んだ書き出しである．（このような扱いが必要であることは，先行詞が人の場合は，whom という対格で書き出すこともできることから明らかである．）which that という連続が現代英語に存在しないのは，関係節を導く C の that はその指定部の D が空書き出しを受けることを要求し，もう 1 つの関係節を導く C の，空の C は，その指定部の D が書き出される形態に条件をつけないという形で処理することが考えられる．the man who/that came で who か that かどちらかが必要であるのは，どちらもないと文解析装置により the man came という文として処理されるためであると考えるのがよい．

　以上を踏まえて，上で見た 4 つの問題に戻り，それらが本章の提案のもとでどのように解消されるかを見る．

4.1. 4つの問題

　外置がもはや問題とはならないことは容易にわかる．関係節は CP という構成素をなしているからである．外置の現象がどのように捉えられようとも，構成素性の欠如は生じないのである．

　形態論的一致も問題にはならない．(7a) は (21) に示す派生をたどる．格に中立の男性単数定決定詞を D と表し，Junge/Jungen 等の格変化に中立な形として Jung を用いる．また，これまでと同じく，X の音形を /X/, その意味を {X} と表す．

(21) a.　[$_{CP}$ C [$_{TP}$ wir kennen [$_{DP}$ D^2 Jung]]]　格付与 →
　　　b.　[$_{CP}$ C [$_{TP}$ wir kennen [$_{DP}$ D-/den/{D} Jung]]]　述語形成 →
　　　c.　[$_{CP}$ D-/den/ Jung C [$_{TP}$ wir kennen [$_{DP}$ {D}]]]　DP 摘出 →
　　　d.　[$_{DP}$ D Jung]
　　　　　[$_{CP}$ /den/ C [$_{TP}$ wir kennen [$_{DP}$ {D}]]]　CP 付加 →
　　　e.　[$_{DP}$ [$_{DP}$ D Jung] [$_{CP}$ /den/ C [$_{TP}$ wir kennen [$_{DP}$ {D}]]]]　主格付与 →
　　　f.　[$_{DP}$ [$_{DP}$ der Junge] [$_{CP}$ /den/ C [$_{TP}$ wir kennen [$_{DP}$ {D}]]]]

(21a)で動詞より対格が目的語に付与されるが，これは決定詞の1つのトークンの音形にのみ付与され，名詞には付与されないものとする．[5] これにより，(21b) の目的語の位置には D がひとつと，対格が付与された音形 /den/ とその意味 {D} が存在する．述語形成により，{D} のみを残し，残りが CP 指定部に取り出されて (21c) となる．DP 摘出により，/den/ を残して，[$_{DP}$ D Jung] が取り出され ((21d))，CP 付加により関係化された DP ができあがる ((21e))．これが主語として使われれば主格が付与され，D は der, Jung は Junge と書き出される．関係節内で付与された対格は den として CP 指定部で書き出される．これがいわゆる関係代名詞であるが，関係代名詞とは，取り出された決定詞の音形にすぎないのである．[6] 関係代名詞が den という対格を示し，先行詞内の名詞がその決定詞と一致するのは，(注で触れた問題を除け

---

　[5] これは一種の規定 (stipulation) である．しかし，派生のこの段階では Jung はまだ D^2 と併合されておらず，D のトークンが1つだけになった段階で併合されるとする遅延併合 (Late Merge) の選択肢があると想定するか，あるいは，決定詞と名詞の間の格等の一致は，派生の最後の段階で処理されると想定すれば，問題は生じない．

　[6] 現代英語の who/which 等はフランス語の影響によるもので，古英語では現代ドイツ語と同じく定冠詞 (プラス þe = that) であった．以下の例では þæm は男性単数定冠詞 se の与格形である．

　　(i)　Þæt hūs　 in þæm þe　iċ punie is eald
　　　　 that house in the　 that I live　is old

ば) 当然の帰結である.

本章で提案の (1) の分析は繰り上げ分析の一種であるので, 3.2.1 節の再構築は問題とならない. 派生は以下に示す通りである.

(22) a. [$_{CP}$ C [$_{TP}$ the boy painted [$_{DP}$ the^2 picture of himself]]]　述語形成 →
 b. [$_{CP}$ the-/the/ picture of himself C [$_{TP}$ the boy painted [$_{DP}$ {the}]]]
    DP 摘出→
 c. [$_{DP}$ the picture of himself]
    [$_{CP}$ /the/ C [$_{TP}$ the boy painted [$_{DP}$ {the}]]]　CP 付加 →
 d. [$_{DP}$ [$_{DP}$ the picture of himself]] [$_{CP}$ /the/ C [$_{TP}$ the boy painted [$_{DP}$ {the}]]]]

再帰代名詞 himself は第 3 章で提案した形で形成されるため, その段階 (v*P 位相の段階) では the boy に C 統御されている.[7]

3.2.2 節の選択問題は NP の存在を不可欠の要素として想定する基底生成仮説にとっては問題になるが, (1) の DP 移動分析では問題にならない. なぜなら, DP は NP を含まず, D だけから成り立ちうるからである. したがって, (9) の例は次のように分析される. D の音形と意味の区別は結果のみ示す.

(23) a. [$_{CP}$ C [$_{TP}$ der^{2}jenige (Mann) dort sitzt)]]　述語形成 →
       the + that　man　there sits
 b. [$_{CP}$ der/der/jenige (Mann) C [$_{TP}$ {der} dort sitzt)]]
    DP 摘出 + CP 付加 →
 c. [$_{DP}$ [$_{DP}$ derjenige (Mann)[$_{CP}$ /der/ C [$_{TP}$ {der} dort sitzt)]]

述語形成, DP 摘出では, 決定詞 derjenige がその対象であって, そこには名詞 Mann が含まれる必要はない. 関係節において取り扱うべき不可欠の要素は, 関係節内の空所 ((9) における主語) と先行詞 derjenige が同じもの (人) を指すことを捉えることであり, それは 2 つの決定詞が同じ決定詞のトークン (コピー) であることにより達成されている. der 単独では許されないのは, DP として取り出すためには, 何かの要素と結合されていなければならないか

---

[7] ただし, LF においても himself は the boy に C 統御されていなければならないとすると, この場合, 関係化によって, 移動している r 主要部 DP は the /picture of himself/ と, the を除いては音形だけで, その意味 {picture of himself} は元位置に残っているとする必要がある. 述語形成, DP 摘出によって, 問題の DP の D だけは必ず音も意味も移動しなければならないが, 他の部分は PF/LF における完全解釈の条件に従う形で, 移動するかしないかが決定されるとするのが, 余計な規定を設けずにすむ方法であると思われる.

らであるとして説明できる．

　r 主要部の DP が付加部を選んでいるというもうひとつの問題は見かけ上の問題である．(24) として再録する (10) の例は (25) のように分析できる．

(24) a. more books [than John can read]
　　 b. as many books [as John can read]
　　 c. too many books [for John to read]
(25) a. [$_{CP}$ than [$_{TP}$ John can read more books]]
　　 b. [$_{CP}$ as [$_{TP}$ John can read as many books]]
　　 c. [$_{CP}$ for [$_{TP}$ John to read too many books]]

広く想定されているように，than, as, for はいずれも補文標識であるとしよう．選択関係があるように見えるのは，これらの補文標識が，それぞれある種の目標子を探さなければならないという探索子としての性質を持っているという事実から出てくる「外見」にすぎない．つまり，than は more books のような比較表現を，as は as many books のような相関表現を，そして，for は too many books のような too 句を探さなければならないということである．そうすれば (23) からの派生は，通常の関係化の場合と全く同じように進むことになり，選択問題は霧散する．

4.2. 両アプローチに共通する問題

次に両アプローチに共通するその他の問題を検討しよう．

4.2.1. 等位接続 DP

まず (26) として再録する等位接続 DP の問題を検討しよう．(26a) から始めよう．この例は the man and the woman を arrested の目的語の位置に有する (27a) の構造から派生されると考えなければならない．2 つの the がそれぞれ 2 つのトークンからなることに注意されたい．

(26) a. the man and the woman who the police arrested
　　 b. every man and every woman who the police arrested
(27) a. [$_{CP}$ C [$_{TP}$ the police arrested [$_{DP}$ the^2 man and the^2 woman]]]
　　　　 述語形成 →
　　 b. [$_{CP}$ [$_{DP}$ the-/the/ man and the-/the/ woman] C [$_{TP}$ the police arrested [$_{DP}$ {the, the}]]]　DP 摘出 →
　　 c. [$_{DP}$ the man and the woman]

[CP [DP /the, the/] C [TP the police arrested [DP {the, the}]]]
   CP 付加 →
d. [DP [DP the man and the woman] [CP [DP /the, the/] C [TP the police arrested [DP {the, the}]]]]
e. LF: the man and the woman [C [the police arrested the, the]]
f. x man and y woman [C [the police arrested x, y]]
g. PF: the man and the woman who C the police arrested

述語形成により目的語の位置には {the, the} が残され，これに対応する 2 つの the の音は the-/the/ man and the-/the/ woman として，CP 指定部に移動し，(27b) が得られる．DP 摘出により the man and the woman が一旦取り出され，元の CP 指定部には the-/the/ man and the-/the/ woman から the man and the woman を取り除いた残り，すなわち /the, the/ が残される ((27c))．CP 付加で，関係節が r 主要部の DP に付加されると (27d) が得られる．その意味は (27e) の LF として捉えることができ，2 つの the の対は，同じ the のトークンであるから，(27f) のように表すことができる．

　問題は，(27g) の PF をどうすれば導くことができるかであるが，その前に (27a) の目的語の位置にあった and はどうなったのかということが自然な疑問として生じるであろう．関係節内の目的語の位置には {the, the} だけで，CP 指定部にも /the, the/ しかなく，and が消えてしまっているように見える．単純な移動のコピー理論からすれば，移動していったものが the man and the woman であるなら，移動元と途中の位置すべてに，and が含まれていなければならないことになる．しかし，本書では，第 2, 3 章で述べたように，決定詞についてのみ，θ 位置への移動を受ける回数＋1 のコピーを含むと想定している．したがって，(27a) では，2 つの the だけが 2 つのコピーからなるとしている．したがって，man も woman も，そして and も，それぞれ 1 つしか存在しない．さらに，第 7 章で見たように，等位接続詞の and と or は，それぞれ，集合を引数 (argument) として取る，連言／選言関数 (function) である．したがって，and が移動して行った後には，arrested の目的語の位置には {the, the} という集合が，そして，CP 指定部には /the, the/ が残るのである．(27d) から，(27g) の PF を導くには，arrested により付与された対格を (ひとつ) になっている /the, the/ を 1 つの関係代名詞 who により書き出せばよいのである．[8]

---
　[8] この点は，以下 (i) のように等位接続された先行詞を受ける代名詞の扱いと同じである．(i) は (ii) の構造から派生される．詳しくは第 3 章 6.3 節参照．

次に (28a) として再録する (26b) を検討しよう．(26a) との違いは数量詞 every が 2 つ現れている点である．派生が (28b) に達したとしよう．第 5 章での演算子−変項構造の分析に従って，every man, every woman それぞれに変項として働く決定詞 the の 2 つのトークンが含まれていることに注意されたい．

(28) a. every man and every woman who the police arrested
   b. [$_{CP}$ C [$_{TP}$ the police arrested every-the^2-man and every-the^2-woman]] 述語形成 →
   c. [$_{CP}$ every the/the/-man and every the/the/ woman C [$_{TP}$ the police arrested {the, the}]] DP 摘出 →
   d. [$_{DP}$ every the-man and every the woman]
      [$_{CP}$ /the/, /the/ C [$_{TP}$ the police arrested {the, the}]] CP 付加 →
   e. [$_{DP}$ [$_{DP}$ every the man and every the woman] [$_{CP}$ /the/, /the/ C [$_{TP}$ the police arrested {the, the}]]]

述語形成により，every the-man and every the woman が，2 つの the の音形 /the/ を伴って CP 指定部に移動し，元の位置には 2 つの決定詞の意味 {the, the} が残されている ((28c))．DP 摘出の結果，CP 指定部には 2 つの the の音だけが残るが，(26a) の場合同様，これが合わせて，who として書き出され，第 5 章で提案した通り，every the man, every the woman の the は，決定詞が (all と both を除く) 数量詞に先行される場合空書き出しになるため，実際の発音としては (28a) が得られる．

4.2.2. 相克する制限

(29) として再録する (12) の問題を検討しよう．

(29) a. There were *the/some men in the garden.

(ALMW (2000: 10 (31a)))

   b. the/*some men that there were in the garden

(ALMW (2000: 10 (31b)))

(i) John and Mary think that they should get married.
(ii) ___ think that the^2 John and the^2 Mary should get married

また遅延併合を選択した場合には，DP 摘出が適用した段階で，[the, the] を分離して，それぞれを man と woman と併合して，集合を形成し，and と併合してから，線形化して，[the man and the woman] を作って，これに，CP 付加を適用すればよい．[the, the] を分離する部分は第 2 章で見た編出 (Excorporation) の一種であると見なすことができる．

まず，この事実に対して提案されてきた説明の検討から始めよう．Browning (1991) は there 構文に課せられた不定性の制限が関係節においては成立しないという事実を [$_{DP}$ D [$_{NP}$ [NP CP]]] 構造を基底構造と見なす基底生成仮説の根拠（とする議論）を提出している．その理屈は，不定性の制限は CP に対して成立し，したがって，CP が付加された NP においても成立するが，DP 全体，特にその主要部の D には影響を与えないというものである．しかし，これは全体の D が不定でなくともよいという事実は説明するが，(29b) に示すように，定でなければならないという事実の説明にはならない．

Carlson (1977) は (29) の事実を，次のように繰り上げアプローチを支持するものと捉える．彼は (29b) に含まれるような関係節を量関係節 (Amount Relative) と呼ぶが，量関係節の派生においては関係化の標的となる DP は定決定詞（より正確には強決定詞 (strong determiner)）と見えない不定決定詞である AMOUNT を含んでおり，不定性制約のために，後者だけが関係節内部に再構築されると説明する．これは (29b) の事実に対しては非常にうまい説明であり，下で見るように，筆者もほぼこれと同じような説明を考えているが，逆に，なぜ定決定詞が（量）関係節のときだけ現れるのかについては規定するのみで，根本的な説明にはなっていないと思われる．

本章で提案する (1) の DP 移動＋CP 付加の分析でどうなるかを考えてみよう．まず，その準備段階として Belletti (1988), Lasnik (1995) に倣って，動詞 be のような there 構文に現れる非対格動詞はその指定部に不定の DP，すなわち存在数量詞を伴う DP が来る場合に限り，これに部分格 (Partitive Case) を与えることができる，すなわち任意に部分格 Part を持つと仮定する．(30) の例では some が存在数量詞にあたる．(be 動詞の補部は Predication Phrase であるとしているが，これは不可欠の仮定ではない．）そうすると (29a) は (30) に示す派生をたどる．

(30) a. [$_{TP}$ Past [$_{VP}$ were [$_{PrP}$ some the men in the garden]]]
     Nom   Part   [$_C$]
     /some the men/ の VP 指定部への A 移動 →

   b. [$_{TP}$ Past [$_{VP}$ /some the men/ were [$_{PrP}$ {some the men} in the
      Nom   [$_C$ Part]
    garden]]]
    were の T への繰り上げ →

   c. [$_{TP}$ Past-were [$_{VP}$ /some the men/ {were} [$_{PrP}$ {some the men} in
      Nom   [$_C$ Part]

the garden]]]
there の TP 指定部への併合 + 主格付与 →

d. [$_{TP}$ there Past-were [$_{VP}$ /some the men/ {were} [$_{PrP}$ {some the men}
　　[$_{C}$ Nom]　　　　　　[$_{C}$ Part]
　　in the garden]]]

(30a) で, some the men が VP 指定部に繰り上がると非対格動詞 were から部分格 Part が付与される ((30b)).[9] were が T に繰り上がる ((30c)).[10] TP 指定部に there が直接併合されて, 主格を付与されて (30d) の派生が完了する. もし, 意味上の主語が some men ではなく, the men であったとすると, 部分格を受けることができないので, 動詞が部分格 Part を持っている場合は派生が破綻する. 部分格 Part を持っていなければ, the men が TP 指定部に移動し, the men were in the garden が派生される. (29a) に見られるパラダイムはこれで説明される.

この there 構文の分析を前提として, (29b) の事実がどのように説明されるかを見よう. これまでのことを踏まえて, 派生が (31a) の構造に至ったとしよう. ここで重要な点が 2 つある. ひとつはすべての DP が決定詞を含むという第 3 章の仮定から, ここでも men に決定詞 the が含まれ, さらに, この DP は関係化によって移動するので, 2 つのトークンからなっている (the^2 men). さらに, この DP は不定性制約に従うためにはなんらかの存在数量詞を含んでいなければならない. そこで some のような顕在的な数量詞はどこにも見られないので, ∃と表す音声的に空な抽象的な存在数量詞が存在すると仮定する. (31a) ではまず, 動詞 were が探索子として不定の (つまり存在数量詞を含む) DP を探し, ∃ the^2 men を見つけて, ∃ {the} を残し, the men と残りの /the/ を引き連れて VP の指定部に繰り上がり部分格 Part を付与される ((31b)). ∃ {the} が元位置に残るのは, 第 5 章での演算子-変項構造は元位置において成り立っているという仮定に従ったものであり, were の主要部繰り上げにより, (31c) が得られ, さらに there の TP 指定部への併合と主格付与により (31d) が得られ, 関係化はここからである. まず, 述語形成で

---

[9] 格付与は, 格付与子と直接併合されるか, その指定部に併合されるかして, 同じ投射内に入ることによって, 値のない格素性を持つ DP が値を得ることによって成立すると想定している. 詳しくは第 2 章参照.

[10] これも厳密には編出分析のもとでは, T と V の複合体 Past-were から, were の音を伴って, Past が繰り上がり, その段階では (i) の構造になるが, 以下では説明の簡素化のために省略する.

(i) [$_{TP}$ Past-/were/ [$_{VP}$ some men {were} [$_{PrP}$ ~~some men~~ in the garden]]]

the men が {the} を残して，CP 指定部に移動され (31e)，DP 摘出と CP 付加により (31f) が得られる．

(31) a. [$_{CP}$ C [$_{TP}$ Past [$_{VP}$ were [$_{PrP}$ ∃ the^2 men in the garden]]]]　A 移動 →
　　　　　　　　　 Nom　　Part　　　[$_C$　]
　　b. [$_{CP}$ C [$_{TP}$ Past [$_{VP}$ the /the/ men were [$_{PrP}$ ∃ {the} in the garden]]]]
　　　　　　　　　 Nom　　[$_C$ Part]
　　　 were の繰り上げ →
　　c. [$_{CP}$ C [$_{TP}$ Past-/were/ [$_{VP}$ ∃ the /the/ men {were} [$_{PrP}$ {the} in the
　　　　　　　　　　 Nom　　　　　　　　　[$_C$ Part]
　　　 garden]]]]
　　　 there の併合＋主格付与 →
　　d. [$_{CP}$ C [$_{TP}$ there Past-/were/ [$_{VP}$ the /the/ men {were} [$_{PrP}$ ∃ {the} in
　　　　　　　　　 [$_C$ Nom]　　　　　　　　　　[$_C$ Part]
　　　 the garden]]]]
　　　 述語形成 →
　　e. [$_{CP}$ the /the/ men C [$_{TP}$ there Past-/were/ [$_{VP}$ {were} [$_{PrP}$ ∃ {the} in
　　　　　　　　　　　　　　　[$_C$ Part]　　　　[$_C$ Nom]
　　　 the garden]]]]
　　　 DP 摘出＋CP 付加 →
　　f. [$_{DP}$ [$_{DP}$ the men] [$_{CP}$ /the/ C [$_{TP}$ there Past-/were/ [$_{VP}$ {were} [$_{PrP}$ ∃
　　　　　　　　　　　　　　　　　　[$_C$ Part]　　[$_C$ Nom]
　　　 {the} in the garden]]]]]

この派生において重要なことは抽象的存在数量詞 ∃ が関係節の内部において不定性制限を満たしているので，少し古い言い方をすれば関係節の内部で認可されている．そのため述語形成により取り出されず，the men だけが取り出され，決定詞の前にはもはや演算子は存在しないので，the として書き出されるということである．これに対して，there 構文中では，some であれ，∃ であれ，なんらかの存在数量詞が必要であるので，the は存在するが発音されない．

　この分析は Carlson の分析に酷似しているが，量関係節という概念と義務的再構築が不要になるという点が重要な相違である．また，量関係節の場合にだけ「隠れた」定／強決定詞を含むという特別規定も必要なくなる．すべての DP が定決定詞 (the) を含むからである．[11]

---

[11] 実は，there 構文の関係化の場合に限らず，関係節内では，関係化される DP は必ず，存

4.2.3. Bach-Peters の逆説

(32) に再録する Bach-Peters の例に立ち戻ろう．

(32) Every pilot who shot at it hit some MIG that chased him.

第3章で提案した代名詞化の側方移動分析のもとでは，2つの代名詞 it, him は，some MIG と every pilot が元あった位置にあったとしなければならない．もし Bach と Petes が想定するように，先行詞 DP に関係節が含まれていなければならないとすると，(32) は彼らの論じる退行問題に陥ることになる．しかし，そのように想定しなければならない理由はない．そこで，先行詞 DP が関係節を含んでいないと仮定すると，派生は下の2つの v*P で始まることになる．目的語の位置には the の3つのトークンがあることに注意されたい．なぜ3つ必要になるかは以下で明らかになる．

(33) a. $[_{v*P}$ v* $[_{VP}$ shot at some the^3 MIG]]
    b. $[_{v*P}$ v* $[_{VP}$ chased every the^3 pilot]]

それぞれの v*P には主語が欠けているが，(33a) の v*P 指定部に (33b) の every the pilot を側方移動で併合し，(33b) の v*P 指定部には (33a) の some the MIG を同じく側方移動で併合することによってそれぞれに主語を補うことができる．これを行うと (34) が得られる．分かりやすさのために2つの the を the$_s$ と the$_e$ として区別するが，これにはなんら理論上の意味はない．

在数量詞を内部に含んでいると考える根拠がある．次の談話を検討してみよう．
  (i) a. John dug a hole.
     b. Bill fell in the hole.
この談話を一文で表すと，(ii) となる．
  (ii) Bill fell in the hole that John dug.
関係節は (ia) に対応し，そこには存在数量詞 a が含まれているが，関係節では消えてしまっている．それは関係節の場合には (iii) のように音形のない存在数量詞 ∃ が含まれていて，関係節を導く補文標識は常に，これを含む DP を探索するとすれば説明できる．
  (iii) John dug ∃ the hole → the hole that John dug ∃ {the}
関係化された先行詞に不定冠詞が現れる (iv) のような場合が問題となりそうである．
  (iv) Bill fell in a hole that John dug.
しかし，この場合 John は複数の穴を掘って，Bill はそのうちの1つに落ちた訳であるが，関係節内部では同じで，取り出された DP の the hole にさらに，存在数量詞 a が遅延併合されたと分析できる．
  (v) [a the hole] that John dug ∃ {the}
数量詞（演算子）を指定部に持つ DP では，(all と both の場合を除いて) the が発音されないのはいつもの通りである．

第8章 関係節 I   247

(34) a. [$_{v*P}$ every the$_e^2$ pilot v* [shot at the$_s$]]
    b. [$_{v*P}$ some the$_s^2$ MIG v* [chased the$_e$]]

これらを T と C と併合し，それぞれの主語を，後に the の意味 {the} を残して，その片割れの the の音 /the/ とともに TP 指定部に繰り上げると，(35) が得られる．(C-T の編出分析を割愛していることに注意されたい．)

(35) a. [C [$_{TP}$ every the$_e$ /the/ pilot T [$_{v*P}$ {the$_e$} v* [shot at the$_s$]]]]
    b. [C [$_{TP}$ some the$_s$ /the/ MIG T [$_{v*P}$ {the$_s$} v* [chased the$_e$]]]]

述語形成（WH 移動），DP 摘出，CP 付加により次の 2 つの関係化された DP が得られる．（述語形成によって，TP 指定部にあったものはすべて CP 指定部に移動しているため，TP 指定部には何らの音も意味も残っていないことに注意されたい．主格が与えられた the の音形は CP 指定部に残っている．

(36) a. [$_{DP}$ [$_{DP}$ every the$_e$ pilot] [$_{CP}$ /the$_e$/ C [$_{TP}$ T [$_{v*P}$ {the$_e$} v* [shot at the$_s$]]]]]
    b. [$_{DP}$ [$_{DP}$ some the$_s$ MIG] [$_{CP}$ /the$_s$/ C [$_{TP}$ T [$_{v*P}$ {the$_s$} v* [chased the$_e$]]]]]

これで (32) の主語と目的語が形成された．(36b) を hit と併合し，それを次に v* と併合し，そして，それに (36a) を主語として併合すると求める v*P が形成される．この後の派生は説明するまでもないので省略する．

(37) [$_{v*P}$ [$_{DP}$ [$_{DP}$ every the$_e$ pilot] [$_{CP}$ /the$_e$/ C [$_{TP}$ T [$_{v*P}$ {the$_e$} v* [shot at the$_s$]]]]] v* hit [$_{DP}$ [$_{DP}$ some the$_s$ MIG] [$_{CP}$ /the$_s$/ C [$_{TP}$ T [$_{v*P}$ {the$_s$} v* [chased {the$_e$}]]]]]]]

主語の every the pilot では，the$_e$ が数量詞 every に先行されているので空書き出しを受ける．関係節 CP の指定部にある the$_e$ の音形 /the$_e$/ は who として書き出される．shot at の目的語の the$_s$ は，[3 人称，複数，対格] であるので，them と書き出される．目的語の some the$_s$ MIG の the$_s$ も数量詞に先行されているので空書き出しを受ける．関係節 CP の指定部にある /the$_s$/ は C が空の場合は [3 人称，単数，主格] であるので，which と書き出しを受けるが，この場合のように C が that と音形がある場合は義務的に空書き出しを受ける．このように退行問題に陥ることなく，Bach-Peters 文を派生することができる．必要な同一指示関係はこれで捉えられているが，1 つ問題がある．(38a) に図式的に示すように，主語の関係節中の the$_s$（= it）がその演算子の some に C

統御されておらず，someとの間に演算子-変項構造を構成できないのである．

(38) a.
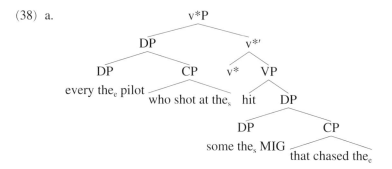

b.
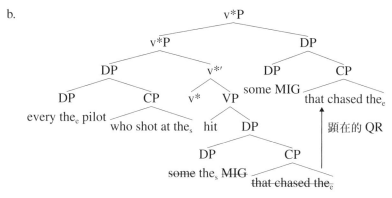

しかし，第5章で提案したように目的語に顕在的QRを適用することができれば，主語に付加されている関係節内の shot at の目的語の the_s は数量詞 some を含むDP全体によりC統御されている．

　しかし，さらに厳密に言うと，この some も，そして，主語の数量詞 every も，それらを含む内側のDPの外にあるものをC統御していない．そもそも，(39a) に再録する (4a) の例においても，(39b) に図示するように，数量詞 every は，直後の the こそC統御しているものの，関係節内の目的語の位置にある変項として働く{the}をC統御していない．この問題を解決するためには，(39b) の構造ではなくて，Partee (1975) が主張するように，(39c) の構造が必要である．

第 8 章 関係節 I   249

(39) a. every girl that Mary saw

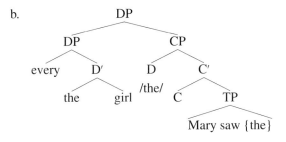

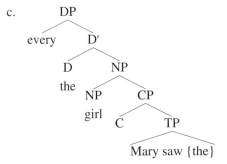

(39c) の構造であれば，every は 2 つの the (the と {the}) を C 統御する．しかし，述語形成と DP 摘出において DP を移動するのは，その r 主要部の意味を元位置に残し，音形を CP 指定部に残し，DP 全体が CP の外へ取り出すためにはどうしても必要な選択である．どうすればいいだろうか．実は，(40a) の構造から出発して，(39c) を導く派生があるのである．第 2 章で，編出 (Excorporation) という操作が，併合の一種として可能であるということを提案した．わかりやすい例は疑問文の助動詞倒置であった．(40a) において，時制要素 did が C の位置に移動するのは，レキシコンから did を取り出すときに抽象的疑問要素 Q とともに語彙複合 Q-did として取り出し，Q が C の位置に移動するときに，たまたまこれに音形がないので，did の音形 /did/ とともに移動するというものであった．What did you eat? を例としての派生の関連部分を見ておこう．(最小限句構造理論に従った表記であることに注意されたい．)

(40) a.　　　　　　　　　　　b.

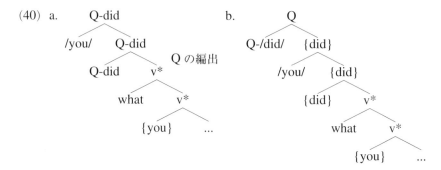

　語彙複合体は Q-did と表示してきたが，Q-did というような語彙複合体に特異な構造を立てるよりは，[Q did] と Q と did を併合したものと捉えるほうが理論的に好ましい．そうであるなら，これは一旦併合したものを，派生の過程で，分離することができることを意味する．[12]

　そうすると (39a) の派生において，DP が取り出されたときに，DP と CP と2つの統語体が存在することになるが，今までは，その DP に CP が付加されると想定してきた．しかし，DP を，それを構成する every, the, girl に分解し，まず，CP を NP の girl に付加し，その後，the を併合し，every を併合することを妨げるものは何もない．(41a) の2つの統語体から始める．

(41) a.

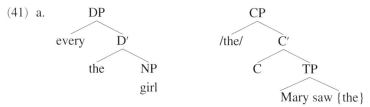

　NP girl を編出し，これに CP を付加すると (41b) が得られる．

b.

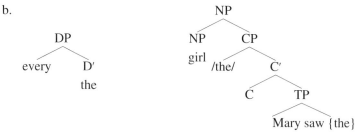

　D の the を編出し，これを NP と併合すると (41c) が得られる．

---

[12] 筆者とは独立に Shimada (2007) も節形成の過程において編出を用いることを提案して

第 8 章　関係節 I　　　251

c.
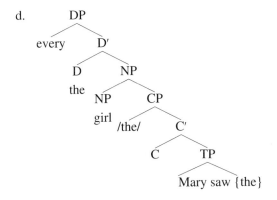

最後に，残る every を併合すると (41d) が得られる．

d.

e.　$\forall x\,[\text{girl}(x) \land \text{Mary saw }(x)]\,(=(4b))$

every と girl の間にある the は，数量詞に後続しているため空書き出しを受けるが，その意味 {the} はその位置にある．CP 指定部の the の音形 /the/ は関係代名詞 who として書き出される．saw の目的語の位置にある the の意味 {the} はもちろん girl についている the のトークンである．このように編出分析を使うことにより，重要な2つのことが達成される．1つは，DP への CP の付加ではなく，NP への付加構造が生来し，NP という述語と CP という述語が併合されて，2つの述語の論理積 (logical product) となって，制限子の働きをしている点である．もう1つは数量詞 every が2つの the のトークンを C 統御していて，演算子-変項構造を構成しており，(41e) に示す論理表現に対応している点である．[13]

いるが，その折語彙複合を形成するのも併合によるとしている．
 [13] 演算子-変項構造が元位置で成り立っているという本書の立場からすると，LF 表示は

5. 随伴と関係節補文標識

関係節が形成される基本的なメカニズムを見てきたが，ここで，Ross (1967) が指摘する CP 指定部に D(P) ではなく，PP などが移動されるいわゆる随伴 (Pied Piping) がどのようなメカニズムにより生じるのかという問題と，関係節を導く補文標識の統語的特性を検討する．

5.1. 随伴のメカニズム

Ross の例文を単純化した次例を見てみよう．

(42) a. The government prescribes the colors of the covers of the reports.
　　 b. the reports which the government prescribes the colors of the covers of
　　 c. the reports of which the government prescribes the colors of the covers
　　 d. the reports the covers of which the government prescribes the colors of
　　 e. the reports of the covers of which the government prescribes the colors
　　 f. the reports the colors of the covers of which the government prescribes

(42a) の the reports を関係化する方法として (42b-f) の可能性がある．その容認可能性については幾らかの変異があるが，決定的に非文法的であると言うものはない．関係代名詞 which を移動するという想定のもとでは，(42b) では which だけが移動しているのに対して，(42c) では of を，(42d) では the covers of を，(42e) では of the covers of を，そして (42f) では the colors of the covers of を，随伴している．このような選択があるということは，(1) に示した述語形成で単に D の複数のトークンを含む DP を CP 指定部に取り出すというだけでは不十分で，選択の幅を許すもう 1 つの要因が必要であることを示している．

そのような働きをするものとして焦点素性 (Focus feature) を使うことが考えられる．焦点素性をΦとして表すと，(42b-f) は以下のような基底構造から

(41d) から音形を取り除いて得られる (i) のようなものである．
　(i)　[every [x girl] [Mary saw x]]

それぞれ派生されたと分析される．（∃は省略してあることに注意されたい．）

(43) a. [C [TP the government prescribes the colors of the covers of [DP Φ the² reports]]]
  b. [C [TP the government prescribes the colors of the covers [PP Φ of [DP the² reports]]]]
  c. [C [TP the government prescribes the colors of [DP Φ the covers [PP of [DP the² reports]]]]]
  d. [C [TP the government prescribes the colors [PP Φ of [DP the covers [PP of [DP the² reports]]]]]]
  e. [C [TP the government prescribes [DP Φ the colors [PP of [DP the covers [PP of [DP the² reports]]]]]]]

関係節を導く補文標識は探索子として the の複数のトークンを C 統御する Φ を探索し，該当する目標子の Φ が見つかると，それを含む最小の句の音形とともに，the のトークンのうち，その意味 {the} を残し，残りをすべて CP 指定部に取り出す．これにより，(44) が得られる．

(44) a. [CP [DP Φ the-/the/ /reports/] C [TP the government prescribes the colors of the covers of {the}]]
  b. [CP [PP Φ of [DP the-/the/ reports]] C [TP the government prescribes the colors of the covers {of the}]]
  c. [CP [DP Φ /the covers/ [PP /of/ [DP the-/the/ reports]]] C [TP the government prescribes the colors of {the covers of the}]]
  d. [CP [PP Φ /of/ [DP /the covers/ [PP /of/ [DP the-/the/ reports]]]] C [TP the government prescribes the colors {of the covers of the}]]
  e. [CP [DP Φ /the colors/ [PP /of/ [DP /the covers/ [PP /of/ [DP the-/the/ reports]]]]] C [TP the government prescribes {the colors of the covers of the}]]

さらに，DP の the reports の部分が取り出され，これに CP が付加されると (45) の構造になる．

(45) a. [DP [DP the reports] [CP [DP Φ /the/ C [TP the government prescribes the colors of the covers of {the}]]]]
  b. [DP [DP the reports] [CP [PP Φ /of the/ C [TP the government prescribes the colors of the covers {of the}]]]]

c. [$_{DP}$ [$_{DP}$ the reports] [$_{CP}$ [$_{DP}$ Φ /the covers of the/]] C [$_{TP}$ the government prescribes the colors of {the covers of the}]]]

d. [$_{DP}$ [$_{DP}$ the reports] [$_{CP}$ [$_{PP}$ Φ /of the covers of the/] C [$_{TP}$ the government prescribes the colors {of the covers of the}]]]

e. [$_{DP}$ [$_{DP}$ the reports] [$_{CP}$ [$_{DP}$ Φ /the colors of the covers of the/] C [$_{TP}$ the government prescribes {the colors of the covers of the}]]]]

書き出しが任意である(45a)の場合を除くすべての例において下線付きの/the/ は関係代名詞 which として書き出される.

以上をまとめると(46)のようになる.

(46)

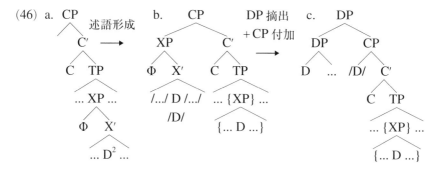

述語形成において、どのような構成素の音形が CP 指定部へ取り出されるかについては焦点素性により決定されているが、音形と意味が合わせて取り出されるのは、2つ（以上）のトークンを持つ the だけであり、しかも、トークンの1つの意味は元位置に残り、そのトークンの音形と残りのトークンすべてが CP 指定部に取り出されるのである。取り出される D が NP などの補部を元から含んでいる場合には、その音形も意味もともに取り出される((46b))。複数の D のトークンだけからなる場合には、補部の NP などがあれば、それは最後に併合される（遅延併合）。さらに DP 摘出で D（および、あればその補部）が取り出されるときに、CP 指定部内部に残った D の音形（/D/）は関係代名詞として書き出される。DP 摘出と CP 付加の結果は(46c)で、関係節内の D（の意味）と先行詞 DP 内の D（の意味）がトークン同士であることが同一指示を捉えている。

さらに一歩進んで、(46b)で CP 指定部に移動しているものは、D を除いては音形だけであるとしたが、意味も含めてすべてが移動しているという分析も考えられるし、次の分裂文の分析を考慮すると、大いに有力な分析であるとも言える。

(47) a. It was [Φ this house that I grew up in].
　　 b. It was [Φ in this house that I grew up].

その場合，第9章で主張するように，DPまたはPPの意味のコピーが2つあると仮定することになり，正確には(48)に示すような構造になる．

(48) a. It was [this house that I grew up in {this house}]
　　 b. It was [in this house that I grew up {in this house}]

分裂文ではDPとPPしか取り出せないという事実は，ΦがDPとPPの指定部にのみ現れうると指定しておくことで捉えられる．また，これにより分裂文は虚辞構文であり，したがって繋動詞は単数形しかとれないことも説明できる．(48a)のthis houseが何から格を与えられているのかということが問題になりそうであるが，従属節の内部において前置詞inにより与えられた対格を担っていると考えれば特に問題にならない．

5.2. 関係節補文標識の統語素性

関係節補文標識 that（および不定詞関係節を考慮すれば for）が補文標識であることは間違いないとしても，関係節としての振る舞いを説明するためには，それだけでは十分ではないように思われる．関係節において決定的に重要なことは，1) DPが取り出されることと，2) 取り出されたDPに関係節CPが付加するという2点である．これを捉えるために，関係節補文標識は次の2つの素性を持っている点で，通常の補文標識と異なるという分析を提案する．

(49)　関係節補文標識 that/for の素性
　　 a. 関係節補文標識は [+Pr] を有している．
　　 b. 関係節補文標識は [+Mod] を有している．

(49a)の [+Pr] は Bowers (1993) が，主語と述語を結ぶ機能範疇として提案する Predication で，英語では通常音形を持たないが，次の例の場合には as として書き出されるとされる．[14]

(50) a. We regard [$_{PrP}$ [the difference] as [critically important]].
　　 b. We consider [$_{PrP}$ [the difference] Pr [critically important]].

---

[14] Bowers は Pr が AP, PP, NP (DP), VP などを補部として取ると仮定しているが，極小主義の枠組みでは，VP を補部として取るのは v* であると想定されている．v* は VP を補部として取るときの Pr の異形態と分析することも可能である．いずれにせよ，[+Pr] を持つ C は，C としての性質上 TP を補部として取る．

Bowers の Pr はその指定部に主語としての DP が併合されるが，関係節を導く C においては，その指定部には，上で提案したように Φ を持つ DP または PP が補部の TP 内部から取り出される．これにより，TP が述語 (Predicate) になるので，この取り出しを述語形成 (Predicate Formation) と呼ぶのである．[15]

[+Mod] は Rubin (1994) が提案する修飾要素 (Modifier) の統語特性を捉えたものである．Rubin は Mod(ifier) は何らかの句 XP を補部として取り，N または NP に付加（すなわち対併合 (pair-Merge）するという特性を持つと提案している．本章の関係節構造に置き換えれば，[+Mod] の that においては，[+Pr] により形成された述語 (Predicate) の CP は，[+Mod] により，修飾要素句となり，取り出された DP に付加するという性質を持つということになる．[16]

以上をまとめると英語で関係節を導く that は以下の 3 つの統語素性を持っていることになる．

(51)　that [+Comp, +Pr, +Mod]

[+Comp(lementizer)] はそれが TP を補部として取ることを捉え，[+Pr] は DP（または PP）が，その指定部に取り出されて，補部との間に Predication

---

[15] 次のような such/so を含む例に現れる that 節も [+Pr] の一種であると分析することが可能である．
  (i) a. John lives in such a large house that he doesn't know how many rooms there are in it.
      b. John lives in so large a house that he doesn't know how many rooms there are in it.
      c. John's house is so large that he doesn't know how many rooms there are in it.
その場合には，CP 指定部に TP 内部から何かを取り出す必要はなく，CP 全体が so/such を含む句の付加部として働いていると考えられる．ただし，(ia) と (ib) については，さらに so/such を含む句そのものが，TP 内部から取り出されているという興味ある可能性もある．
  (ii) a. that he doesn't know how many rooms there are in such a large house
       b. that he doesn't know how many rooms there are in so large a house
       c. *that he doesn't know how many rooms there are so large
(iia, b) については，下線部の PP が取り出され，それに CP 全体が付加していると考えられる．他方 (ic) ではそのような可能性はなく，CP 全体が so large という AP に付加されているということになる．

　これらのことを総合すると，[+Pr] の C は，TP の内部から取り出されたかどうかは別にして，なんらかの要素がその指定部に併合され，それと TP との間に Predication の関係を持たなければならないということになろう．

[16] さらに (41) で例示した編出分析 (Excorporation Analysis) を採用すれば，DP との併合の際に，D の部分が編出し，D と NP に分離し，CP が NP に付加した後に D が併合されることになり，Rubin の分析通りになる．

の関係が成り立つことを捉え，[+Mod] は，さらにその CP から D(P) が取り出されて，その DP（またはその中に含まれる NP）に CP が修飾要素句として付加されることを捉える．[17]

6. 関連構文

本節では，関係節と同様の分析ができる関連構文を概観する．

6.1. 不定詞関係節

不定詞関係節では以下に示すように，主語と関係代名詞の現れ方に制限がある．[18]

(52) a. something (*which) (for *(you)) to eat on the train
 b. something (*which) (for *(you)) to cut the cheese with
 c. something with which (*for (you)) to cut the cheese
 d. someone (*for (who)) to fix the sink
 e. someone (*who for) to fix the sink

これをまとめると (53) のようになる．

(53) a. wh 系の関係代名詞は前置詞の補部としてのみ出現しうる．
 b. 補文標識 for は発音される関係代名詞とは共起しない．
 c. 主語が関係化されている場合には for も現れないし，関係代名詞も現れない．

次のような仮定をすればこれらの事実を捉えることができる．

(54) a. 不定詞関係節を導く補文標識には音形のある for と音形のない FOR

---

[17] [+Pr] と [+Mod] の関係は終止形と連体形を区別する日本語では透明である．（ただし，(iii) に見るように形容詞，動詞においてはこの区別は現代語では失われている．）

  (i) a. 忍耐が必要だ　　b. 必要な忍耐
  (ii) a. 先生は男だ　　　b. 男の先生
  (iii) a. 花美し　　　　　b. 美しき花

「だ」は [+Pr, -Mod] で，「な」「の」は [+Pr, +Mod] ということになる．また，「だ」は「である」の短縮形であると考えられるが，終止形では「で」と「に」に対応していて，状態の場合には「で」，変化の場合には「に」として実現される．

  (iv) a. 医者である　　　b. 医者になる

[18] *(X) は X がなくてはならないことを表し，(*X) は X があってはならないことを示す．例えば (48a) の (for *(you)) は for を選ぶのであれば，you も必要であることを表している．

b. for は顕在的な主語を必要とし,[19] Φ と /D/ と $\{D^2\}$ を含む DP を探索し, $\{D\}$ を残して, Φ D(P) を指定部に取り出す.
　　c. FOR は Φ と /D/ と $\{D^2\}$ を含む DP, または Φ と D^2 を含む PP を探索し, これを指定部に取り出す. 後者の場合指定部の PP の目的語の位置に /D/ が残り, P から与えられた格を除去するために, /D/ は関係代名詞として書き出される.

これにより (52) の例は以下のように分析される.

(55) a. [$_{DP}$ [$_{DP}$ some-the-thing [$_{CP}$ Φ /the/ for [$_{TP}$ /you/ T-to [$_{v*P}$ {you} eat {the} on the train]]]]]

　　a′. [$_{DP}$ [$_{DP}$ some-the-thing [$_{CP}$ Φ /the/ FOR [$_{TP}$ /PRO/ T-to [$_{v*P}$ {PRO} eat {the} on the train]]]]]

　　b. [$_{DP}$ [$_{DP}$ some-the-thing [$_{CP}$ Φ /the/ (for [$_{TP}$ /you/) T-to [$_{v*P}$ {you} cut the cheese with {the}]]]]]

　　c. [$_{DP}$ [$_{DP}$ some-the-thing [$_{CP}$ Φ /the/ /with the/ FOR [$_{TP}$ /PRO/ T-to [$_{v*P}$ {PRO} cut the cheese {with the}]]]]]

　　d. [$_{DP}$ [$_{DP}$ some-the-one [$_{CP}$ Φ /the/ FOR [$_{TP}$ /PRO/ T-to [$_{v*P}$ {PRO} to fix the sink]]]]]

(52a) は顕在的主語を含む (55a) と PRO を含む (55a′) の 2 つの場合を含んでいる. (52b) も厳密に言えば, you が顕在的に現れている場合と, PRO を含む場合の 2 通りあるが, (55b) としてまとめてある. 前置詞句を随伴する

---

[19] for が顕在的な主語を必要とすることを捉えるには次のように想定する必要があるかもしれない.（これは江頭浩樹氏と不定詞節の構造を検討するなかで到達した考えである.）
不定詞の to は will, can, may などの法助動詞と共起し得ないことから, 法助動詞の一種と考えられるが, 空の時制要素 T と語彙複合体 T-to を形成するが, この T にはその指定部に対格を与える T と空格を与える（あるいは格を与えない）T の 2 種類あり, for は対格を与える T を補部として選択する. このように想定しておくと以下のような派生が得られる.（詳細は省略してあるが, T-to という語彙複合体が法助動詞 M の位置から T の位置への編出を受けていることに注意.）

(i) a. [$_{CP}$ for [$_{TP}$ T-to [$_{v*P}$ you think about something]]　/you/ の移動 →
　　b. [[$_{CP}$ for /you/ T-to [$_{v*P}$ {you} think about something]]

この結果あたかも for が you に対格を与えているように見えることが捉えられる.
空格を与える（あるいは格を与えない）T の場合には主語は音形を持ち得ないいわゆる PRO となって現れるが, for はこれを選択できないので, いわゆる for-to フィルターに抵触する連鎖は生じない.

(ii) *for to think about something

(52c) は (55c) のように PRO を常に含むことになる．(51c) では /the/ は which と書き出される．(55a–c) において，先行詞，something は some-the-thing と中に決定詞を含み，それが，関係節中の {the} と同じトークンであり，これが関係節中の空所と先行詞との同一指示を捉えている．この点は (52d) も同じで，他のすべての場合も含めて PRO はすべて実際は定決定詞 the であり，(55d) では，それは some-the-one に含まれる the のトークンである．(52e) は非文法的であるので，これに該当する派生は存在しない．

このような分析はレキシコンにおいて (54) に見るような事実を語彙的な特性として指定しなければならないが，そのような指定を良しとせず，もっと「原理的な」説明を求めたいと考えるのは，ある意味当然である．特に英語の不定詞関係節で関係代名詞が現れるのは前置詞の補部としての場合に限られる点を説明しようとして，関係節が抽象的前置詞を主要部とするという興味ある提案を Hasegawa (1998) が，またその延長線上で，問題点を解決する提案を西前 (2014) が行っている．[20]

しかし，例えばイタリア語では，関係代名詞 cui は人にも物にも使用可能であるが，通常前置詞の目的語としてしか用いることはできない．[21]

(56) a. La mira ragazza,   a cui   ho   telefonato, si   chiama
        the my   girl(friend) to whom have telephoned herself calls
        Isabella.
        Isabella
        'My girl friend to whom I called is called Isabella'
   b. La situazione in cui   mi   trovo è strana.
        the situation in which myself find   is strange
        'The situation in which I find myself is strange'

これらの例が抽象的な前置詞を含んでいるという証拠はなにもない．したがって，少なくとも cui という関係代名詞は前置詞の目的語としてのみ使用可能であるという語彙特性を持つことを指定しておく必要がある．そうしておけば，

---

[20] 詳しくは上掲論文を参照いただきたいが，Hasegawa の提案は，不定詞関係節は CP の上に抽象的な P が存在し，その P は前置詞句だけを牽引する能力があるため，前置詞を随伴する移動だけを許すというものである．前置詞であるから前置詞句だけを誘引できるというのは理屈が通っているようであるが，誘引するものと誘引されるものとが同じ範疇でなければならないという必然性はないように思われる．

[21] 以下の例は icebergproject.co/italian/2017/03/relative-pronouns-in-italian/ より．イタリア語，フランス語で，前置詞を義務的に伴う関係節については，ALMW の Introduction 参照．

前置詞残留ができないことは，（下に（57）とし再録する）第2章で見た不活性条件により説明される．

(57) 不活性条件（Inactivity Condition）（改訂版）
  a. A連鎖はその解釈不能素性に値が与えられるとさらなる計算には見えなくなる．
  b. 一旦A連鎖が操作により同定されると，その操作にとってずっと見え続ける．

(56) の例で説明すると，cui（より正確には前置詞により与えられる格により cui という音形として書き出される決定詞）が前置詞 a ("to")，in ("in") と併合され，与格（あるいは斜格）が与えられ cui という音形が決まると，解釈不能素性がすべてなくなるため，単独では A 移動も，（述語形成＝WH 移動のような）A′ 移動も受けることができない．したがって，もし DP が Φ をその指定部に持っていても，これを CP 指定部に移動することができず，派生は破綻する．しかし，Φ が PP の指定部にあれば，これは移動できる．この結果，前置詞とともに移動することしかできないことが正しく捉えられる．なお CP 指定部の PP の中からの DP 摘出は，格を担う cui を後に残し，格が与えられていない（したがって活性の）DP を取り出すため，不活性条件には抵触しない．また，語彙複合を使わずに a cui, in cui が形成された場合，cui の移動は不活性条件に抵触するが，PP 全体の指定部に Φ があれば，PP 全体を移動することも不活性条件に抵触しない．

　英語不定詞関係節の場合も似たような扱いができる．問題となるのは下に再録する (52b, c) の対比である．述語形成により CP 指定部に移動し，DP 摘出の際に残された /the/ が関係代名詞 which として書き出された場合は，前置詞を伴っていなければならないことを説明しなければならない．

(52) b. *something which to cut the cheese with
  b′. something to cut the cheese with
  c. something with which to cut the cheese

対応する疑問文 (58) の場合，疑問代名詞 what を単独で取り出す可能性と前置詞とともに取り出す可能性がある．

(54) a. What did you cut the cheese with?
  b. With what did you cut the cheese?

このことから，what 単独で，取り出すことを許すためには，第2章で提案し

た編出分析を採用する必要がある．つまり，(54a) では，v*-cut-with という語彙複合があり，その前置詞部分の要請により，選言関数∨をその指定部に持った what が併合された段階で，what に対格が付与されるが，同時に WH 移動の探索子としての v* にとって what が見えるので，WH 移動の目標子として同定され，その後 v*-cut が編出され，さらに v* が編出された段階で，v*P の指定部に取り出される．(54b) については，選言関数が PP の指定部にあるため，PP 全体が WH 移動を受けるため，不活性条件に抵触する可能性がない．また語彙複合と編出によらず，先に with と something が併合された場合，something の取り出しは不活性条件に抵触するが，with something 全体の取り出しは不活性条件に抵触しない．

(52) に話を戻そう．これまで明示的に論じてこなかったが，疑問文における WH 移動と同じく，述語形成の WH 移動も位相 (phase) ごとに適用するとするのが帰無仮説 (Null Hypothesis) である．疑問文の場合と同じく，v*-cut-with という語彙複合と編出が関与しているというのも帰無仮説である．疑問の WH 移動の場合と大きく異なるのは，疑問の WH 移動では，CP 指定部は (v*P 指定部同様) 脱出口としての働きしかないが，関係節形成においては，CP 指定部には決定詞の音形 /the/ が残ることで，かつ，この /the/ は who, which などの関係代名詞として書き出される場合と，(これまで空演算子 O として扱われてきた) 空の書き出しを受ける場合があることである．

これらを総合すると，不定詞関係節を導く音形のない補文標識 FOR はその指定部に /the/ が併合されると，これに空書き出しを強要する何らかの素性 (これを空にちなんで [+Null] と表すことにする) を与え，そのため which としては書き出されないと想定することが最も簡潔かつ直裁な分析であると思われる．(定形の関係節補文標識 that では [+Null] は任意であるということになる．不定詞関係節を導く for についても同様の扱いができる．)

6.2. 比較構文，相関構文

比較構文にも何らかの WH 移動が関与しているというのが Chomsky (1977) の重要な論点であったが，関係節との間で多くの共通点がある．細部については検討すべき課題もあるが，中核部分については関係節と同じ派生を辿ると分析できる．次の例文を見てみよう．

(59) a. John has more books than he can read.
　　 b. John has more money than Bill (does).
　　 c. John is smarter than Bill (is).

d. They have many more enemies than we have friends.
(Chomsky (1977), 元は Bresnan (1975))

(59a) の more books than he can read の部分は第3節で見たように，(60a) から派生されたものと分析することができる．(John と he の同一指示についてはここでは立ち入らないことにする．詳しくは第3章参照．)

(60) a. [$_{CP}$ than [$_{TP}$ he can read more the^2 books]]　述語形成 →
b. [$_{CP}$ more the /the/ books than [$_{TP}$ he can read {the}]]　DP 摘出 →
more the /the/ books
c. [$_{DP}$ more the books]
[$_{CP}$ /the/ than [$_{TP}$ he can read {the}]]　CP 付加 →
d. [$_{DP}$ [$_{DP}$ more the books] [$_{CP}$ /the/ than [$_{TP}$ he can read {the}]]]

(60a) において比較構文を導く補文標識 than は探索子として，比較の more または -er を含む構成素を探索し，more the^2 books を見つけ，これをその指定部に移動する．この中に含まれる the は2つの意味のトークン {the} と1つの音形 /the/ から成り立ち，移動の結果元の位置には {the} が残ると仮定する．^{22} 関係節の場合と同じく，CP 指定部に移動された DP は新たな θ 役割の付与を求めて，外に取り出され (60c) に示すように，2つの統語体が一時的に存在する．この DP に CP が付加して (60d) の構造が生成される．

(59b) については than Bill (does) の部分をどう処理するかが問題となるが，第9章で提案する動詞句削除の併合分析を先取りして以下のように分析できる．(than 節の v*P の内部構造は省略してあることに注意．)

(61) a. v*
[$_{CP}$ than [$_{TP}$ Bill does [$_{VP}$ have more the money]]]　VP の側方移動 →
b. [$_{v*P}$ v* [$_{VP}$ have more the money]]
[$_{CP}$ than [$_{TP}$ Bill does [$_{VP}$ {have the}]]]
John の併合 →

---

^{22} あるいは the の音形 /the/ も2つあると仮定してもよいが，その場合は，than の指定部に移動し，空書き出しを受けると考えられる．than 以下が more the books に付加することを考慮すれば，その方がより好ましいと思われる．動詞句内先行詞削除（後述）の場合も同様である．

第 8 章　関係節 I　　263

    c.　[$_{v*P}$ John v* [$_{VP}$ have more the money]]
       [$_{CP}$ than [$_{TP}$ Bill does [$_{VP}$ {have the}]]]
       顕在的 QR（の取り出し部分）→
    d.　[$_{v*P}$ John v* [$_{VP}$ have {the}]]
       [$_{DP}$ more /the/ money]
       [$_{CP}$ than [$_{TP}$ Bill does [$_{VP}$ {have the}]]]
       CP 付加 →
    e.　[$_{v*P}$ John v* [$_{VP}$ have {the}]]
       [$_{DP}$ [$_{DP}$ more /the/ money] [$_{CP}$ than [$_{TP}$ Bill docs [$_{VP}$ {have the}]]]]
       顕在的 QR（の付加部分）→
    f.　[$_{v*P}$ [$_{v*P}$ John v* [$_{VP}$ have {the}]] [$_{DP}$ [$_{DP}$ more /the/ money] [$_{CP}$ than [$_{TP}$ Bill does [$_{VP}$ {have the}]]]]]

　(61a) には than に導かれた CP と v* という 2 つの統語体がある．v* は VP を補部として必要としているが，この必要を満たすために，VP が側方移動を受ける．それには動詞の意味のコピーが必要なので，have は 1 つの音形と 2 つの意味を持っているものとする．（そうでなければ派生は破綻するので，これは特に規定する必要はない．また，これにより，関係節の that 同様，述語にならなければならないことを捉える than が持つ [+Pr] の要請は満たされる．）これにより (61b) が得られるが，これは more the money を述語形成で取り出したときと同じ構造になる．さらに v*P は主語を必要としているので，John が併合されたとすると，(61c) が得られる．than 節は関係節の that と同様 [+Mod] を持ち，その要請により出て行った DP に付加しなければならない．v*P の中にある DP に CP を付加することは拡大条件に違反するが，この DP に顕在的 QR を適用すると，(61d) に示すように，一旦問題の DP は独立の統語体となる．この DP に CP が付加され，(61e) が得られるが，これで，[+Mod] の要請は満たさる．顕在的 QR（の取り出し部分）により取り出された DP は付加された CP ともども，（QR の付加部分で）v*P に付加され，(61f) が得られる．この後は，時制が併合され，動詞 have が /has/ として書き出されるなどの通常の派生の結果，(59b) の does を含む方が生成される．

　does を含まない場合は第 9 章で論じる多重構造が関係し，派生は次のように進む．（TP の内部構造は簡略化してある．）

(62)　a.　[$_{CP}$ than [$_{TP}$ John/Bill Pres have more the money]]
       TP の側方移動 →

b. [TP John Pres have more the money]
   [CP than [TP Bill {Pres have the}]]
   顕在的 QR（の取り出し部分）→
c. [TP John Pres have {the}]
   [DP more /the/ money]
   [CP than [TP Bill {Pres have the}]]
   CP 付加 →
d. [TP John Pres have {the}]
   [DP [DP more /the/ money] [CP than [TP Bill {Pres have the}]]]
   顕在的 QR（の付加部分）→
e. [TP [TP John Pres have {the}] [DP [DP more /the/ money] [CP than [TP Bill {Pres have the}]]]]

does を伴う (61) の派生と基本的には同じであるが，異なっているのは，側方移動の対象が，v*P ではなく，TP であること，そして，これに伴って，顕在的 QR の適用対象が v*P ではなく TP であることである．(62e) で，have が時制と主語との一致により has と書き出されると (59b) の does を含まない方になる．時制 Pres の意味のコピーが 2 つあることにより，同じ時制のもとでの比較であることが捉えられる．

(59c) は取り出されているものが DP ではなく，AP であるが，それ以外の点では基本的には変わるところがない．is を含む場合は，形容詞句が意味のコピーを 2 つ持っている．派生の最終段階だけを示しておく．

(63) a. John is smarter than Bill is {smart}
   b. John is smarter than Bill {Pres is smart}

(59d) は一種の空所化（Gapping）構造で，2 つの形容詞が more を共有する構造から派生される．

(64) a. than they have   many the more   enemies
           we have {many the more} friends
   b. they have many the more enemies
      than we have {many the more} friends
   c. [TP [TP they have] [DP [DP many the more enemies] [CP than we have {many the more} friends]]]

(64a) は 2 つの平行的な構造が many the more の音形を共有する多重構造で，

6.3. 相関構文

(10b, c) やその他の相関構文も同じ派生をたどる．(65) の各例は (66) の各構造から派生されるが，いずれも Φ を含む句が目標子として働く．(66a) においては，as が探索子として，as 句を探し，(66b, c) においては for が探索子として，too 句，enough 句を探して，これを指定部に取り出す（述語形成）．さらに，as 句，too 句，enough 句が取り出されて（DP 摘出），それらに CP が付加されると (65) の各例になる．それぞれの句は DP であるので空書き出しを受けるが決定詞 the の意味のコピーを複数含んでいることに注意されたい．

(65) a. as many books [as John can read] (= (10b))
  b. too many books [for John to read in a week] (= (10c))
  c. enough books [for you to read during the summer vacation]
(66) a. [$_{CP}$ as [$_{TP}$ John can read Φ as many the^2 books]]
  b. [$_{CP}$ for [$_{TP}$ John to read Φ too many the^2 books in a week]]
  c. [$_{CP}$ for [$_{TP}$ you to read Φ enough the^2 books during the summer vacation]]

6.4. tough 構文

tough 構文も同じく CP 指定部への移動，CP からの取り出し，そして，CP の付加という関係節の場合と同じ 3 つの操作が関与していると分析できる．ただし，関係節とは異なり，CP は取り出された DP ではなく，その DP を主語とする Predication Phrase に付加されると考えられる．結論から先に述べると (67a) の派生には (67b) に示す語彙項目が関係していて，(67c) に示す構造が形成されると提案する．[23]

(67) a. The professor is tough (for us) to please.
  b. Pr, tough, for/FOR, FOR, to, us, v*, please, the professor

---

[23] 具体的な提案については Nagamori (2015) を参照．

c.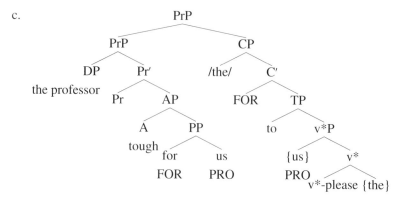

d. for us のような for で導かれる句は tough 述語の補部である.
e. to please の部分は tough 述語の句に対する付加部である.

まず, (67c) の構造から説明することにしよう. この構造は (67d) と (67e) に示す2つの重要な主張を含んでいる. (67d) は tough 述語が表す難易の経験者 (Experiencer) を表す for 句が tough 述語にとって不可欠のもので, 音声上表されていなくても, 概念上存在することを主張している. for us のように顕在的に存在する場合はもちろんであるが, 顕在的に現れていなくても FOR PRO の形で存在し, for anyone の解釈を受けると考えられる. (67e) は, to please の不定詞節部分が付加部であることを主張しており, これにより, 不定詞節部分が不可欠ではないことが捉えられる. また, 全体の構造は Bowers (1993) が提案する Predication: Pr の句 PrP であり, 不定詞節付加部は, この句に付加され, これを修飾している.

(67a) の派生は, (67b) に列挙した語彙項目で始まるが, すでに不定詞節が形成された段階 (68a) から見ることにする.

(68) a. Pr, tough, for, [FOR [to [us² v*-please the² professor]]]
 b. [Pr [AP tough [PP for us]]]
  [CP FOR [TP (/us/) to [v*P {us} v*-please the² professor]]]
 c. [Pr [AP tough [PP for us]]]
  [CP the- /the/ professor FOR [TP (/us/) to [v*P {us} v*-please {the}]]]
 d. [PrP the professor Pr [AP tough [PP for us]]]
  [CP /the/ FOR [TP (/us/) to [v*P {us} v*-please {the}]]]
 e. [PrP [PrP the professor Pr [AP tough [PP for us]]]
  [CP /the/ FOR [TP (/us/) to [v*P {us} v*-please {the}]]]]

この段階で，us と the professor の主要部 the が 2 つのトークンからなること に注意されたい．for は補部を必要としており，2 つある us のトークンの 1 つを側方移動により併合することで，その必要を満たすことができる．残った もう 1 つの us については，いくつかの可能性が考えられる．標準的な空格 (Null Case) の付与を想定する立場をとれば，us の音 /us/ を to の指定部に移 動し，そこで空格を与えられ，元の位置には us の意味 {us} が残る．その場 合 to について 2 種類あると想定する必要がある．1 つは，It is important for us to please the professor のような例に出てくる us に対格を与える to で， これは音形のある for という補文標識に選択され，結果 for により対格が与え られたような外見を示す．もう 1 つ空格を与え，いわゆる PRO を出現させる to で，これは音形のない FOR により選択される．さらにもう 1 つは空格の 存在を想定しない可能性で，その場合には，us に 2 つのトークンがあると想 定する代わりに，us の音形 /us/ は 1 つだけで，us の意味 {us} だけ，2 つ トークンがあると想定することである．その場合には意味 {us} と音形 /us/ か らなる us が側方移動で for の補部として併合されるが，元の位置には {us} が残ることになる．この後者の可能性のほうが空格を廃棄できるので好まし い．[24] この for 句が tough の補部として併合される．その結果できた AP が Pr の補部として併合されると，(68b) の 2 つの統語体が得られる．(/us/ は空 格が与えられる場合で，いわゆる PRO に相当する．)

問題は，the[2] professor であるが，元位置に the の意味 {the} を残し，片割 れの音形 /the/ と the professor 全体が CP 指定部に移動され，(68c) が形成 される．これが関係化における述語形成に相当する．次にその DP を the の 音形 /the/ をその位置に残して取り出し，主語を要求している Pr の指定 部に併合する．この DP の取り出しが，関係化における DP 摘出に相当する． これで (68d) の 2 つの統語体が得られる．関係節の場合には取り出された DP に CP が付加すると分析したが，この場合はその必要はなく，CP は PrP 全体を修飾するものとして，これに付加すると (68e) が得られる．この付加 が，関係化における CP 付加に対応している．

これが (67c) の構造である．CP 指定部に残った /the/ は定形関係節の場合

---

[24] この us の移動は側方移動である．通常の側方移動は代名詞化に典型的に見られるように，後に音形のある the を残し，これが代名詞として書き出される．(68) の場合にはそのような代名詞は出てこないので，これが問題を引き起こすことが懸念される．しかし /us/ が 1 つしかなく，それが for の補部になり，対格を与えられ，to の方には格を与えないということにすれば，格を与えられるべき音形 /us/ が存在しなくなるので問題は生じない．さらに，to は対格を与えるものと，与えないものの 2 種類あるという形に単純化される．

には関係代名詞として書き出されるが，この場合は不定詞関係節で前置詞を伴わない場合のように空書き出しを受ける．

　このようなまどろっこしいことをしなくても，側方移動を認めているのであるから，please の目的語の位置から，直接 the professor を Pr の主語の位置に移動すればよいではないかと訝しがる向きもあるかもしれないが，これには2つの理由がある．1つは，側方移動を使うと元の位置には代名詞が残るが，tough 構文では，代名詞は残りえない：*The professor is tough for us to please her/him. CP への移動は，関係節，WH 疑問文などに見られるように，その後には（再録代名詞を除いては）代名詞を残す必要はないし，残すことはできない．もう1つの理由は，CP 指定部を通るということは，主要部 C (FOR) が探索子として，the の複数のトークンを持ったものを探して，それを取り出していると考えられるが，関係節の場合同様，探索子を主要部とする CP は，目標子として取り出された DP に，関係節の場合は直接に，tough 構文の場合は，それを含む PrP に付加されなければならない．これは上で論じた関係節の補文標識が含む修飾語としての性質 [+Mod] に起因すると考えられるが，[+Mod] は，取り出された DP を記憶しておいて，可能な限り近い形で，これに付加する任務をおっていると想定すれば，指定部への移動が必要であることが説明される．

　さらに CP の指定部を経ての取り出しであれば，さらにその中からの WH の取り出しが WH の島によって阻止されることが予測されるが，tough 構文が WH 移動の性質を示すことは Chomsky (1977) が次の例ですでに指摘している．

(69) a. *What sonata is this violin [easy to play on]?
　　 b. What violin is this sonata [easy to play] on?

Chomsky の説明は，（部分的に現在の枠組みに翻訳すると）まず，tough 構文は空演算子 (Null Operator: Op) の CP 指定部への移動が関与するということを前提とし，(69a) の派生においては，(70a) に示すように，この移動が，WH 句の CP 指定部への移動と重なり，WH 島の制約に違反が生じるが，他方，(69b) の派生においては，(70b) に示すように on what violin の部分が，easy to play に付加されているため，不定詞節の CP 指定部を経ずに取り出せるためであるというものである．

(70) a. [$_{AP}$ easy [$_{CP}$ what sonata$_i$, Op$_j$ C [$_{TP}$ to play t$_j$ on t$_i$]]]
　　 b. [$_{AP}$ [$_{AP}$ easy [Op$_j$ C [to play t$_j$]]] on what violin]

Chomsky が使う空演算子の移動の代わりに，本節では tough 構文の主語となる DP そのものが移動するとしているが，(69a) の派生については (70a) のように CP 指定部を what sonata と Op の 2 つが占めているという点では同じである．他方 (69b) については，(70b) に示す Chomsky の構造を想定すれば，what violin は tough 構文本体の CP において，(不定詞節の CP 指定部を経由せずに) 直接取り出されることになるので，WH の島の条件に抵触しないことが捉えられる．

しかし，これには大きな問題が残っている．(70b) の構造を作る際に，easy to play の部分が形成された後で，on what violin を併合（付加）しなければならない．そのためには当然付加の前に on と what violin を併合して，on what violin を形成しておかなければならない．on と what violin が併合されると，what violin には対格（あるいは斜格）が与えられ，これにより，what violin には解釈不能素性がなくなり，その結果不活性 (Inactive) になる．そのような不活性の WH 句を移動することは不活性条件 (Inactivity Condition)（(57) 参照）に抵触することになり，結果，現在の理論的枠組みでは，Chomsky (1977) の説明が維持できないことになる．

必要なことは，what violin が不活性になる前に，WH 移動にとって可視的になり，かつ，不定詞節の CP 指定部を経ずして，主節の CP 指定部に摘出が可能であるという 2 つの条件を満たすことである．まず，what violin が on と併合される段階で，WH 移動にとって可視的になることを保証する方法は，第 2 章で提案した語彙複合と編出 (Excorporation) 分析を採用することである．それには，レキシコンから取り出されるときに v*-play-on という語彙複合が形成されると仮定し，ここから派生を始めることである．まずはこの語彙複合と，第 7 章で提案したように，選言関数∨をその指定部に持つ what violin が併合され，(71a) の構造が得られる．この段階で，what violin にはまだ，on から格が付与されていないので，探索子としての v* にとって同定可能であり，その結果，その後不活性条件に違反せず取り出しができることになる．その後編出と目的語の併合，そして，(説明の便宜のため PRO として現す) 主語が併合されると，(71b) の構造が得られ，to の併合，C の併合そして，$this^2$ sonata の CP 指定部への移動の結果，(71c) の構造が得られる．

(71) a. [v*-play-on [∨ what the violin]]
    b. [$_{v*P}$ PRO v*-/play/ [$_{VP}$ {play $this^2$ sonata [$_{PP}$ on [∨ what the violin]]]
    c. [$_{CP}$ this sonata C [$_{TP}$ to [$_{v*P}$ PRO v*-/play/ [$_{VP}$ {play} {this} [$_{PP}$ on [∨ what the violin]]]]]

d. [$_{CP}$ this sonata C [$_{TP}$ to [$_{v*P}$ PRO v*-/play/ [$_{VP}$ {play} {this} [$_{PP}$ on [∨ what the violin]]]]]

この段階で∨ what violin を CP 指定部に移動することは，すでにその位置は the sonata が占めているため，WH の島の条件に違反する．on what violin 全体を移動することも，同様に WH の島の条件に違反するが，実際は on what violin is the sonata easy to play? は文法的である．したがって，不活性条件とは別に，on what violin を不定詞節の CP 指定部を経ずして，取り出すことを可能にする何かがなければならない．（その場合には選言関数∨は on what violin の指定部にあることになる．）そのような条件が満たされれば，what violin だけを取り出すことは，WH の島の条件にも，不活性条件にも違反しないことになる．そのようなことを許す余地があるであろうか．

　第5章で，数量詞の作用域の多義性が，広く想定されている非顕在的な（通常は）TP への左方付加ではなく，典型的には v*P 内右端の要素を v*P に右方付加する顕在的 QR (Overt QR) を想定することで適切に処理できることを見た．また，この操作は数量詞に限らず，外置などの右方移動の一例であることも指摘した．これを (71b) の段階で what the violin に適用すると，後に {the} を含んだ下の (71b′) の構造が得られる．to の併合，C の併合の後，this sonata を移動すると，(71c′) が得られる．ここで，CP の指定部に移動されると，WH 島の条件に違反するが，さらに CP に右方付加することを阻むものは何もない．特に，併合は自由に適用できるとする，自由併合 (free merge) の立場を採用すればなおさらのことである．そして，what violin がその位置に留まったままであると，WH 句の特性（特にその指定部にあると想定している選言関数∨が，命題の集合を引数（argument）として取る必要性）が満たされていないので派生は破綻する．/∨ what violin/ を CP に付加すると (71d) の構造が得られる．最初の移動で，v*P に右方付加されていた /∨ what violin/ が跡形もなく消えているのは，本書では移動のコピー理論を退けているためと，この「中間痕跡」は音声的にも，意味的にも何の役割も果たしていないからである．

(71) b′. [$_{v*P}$ [$_{v*P}$ PRO v*-/play/ [$_{VP}$ {play} this^2 sonata [$_{PP}$ {on {the}}]]] [$_{PP}$ /∨ what the violin/]]

c′. [$_{CP}$ this- /this/ sonata C [$_{TP}$ to [$_{v*P}$ PRO v*-/play/ [$_{VP}$ {play} {the} [$_{PP}$ {on {the}}] [$_{PP}$ /[∨ what the violin/]]]]]
　　右方付加 →

d. [CP [CP this- /this/ sonata C [TP to [v*P PRO v*-/play/ [VP {play} {the} [PP {on {the}}]]]]]] [/∨ what the violin/]]

この後は主節の WH 移動の宿主（おそらくは Pr）の指定部を経由して，主節の CP 指定部に取り出されると，(69b) の派生は，何の違反もなく収束する．他方 on what violin 全体の指定部に選言関数∨が位置する場合は，これ全体が取り出され，On what violin is this sonata easy to play? が派生される．

翻って (69a) の派生では，文末にない what sonata を on this violin を超えて，右方付加することができないため，CP 指定部を通っての移動しかなく，WH 島の条件に抵触する．

もう 1 つ課題が残っている．それは (67a) の for us to please の不定詞節部分の意味機能である．いろいろ複雑で抽象的なことを考えたくなるが，単純に，いわゆる目的を表す不定詞の用法と考えるのが，簡明である．(67a) の例 The professor is tough (for us) to please は，「その教授は，（彼を）喜ばせるためには，我々にとって難しい」という意味になる．

7. まとめ

本章では，下に再録する図式に見るように，関係節の形成には DP（またはこれを含むより大きな句）の CP 指定部への移動（述語形成），外部の主要部への併合のための側方移動による DP の取り出し（DP 摘出），そして，DP が外部主要部に併合される前に，その DP への CP の付加（CP 付加）の 3 つの操作からなるものであることを見た．その際に，述語形成は関係節補文標識が持つ [+Pr] という素性により駆動されること，また，CP 付加は，同じく関係節補文標識が持つ [+Mod] という素性に駆動されることを論じた．

(1)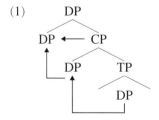

また，比較節，不定詞関係節，so to, too to, enough to などの相関節も同じメカニズムで生じること，そして tough 構文も，最後に CP が付加する位置が形容詞句 AP であるという点で異なるが，基本的には同じ 3 つの操作によ

り形成されることを見た．これを，すべての言語における関係節の一般理論として提案するものである．言語間に見られる媒介変数的差異については，この大枠における細部の変異であることを次章で論じる．

第9章　関係節 II：言語間変異

1. はじめに

第8章で提案した関係節の一般理論は (1) に図式的に示すものであった．

(1)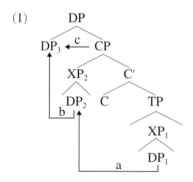

この DP 摘出-CP 付加の一般理論は，すべての関係節は，述語形成（矢印 a），DP 摘出（矢印 b），CP 付加（矢印 c）という3つの操作がそしてそれだけが関与し，そのすべてが顕在的であるかどうかにかかわらず，定決定詞が関与するという意味で，普遍文法 (UG) が許容する関係節の範囲を狭く制限している．しかし，同時に，下に要約するように，言語間の変異を制限された範囲ではあるが許すものである．

(2) a. 指定部-主要部-補部の投射の方向性
  b. 付加の方向性
  c. XP_1/DP_1 が書き出されるか，またいかに書き出されるか（r 主要部内在型／r 主要部外在型）

d. Cが（例えば英語の that のように）書き出されるか，否か
e. XP_2/DP_2 が書き出されるかどうか，またいかに書き出されるか（現代英語で言えば who/which など）
f. DP_3 がどのように書き出されるか（r 主要部内在型／r 主要部外在型）

(2a, b) は Kayne (1994) が提案し，比較的広く受け入れられている句構造理論，すなわち，線形一致公理（Linear Correspondence Axiom: LCA）と真っ向から対立する．Chomsky (1995) の意味での集合併合（set-Merge）により形成される構造，すなわち，指定部-主要部-補部の投射に関する限り，「線形順序は C 統御により一義的に定義される」という純粋な形の LCA は，先行（precedence）と後続（subsequence）の2つの可能性を許すことになるが，これは正しいと考える．事実，第 6 章での日本語についての分析が正しければ，英語では，C 統御は先行関係として，日本語では後続関係として，実現されるからである．だから，LCA が許す2つの可能性のうちの先行だけが選ばれるとする Kayne の主張は，しばしば LCA そのものであると誤解されているが，具体的な根拠を欠く単なる規定（stipulation）以外の何物でもない．また，付加に関しても Kayne とは意見を異にする．Chomsky (1995) に倣って，UG は付加を，通常の集合併合とは異なる対併合（pair-Merge）として認めることを想定する．[1]

(2c–f) はすべて，要素が書き出されるかどうか，そして書き出されるとするとどう書き出されるかに関するものである．もし XP_1/DP_1 が全面的に書き出され（DP_2 が書き出されないか，部分的に書き出され）ると，その結果は再録代名詞（resumptive pronoun）を含む r 主要部内在型関係節である．もし XP_1/DP_1 が代名詞として部分的に書き出され，DP_3 が全面的に書き出されると，その結果は再録代名詞を含む関係節となる．もし，DP_3 だけが書き出されると，英語などに見られる普通の関係節になる．

本章ではこの第 8 章の関係節理論のもとで，言語間の変異がどのように捉えられるかを論じる．本章は次のように構成されている．第 2 節でラコタ語の r 主要部内在型関係節を，第 3 節で日本語の関係節を，第 4 節で，ケルト諸語およびオーストロネシア語族における関係節，および，関係節を含む WH 疑問文を論じる．その結果これらの多様な言語も第 8 章で提案した関係節の一般理論の範囲内であることを確認する．第 5 節は結論である．

---

[1] LCA の問題についてのさらなる論述については Tonoike (2007a) 参照．

2. r 主要部内在型関係節：ラコタ語

　ラコタ語は r 主要部内在型関係節（Internally Headed Relative Clause: IHRC）を有することで知られた言語である．(3) の例は Alexiadou, Law, Meinunger and Wilder（以下 ALMW）(2000) からのものである．

(3)　[$_{DP}$ [$_{CP}$ Mary [$_{DP}$ owiza wa] kage] ki] he ophewathu

(ALMW (2000: 13 (38)))

　　　　Mary　quilt　a　　make the　I-buy

　「メアリーが作ったキルトを私は買った」

関係節の中に r 主要部 DP が含まれていることのほかに，(3) にはいくつか特筆すべき特徴がある．ラコタ語は SOV 言語であり，関係節が r 主要部 D に先行している．この 2 点は，この例が (4a) の構造から，(4b) に示す派生を辿ったと仮定すれば，(1) の関係化の一般理論の範囲の中で，適切に捉えることができる．

(4) a.　[[Mary [owiza wa ki^2 $_{DP}$] kage $_{TP}$] C $_{CP}$]

　　　　　　quilt　a　the　　made

(4a) の DP は，実際の発音上は owiza wa であって，決定詞（定冠詞）の ki は発音上含まれていない．しかし，(1) の関係節の一般理論では，関係化される DP には決定詞のトークンが 2 つなければならない．なぜなら，関係節内の空所と，関係節の r 主要部（いわゆる先行詞）は同じ事物を指すということを捉えることが関係節の理論にとって決定的に重要で，これが捉えられない関係節についての理論はその名に値しないからである．本書では 2 つの DP の同一指示関係はそれらが同じ決定詞のトークンを含んでいて，その同一性が，同一指示性を捉えているという主張を最も基本的な事実と捉えている．

　(4b) に図示される (4a) からの派生では，まず 2 つの決定詞のトークンを含む DP の中から，決定詞の意味 {ki} を残して，その片割れの音 /ki/ を伴い，（音も意味も備えた）ki が CP 指定部に述語形成で取り出される（矢印 a）．英語などとの違いは，補部の NP の owiza をその位置に残しておくことである．そして，その位置に，/ki/ を残して，決定詞 ki が DP 摘出により取り出され（矢印 b），これに CP が付加される（矢印 c）．CP の指定部に残った /ki/ は，書き出されると関係代名詞ということになるが，英語の the quilt that Mary made の場合のように空書き出しを受けると想定すれば，発音されないことが説明できる．関係節を導く補文標識も音形を持たない．

(4) b.
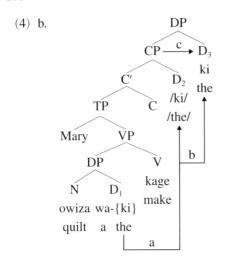

このように分析できることは，(3)のような r 主要部内在型関係節が DP 移動-CP 付加分析により許容される媒介変数的変異として扱うことができることを示すばかりか，元位置演算子変項構造分析に対する追加の証拠も提供する．不定冠詞（＝存在数量詞）が関係節内で必要とされることは，これに対応する独立文では不定冠詞を必要とするという事実から帰結する．すべての関係節は内部において存在数量詞を含んでいなければならないという要件があるということを第 8 章脚注 10 で論じた．英語では，対応する独立文に素存在数量詞 a/some が生じるという傍証しかないが，ラコタ語は不定冠詞（＝存在数量詞）を明示的に含んでいるという意味で，この要件に明確な証拠を提供している．また，(1)の図式は，関係節は DP の移動が不可欠の要素であることを示しているが，ラコタ語は移動されるものが，DP 全体でなくて，D だけでよいことを示しており，その意味で，D が移動されることが決定的に重要であるという (1) の関係節理論の最も基本的な部分を具現していると言える．

3. 日本語

日本語の関係節については，3つの興味ある事実がある．1つは，英語と違って，日本語の関係節は r 主要部に先行すること，もう1つは，下接の条件（Subjacency Condition）を守らないこと，3つ目は，日本語にも r 主要部内在型関係節があるということである．下接の条件を守らない例で，最初の2つを見ることにしよう．

3.1. 日本語関係節構造と下接の条件

Kuno (1973) は1つの節から2重の関係化が生じている (5a) の例をあげて，日本語では下接の条件（別名 WH 島の条件）が働いていないことを示した．これ以外に，(5b) では WH の島からの関係化が，(5c) では付加部からの関係化が起こっているが，いずれも文法的である．

(5) a. [[e_i e_j 着ている] 服$_j$-が 破れている] 紳士$_i$
    b. [[e_i 何を言いたいのか] さっぱり分からない] 男$_i$
    c. [[e_i 聞くと] 誰もが幸せになる話$_i$

(5a) では，「紳士」が，関係化された DP 内からさらに関係化されていて，述語形成（WH 移動）が下接の条件を破っている．このようなことを英語で行うと，(6) に示す如く下接の条件違反となり重篤な非文法性が生じる．にもかかわらず (5) の例は全く問題なく文法的である．

(6) a. *the gentleman$_i$ that [the clothes$_j$ that e_i is wearing e_j are torn]
    b. *the man$_i$ who [what e_i wants to say] is totally unclear
    c. *the story$_i$ which everyone becomes happy [if he hears e_i]

Huang (1982)，Nishigauchi (1990) は中国語，日本語に下接の条件効果が見られないことを，これらの言語では WH 移動は LF 部門において適用し，そのため，下接の条件を免れるという提案を行った．[2] 当時としては，この提案は意味をなしたが，今からして思えば，下接の条件が LF では適用しないということは単なる規定 (stipulation) にすぎず，独立の根拠を持つものではなかった．ましてや，LF 移動などというものを認めない本書の立場では，そのような解決方法は採用するすべもない．

日本語における下接の条件効果の欠如は，DP 移動 -CP 付加分析の下では，もう1つ追加の仮定を採用することで，簡単に，そして自然に処理することができる．つまり，述語形成は CP 指定部への直接的移動（WH 移動）によっても，側方移動（代名詞化）によっても，達成することができることを想定すればよいのである．その派生の例示の前に，この中に含まれる「紳士が着ている服」の派生を見ることによって，日本語の関係化も (1) の枠組みの範囲に収っていることを見よう．

---

   [2] この提案は関係節の形成においては，英語では関係代名詞が WH 移動を受けるということを前提として，中国語や日本語でも，音形のない関係代名詞が WH 移動を受けるということを前提としていたことに注意されたい．

この部分の派生は（7a）の構造から始まる．この構造は基本的にはラコタ語のr主要部内在型関係節の構造と同じであるが，指定部が右側にあるという左枝分かれ構造になっている点が異なっている．これは第6章で日本語の節構造は左枝分かれ構造をしていると論じた結論を受け継いでのことである．また，日本語の決定詞はいわゆる格助詞であるということをここでは仮定しているが，この点については第6章と第11章を参照．D^2と2つのトークンがあるのは，関係化されることを見越してのことであるが，このTPが単独の文として使われた場合は，2つのDはそれぞれ1つのトークンしかなく，「服を」「紳士が」と，「を」「が」という格助詞として書き出される．また，動詞「着て」の音の/着て/は，後にその意味{着て}を残し，v*を経てT「いる」まで（実際にはCまで）繰り上がっている．(2つのDを区別するために便宜上iとjの下付き文字をつけているが，これには，理論上の意味合いはない.)

(7) a.

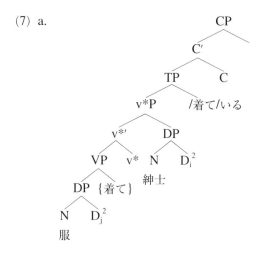

この構造で，まず，「服D」が述語形成で，CPの指定部に移動するが，その折に元の位置にはDの意味{D}を残し，その片割れの音/D/を伴って移動する．CP指定部に/D/を残して，「服D」はDP摘出を受ける．さらにCPがこれに付加する．その結果（7b）の構造が生じる．D_iが1つしかなければ，これで，「紳士が着ている服D」が形成され，それが「汚れている」の主語として使われれば，「紳士が着ている服が汚れている」とDは「が」として書き出される．

(7) b.

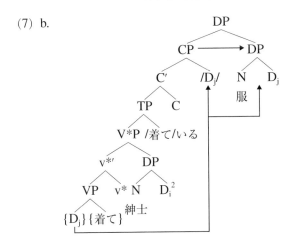

　ここまでのところで，日本語の関係化においても述語形成，DP 摘出，CP 付加という 3 つの操作で捉えられること，しかし，移動，付加の方向性が英語と正反対であること，関係代名詞の有無について相違があることが判明したが，いずれも (1) の大枠の範囲内である．

　次に下接の条件を破っているかに見える (5a) の例の派生に話を進めよう．それは (7b) の DP に「破れている」を加えた構造で (7c) から始まる．（「破れている」の TP の内部構造は省略．）

(7) c.

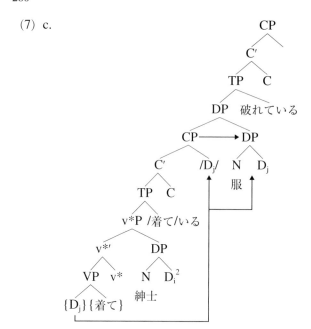

　この段階で「服 D」は，時制より与えられた主格により「服が」として書き出される．「紳士 D^2」を取り出さなければならないが，問題はすでに CP 指定部は埋まっているので，取り出すことができないことである．さらに「紳士 D^2」を取り出すことは下の関係節 CP の段階で起こっていなければならないが，これが下接の条件で阻まれ，(7c) の段階になると，すでに関係節 CP の中の TP は転送（Transfer）を受けていて，位相不可侵条件により，全く接近不可能である．日本語の WH 移動は下接の条件に従わない，あるいは，Huang-Nishigauchi 流に，日本語での WH 移動は LF で適用し，LF での移動は下接の条件に従わないという立場を取る以外に解決方法はないのであろうか．

　本書でのこれまでの提案から，極めて簡明な解決方法が実はある．第 3 章，第 4 章で，位相内部の DP を，外部での併合のため，側方移動により取り出すことができ，その後に決定詞 D (the) のトークン（コピー）が残ったものが代名詞であること，それが英語では人称代名詞として書き出されること（第 3 章），そして，日本語では，決定詞は，補部の NP を伴わないときには，空書き出しを受け，それがいわゆるゼロ代名詞であるということを見た．(7c) の「紳士 D_i^2」は 2 つの D のトークンを含んでいるので，このまま放置すると，2 つのうちの 1 つは「着る」の主語としての θ 役割を受けるが，もう 1 つは θ 役割を持たず，そのため派生は破綻する．この状況を救済する方法は，下の

(7d) の内側の DP が形成された段階で上位の主要部との併合のために，側方移動により D_i を残して「紳士 D_i」を，取りだすことである．例えば，派生の作業台（workspace）の上には，(7c) だけでなく，最終的には「着ている服が破れている紳士を探しなさい」が派生されるように，「探しなさい」という動詞があり，これがその補部を要求している状況を想定すると分かりやすい．この側方移動の結果，一旦 (7d) に示す 3 つの統語体が作業台の上に存在することになる．「探しなさい」の内部構造は無視して，単に動詞として扱う．

(7) d.

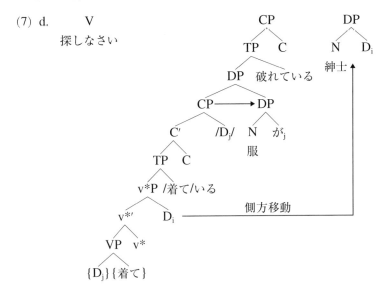

「紳士 D_i」が「探しなさい」と併合される前に，C が持つ [+Pr] に駆動されて，一旦 CP 指定部に併合され，DP 摘出で取り出され，次に C が持つ [+Mod] に駆動されて，CP がこれに付加され，その後に関係節を含んだ DP が「探しなさい」の補部として併合されると (7e) が生成される．[3] 関係節中に残された D_i は，補部の N を欠いているために，ゼロ代名詞として書き出される（空書き出しを受ける）．[4]

---

[3] その結果 CP は通常の関係化の場合と同様，自らの指定部から出て行った DP に付加することになる．

[4] 日本語の関係節にゼロ代名詞が「再録代名詞」として関与しているという立場については，Saito (1985) 参照．ただし，いかにしてゼロ代名詞が出現したのかが問題で，レキシコンに pro が存在するとするのが通常の仮定であるが，そうすると同一指示を捉えるのに，指示指標という概念上の必然性に欠ける仕組みを使わなければならないというより大きな問題に直面する．

(7) e.

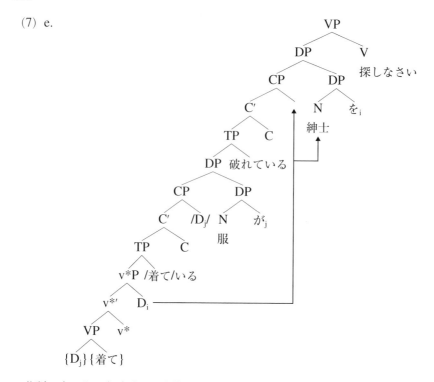

　英語でもこれに相当する関係節が可能である．それはいわゆる再録代名詞を用いた関係節である．以下は Creswell (2002) が Prince (1990) から引用している例である．

(8) a. There are always guests who I am curious about [what they are going to say].　　　　　　　　　　(Prince (1990: 482 (3a)))
　　b. That asshole X, who I loathe and despise the ground [he walks on], pointed out that ...　　　(Prince (1990: 483 (5a)))
　　c. Apparently, there are such things as bees in the area which [if you're stung by them], you die.　(Prince (1990: 483 (5b)))

(8a) は WH の島からの関係化，(8b) は関係節内からの関係化，(8c) は付加部の if 節からの関係化で，いずれも，下線を付した再録代名詞を含んでいる．
　日本語についても，英語についても，直近の CP 指定部への述語形成（WH 移動）が適用できず，先に述べたように，側方移動による代名詞化によって取り出された DP が関係節を導く最上位の C の [+Pr] に駆動されて，その指定

部に立ち寄った後，さらに取り出されて（DP 摘出），その後で，CP が付加されたものと分析できる．[5] 英語では代名詞化であるから代名詞が後に残り，これを再録代名詞と称しているが，何も特別な代名詞が使用されているのではなく，単に代名詞化（すなわち側方移動）が起こっているだけである．日本語の場合は，代名詞は関係代名詞に相当するものも，普通の代名詞に相当するものも，いずれも空であるから，あたかも，関係化が下接の条件を破って適用しているような外見になるだけである．

日本語では，さらに，(9) に示すように後に残された D に，「代名詞的な名詞」を補うことができる．そうすると決定詞にはそれを支える N が生じるため，それぞれ「が」「が」「を」と格助詞として書き出される．

(9) a.　[[その人が$_i$　e$_j$　着ている] 服が$_j$　破れている] 紳士 D$_i$
　　b.　[[そいつが$_i$ 何を言いたいのか] さっぱり分からない] 男 D$_i$
　　c.　[[それを$_i$ 聞くと] 誰もが幸せになる話 D$_i$

一般には (9) のような例が日本語における再録代名詞であると考えられているが，英語に対応するような再録代名詞はゼロ代名詞である．(5) の例の DP を目的語として使った例を (10) に示す．

(10) a.　[[D$_i$ {D$_j$} 着ている C /D$_i$/] 服が$_j$　破れている] 紳士を$_i$ 探しなさい
　　 b.　[[D$_i$ 何を言いたいのか] さっぱり分からない] 男が$_i$ やってきた
　　 c.　[[D$_i$ 聞くと] 誰もが幸せになる話が$_i$ 聞きたい

(10a) の /D$_i$/ は CP 指定部に残された D$_i$ の音形で，関係代名詞に相当するが，N 補部を持たないため，空書き出しとなる．残りの D$_i$ はすべて，再録ゼロ代名詞である．(10b) では「か」が CP 指定部に移動していることに注意されたい（第 7 章参照）．

3.2.　r 主要部内在型関係節

生成文法の枠組みで r 主要部内在型関係節 (internally-headed relative clause) を (pivot-independent relative clause として) 取り上げたのは Kuroda (1974, 1975–76, 1976, 1976–77) であったが，ここでは次の Kuroda の (11a) の例がどのように (1) の枠組みのもとで派生されるかを見る．[6]

---

[5] これにより当該の関係節 CP はどの DP に付加すべきであるかが「分かる」のである．
[6] 日本語の r 主要部内在型関係節を (1) の枠組みで処理する提案の詳細については，Takahashi (2015) を参照．

(11) a. ［冷蔵庫にスイカを冷やしておいたの］を誰かが食べた
b. 冷蔵庫にスイカ D_i^2 冷やしておいたの

c.
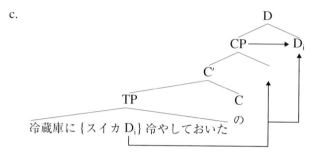

関係節となる CP は (11b) で,「スイカ」を補部とする決定詞の 2 つのトークンを含んでいる.「の」を補文標識として分析していることに注意されたい.[7] 派生は (11c) に示す如く, まず,「スイカ D_i」を残し, もう 1 つの D_i の音形 /D_i/ と, 意味 {D} の両方が述語形成で, CP 指定部に移動する. 次に, DP 摘出により, D_i が取り出され, これに CP が付加する.[8] 通常の関係節の場合と違って CP 指定部には /D_i/ は残らない. それに対して, 最上位の D_i のほうは「食べた」から対格が与えられ, 格助詞「を」として書き出される. また, 補文標識「の」は, 英語の that のような使い方もできるが, その場合にも格付与を受ける.

(12) a. ［君が来ていたの］を知らなかった
b. ［そんなことを言ったの］が間違いだった

---

[7] r 主要部内在型関係節は古語では, 補文標識を含まず, 動詞が連体形であることで示されていた.『源氏物語』の冒頭には 2 つの r 主要部内在型関係節が含まれ, その 1 つは二重の r 主要部内在型関係節になっている. 下線部が連体形である.
　(i)　いづれの御時にか,［女御, 更衣あまたさぶらひたまひける］なかに,［［いとやむごとなき際にはあらぬ］が, 優れて時めきたまふ］ありけり.
古語では, r 主要部内在型関係節は, 空の C に導かれていたと捉えることもできれば, 連体形の屈折語尾そのものが C であると捉えることもできる. いずれにせよ, 連体形と終止形の区別が消失した結果, これを示すものとして「の」が C として用いられるようになったわけであるが, これも連体形の屈折と捉えることも可能である. このことは次の終止形と連体形の区別からしても, 自然な分析であるといえる.
　(ii)　a.（何人かの）生徒が欠席だ
　　　b.（何人かの）欠席の生徒
[8]「の」に格助詞「を」がついているという分析, すなわち「を」=D が CP を補部として取っているという分析も考えられる. ラコタ語の関係節についても同様のことが言える.

以上見てきたように，日本語の「主要部内在型関係節」も，ラコタ語の場合と同様に，関係節の形成には決定詞句が不可欠の役割を果たしているという(1)の図式の範囲内に収るものである．

4. いわゆる WH 一致の言語

オーストロネシア語族とケルト諸語という地理的にも言語系統的にも遠く離れた言語には WH 疑問文や関係節の形成において WH 一致と呼ばれる現象があるという分析が多く見られる．この節では，これらの言語には主張されるような WH 一致のような現象はなく，関係節の形成（および関係節を中に含む WH 疑問文）において決定詞の移動が不可欠な形で関わっており，(1)の図式に従うものであることを見る．

4.1. ケルト諸語

ケルト諸語は，関係化に置いて「補文標識一致」を示すという主張が広く受け入れられている．

4.1.1. 現代アイルランド語（Modern Irish）の事実

McCloskey (2001) によると，アイルランド語には英語の that に対応する補文標識に 3 種類あるということである．

(13) a. Deir siad gur   ghoid na síogaí í.
        say they C-[PAST] stole the fairies her
        'They say that the fairies stole her away.'

        (McCloskey (2001: 67 (1)))
   b. an ghirseach a   ghoid na síogaí
      the girl   aL stole the fairies
      'the girl that the fairies stole away'   (McCloskey (2001: 67 (2)))
   c. an ghirseach ar ghoid na síogaí í.
      the girl   aN stole the fairies her
      'the girl that the fairies stole away'   (McCloskey (2001: 67 (3)))

(13a) にあるように従属節からの取り出しが何もないときには，補文標識としては go が用いられるが，この場合それは過去時制で gur という形を取る．関係節の場合のように何かが取り出されると，aL として表記される異なる補文標識が現れるが，(13b) では a という形を取る．関係節が再録代名詞を含ん

でいる場合は (13c) に見るように，aN として表記されるまた別の補文標識が現れ，これは (13c) では，ar という形を取る．(13c) の再録代名詞は í である．

　McCloskey は aL は補文標識であるが，それが導く節の中で WH 移動が適用されたことを示すと主張する．したがって，WH 移動が連続循環的に適用されると，(14) に示すように各々の節は aL (=a) で標識される．

(14)　rud　　a　gheall　　tú　a　dhéanfá
　　　thing aL promised you aL do [COND-S2]
　　　'something that you promised that you would do'
　　　　　　　　　　　　　　　　　　　(McCloskey (2001: 68 (4)))

この意味で，この補文標識は WH 一致を示すという．予想されるように WH 一致を示す補文標識 aL は構成素疑問文 (constituent question) にも現れる．

(15)　Cá　　fhad　a　bhí　　　siad　fá　　Bhaile Átha Cliath t ?
　　　WH length aL be[PAST] they around Dublin
　　　'How long were they in Dublin?'　　(McCloskey (2001: 70 (7)))

4.1.2. スコットランド・ゲール語 (Scottish Gaelic) の事実

　Adger and Ramchand (以下 A&R) (2005) によると，スコットランド・ゲール語も同様の WH 一致を示すという．通常の補文標識は (16a) に示すように gun であるが，WH 一致を示す補文標識は (16b) に示すように a である．この言語はアイルランド語の aN に対応するものはなく，関係節で gun を用いることは一切できない．そのため gun の異形態 gum を含んだ (16c) は非文法的である．

(16) a.　Thuirt Iain gun do cheannaich thu leabhar an diugh.
　　　　said　Iain that buy-PAST　you a book today
　　　　'Iain said that you bought a book today.'　(A&R (2005: 164 (7)))
　　b.　an duine　a　　bhuaileas　e
　　　　the man　C-REL strike-FUT he
　　　　'the man that he will hit'　　　　　　　　(A&R (2005: 175 (43)))
　　c. *an duine gum buail　　e
　　　　the man　C　strike-FUT he
　　　　'the man that he will hit'　　　　　　　　(A&R (2005: 175 (44)))

連続循環的関係化においては，(17a) が示すように WH 一致の補文標識がそれぞれの節に現れる．(17b) が示すように，連続循環的 WH 移動を含む WH 疑問文においても，それぞれの節が WH 一致の補文標識を持つ．(いずれも下線を付した a に着目．)

(17) a. an duine a̲   thuirt e a̲   bhuaileas   e
        the man C-REL said   he C-REL strike-FUT he
        'the man that he said he will hit'   (A&R (2005: 176 (50)))
    b. Dè a̲   thuirt   sibh a   sgrìobh   i?
        what C-REL say-PAST you C-REL write-PAST she
        'What did you say that she wrote?'   (A&R (2005: 166 (20)))

このように見ると，補文標識の WH 一致分析が正しいように確かに見えるが，果たしてそうであろうか．次節では，WH 一致の補文標識と目されるものは，WH 移動の際に CP 指定部に残された決定詞のコピーであるとする分析を提案する．

4.1.3. 代案：決定詞分析

　現代アイルランド語およびスコットランド・ゲール語において，何かが節から取り出されると WH 一致の要素，現代アイルランド語では aL，スコットランド・ゲール語では a が用いられるという圧倒的な証拠が提出されているが，これらの要素が補文標識であるということを示す説得的な証拠はなく，これまで幾つかの代案分析が提案されている．(McCloskey がこれらの代案をどのように評価しているかについては McCloseky (2001) を参照．) 本書で提案している関係化の提案はさらに新たな可能性，すなわち WH 一致要素とされるものが CP 指定部に残された D の痕跡であるという可能性を生む．

　これらの問題に取り組んでいる研究者の誰もが問題としていないように思われる 1 つの側面は，下の (18) に再録する (13b) と (16b) に見られるように補文標識と目される aL と a と，定決定詞 an との間の奇妙な類似性である．この類似性はこれらの要素が定決定詞の縮約版であるという可能性を示唆する．この可能性は，問題の現象を第 8 章で提案した関係化の DP 移動 -CP 付加理論の視点から見るとなお現実性を帯びてくる．なぜなら，この理論のもとでは，関係代名詞とは DP が CP 指定部より取り出されるときに後に残された決定詞のコピーであるという，ドイツ語における関係化に最も如実に現れている選択肢を UG が許すからである．

　この可能性が正しいと仮定してみよう．そして，現代アイルランド語とス

コットランド・ゲール語における関係節補文標識は音声的に空であると仮定してみよう. そうすると, (13b) と (16b) の派生は下に示す, 定決定詞 an の 2 つのトークン (コピー) を含む構造から始まる. (動詞が C に繰り上がっていると思われるが, その点は割愛する.)

(18) a. [C [ghoid na síogaí an² ghirseach]]   (13b)
         stole the fairies the girl
     b. [C [bhuaileas   e   an² duine]]   (16b)
         strike-FUT he the man

述語形成 (WH 移動) は目的語の DP を CP 指定部に移動するが, その折に, 元の位置にその意味 {an} を残し, その音形 /an/ を引き連れる.

(19) a. [$_{CP}$ an+/an/ ghirseach C [ghoid na síogaí {an}]]   (13b)
         the   girl   stole the fairies
     b. [$_{CP}$ an+/an/ duine C [bhuaileas e {an}]]   (16b)
         the   man   strike-FUT he

DP 摘出により CP 指定部に /an/ を残して, DP が摘出され, CP 付加により, DP に CP が付加されると, (20) が生成される.

(20) a. [$_{DP}$ [$_{DP}$ an ghirseach] [$_{CP}$ /an/ C [ghoid na síogaí {an}]]]   (13b)
              the girl   /the/   stole the fairies
     b. [$_{DP}$ [$_{DP}$ an duine] [$_{CP}$ /an/ C [bhuaileas e {an}]]]   (16b)
              the man   /the/   strike-FUT he

CP 指定部に残った /an/ が関係代名詞に当たるが, 現代アイルランド語では, aL (=a) として, スコットランド・ゲール語では, 縮減された a として書き出されると仮定すれば, これは DP 移動+CP 付加の関係化の理論が予測する通りであり, 関係代名詞 aL/a が決定詞 an と類似した形をしていることにも自然な説明を与えることができる. a が 2 つ現れる (14) の例は, 連続循環的移動のたびに CP 指定部に関係代名詞が残されると分析される.

では (21a, b) として下に再録する (15) と (17b) の WH 疑問文はどうであろうか.

(21) a. Cá fhad a bhí   siad fá   Bhaile Átha Cliath t] ?
         WH length aL be[PAST] they around Dublin
         'How long were they in Dublin?'

b. Dè   a   thuirt   sibh a   sgrìobh   i?
   what C-REL say-PAST you C-REL write-PAST she
   'What did you say that she wrote?'

これらの WH 疑問文は，(22) に示すように，カギカッコで括った a 以下が自由関係節であるとすれば，自由関係節を主語とし，疑問詞を述語とする疑問文であると分析できる．

(22) a. Cá   fhad [$_{DP}$ [$_{DP}$ an] [$_{CP}$/an/ C [$_{TP}$ bhí   siad fá
         what length   the   /the/   be[PAST] they around
         Bhaile Atha Cliath {an}]]]
         Dublin   {the}
         'The (time) that they were around Dublin (is) what length?'
    b. Dè [$_{DP}$ [$_{DP}$ an] [$_{CP}$ /an/ C thuirt   sibh [$_{CP}$ /an/ C [$_{TP}$ sgrìobh
         what   the   /the/   say-PAST you   /the/   write-PAST
         an]]]]?
         she
         'What you said she wrote (is) what?'

(22a) では自由関係詞（英語の what のようなもの）である an が，その意味 {an} を残して，CP 指定部に取り出され（述語形成），その音形 /an/ を残して，an が関係節の外に取り出され（DP 摘出），それに関係節 CP が付加されている．CP 指定部に残された /an/ は空として書き出される．自由関係詞は a として書き出される．

(22b) では，動詞の右側に目的語の自由関係詞 an が併合され，それが代名詞化（側方移動）により，従属節の CP 指定部を経て，さらに主節の CP 指定部を経て取り出されている．代名詞化であるため元位置の an は i という代名詞として書き出され，2 つの CP 指定部のうち一番内側に残された /an/ は a と書き出され，外側の指定部に残された /an/ は，その前にある a と書き出された /an/ の存在のためであろうが，空の書き出しを受けている．

必要なことは，自由関係詞として機能するときには an は aL（= a)/a と書き出されるということと，その場合には CP 指定部に残された /a/ は書き出されないということであるが，後者については，英語で what が自由関係詞として使われたときには，関係代名詞が現われないことと同列に扱うことができる (Cf. what (*which) she wrote). つまり，これらの例は WH 疑問文であるが，文頭に現れる WH 表現は，英語的な感覚からすると，WH 移動でその位置に

来たように思われるが，これらの言語では述語の位置に生じていて，全体としては元位置疑問文であることになる．これらの言語が述語先行の VSO の言語であることは言うまでもない．

(23a) に再録する，現代アイルランド語の再録代名詞を含む (16b) の場合はどうであろうか．

(23) a.　an duine　a　　bhuaileas　e
　　　　the man　C-REL strike-FUT he
　　　'the man that he will hit'
　　b.　[$_{DP}$ [$_{DP}$ an duine [$_{CP}$ /a/ C [$_{TP}$ bhuaileas　an]
　　　　　　　the man　　/the/　　strike-FUT the

上で下接の条件を破るように見える日本語の関係化には，代名詞化という側方移動が関与しているとうことを見た．また注 3 で，その指定部が埋まっている CP からの取り出しの際には代名詞化（＝側方移動）が適用するが，その後，一旦最上位の関係節を導く CP の指定部に一度立ち寄って，その後 DP 摘出によって取り出されるという可能性を示唆した．(16b) の例における摘出は下接の条件に抵触しないけれども，(23b) に示すように，代名詞化により，CP 指定部に移動しても，これを阻止するような条件はない．CP 指定部に /a/ が残り，これが関係代名詞として a と書き出しを受け目的語の位置に残る an は再録代名詞 e と書き出しを受けることになる．この時の C は関係節を導く音形のない C であるから，これが通常の補文標識として gum として書き出されることはあり得ない．これで (16c) の非文法性も説明される．

4.1.4.　ウェールズ語

ケルト諸語の WH 一致の補文標識分析の代案としての上の決定詞分析は，もう 1 つのケルト語のウェールズ語から直接的に支持される．Adger and Ramchand（以下 A&R）(2005) は以下の例を挙げている．[9]

(24) a.　yr ysgol　yr　　ai　　　　Deian a　Loli iddi
　　　　the school REL went-IMPF Deian and Loli to-3F.SG
　　　　'the school that Deian and Loli went to'　　(A&R (2005: (82)))

---

[9] Adger and Ramchand (2005) の論点は，関係節を含めた WH 依存関係は移動による場合と，基底生成による場合があり，後者の場合には関係節を導く補文標識と基底生成された代名詞との間に，一致 (Agree) 関係が成り立たなければならないとする分析を，ケルト諸語，特にウェールズ語について，正当化することである．本節で問題とするのはその議論のために

b. y   llyfr y dywedodd John y gwerthodd Mary ef
    the book C said   John C read-3SG Mary it
    'the book that John said that Mary read'   (A&R (2005: (83)))

(24a) は DP 摘出による関係化の例であり，(24b) は再録代名詞（ef＝it）を残す関係化の例である．A&R (2005) によると，ウェールズ語には an という定冠詞と yr/y という定冠詞があり，母音の前では yr，子音の前では y という形を取る異形態を示す．(24) における定冠詞と「WH 一致補文標識」の同一性は，その異形態の分布に関しても自明であろう．A&R は (24a, b) の最初の yr/y を定冠詞と呼び，二番目の yr/y を WH 一致の補文標識と呼んでいるが，その区別には，関係節においては関係節中に含まれる基底生成された代名詞と補文標識との間に一致が成り立たなければならないという彼らが採用している関係節についての理論以外の根拠はない．[10]

4.2. オーストロネシア語族

オーストロネシア語族の言語についても WH 一致が存在すると多くの研究者が考えているが，これらの言語においても関係化には決定詞の移動が不可欠な形で関係していることを示す．

4.2.1. タガログ語[11]

タガログ語ではどの文にも，ang がついた句が1つあり，それが動詞の形態との間で一致を示す．それ以外の句はすべて ng を含んでいるか，前置詞に導かれている．以下の例は語釈，英語も含めて，Rackowsky and Richards (2005: 566 (1)) （以下 R&R）からである．

(25) a. B-**um**-ili   *ang* bata ng tela sa   palengke para sa
        -**NOM**.ASP-buy ANG child CS cloth DAT market for DAT
        nanay.
        Mother
        '*The child* bought (the) cloth at the market for Mother.'

採用している仮定である．ただし，関係節はすべて決定詞の移動を含むという本章の立場からすれば，彼らの主張とは相容れないが，ここではそのことには立ち入らない．

[10] その意味で，彼らの議論は循環論に陥っている可能性が高い．
[11] 本節のタガログ語の記述は基本的には Otsuka and Tonoike (2010) を踏襲している．

b. B-in-ili-**Ø**　　　　　ng bata *ang　tela*　sa　　palengke para sa
　-ASP-buy-**ACC** CS child ANG cloth DAT market　for　DAT
nanay.
Mother
'The child bought *the cloth* at the market for Mother.'
c. B-in-ilh-**an**　　　　ng bata ng tela *ang　palengke* para sa
　-ASP-buy-**DAT** CS child CS cloth ANG market　for　DAT
nanay.
Mother
'The child bought (the) cloth *at the market* for Mother.'
d. **I**-b-in-ili　　　　ng bata ng tela　sa　　palengke *ang　nanay.*
OBL-ASP-buy CS　child CS cloth DAT market　　ANG Mother
'The child bought (the) cloth at the market *for Mother.*'

　(25a) では，主語（動作主）に ang がついており，動詞は主語の主格との一致を示す接中辞 (infix)-um- を含んでいる．(25b) では，目的語に ang がついており，動詞はその格，対格との一致を示す空接尾辞を含んでいる（と分析される）．(25c) では場所を表す句に ang がついており，動詞は与格を表す接尾辞 -an を含んでいる．(25d) では，受益者句に ang がついており，動詞はこの格を反映して，i- という接頭辞を含んでいる．一文に 1 つある ang でマークされた項を，タガログ語の研究者の間では「主語」と呼ぶ．
　R&R は，この状況を次のように扱うことを提案している．v が探索子として働き，[12] その領域内の最も近い（すなわち最も高い位置にある）DP を選んで，その格を一致により拾い，その DP をその指定部に引き上げ，それをタガログ語研究者の間で言う「主語」にする．また明示的には述べられていないが，おそらくはそれに ang を付与する．(ただし，タガログ語には Scrambling があるので「主語」が常にすべての項の中で左端にあるとは限らないと述べている．) (25b-d) において内項が外項を超えて「主語」になっているのは，目的語については北欧言語と同じように目的語転移 (Object Shift) が適用するため，そして場所と受益者については適用構造 (applicative structure) を含んでいるからであると R&R は主張する．[13]

---

[12] 本書の扱いでいけば v* ということになる．
[13] (25a) の外項に ang がついている場合は，探索子である v の C 統御領域内にないので，この目標子になることはできないが，これについては default で一致が起こるとしているが，これは規定にほかならない．

さらに R&R は，このシステムが次の WH 要素の摘出における文法性の対比を説明すると主張する．疑問詞 sino "who" は下線部から摘出されたものと想定されている．

(26) a. *Sino* [ang b-in-igy-**an**　　　ng lalaki ng bulaklak ＿＿]?
       who　ANG -ASP-give-**DAT** CS man　CS flower
       '*Who* did the man give the flower to?'
   b. *Sino [ang **i**-b-in-igay　　　ng lalaki *ang*　*bulaklak* ＿＿]?
       who　ANG **OBL**-ASP-give CS man　ANG flower
   c. *Sino [ang **n**-agbigay　　　*ang*　*lalaki* ng bulaklak ＿＿]?
       who　ANG **NOM**.ASP-give ANG man　CS flower

(26a) では，摘出された DP である sino "who" は与格 (Dative) を示す動詞と一致している．(26b) では，動詞は直接目的語である ang bulaklak "ANG flowers" と一致して斜格 (Oblique) を示している．それゆえ sino との間には一致がなく，sino は「主語」ではない．(26c) では，動詞は主格 (Nominative) を示していて，動作主 (主語) の ang lalaki "ANG man" との間の一致を示している．そのためここでも sino は「主語」ではない．R&R はこの事実を，「WH 句の摘出は位相の周縁 (edge) からのみ可能で，それゆえ ang で表示された vP (＝v*P) の周縁からのみ可能である」から，sino の摘出は (26a) においては可能であるが，(26b, c) では不可能であるからであると説明する．つまり，WH 句の摘出はそれがタガログ語でいう「主語」であるときにのみ可能であると言うのである．

　R&R の主張の目的語転移や適応構造については正しいかもしれないが，基本的に R&R の提案の骨子を残して，動詞形態論については (27) に示す変更を加え，関係節について (28) のような分析を取るほうがより一貫した，そして簡潔な説明ができる．

(27) a. タガログ語では，文中の項はすべて ng という決定詞を含んでいる．
   b. V, v*, T は C にまで繰り上がる．[14]
   c. C はその領域の TP 内の項に与える焦点素性の値 F を持ち，探索子として領域内に焦点素性枠 [$_F$　] を持つ DP を目標子として探索する．

---

[14] これは第 2 章で提案したように，C-T-v*-V という語彙複合が，音形を伴い連続循環的に編出するという形で捉えることができる．

d. C は一致によりその DP の格を取り込み，その主要部の D に焦点素性の値 F を与える．
　　e. 焦点素性を持った ng は ang として書き出される．
　　f. ang は補部名詞を伴わずに現れうるが，その時には（英語で言えば what に相当する）自由関係詞として働く．

これを図式化する（28）のようになる．[15] 焦点素性の値は C に一個あるだけであることにより，ang が一文に一個しか現れないことが説明される．焦点素性枠を持つ DP が複数あると，1つを除いては値を持たない焦点素性枠が残り，これが解釈不能であるために派生は破綻する．[16]

(28)　[C-T-v*-V [$_{TP}$ [[$_{v*P}$ DP$_1$ DP$_2$ DP$_3$]]]]

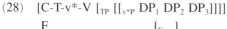
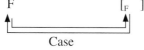
　　　　　　　　　Case

この探索子と目標子の間での焦点素性と格素性のやり取りは，英語における T と外項との間の φ 素性と格素性のやりとりと平行的である．[17] これにより (25) の4つの場合の ang の分布と動詞における格標識が説明でき，R&R の主語の特別扱いも除去できる．

　他方 (26a) の ang に導かれた自由関係節については，(1) の図式に従って，(29) に示す派生を辿ることを提案する．(29a) はすでに (28) の一致が終わった状態である．また煩雑になるので示していないが，ang の位置には，ng の2つのトークンがあり，その1つが [$_F$ F] を持っていて，これが後に ang と書き出しを受けると想定する．

---

[15] (28) では内項の3つの DP を並列に扱っているが，それぞれの項は然るべき位置において格を受け取る．特に主語については TP 指定部への移動の結果主格を付与されると想定している．ただし，（おそらく TP 内での右方付加による）Scrambling によって，表層の語順は自由である．

[16] 素性とその値について，値のない素性を [uF]，値のある素性を [αF] のように表記するのが一般的であるが，ここでは，値のない素性を素性枠として [$_F$] と表し，素性の値を F と表す．いずれも解釈不能で，解釈可能になるためには，値が素性枠に入って [$_F$ F] の姿にならなければならないと想定する．格素性については，例えば [$_C$ Nom] のようになっても，まだ解釈不能で，その宿主の D(P) が適切な音形に置き換えられて，消えてしまわなければならないと想定する．

[17] ただし，英語では主語の DP が TP 指定部に移動するが，(16) では，一致が生じるだけで，DP の移動は生じない．

(29) a.　[$_{CP}$ C-b-in-igy-**an** [$_{TP}$ ng lalaki ng bulaklak ang]]　述語形成 →
　　 b.　[$_{CP}$ ang+/ng/ C-b-in-igy-**an** [$_{TP}$ ng lalaki ng bulaklak {ng}]]
　　　　DP 摘出＋CP 付加 →
　　 c.　[$_{D}$ [$_{D}$ ang] [$_{CP}$ /ng/ C-b-in-igy-**an** [$_{TP}$ ng lalaki ng bulaklak {ng}]]]

　関係節 C（つまり [＋Mod] を持った C）は，ang DP を探索する．この場合 ang は単独で生じているので，元位置に ng の意味 {ng} を残し，その音形 /ng/ とともに ang を CP 指定部に取り出す（(29b)）．そして，/ng/ を CP 指定部に残して，ang が取り出され，これに CP が付加されると (29c) が得られる．/ng/ は関係代名詞であるが，タガログ語では発音されない．これが日本語で言えば，「男が花をやったの（＝人）」に当たる自由関係節である．タガログ語は述語先頭の VSO 言語であるから，これに述語の sino を加えたものが，(26a) で，「男が花をやったのは誰か」という疑問文になる．つまり，WH 移動で取り出されているように見えるものは，述語であって，実際に取り出されているのは ang であり，述語 sino "who" と一致しているように見える動詞の形態は，ang との一致であるということである．

　通常の関係節も見てみよう．[18] 通常の関係節では，ang による自由関係節の場合同様，関係節の内部には ang は現れることができない（Cf. (32), (33)）．ただ，ang による自由関係節の場合と異なるのは，関係節内部で，NP 補部を取っていた ang は，関係節の外には出てこず，関係化された NP に ng が付くか，ang が付くかは，主節の動詞との一致関係による．一致があれば，例えば (30) では ang lalake となり，なければ ng lalake となる．

(30)　lalake＝ŋ [h<um>a~habol ＿＿＿ sa babae]
　　　man＝L　 <AV>IPFV~chase　OBL girl
　　　'the man who is chasing the woman'　　　(Tanaka et al. (2016: (3)))
(31)　babae＝ŋ [h<in>a~habol　naŋ lalake ＿＿＿]
　　　woman＝L <PV>IPFV~chase GEN man
　　　'the woman who the man is chasing'　　(Tanaka et al. (2016: (4)))
(32)　??lalake＝ŋ [h<in>a~habol ＿＿＿ aŋ babae]
　　　man＝L　　<PV>IPFV~chase NOM woman

---

[18] 以下の例はいずれも，表記，語釈を含め，Tanaka et al. (2015) からである．
　ŋ＝ng, aŋ＝ang, L＝linker, AV＝Actor Voice．ang＝ang に NOM という語釈がついているのは，これが「主語」であるという仮定に立っているからで，本書での R&R の立場では ang は格ではなく，動詞と一致している焦点素性を持った決定詞である．ここでの lalake は R&R の lalaki に対応する．

'the man who is chasing the woman'　　　(Tanaka et al. (2016: (5)))

(33)　　*babae = ŋ [h<um>a~habol ___ aŋ lalake]
　　　　woman = L <AV>IPFV~chase　NOM man
　　　　'the woman who the man is chasing'　　(Tanaka et al. (2016: (6)))

この事実は次のように処理することができる．(30) を例に取りその派生を例示する．(表記は一貫性のため, Tanaka et al. に従う．) 関係化されるためには, lalake は2つの決定詞を持っていなければならないので, これを (34a) では ang + ng と表記している．

(34)　a.　[$_{CP}$ C- h<um>a~habol ang + ng lalake sa babae]　述語形成 →
　　　b.　[$_{CP}$ /ang/ + ng lalake C-h<um> a~habol {ang} sa babae]
　　　　　DP 摘出 + CP 付加 →
　　　c.　[$_{DP}$ [$_{DP}$ ng lalake] [$_{CP}$ /ang/ C-h<um> a~habol　{ang} sa babae]]
　　　　　　the man　　the　　　<AV>IPFV~chase the　OBL girl

(34a) はすでに動詞の形態一致が終わった状態である．関係節を導く C が ang を持った DP を探し, 後に ang の意味 {ang} を残し, その音形 /ang/ を引き連れて, ng lalake を CP 指定部に移動して (述語形成), (34b) が得られる．これに DP 摘出と CP 付加を適用すると (34c) が得られる．CP 指定部に残っている /ang/ は英語では関係代名詞として書き出されるところであるが, タガログ語では, 関係代名詞は空書き出しをうけるため, ang は発音上は消えるが, それが関係節中に存在することは動詞の形態により示される．

4.2.2. チャモロ語, パラオ語[19]

Chung (1998) はチャモロ語について, そして Georgopoulos (1991a) は, パラオ語について, 主語や目的語を問う項疑問文が, ケルト諸語やタガログ語などのように, WH 一致を示すという提案を行っている．まずチャモロ語から見ていこう．以下の例は語釈, 英訳を含めすべて Chung (1998) からである．

(35)　a.　Hayi　f-um-a'gasi　　*t* i kareta?　　　　(Chung (1998: (53a)))
　　　　　who?　WH[nom].wash　the car
　　　　　'Who washed the car?'

---

[19] 以下の記述は外池 (2006) に基づく．

b. Hayi un-guaiya   t?   (Chung (1998: (6a)))
   who? WH[obj].agr-love
   'Who do you love'
c. Hafa f-in-a'tomas-fiha   i famalao'an t? (Chung (1998: (39a)))
   what? WH[obj].make-agr the woman
   'What did the woman cook?'
d. Hayi ma-'a fiao-mu   t?   (Chung (1998: (5a)))
   what? WH[obj].afraid-agr
   'What are you atraid of?'

Chung は，これらの例において，疑問詞 hayi/hafa が，痕跡 t の位置から取り出されているが，それが，WH[nom]/WH[obj] で示されているように，動詞の形により区別されている事実を捉えて，チャモロ語では，動詞に WH 一致があると主張する．しかし，この分析には幾つかの概念的・記述的問題がある．中でも深刻なのは Dukes (1992) が指摘するように，同音異義の形態素と空形態素の多用である．(35b) に WH[obj] と目的語との一致があるような語釈が与えられているが，実際に存在するのは二人称主語との一致を表す un という接頭辞だけである．そして，目的語との WH 一致を示すとされる (35c) の -in- と，(35d) の ma- は，受動標識と同形で，Dukes はこれらは受動名詞化接辞である，すなわち，動詞にこれらが付くと全体が目的語を指す名詞表現になると，主張している．Dukes のこの主張が正しければ，WH 一致とは全く違った可能性が生じる．それは，これらの WH 疑問文が，(36) の日本語に相当する，述語疑問文であるという可能性である．

(36) a. 車を洗ったのは誰か
     b. 君が愛するのは誰か
     c. 女が作ったのは何か
     d. 君が怖いのは何か

チャモロ語は述語先頭の VSO の言語であり，繋辞を必要としない言語であるから，語順は日本語とは逆になる．(36) の日本語の例は，「の」を補文標識とする（英語で言えば it-that の）分裂文ともとれるし，「の」を形式名詞とする（英語の what を含むような）自由関係節ともとれるが，Duke の指摘が正しいとすれば，(35) の例は (37) の構造を持つ，自由関係節を主語とする疑問述語文ということになる．

(37)　［疑問詞［自由関係節］］
　　　　述語　　　主語

　(35) が what による自由関係節であるとするなら，what に相当する関係代名詞の移動がなければならないように思われるが，関係代名詞に相当するものは動詞の形態の中に取り込まれていて，（関係）代名詞としては書き出されないと想定すればよい．[20] 事実，動詞の形態の中に含まれている格は関係節中で関係化された DP が担っていた格であり，それを担った「関係代名詞」が取り込まれた際に，これらの接辞として実現したと捉えることができる．
　Dukes が提案するこの分析であれば，Chung 自身が説明がつかないと言っている次の事実を自動的に説明できる可能性が開ける．

(38) a. [−V] の疑問詞（すなわち疑問の PP と NP）は元位置に留まることができる．
　　 b. 項または付加部である疑問詞句は元位置に留まることはできない．多くの話者にとって，このことは多重 WH 疑問文が非文法的であることを意味する．
　　 c. 前置詞の目的語が疑問詞句である場合，前置詞句全体が C^0 の指定部に移動しなければならない．
　　 d. 所有者が疑問詞句である場合は，所有される名詞句全体が C^0 の指定部に移動することはできない．[21]

　(38a) は，WH 要素が文頭に引き出されているように見える例においても，疑問詞は疑問述語として述語の位置を占めているから，チャモロ語は元位置疑問文の言語であると想定すれば自動的に説明される．(38b) は，ただし，項と付加部は自由関係節化により，疑問述語の主語として疑問化されると仮定すれば，説明される．多重疑問文ができないのは，多重述語が許されないからである．(38c) は，チャモロ語の関係化においては，前置詞の目的語は取り出しが不可能で，前置詞句全体が自由関係化（あるいは分裂文化）され，それに対応する疑問述語が文頭に生じると分析すれば，他の場合と同列に扱うことができる．(38d) は日本語に置き換えて考えれば「死んだのは誰の子供か」ではなく，

---

[20] 日本語の古語においても同様の現象がみられる．注 7 で引用した下の『源氏物語』の冒頭の例においても，「あらぬ」では，決定詞「が」がついているが，「時めきたまふ」では連体形の中に決定詞が組み込まれていると分析することが可能である．
　(i) いづれの御時にか，［女御，更衣あまたさぶらひたまひける］なかに，［［いとやむごとなき際にはあらぬ］が，優れて時めきたまふ］ありけり．
[21] Chung (1998: Chapter 5, Note 5).

「子供が死んだのは誰か」のように問わなければならないということであるが，これは，「誰」を問う疑問述語 hagyi はあるが，「誰の子」を問う疑問述語は存在しないためであるとして説明できる．

パラオ語においても類似の現象がある．Georgopoulos (1991b) によれば，パラオ語は基本的には VOS 言語で，移動により，SVO の語順も可能で，チャモロ語同様，述語先頭の言語であり，疑問文では疑問要素は元位置に留まることもできれば ((39b))，文頭に現れることもできる ((39a, c))．

(39) a. ng-te'a$_i$ a kileld-ii   a sub ___$_i$ (Georgopoulos (1991a: (20c)))
       who? wh-nom-hear-3s soup
       'Who heated up the soup?'
    b. ng-kileld-ii a sub a te'ang   (Georgopoulos (1991a: (20a)))
       3s-heat-3s soup who?
       'Who heated up the soup?'
    c. ng-te'a$_i$ a l-ulekod-ir ___$_i$ a rubak (Georgopoulos (1991a: (17b)))
       who?   wh-nom-3-kill-3s old man
       'Who did the old man kill?'

Georgopoulos (1991a) は，Chung (1998) と同じように，(39a) と (39c) において，動詞は wh-nom で示されているように，「取り出されている主語」ng-te'a との間に WH 一致を示していると分析している．しかし，Georgopoulos (1991b) では (39a, c) は以下に示すように自由関係節を主語とする疑問述語文であるとする自由関係節分析を提案している．(O は空演算子．R は動詞が直説法 (realis) であることを，IR は動詞が仮定法 (irrealis) であることを示す．)

(40) a. ng-te'a$_i$ [a kileld-ii   a sub O]
       Cl-who? R-Pf-heat-3s soup
       （スープを温めたのは誰か） (Georgopoulos (1991b: Ch. 3, (48a)))
    b. ng-te'a [a l-uleko-ir O a rubak]
       Cl-who? IR-3-kill-3s   old man
       （老人が殺したのは誰か） (Georgopoulos (1991b: Ch. 3, (48b)))

つまり，カギカッコで括った部分が the one who heated the soup, the one that the old man killed に対応する自由関係節になっているのである．[22]

---

[22] 動詞の前に a がついているのも全体として名詞になっていることを示唆していて，興味

4.3. WH 一致の不存在

 （決して網羅的とは言えないが）以上見てきたように，ケルト諸語とオーストロネシア語族の言語においては，動詞の形態または補文標識がWH要素との一致を示すという分析を多くの著名な研究者が提案している．しかし，補文標識がWH一致を示すとされるケルト諸語では，WH一致を示す補文標識であると見なされている語はいずれも，CP指定部に残されたいわゆる関係代名詞，すなわち関係化されたr主要部（いわゆる先行詞）に含まれていた定決定詞のコピーであると分析する方が，はるかに自然な処理ができることを見た．特にウェールズ語の例は，ドイツ語の例と同じくらいに決定詞であることが形態的にも明白であるように思われる

 オーストロネシア語族でWH一致と目されるのはWH疑問文に現れる動詞の形態であるが，それは以下の事情によると考えられる．これらの言語では1) 動詞は文中の1つの要素（焦点要素）と一致を示す，2) 関係節において取り出されるものは，この焦点要素に限られる，3) 問題のWH疑問文は，焦点要素を主要部とする自由関係節を主語とし，WH語を疑問述語とする構文である．結果，動詞の形態はWH語と一致を示しているように見えるだけである．そして，この分析はDP移動-CP付加の関係節の一般理論の範囲内に収る．

5. 結論

 本章では，ラコタ語のr主要部内在型関係節も，日本語の（r主要部内在型を含む）関係節も，そして，ケルト語派，オーストロネシア語族の言語においても，関係節は，関係節内部からの決定詞(句)の移動と，関係節の決定詞句への付加という操作が関与しているという (1) の理論の範囲内に収まり，言語間には，語順に関する変異，DPが取り出されるか，Dが取り出されるか，関係節を導く補文標識が発音されるか，その指定部に残されたDのトークンが発音されるか，先行詞においてDが表だって現れるか，あるいは関係節の動詞の中に編入されるかなど，いくつかのオプションがあるが，Dが移動されることにより，関係節内部のあるDPと先行詞DPとが同じものを指すという関係節に関して最も基本的な事実が，（指示指標を用いずに）Dのトークンの同一性により捉えられることを論じた．また島の中にあるDPの関係化には，側方移動による代名詞化を介在させることが可能であり，英語のような言

深い．

語ではこれは再録代名詞の形で現れるが，日本語のような言語では再録代名詞はゼロ代名詞となって現れるため，島の制約が破られたような外見を示すことも見た．さらに言語間の相違は観察される事実により，判定が可能で習得可能性の問題は生じない．

第 10 章　省略 I

1. はじめに

省略 (ellipsis) とは (1) の動詞句削除 (VP Deletion) の例で，help you の部分が取り消し線で示してあるように音形が「省略」されているが，にもかかわらず，明らかに対応する意味が存在している現象を指すが，英語では，普通は省略／削除とは考えられていない例を含めて，(1b) 以下多くの省略現象がある．

(1) a. I will help you if I can ~~help you~~.　　　　　　（動詞句削除）
　　b. John ordered beer, and Mary ~~ordered~~ wine.　（空所化 (Gapping)）
　　c. John sold his car and ~~John~~ bought a yacht.　　　（主語削除）
　　d. John hates ~~the same guy~~ and Mary loves the same guy.
　　　　　　　　　　　　　　　（右方節点繰り上げ (Right Node Raising)）
　　e. They want to hire somebody who speaks a Balkan language but I don't remember which Balkan language ~~they want to hire somebody who speaks~~　　　　　　　　　　（堰抜き (Sluicing)）
　　f. Some student read every book that John did ~~read ???~~[1]
　　　　　　　　　　（先行詞内包削除 (Antecedent-Contained Deletion)）

現れ方は様々であるが，省略現象は音と意味の対応の破綻という点で代名詞化の現象と共通している．

---

[1] ACD では省略されているものが特定できないので，??? で示してある．この点については下で立ち帰る．

(2) a. Please say hello to John if you see him.
    b. I will help you, if I can ~~help you~~.

(2a) において代名詞 him は John と音形は異なるが，同一指示的である．つまり何を指すかという点では同じである．(2b) において，省略されている ~~help you~~ の部分は，help you とは音形の点では最大限に異なる，つまり一方には音形があり，他方には音形がないにもかかわらず，同じ意味を担っている．

省略と代名詞化とは音と意味の対応の破綻という点で共通し，省略とその先行表現との間の構造的関係は，代名詞とその先行詞との間の構造関係と酷似している．第3章の併合による代名詞化の扱いが正しい方向にあるとすれば，もっとも望ましいのは，省略も代名詞化の現象と全く同じメカニズム，すなわち併合によって取り扱うことである．この章ではまさにそのようなことが可能であるばかりでなく，もっとも望ましい分析であることを示す．

この章は次のように構成されている．第2節では，PF削除とLF転写を用いる省略についての既存の分析の問題点を3つ指摘するが，2.1節ではPF削除とLF転写の余剰性の問題，2.2節ではこれらの操作の概念的必然性，2.3節では平行性の条件の問題点を論じる．2.4節はそのまとめである．第3節では，これに代わる併合によるアプローチを展開する．第4節では，共有要素を含む多重構造を想定し，これを線形化する結果省略が生じるというメカニズムを提案する．4.1節では動詞句削除と疎漏同一性を，4.2節では空所化の派生を，そして4.3節では主語省略の例の派生を，4.4節では右方節点繰り上げ構造の派生を，4.5節では述語省略の派生をみる．第5節ではより複雑な省略現象をみる．5.1節では堰抜きの，5.2節では先行詞内包削除の派生をそれぞれ扱う．特に5.2節については，5.2.1節で関係節の形成の一般理論を，そして，5.2.2節では，数量詞作用域の扱いの理論を論じて，それを前提として，5.2.3節で先行詞内包削除の説明を行う．第6節では，代名詞化と省略の記述には談話への言及が避けられないということで，談話登録からの直接の併合を認める提案を行う．

2. 省略現象の既存分析の3つの問題点

伝統的には省略現象については，次の動詞句削除の例に見られるように，何らかの音声的，構造的平行性（Parallelism）に基づいて，音形を削除する提案（Ross (1969), Sag (1976) 等）（これをPF削除アプローチ（PF-deletion approach）と呼ぶ）と，空の動詞句を仮定し，その位置に，先行詞の意味を転写

するという提案 (Williams (1977) 等), (これを LF 転写アプローチ (LF-copying approach) と呼ぶ), の 2 つのアプローチが競合してきた.

(3) a. PF-deletion Approach
I will help you if I can help you → I will help you if I can ~~help you~~
b. LF-copying Approach
I will help you if I can [　] → I will help you if I can [help you]

2 つのアプローチが競合しているというこの状況は, ミニマリズムの方向からすると少なくとも 3 つの問題を含んでいる.

2.1. 余剰性の問題

2 つのアプローチは, 一方のアプローチによる記述はもう一方のアプローチによっての記述により置き換えることができるという意味で, 実質上表記上の変異 (notational variants) である. どちらか一方を排除して, 他方を選択することができれば, 余剰性を排除することができる. それぞれの立場から, PF 削除でなければならないとか, LF 転写でなければならないとする議論が提出されている. しかし, それぞれのアプローチはその中において何が可能で何が不可能であるかが厳密に述べられているわけではないため, 1 つのアプローチにとって好都合で, 他のアプローチにとって不都合であるような事実があっても, それを取り込むような微調整が可能であり, したがって, 一方でなければならないという決定的な議論であるとは到底言えない状況である.[2] どちらとも決められないということ自体が問題であるが, さらに, そうなるとどちらも維持しなければならないことになるが, それは到底許容し難い余剰性を普遍文法理論の中に温存することになる.

2.2. 概念的必然性 (Conceptual Necessity)

PF 削除も LF 転写も, 存在するとすれば普遍文法の一部ということになるが, ミニマリズムの最も重要な要件である概念的必然性を有しているかどうかが疑わしい. そもそも, PF 削除は LF 転写によって置き換えることができ, その逆もまた真であるとすると, どちらも概念的必然性を欠いていると結論づけることもできる. またそれぞれに, その存在について疑念がある. PF 部門

---

[2] 省略についての様々なアプローチの概観については Merchant (2008) 参照.

において何らかの削除が起こっているということは例えば次の短縮（contraction）の例からも明らかである．

(4) a. he is → he's
    b. he has not → he hasn't

しかし，このような PF 削除操作は，隣接する音の連続の一部を脱落させるものであるが，省略を PF 削除で処理するためには，(1e) の they want to hire somebody who speaks のような連続を消すことが必要であるが，そのような削除を正当化するような音声的根拠は何もない．

他方，音に影響を与えない LF だけの操作は例えば Kayne (2005)，そして Tonoike (2003b) など，これに異を唱える研究者もいる．[3]

2.3. 平行性 (Parallelism)

いずれのアプローチにおいても，省略とその先行表現との間に何らかの同一性または平行性を想定している．特に PF 削除アプローチでは，削除の条件として平行性を想定している．[4] 省略とその先行表現との間に平行性が存在することは確かであるが，それを省略を捉えるメカニズムの中に平行性条件（Parallelism Condition）として組み込むことは，平行性を現象の説明項（explanans）として用いていることに他ならない．しかし，平行性がすべての省略現象に見られるならば，そのこと自体が自動的に説明される被説明項（explanandum）として処理される方がはるかに望ましい．そして，平行性は省略を捉えるメカニズムという説明項の自動的な帰結として説明されるのが最も望ましい状況（desideratum）である．

2.4. まとめ

このような考慮からして，理論上もっとも望ましいことは，PF 削除も，LF 転写も普遍文法の記述の道具箱（toolkit）から排除して，省略現象はすべて，最も確かな概念的必然性を持った道具，すなわち併合（Merge）によって処理できることである．そのようなことが可能であることが示されれば，もはや，PF 削除アプローチ，LF 転写アプローチとの比較をするまでもなく，オッカムのカミソリにより併合アプローチが最も優れていることになる．

---

[3] 数量詞繰り上げ（Quantifier Raising）のような LF 操作は不要で，顕在的な統語操作によって置き換えることができることについては，第 6 章を参照．

[4] 例えば Merchant (2001) や Fox (2002)．

3. 提案：省略の併合アプローチ

以上のような考慮から，省略のメカニズムとして次のように要約される併合を用いるアプローチを提案する．

(5) a. PF 削除，LF 転写，そして平行性条件を除去する．
  b. 省略は（しばしば側方への）移動（すなわち併合）により生じる．
  c. 移動により平行性は自動的な帰結として被説明項となる．

このために以下に要約する点を仮定する．

(6) a. 通常，統語体 (syntactic object) X は，/X/ と表記するその音形を通常 1 つと，{X} と表記するその意味を持っている．
  b. 1 つの統語体はその意味のトークン（＝コピー）を複数持ちうる．トークンが 2 つあればこれを $\{X\}^2$ と表す．
  c. 内部併合が X の意味，{X} を移動するためには，X の音形 /X/ またはその一部をともに運ばなければならない．言い換えると，{X} は単独では内部併合を受けることはできない．({X} の移動には /X/ を含む乗り物が必要である．（顕在的統語論仮説）
  d. 統語体は（派生の過程においては）要素を共有する多重／多層構造でありうる．

これらの仮定により，省略がどのように捉えられうるかを，(1a) の動詞句削除を例として見てみよう．[5] 派生は (7a) の 2 つの統語体から始まる．右側の構造は 2 つの VP からなる多重構造である．（下段の help you は音形 /help you/ と意味 {help you} からなること，したがって {help} と {you} の 2 つのトークンを含んでいること，主語 I の音形 /I/ がその意味 {I} を残して TP 指定部に繰り上がり主格を与えられることに注意．[6] 他方左側には補部の VP を必要とする v* が存在する．右側の構造の VP, help you を側方移動により，v* と併合し，さらにこれに主語 I を併合すると (7b) が生じる．[7]

---

[5] 差し当たっては，説明を簡単にするために，V の v* への繰り上げは省略する．特に編出 (Excorporation) の議論は割愛する．詳しくは，第 2 章参照．

[6] 第 3 章の代名詞の扱いからすれば，厳密には I は［第 1 人称，単数］という素性を持った決定詞 D であるが，ここでは代名詞の扱いは割愛する．代名詞についてはコピーは通常すべて発音されるので，(6a) に違反するように見えるが，これは決定詞が格素性を持っており，その除去のためには音形により置き換えられなければならないという事情のためであると考える．

[7] この主語は右側の構造の v*P の主語の位置に最初から I を 2 つ入れておいて，それを側

(7) a.

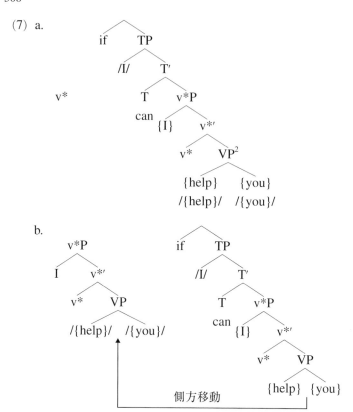

左の構造において，/help/ を v* に繰り上げ（主要部移動），v*P 全体を will と併合し，/I/ の TP 指定部への繰り上げにより，TP ができ，これに右側の if 節を付加すると，求める構造 (7c) が得られる．ここから音形だけを取り出すと (7c) の PF 表示が得られ，残りが (7c) の LF 表示である．

方移動して導くこともできるが，この点は省略する．また説明の簡素化のために，v*-V の編出に関わることは割愛する．

(7) c.
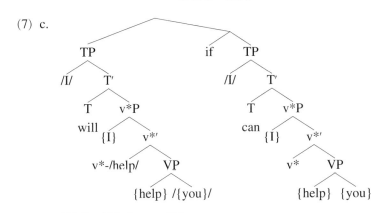

e. PF: I will help you if I can
   LF: [[will [I v* help you]][if [can [I v* help you]]]]

　この移動（併合）による省略の説明は，PF 削除も，LF 転写も必要とせず，音形 /X/ を 1 つと複数の意味 {X}^{n} を持つ多重構造を，分離することにより，1 つの音形 /X/ と，音を持たない n 個の {X} が生じるということに基づくもので，平行性／同一性も，多重構造の線形化（linearization）の自動的な帰結として扱うことができる．この例では TP の段階での線形化であったが，他の場合には併合はある構造から別の構造への側方移動という形で現れることになる．

　この段階で動詞句削除について，押さえておかなければならないことが 2 つある．(8) に示すパラダイムと (9) に示す疎漏同一性（Sloppy Identity）の問題である．

(8) a. I will help you, if I can.
    b. If I can, I will help you.
    c. If I can help you, I will.
    d. *I will, if I can help you.
(9) a. John loves his mother and so does Mary
    b. John loves his mother and Mary loves his mother. （厳密同一性）
    c. John loves his mother and Mary loves her mother. （疎漏同一性）

(8) の例の中で，(8d) だけは，help you の省略としては理解できない．I will help you として理解できることはできるが，それはその前に，例えば，Will you help me? のような質問があるような文脈が必要である．この事実をどう捉えるかという問題があるが，これは下の第 6 節で取り上げる．(9a) は省略された動詞句が love his mother と解釈される (9b) に示す厳密同一性

(Strict Identity) の読みと，love her (= Mary's) mother と解される (9c) の疎漏同一性の読みがあることが知られている．疎漏同一性の解釈は (7) に例示したメカニズムだけでは取り扱いが難しい．この問題については下の 4.1 節で取り上げる．

　併合による省略の具体的扱いに入る前に，もう一点触れておくべきことがある．省略について問題とすべきアプローチは PF 削除アプローチと LF 転写アプローチであると上で述べたが，もう 1 つ Tancredi (1992), Vanden Wynogaerd and Zwart (1999) の強勢弱化アプローチ (Deaccenting Approach) がある．動詞句削除を使って例示すれば，次のようなものである．

(10) a.　I will help you, if I can help you. → I will help you, if I can help you
　　 b.　I will help you, if I can help you → I will help you, if I can

単純化していうと (10a) において，help you が繰り返されているが，繰り返される要素は重要でないので強勢弱化が起きる．(10b) のように強勢弱化の程度が甚だしくなると，発音されなくなる．これが省略であるというものである．このアプローチは談話の情報構造に言及すべきであるということに基づいていて，耳を傾けるべき点を多く含んでいる．談話を考慮しなければならないということは第 3 章の代名詞の扱いにおいても触れ，また省略においても，特に (8d) の非文法性の説明には談話への言及が必要であることは下でも述べる．しかし，本章で，強勢弱化アプローチを採用しなかったのは，音（形式）と意味の対応関係の破綻という点で，代名詞化と省略は共通しているが，代名詞については併合による説明を採用し，省略については強勢弱化アプローチを採用することは，音と意味の対応関係の破綻という共通要素について同じ扱いをすることが望ましいにもかかわらずそれができないという事情からである．いうまでもなく，代名詞について強勢弱化アプローチを取ることはできない．John loves his mother. の his を John の強勢弱化によって導くことはできないからである．談話との関係については，以下の第 6 節を参照．

4.　共有要素を含む多重構造と線形化

　第 3 節で概説したように省略への併合アプローチでは，共通要素を含む多重構造を出発点に置く．そのような多重構造が必要であることを示す現象として等位構造がある．次の DP 等位構造を含む例を検討してみよう．

(11) a. John, Bill, and Nick are coming to the party.
　　 b. [John, Bill, and Nick]
　　 c. and {Nick, Bill, John}

(11a) の主語の John, Bill, and Nick という連鎖は，(11b) に示すような何らかの等位構造から始まるとするのが，比較的広く見られる分析である．[8] そのような構造があることについては次の例に見られる束縛の統語現象などからの多くの証拠がある．

(12) a. John and his wife were seen walking in the park.
　　 b. He and John's wife were seen walking in the park.

(12a) では his は John を指せるが，(文脈上すでに John が登場していない限り) (12b) で he は John を指せないが，このことは最初の等位接続項が二番目の等位接続項を C 統御していることを示唆している．[9] しかし，他方，(11a) のような例では，John, Bill, Nick の間には特にどれかが他のものに対してなんらかの優位な位置にあるということはなく，John, Bill, and Nick は単に 3 人の集合を指していると思われる．そのためには (11c) のような構造で，等位接続詞が John, Bill, Nick からなる集合を引数 (argument) として取る，関数として働いていると考えるほうが理にかなっている．[10]

　この等位構造の持つ二面性を捉える 1 つの有力な方法は，等位接続は通常の 2 次元的な平面とは別の平面 (= 3 次元) 上に存在するという Chomsky (1982) の示唆を採用して，(13a) の左端のような 3 次元上の多重構造から出発して，連続的な付加による線形化によって，順次右側の構造に投射され，右端の構造を持つに至り，その結果，(13b) の構造を持っていると考えることである．(and の音 /and/ とともに付加される可能性については第 7 章第 4 節参照．)

---

[8] 例えば Munn (1993) 参照．
[9] さらに，次の例が示すように，等位接続の順序関係は時間的順序関係との間に対応関係 (iconicity) があることもよく知られている．
　(i) John wrote something on the blackboard and erased it.
　(ii) *John erased something on the blackboard and wrote it.
[10] このような等位接続詞 (英語の and, or，日本語の「も」と「か」) についての連言関数 (conjunction function)，選言関数 (disjunction function) としての分析については第 7 章および外池 (2015a) 参照．

(13) a.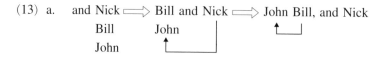

b.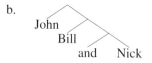

集合としての扱いは (13a) の最初の構造が，そして束縛などの構造的関係は (13b) の構造が捉えている．

同じ分析を (14) に示す様々な範疇の等位構造についても当てはめることができる．

(14) a. [AP full of energy [AP and [AP eager to learn]]]
    b. [PP up the street [PP and [PP down the stream]]]
    c. [these [NP rumors about John [NP and [NP photos of Mary]]]]
    d. [that [TP John is smart [TP and [TP Tom is handsome]]]]

等位構造を捉えるためには多重構造を想定することが有効であることを見たところで，改めて，省略現象に立ち戻って，多重構造による分析の有効性を確かめることにしよう．

4.1. 動詞句削除と疎漏同一性

次の例に見られる疎漏同一性がどのように捉えられるかを見てみよう．

(15) a. The boy loves his mother and the girl does, too.
    b. The boy loves his mother and the girl loves her mother.

第3章の束縛の併合理論からすると，(15a) の疎漏同一性の解釈は (15b) のように言い換えができるということからして，それぞれが再帰文であるということになり，(15b) の2つの文はそれぞれ，(16a) (17a) の目的語の中の NumP の指定部にある所有者の定決定詞が，v* が持つ素性指定に駆動されて，v*P の指定部に θ 移動した結果，(16b) (17b) のような姿になった v*P を含んでいることになる．([DP the [NumP the's mother]] の外側の the は全体の DP の主要部であり，the's は NumP の指定部にある所有格決定詞であることに注意されたい．また，V の v* への繰り上げについては，音 /love/ だけが繰り上がり，意味 {love} は元位置に残るという編出分析を採用している．詳しく

(16) a. v*-/love/ [Ref, θ_1]　{love}　[$_{DP}$ the [$_{NumP}$ the's mother]]
　　　　―θ 移動，boy の遅延併合 →
　　b. [$_{v*P}$ the boy v*-/love/ {love} [$_{DP}$ the [$_{NumP}$ the's mother]]
(17) a. v*-/love/ [Ref, θ_1]　{love}　[$_{DP}$ the [$_{NumP}$ the's mother]]
　　　　―θ 移動，girl の遅延併合 →
　　b. [$_{v*P}$ the girl v*-/love/ {love} [$_{DP}$ the [$_{NumP}$ the's mother]]

(16b) については，the's が his と書き出されることで，The boy love(s) his mother が得られるので，問題はないが，(17b) については，このままでは，The girl love(s) her mother が出てきてしまい，動詞句削除にならない．(17b) の VP の部分が音形を欠いているということが必要である．そのためには派生が (18a) から始まることを認めればよい．

(18) a.

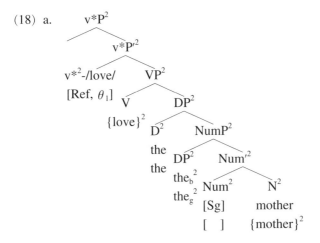

この構造は多重（二重）構造であるが，love の目的語は 2 つの異なる the を主要部とする DP であるし，また所有者を表す NumP の指定部の属格「主語」にも 2 つの異なる the が，そして Num にも 2 つの異なる要素，すなわち数の値を持つ [Sg] と無指定の [ ] が含まれていることが通常と異なる．目的語の中の N だけが，1 つの音 /mother/ と意味のコピー {mother} が 2 つ含まれている．(mother は /{mother}/，すなわち /mother/ + {mother} であることに注意．また，NumP 指定部にある 2 つの決定詞のそれぞれが 2 つのコピーからなっているのは，そのうちの 1 つが v*P 指定部へ移動することを見越してのことである．両者を区別するために便宜上，下つき文字 b/g を付してある

が，これは指示指標ではないことに注意．）

(18a) は NumP 指定部の主語の the を移動し，途中で boy/girl を遅延併合した結果 (18b) の構造になる．

(18) b.
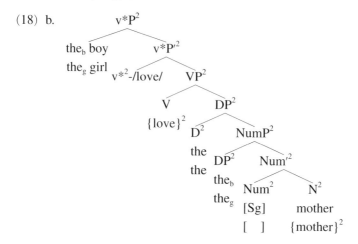

時制 Pres, does の併合と，and を介しての線形化の結果，(18c) の PF 表示と LF 表示が得られれば疎漏同一性の解釈を捉えることができることになる．それには (18d) に示す1つの補助仮説が必要になる．目的語全体の決定詞は，その中の NumP の指定部に所有者が含まれるときには空の書き出しを受けるので，PF でこれが発音されないことは問題ないが，問題は NumP の指定部にある2つの D である．the_b のほうは [Sg] という値を持つ Num により，属格 [Gen] が与えられ，これにより，the_b は boy との一致による [Masc] と合わせて，his として書き出しを受ける．しかし，the_g の方も同じように属格が与えられると，これは her と書き出しを受けなければならない．そこで，Num が素性指定を持たないときには属格を与えず，結果として the_g は格を与えられず，PRO のように音形を持つ必要がないことになると仮定すると，[the [the_g mother]] の3つの要素はいずれも音形を持たないことになり，動詞 love の音形は1つしかなく，これは the boy loves his mother の方で使われているため，and the girl does (too) の方では動詞句 VP についての音形がないことが説明される．

(18) c. PF: the boy loves his mother, and the girl does (too).
    LF: the_b boy loves [the the_b mother] and the_g girl does {love the the_g mother}
  d. Num は素性指定を含まなくてもよく，その場合にはその指定部に属格を与えず，格を持たない D は発音されなくてよい．

(18d) の補助仮説は疎漏同一性を説明するためだけの規定であるように見えるかもしれないが，次の例に見るように独立の根拠を有している．

(19) a. John went to bed and Bill did, too.
  b. John went to school and Bill did, too.
  c. John went to church and Bill did, too.
  d. We have the situation under control.
  e. We should keep this in mind.

(19a–c) に見られる類の go to X の表現では，誰のベッドか，学校か，教会かを表す属格表現 (his) がないが，その解釈上，最初の bed, school, church はジョンの，二番目のそれらはいずれも，ビルの，ベッド，学校，教会であることは明らかである．この事実は bed, school, church の前には，通常であれば属格で現れる「所有者」を表す要素が存在しているが発音されていないこと，すなわち，主語に含まれる決定詞と同じコピーが存在するが，Num が未指定のため属格が与えられず，したがって音形を持たないと仮定すれば，自然な説明が可能となる．これらのある種イディオム的表現においては to の目的語の Num が未指定であることは，*They went to beds/schools/churches のように名詞を複数形にすることができないことからも支持される．

以上，動詞句削除における疎漏同一性についても，一部を共有する多重構造の線形化という枠組みの中で，適切に処理ができることを見た．さらに，本章の冒頭で見た省略の例が，この枠組みで捉えられることを検証する．

4.2. 空所化 (Gapping)

(20a) は典型的な空所化の例であるが，多重構造の線形化の枠組みでは，(20b) に示すように v*P の等位構造から線形化により派生されることが考えられる．

(20) a. John ordered beer and Mary wine.

b.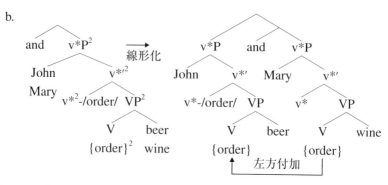

(20b) の左の構造は order の音形 /order/ を共有する多重構造で，and に率いられていることにより，等位構造である．(13) で例示した左方付加による線形化で，右側の構造が得られるが，この中で，動詞の音形 /order/ は左側のv*P に残るが，右側の v*P では欠けているために，動詞の省略という形で現れる．右側の構造が時制 Past と併合されると (21a) となるが，一番上位の主語 John のみが，TP 指定部に移動し，主格を得て，(21b) の構造が得られる．

他方 Mary は v*P の中に留まっているため，格を受け取ることができないが，デフォルト (default) で対格を示すものと考えられる (Siegel (1984), Schütze (2001) 参照)．その根拠は，(22a) の例で，二番目の v*P の主語が，he ではなく，him で出てくることがあげられる．他方 (22b) は him ではなく，he を含んでいる．この 2 つの例は him/he の違いに対応して意味も異なっている．

(21)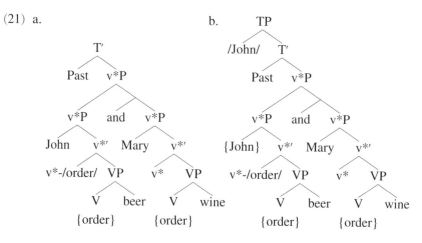

(22) a. We cannot eat caviar and him beans.　　(Siegel (1987: 61 (29a)))
　　 b. We cannot eat caviar and he beans.
(23) a. cannot [we eat caviar and him {eat} beans]
　　 b. cannot [we eat caviar] and [{cannot} [he {eat} beans]]

(22a) は (23a) に示すような LF 表示に対応し,「我々がキャビアを食べることと,彼が豆料理を食べることは両立しない」すなわち,自分たちがキャビアを食べて,彼に豆料理を食べさせるわけにはいかないという意味を表す.他方 (22b) は (22a) と同じ解釈としては不自然であり,自然な解釈としては「我々はキャビアが食べられなく,彼は豆料理が食べられない」というものである.このことは (22a) は (20) の例と同じく (21) に示すような v*P の多重構造から導かれるが,(22b) は,下に示す cannot eat を共有する TP の多重構造から導かれるとすれば自然な説明が与えられる.(短縮否定形 cannot については記述の簡明化のため単独の T として扱う.) (24a) の構造から線形化の結果 (24b) が得られるが,これは cannot を含む 2 つの TP である.

(24) a.

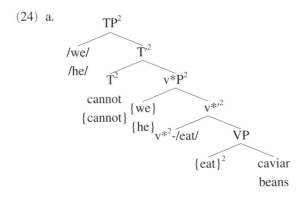

　　 b. we cannot eat caviar and he {cannot eat} beans

空所化は,文でいうと,主語,動詞,目的語という 3 要素のうちの動詞の省略に当たる.以下,主語の省略も目的語の省略も同様に多重構造の線形化により処理できることを示す.

4.3.「主語省略」

次の (25a) のような例は主語の省略としてではなく,1 つの主語に対して,2 つの動詞句があるものと考えられているが,やはり,v*P の等位接続による主語の省略として捉えることができる.

(25) a.　John will sell his car and buy a yacht.

b.
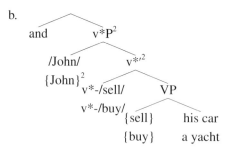

c.　will [$_{v*P}$ John v*-/sell/ {sell} his car [$_{v*P}$ and [$_{v*P}$ {John} v*-/buy/ {buy} a yacht]]]

d.　[/John/ will [$_{v*P}$ [$_{v*P}$ {John} v*-/sell/ {sell} his car] [$_{v*P}$ and [$_{v*P}$ {John} v*-/buy/ {buy} a yacht]]]]

(25a) を併合（付加）により線形化して得られる v*P を will と併合すると (25c) が得られ，John の音形 /John/ を指定部に移動すると (25d) が得られる．buy a car の主語の位置には John の意味 {John} が残り，これは音形を持たないので格を受け取る必要がない．主語の省略のように見える現象も，主語（の音形）を共有する多重構造の線形化により処理ができることを見た．

4.4.　右方節点繰り上げ (Right Node Raising)：目的語の省略

複数の動詞や前置詞が共通の目的語を持っているように見える次の (26) の例は，伝統的には右方節点繰り上げと呼ばれ，(27) の構造において，2 つの（同一の）目的語に対して右方への繰り上げが同時に適用する全域適用 (across-the-board application) の例と考えられ，(28) の構造を持つものと扱われてきた．

(26) a.　John loves and Mary hates different people.
　　 b.　to and from New York
(27) a.　John loves different people and Mary hates different people.
　　 b.　to New York and from New York
(28) a.　[John loves *t* and Mary hates *t*] different people
　　 b.　[to *t* and from *t*] New York

(26) の例で，different people, New York の前に軽い音調上の切れ目を入れることができることなどが根拠とされてきた．現在でもこの全域適用の妥当性

第10章　省略 I　　319

を主張する研究者もいるが，複数ある要素を1つにまとめて後ろに移動するという操作は現在の内部併合による移動としては対処できないものであるので，何か別な方法を考える必要がある．右方節点繰り上げも必ず等位構造において生じるので，目的語（の音）を共有する多重（等位）構造から線形化によって導くという分析がここでも有効である．(26b) は以下のように分析される．(N.Y. は /N.Y./ と {N.Y.} の複合体であることに注意．)

(29)
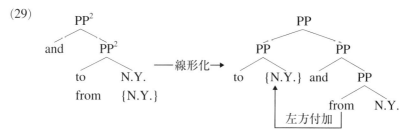

これまでの空所化の例でも，主語省略の例でも，付加される（上位にくる）要素が音声的に空所を持たないものであったが，ここではそれが逆に左方付加になっている．逆にすると *to New York and from という非文法的な連鎖が生じる．なぜこれが非文法的であるのかについては明確な説明が今の所見つからない．同じような構造において，後ろに発音される要素が残るというのが一般的な現象であるなら，その一般性を捉える方法を探ることが考えられるが，次のように場合によって異なるため，単純な一般化は難しいので，この点は今後の課題として残すことにする．

(30) a.　one or two things
　　　b.　a thing or two　(one thing or two)
(31) a.　up and down the street
　　　b.　up the street and down

いわゆる右方節点繰り上げ構造で右方節点を繰り上げる必要はなく，等位構造の線形化として，省略の一般的枠組みの中で処理できることを見た．しかしだからと言って共通の目的語が右方に繰り上がることを阻むものはない．(26a) の例は different people という Carlson (1987) の言う関係形容詞 (relational adjective) を含んだ表現で，「ジョンが愛している人々とメアリーが憎んでいる人々が異なっている」という different の内部解釈が可能である．2つの独立した時制があるので，線形化の後では (32) の構造をしていると分析される．

(32)

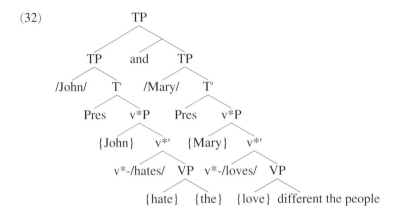

この構造は hate/love の目的語の位置にある要素の点で今までと異なっている。今までであれば {hate} の目的語の位置には {different people} が，そして {love} の目的語の位置には different people があるところであるが，ここでは，{hate} の目的語の位置には {the} が，そして {love} の目的語の位置には different the people と the が含まれている．これは第 5 章で論じた演算子-変項構造の分析に基づいている．第 5 章では，例えば some people という表現は (33a) のような構造をしていると論じた．(26a) の different people は内部解釈を許す場合には数量詞のような働きをしていると考えられるので (33b) のような構造をしていると考えられる．いずれの場合にも the は演算子に先行されるときには空として書き出される．

(33) a.   b.

さて，ここで詳しく論じる余裕はないが，different が内部解釈を持つときには different が，複数性を C 統御している必要があると考えられる．[11] 第 6 章において詳述した顕在的数量詞繰り上げにより，different the people を (32) 全体の TP に付加すると，(34) の構造が得られる．

(34) [TP [TP John hates {the}] [TP and [TP Mary loves {the}] different people]]]

ここでは different people が 2 つの TP の等位接続を C 統御しているので，

---

[11] この点については外池 (2012) を参照のこと．

different の内部解釈が認可される．このように右方節点繰り上げ構文の文末の要素は (34) のように繰り上がることもできるが，(27) の位置に留まることもできるが，ただしその場合は内部解釈ではなく，先行文脈で問題となっている人たちとは異なる別の人たちが問題となる外部解釈しかできない．different people を the same person に置き換えても事情は同じである．

4.5. 述語省略

これで単純な省略は大方カバーしたが，次の例のような述語の省略が残っている．より複雑な省略を論じる前に，これを片付けておこう．次の例において (35a) では aren't の後に tired が，(35b) では is の後に a racist が，省略されていると言われる．

(35) a. You must be tired though you say you aren't.
　　 b. Donald is a racist, though he denies that he is.

これらの例では though に導かれる従属節の中からの側方移動が関与していると分析できる．これらの形容詞句や名詞句を述語とする構造は Bowers (1993) にしたがって，Predication が関与しているとする分析を提案する．(36a) の 2 つの統語体が形成されたとしよう．右の though 節は，you を主語とし，tired を述語とする PrP を含んでいる．主語の you はその意味 {you} を残して，音形 /you/ が aren't の指定部に移動している．述語 tired はその音形 /tired/ と意味 {tired}（これで合わせて tired）と，意味のコピー {tired} からなっている，つまり {tired} の 2 つのトークンを含む．もう 1 つの統語体 Pr は述語と主語を必要としているが，述語は though 節の中の tired，つまり {tired} と /tired/ を側方移動し，主語は though 句の主語の 2 つの you の 1 つを同じく側方移動すると，(36b) が得られる．

(36) a.　Pr

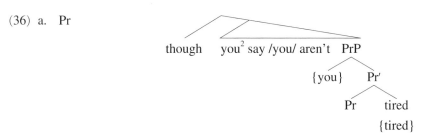

b. 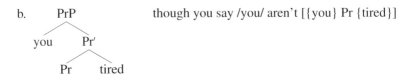　　　though you say /you/ aren't [{you} Pr {tired}]

though 節の中の述語は {tired} だけで，それは音形を欠いているが，これが省略である．(35b) は tired という形容詞が a racist という名詞句に置き換わっただけで，派生は同じである．

5. 複雑な省略

比較的単純な省略の例を見たところで，次に，堰抜きと先行詞内包削除という複雑な省略現象についても，要素を共有する多重構造の線形化というメカニズムで処理できることを見る．

5.1. 堰抜き (Sluicing)

堰抜き[12] とは以下の (37a) の Ross (1969) の有名な例に見られるように，WH 移動の後で WH 節の残りが発音されない現象を指す．この現象で特徴的なことは，Ross が当初から指摘していることであるが，which (Balkan language) が関係節 (who speaks which (Balkan language) から取り出されていて，これは島の制約 (Island Constraint)（複合名詞句制約 (Complex NP Constraint，または下接の条件 (Subjacency)) によって阻まれるため (37b) のように下線部が残っていると非文法的であるが，堰抜きによって下線部が「省略」されると (37a) のように文法的になることである．この現象を PF 削除による救済 (Rescue by PF-deletion) と呼ぶ (Bošković (2011) 等参照).

(37) a. They want to hire somebody who speaks a Balkan language but I don't remember which (Balkan language).
　　 b. *They want to hire somebody who speaks a Balkan language but I don't remember which (Balkan language) they want to hire someone who speaks.

そこで堰抜き現象の適切な処理のためには，「省略」のメカニズムと，島の条

---

[12] 堰抜きとは堰の最下部に開口部分があり，ここを開いて，水の下の部分を流すことをいう．これが (37b) の下線部に当たる．結果，上にあった which (Balkan language) は残るのである．

件違反の救済のメカニズムという2つのメカニズムを解明しなければならない．例えばMerchant (2008) は省略についてはPF削除アプローチを取り，違反の救済についてはPF削除により違反が消滅するという提案をしている．つまり，(37b) は関係節からの取り出しを含んでいるので非文法的であるが，違反が生じた関係節を含む下線部分がPF削除で取り除かれると違反の事実も消滅するというものである．

　これは非常にうまい説明であり，これを支持する研究者も多いが，極小主義の枠組みの中では到底維持できないものである．PF削除というメカニズムに概念的必然性があるかどうかという問題に加えて，島の制約の違反をPF削除というPFの操作により解消するということがそもそも可能であるかという問題を含んでいる．(37b) の下線部は音声的には何も問題はない．問題は派生の過程で島の制約の違反が生じていると考えられることであり，そうならばその結果はLF表示にこそ残っているべきである．ミニマリスト・プログラムの当初より，LFとPFはそれぞれに独立した「完全解釈の原理」に従うものとされてきた (Chomsky (1993))．したがって，もし，島の制約の違反が残っているとすれば，それはLFの一部であるはずで，それをPFに対する削除により消すこと自体が概念的必然性を欠くと言わざるを得ない．

　PF削除についてはさらにもっと深刻で，基本的な記述的妥当性の問題があることが，次の例から判明する．

(38) a. I hear that his parents hope that their daughter-in-law speaks a Balkan language but I wonder which (Balkan language) ~~his parents hope that their daughter-in-law speaks~~
　　 b. You told me that he intends to marry someone who speaks a Balkan language, but I wonder which (Balkan language) ~~he intends to marry someone who speaks~~
　　 c. You told me that he intends to marry someone who speaks a Balkan language, but *I wonder which (Balkan language) his parents hope ~~he intends to marry someone who speaks~~

(38a) の2番目の文は文法的な島の制約の違反を含まない問題のない堰抜き文 (sluice) である．(38b) の2番目の文は，島の制約の違反を含むが文法的な堰抜き文である．しかし，(38c) の2番目の文は，島の制約の違反を含みかつ非文法的な堰抜き文である．PF削除による救済の分析により，(38b) の文法性は説明できるが，(38c) の非文法性は説明できない．PF削除による救済の分析のもとでは，(38c) の派生は (39a) の2番目の文が (39b) 以下のような派

生をたどった結果であると考えられる．

(39) a. You told me that he intends to marry someone who speaks a Balkan language, but I wonder his parents hope that he intends to marry someone who speaks which (Balkan language).
   b. I wonder his parents hope that he intends to marry someone *which (Balkan language)* who speaks *t*
   c. I wonder his parents hope *which (Balkan language)* that he intends to marry someone *t* who speaks *t*
   d. I wonder *which (Balkan language)* his parents hope *t* that he intends to marry someone *t* who speaks *t*
   e. *I wonder *which (Balkan language)* his parents hope *t* ~~that he intends to marry someone t who speaks t~~

(39b) に至る過程で，which (Balkan language) が関係節の外に出ているが，ここで島の制約違反が生じている．循環的な WH 移動により，(39c, d) と派生が進むが，この段階では島の制約違反は残っている．(39d) から (39e) に至る段階で，島の違反が生じた関係節を含む he intends 以下が削除されているので，これで，違反が救済されたことになる．しかし，(39e) = (38c) は相変わらず非文法的なままである．非文法性の原因として唯一考えられるのは，(39b) に至る段階での島の制約違反である．ということは，PF 削除によっては島の制約が救済されていないということであり，PF 削除による救済の分析が維持できないということである．以下で，多重構造の線形化の枠組みで，堰抜き文が，(38c) の非文法性も含め，適切に捉えられることを見る．

下に (40a) として再録する Ross のもともとの例にも見られる通り，堰抜き文の成立には，1つは WH 句を含み，もう1つは対応する位置に (a や some のような) 存在数量詞を含む，(40b, c) の2つの平行的な TP の存在が必須条件である．

(40) a. They want to hire somebody who speaks a Balkan language but I don't remember which (Balkan language).
   b. They want to hire somebody who speaks a Balkan language.
   c. They want to hire somebody who speaks which Balkan language.

このことは，派生が (41a) のような多重構造から出発すると仮定すると綺麗に捉えられる．(41a) では，(41b) の構造に示すように，Balkan language の音 /Balkan language/ を共有する二重の DP 構造を含んでいて，a を含む構造

は a Balkan language に対応し，which を含む構造は which（Balkan language）に対応する．[13] また（41b）は同じ the の2つのコピーを含んでいる．これが，（40b-c）が同じ言語を問題にしていることを捉えている．[14]（41a）の上段の構造が，存在数量詞を含む命題で，これが堰抜き文に必要な存在の前提条件の要件を満たしている．下段の構造が，WH 演算子を含む構造で，2つの演算子-変項構造が同じ変項 the を共有していることが上で論じた必須条件を満たしている．

(41) a.　they want to hire somebody who speaks　a　~~the~~
　　　　 {they want to hire somebody who speaks} which ~~the~~
　　　　 Balkan language
　　　　 {Balkan language}

　　 b.
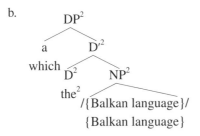

　　 c.　they want to hire somebody who speaks a ~~the~~ Balkan language
　　 d.　{they want to hire somebody who speaks} which ~~the~~ {Balkan language}
　　 e.　I don't remember C [$_{TP}$ {they want to hire somebody who speaks} which the {Balkan language}]

(41a) は線形化により (41c) と (41d) の2つの構造が分離された後，さらなる併合により (41d) から，(41e) が形成される．

　 Merchant などの PF 削除による救済分析であれば，ここで，WH 移動によ

---

[13] 言うまでもないが，Balkan language が2つ音形を持つ場合，which Balkan language と発音される．

[14] [a the Balkan language] では，a が演算子，the が変項，そして Balkan language が制限子として働いており，[which the Balkan language] でも同じく，which が演算子，the が変項，Balkan language が制限子として働いている．the はその前に演算子があるときには（all the, both the の場合を除いて）発音されない．詳しくは第5章参照．以下では ~~the~~ と表記する．

りCの指定部にwhich (Balkan language) を移動することになるが，そうすると，(38c) の非文法性が説明できなくなる．(41d) ではwhich (Balkan language) の前には発音される要素はなにもないので，語順の点だけからすればWH移動が適用される必要はない．WH移動が適用されないWH疑問文を元位置WH疑問文 (in-situ wh-question) と言うが，堰抜き文におけるWH節は元位置WH疑問文であるとすれば，(41d) にWH移動を適用する必要はないことになる．問題は堰抜き文の場合は常に元位置WH疑問文であると考える根拠があるかどうかである．

実はそのような元位置WH疑問文の分析がある．Pires and Taylor (2007) はStalnaker (1978, 2002) の共通基盤 (common ground) という概念を使った元位置WH疑問文の分析を提案している．

(42) 共通基盤 (Common Ground)
　　 談話または非言語的分脈において与えられ，話者と聴者が共有する（と話者が想定する）情報

Pires and Taylor は共通基盤の以下の4つのタイプを区別している．

(43) 特定疑問文 ([+specific] Q)
　　 a. A: I made deserts.
　　 b. B: You made what kind of deserts. [You made some deserts]
(44) 期待疑問文 (Expect Q)
　　 a. A [employee]: I made many different kinds of deserts.
　　 b. B [manager]: So, you made how many cookies?
　　 [You made a certain number of deserts.]
(45) 参照疑問文 (Reference Q)
　　 a. A: I did not sell those strange pictures.
　　 b. B: You didn't sell what? [You didn't sell some things.]
(46) 非言語的分脈 (Extralinguistic context)
　　 a. B sees his friend reading something
　　 b. B: You're reading what? [You're reading something.]

いずれの例においても共通しているのは，カギカッコ内に示すように，元位置WH疑問文の疑問要素に対応する何らかの事物の存在についての前提である．そこで，元位置WH疑問文には次のような認可条件があると仮定しよう．

(47) 元位置 WH 疑問文の認可条件
元位置 WH 疑問文は疑問要素に対応する事物についての存在を前提とする TP がある時，そしてその時にのみその TP について可能である．

(40a)（=(37a)）の堰抜き文の基底構造にはまさに，(41a) 上段の they want to hire somebody who speaks a Balkan language という存在前提（there is a Balkan language x such that they want to hire someone who speaks x）がある．したがって，(41a) 下段の構造はそのままで元位置 WH 疑問文として疑問の C などと併合し，(41c) を生じることができる．第 7 章の選言関数（∨）との関係で言えば元位置 WH 疑問文を導く C は，その中に選言関数を内含していることになる．堰抜き文における WH 移動が島の制約に不感応（insensitive）であるのは，こうして説明される．[15]

残るは (48a) として再録する (38c) の非文法性であるが，それは以下のように説明される．

(48) a. You told me that he intends to marry someone who speaks a Balkan language, but *I wonder which (Balkan language) his parents hope ~~he intends to marry someone who speaks.~~
　　b. he intends to marry someone who speaks a Balkan language
　　c. his parents hope he intends to marry someone who speaks which (Balkan language)

(48a) には (48b) に示す存在前提があるが，それは his parents hope を含む TP については成り立っていない．他方，動詞 wonder はその補部の CP の指定部に WH 要素を要求する．その要件を満たすためには WH 移動を適用するしかないが，そうすると島の制約の違反が生じる．その結果 (48a) は正しく島の制約違反として排除される．繰り返しになるが，WH 移動を適用し，PF 削除による違反の救済を行うとする Merchant らの分析では (48a) は文法的であると誤って予測される．[16]

---

　[15] 堰抜き文の派生には元位置 WH 疑問文が関与するという可能性を用いた分析にはほかに Kimura (2010) を参照．
　[16] 堰抜きの例の中には Ross (1969) が指摘し，Merchant が Swiping（かっぱらい）と呼ぶ次のような例がある．（このような例の存在を指摘していただいた中澤和夫氏に感謝する．）
　　(i) I know Mary gave a speech, but I can't remember who to.
to who の語順は who が to を超えて移動していると考えざるを得ない．しかし，少なくとも堰抜きに関する限り，次のような部分的 WH 移動が関与しているという分析が可能である．現在の位相理論では，第 1 章で見たように，VP の補部からの WH 句の取り出しの際に，v*P

5.2. 先行詞内包削除 (Antecedent-Contained Deletion: ACD)

先行詞内包削除（以下 ACD）とは次のような例に見られる．

(49)　Some student [$_{VP}$ read every book that John did] [$_{VP}$ ...]].

ACD にはいずれも 2 つの特徴があり，それはこの例にも見られる．

(50)　a.　主節動詞句の目的語が数量詞を含む．
　　　b.　主節動詞句の目的語が関係節を有し，その関係節の動詞句が省略されている．

記述上の問題点としては，先行詞内包という名称が示すように，(49) における省略部分 [$_{VP}$ ...] が先行詞部分の [$_{VP}$ read every book that John did] [$_{VP}$ ...]] に含まれていることである．これが，省略部分と先行詞部分との関係を捉えることを難しくしている．この点をこれまで提案されてきた同一性／平行性に基づく PF 削除による分析と，LF 転写による分析に沿って見てみよう．

同一性／平行性に基づく PF 削除で処理しようとすると，省略部分に元は先行詞部分があったと仮定しなければならない．しかし，先行詞部分に省略部分が含まれるために，省略部分が再び現れ ((51a))，その部分に先行詞部分を補うと再び，省略部分が現れ ((51b))，永遠に省略部分を特定することができない．これを退行問題 (regress problem) と呼ぶ．

(51)　a.　Some student [$_{VP}$ read every book that John did [$_{VP}$ read every book that John did [$_{VP}$ ...]]]
　　　b.　Some student [$_{VP}$ read every book that John did [$_{VP}$ read every book that John did [[$_{VP}$ read every book that John did [$_{VP}$ read every book that John did [$_{VP}$ ...]]]] ...

空の動詞句を想定し，そこに LF 転写で，適切な先行詞部分を復元しようとするやり方もうまくいかないことはすぐに分かる．(49) の [$_{VP}$ ...] が空の動詞句であるとして，ここに適切な先行詞部分を転写しようとすると，(51a) のよ

の指定部に一旦立ち寄る．通常はそれから，最終的にはどこかの CP 指定部に移動する．元位置 WH 疑問文ではその後の移動の必要はないが，v*P 指定部までの移動を阻むものもないとすれば，堰抜き部分は (ii) に示すように分析することが可能である．
　(ii)　[$_{TP}$ T [$_{v*P}$ {Mary} v* [$_{VP}$ {gave a speech} to who]　v*P 指定部への WH 移動 →
　(iii)　[$_{TP}$ T [$_{v*P}$ who {Mary} v* [$_{VP}$ {gave a speech} to who]
ただし，次章で島の制約に顕在性の条件を追加する処理を採用し，結果的には元位置 WH 疑問文分析を取り下げる．

うに，空の動詞句が現れ，ここに先行詞部分を転写しようとすると，(51b) のように，先行詞部分が長くなるだけで，空の動詞句の適切な中身は復元できない．つまり，いずれの方法においても退行問題が生じるのである．

しかし，May (1985) はこの退行問題について，当時の痕跡理論 (trace theory) を用いて，見事な解決方法を提案した．上で見たように ACD では主節の動詞の目的語が数量詞を必ず含んでいる．May は数量詞などの演算子は LF 部門において繰り上げられるという自説の数量詞繰り上げ (Quantifier Raising: QR) 分析に基づいて，次のような解決方法を提案した．(52a) は every book that John did [VP] という数量詞句を含んでいるが，これは QR により，(現在で言う) TP に付加され，後に痕跡 t を残す ((52b))．この段階で，[VP read t] が生じるので，これを [VP] の位置に転写すると，(52c) が得られる．これにより，空の動詞句が適切に埋まり，かつ，(52d) に示すような適切な解釈を捉えることができる．

(52) a. [TP Some student [VP read [QP every book that John did [VP]]]]
    b. [TP [QP every book that John did [VP] [TP some student [VP read t]]]]
    c. [TP [QP every book that John did [VP read t] [TP some student [VP read t]]]]
    d. for every book that John read x, some student read x

ただ，移動の後に痕跡 t が残るという痕跡理論はその後改変され，移動の後には移動されたもののコピーが残るという移動のコピー理論に置き換えられたので，(52b) の [read t] の部分は [read every book that John did [VP]] ということになり，転写できる適切な先行詞がないという退行問題が復活することとなった．

これに対して，Fox (2002) は移動のコピー理論と付加部の遅延併合を用いた解決方法を提案している．図式的に説明すると以下のようになる．派生は関係節を含まない (53a) から始まる．QR により，[QP every book] が TP の右側に付加され，(53b) が生じる．(QR が右方向に働く点が May と異なる点である．) その QP に空の動詞句を含む関係節が付加されると (53c) が生じる．(これは Lebeaux (1988, 1998) の関係節などの付加部は後で追加できるという提案に基づいている．) 次に痕跡転換 (Trace Conversion) と呼ばれる操作により，TP 内の [QP every book] の every は the に置き換えられ，変項 x が両方の QP に追加されると (53d) が得られる．ここでは空の動詞句 [VP] とその先行詞としての動詞句 [read the book x] が存在するので，後者を前者に転写すると (53e) が得られる．語順は異なるが，(53e) は (52d) と同じ解釈を

捉えている.

(53) a. [_TP Some student [_VP read [_QP every book]]]
   b. [_TP [_TP Some student [_VP read [_QP every book]]] [_QP every book]]
   c. [_TP [_TP Some student [_VP read [_QP every book]]] [_QP every book that John did [_VP]]]
   d. [_TP [_TP Some student [_VP read [_QP the book x]]] [_QP every book x that John did [_VP]]]
   e. [_TP [_TP Some student [_VP read [_QP the book x]]] [_QP every book that John did [_VP read the book x]]]]

ここまでを見ると PF 削除は退行問題を克服できないが，LF 転写であれば退行問題をうまく回避できるということになる．しかし，いくつかの問題が残っている．1つの重要な問題は，May, Fox などが想定しているような非顕在的な LF 操作が本当に必要であるかどうかである．第5章で見たように，数量詞の作用域の多義性を説明するためには，v*Pへの右方付加という顕在的数量詞繰り上げ（Overt QR）で十分である．この提案が正しいとすると，残るは多重構造と線形化による分析でうまく処理できるかどうかが問題となる．May/Fox の提案では (50a) の数量詞の問題は数量詞繰り上げにより処理されているが，(50b) の関係節が関与していることについては，単に関係節が遅延併合（Late Merge）を受けると述べるのみである．特に問題であるのは，主節と関係節の動詞句の目的語が同じものを指しているという事実は，ACD では LF 転写の結果であるが，主節と関係節が同じ目的語を共有しているという事実は LF 転写によっては捉えられない．ACD の (49) と，ACD を含まない (54) との間で，目的語を共有しているという基本的な事実の捉え方が異なることは大いに問題である．

(54) Some student read every book that John read.

この問題の原因は，May/Fox では関係節の分析はすでに与えられているものとして，正面から取り組んでいないためである．

5.2.1. 関係節の一般理論

そこでまず関係節についての理論を確定しておく必要がある．第8章で，以下に図説する派生を関係節の一般的理論として提案した．(55a) の Some student read the book which John read で例示する．この派生には (55b) に示す3つの操作が関係している．

(55) a. Some student read the book which John read
　　b. 3つの操作：
　　　　述部形成，DP 摘出，CP 付加

　　c.
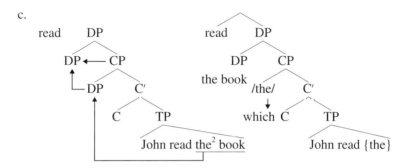

　　d. Der Jungen den wir kennen ist hier
　　　 the boy   who we know is here

　(55c) の左の構造において，通常 WH 移動と呼ばれる述部形成 (Predicate Formation) が，関係節 TP 内から先行詞となる DP を CP 指定部に取り出し，r 主要部の D の意味のトークン (コピー) を元位置残す．この操作は TP からの取り出しにより，TP を開放文 (open sentence) として述語 (predicate) に転じる働きによるものである．CP 指定部に取り出された DP は，何らかの θ 位置へ (この場合は read の補部の位置へ) の併合のため，そこから，DP 摘出 (DP Extraction) により取り出されるが，その折に決定詞の音のトークンが残され，これが関係代名詞 (which) として書き出される．一方，取り出された DP には，(read との併合の前に) CP 付加 (CP Adjunction) により関係節の CP が付加される．その後関係節を付加された DP は当初の目的通り read と併合され，右側の構造になる．

　関係節の内部の元の位置には同じ the の 2 つのトークンが存在するが，これは，右側の構造の関係節内の θ 位置に残る {the} と，CP 指定部に関係代名詞として残る /the/ の対と「先行詞」の位置にある the book の the (= {the} + /the/) と，2 つの別個の θ 位置を占める必要があるからである．また蛇足ながら，これらが同じ the の 2 つのトークンであるということが，主節の read の目的語と，関係節内の read の目的語の間の同一指示性という関係節においてもっとも基本的な事実を捉えている．重要なことは，これが (概念的必然性の要件を満たしていない) 指示指標を使わずに，2 つの D の同一性により捉えられることである．

英語では関係代名詞が，通常の決定詞とは異なる語形をもっていて，先行詞の D の the と関係代名詞の D の which との関係が不透明であるが，これは英語はフランス語の影響を受けて wh 系の代名詞を関係代名詞として使うようになったからであり，関係代名詞が決定詞 D であることは，(55d) に見るようにドイツ語のような古い形を残している言語には明確に見られる．

5.2.2. 数量詞作用域

ACD で特筆すべきことは，通常 (56a) のように主語と目的語に数量詞句を含む例では，(56b, c) に示すような 2 つの数量詞の間に作用域の多義性があるのと同様，(57a) として再録する ACD の (49) の例も多義的であるが，特に (57b) に示す目的語が主語に対して広い作用域を取る (every > some) の解釈があることが ACD の分析においては重要である．

(56) a. Some student read every book (in the library).
　　b. there is some student x such that for every book (in the library) y, x read y
　　c. for every book (in the library) y, there is some student x such that x read y

(57) a. Some student read every book that John did.
　　b. for every book that John read y, there is some student x such that x read y

この事実を捉えるには数量詞の作用域の扱いをどうするかという問題を避けて通れない．数量詞作用域については May (1977, 1985) 以来，すべての数量詞に適用する非顕在的な数量詞繰り上げ (Quantifier Raising: QR) による分析が広く受け入れられている．QR は May (1977) の版では，(56a) の両方の数量詞に適用するが，その適用の仕方が二通りあるため，2 つの作用域解釈を生む．May (1985) の版では，QR の適用の仕方は一通りであるが，その結果が 2 通りに解釈されるため，やはり，2 つの作用域解釈を生む．この QR による分析は，その後 Fox (2002) で，移動のコピー理論を取り入れてより精緻なものとなったが，(56a) のように主語と目的語に数量詞句が現れるときには多義性が生じるというメカニズムには変化はない．

本書では，第 2 章で論じた顕在的統語論仮説に立って，広く支持されている May-Fox の QR 分析の代案として，以下の右方顕在的 QR による処理を

採用している。[17] 右方顕在的 QR は（通常文末の）目的語などを v*P に付加する操作で，これにより，(56a) は次の 2 つの構造を持つことになる．

(58)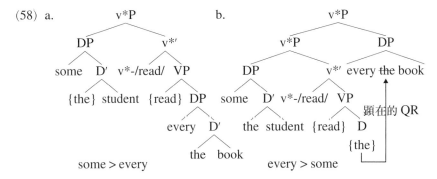

(58a) が (56a) に含まれる v*P 構造である．ここにおいて主語の DP が目的語の DP を一方的に C 統御している．これにより主語が目的語に対して広い作用域を持つ．(58b) では，目的語に顕在的 QR が適応して，the の意味 {the} を残して，v*P に付加している．この構造では every book に相当する DP が主語の DP を一方的に C 統御している．これにより，目的語が主語より広い作用域をとる解釈が捉えられ，2 つの構造は語順では同じであるので，(56a) の多義性が捉えられる．つまり顕在的 QR が適用するのは逆転作用域 (inverse scope) の場合だけである．

5.2.3. ACD

これで ACD を処理する準備ができたことになる．ACD も動詞句削除の一種であるから，その派生は，通常の動詞句削除の場合と同じように VP を共有する多重構造から出発する．(59a) の 2 つの統語体のうち，右側の T の did は補部として v*P を必要としている．他方，左側の v*P は VP を共有する多重構造を含んでいる．[18] 左の v*P から，John を主語とする v*P を側方移動により，did と併合すると，(59b) の 2 つの統語体が得られる．（この際に (59a) の左の構造から，did の補部に側方移動をしても，先に左の構造を did と併合し，のちに，some the student を主語とする v*P を側方移動により取り出しても，結果は同じである．）(59b) の右側の統語体の {read} の目的語の位置にある the は，(59a) の左の統語体の目的語が含んでいた the の 2 つの

---

[17] 顕在的 QR の詳細については第 6 章を参照のこと．
[18] v*-read の編出がすでに適用していることに注意．

トークンの 1 つである．(59b) の右の統語体において，主語 John を TP 指定部に移動し，関係節を導く補文標識 C と併合し，{read} の目的語の the の意味 {the} を残して，その音 /the/ を CP 指定部に移動（述語形成）すると (59c) の 2 つの統語体が得られる．

(59)

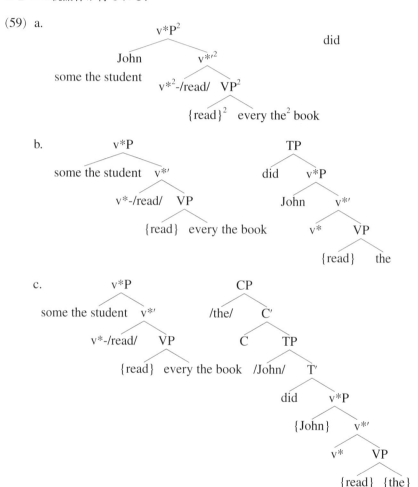

この段階で関係節は完成している．関係節形成に関わる述部形成（いわゆる WH 移動）は the の移動である．DP 摘出が適用する DP は，CP 指定部に存在しないが，DP 摘出の効果は，側方移動により，every the book が左の構造に取り出されたことにより達成されている．後は CP 付加により，先行詞 DP

の every the book に右側の CP を付加すれば，関係化は完了するのであるが，(59c) の右の構造の CP を，左の構造の every the book に付加することは，左の構造の v*P 全体を拡大していないので，拡大条件に違反する．

(60) 拡大条件 (Extension Condition)
　　　GT と α 移動は K を，K をその真部分とする K′ に拡大する．

　このままでは1つの統語体を形成できないので，この派生は破綻するしかないことになる．しかし，ACD は (50a) で述べたように，目的語の位置に数量詞句を含んでいる．そして，数量詞句は顕在的 QR の適用を受けることができる．[19] 顕在的 QR は，目的語などの（右端の）数量詞句を v*P 内から取り出し，それを v*P に付加するという操作である．したがって，every the book が取り出された一瞬の間，v*P と取り出された DP と，関係節の CP という3つの統語体が存在することになる．この時に every the book は独立した統語体であるので，これに関係節の CP を付加することは拡大条件に違反しない．CP が付加された DP は顕在的 QR の途中であるから，CP という大きな荷物を背負ったことも知らずに，v*P に付加される．その結果が以下の (61) である．

(61)

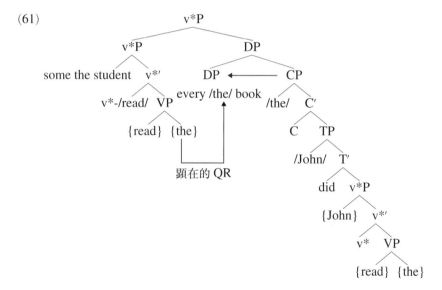

---

[19] 実際は，顕在的 QR は右方付加の一例に過ぎず，重名詞句転移 (Heavy NP Shift) のように数量詞を含まずとも右方付加は可能であると考えている．しかし，右方付加を受けることができる事実に変わりはない．

顕在的 QR は決定詞の意味 {the} を残しているが，これは動詞から θ 役割を受け取り，かつ，繰り上げられた演算子 every に対する変項として働くためである．関係節の CP 指定部にある /the/ は C に音形がない場合は which として書き出される．some the student, every /the/ book にある決定詞は some, every という数量詞（演算子）に先行される場合には空の書き出しを受ける．この後の派生は，T の Past の併合，主語 some the student の（音形）の移動により派生が収束するが，そこから音形だけを取り出すと (62a) の PF が，そして残ったものが (62b) の LF である．

(62) a. PF: Some student read every book (which/that) John did
     b. LF: [$_{TP}$ Past [$_{v*P}$ [$_{v*P}$ some the student v* [$_{VP}$ read the]] [$_{DP}$ [$_{DP}$ every the book] [$_{CP}$ that [$_{TP}$ did [$_{v*P}$ John v* [$_{VP}$ read the]]]]]]]]

(49) = (57a) = (62a) の例で目的語が広い作用域を持つ解釈があることが ACD の例で特筆すべきことであることを先に述べたが，その事実はこの分析の自動的な帰結として説明される．(59c) の段階で顕在的 QR の適用を選択なければ，r 主要部の every the book に CP を付加することはできず，したがって派生は破綻していたはずであるから，唯一可能な収束派生は，目的語が主語より高い (61) の構造を経るものしかなく，したがって，目的語が広い作用域を持つ解釈があることが自動的に説明されたことになる．

さらに，第 8 章で指摘した編出分析を用いる可能性をこれに適用すると，(62a) は以下の構造を持つものと分析される．ここでは，every を含む DP は some を含む DP を C 統御している．

(63)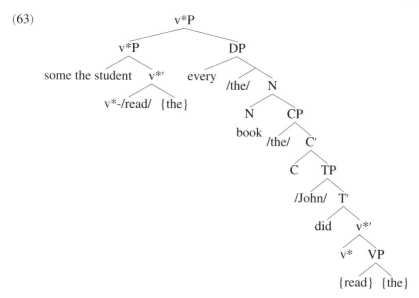

　(49) = (57a) = (62a) には主語が目的語より広い作用域を持つ (some > every の) 解釈もある．この事実は (61) の構造，または (63) では捉えられないように思われるかも知れない．しかし some > every の解釈は，every > some の解釈があるときには，その特殊な場合として常に存在するのである．話を分かりやすくするために (56a) の例で説明しよう．図書館に 10 万冊の本があったとして，(56b) の解釈は，10 万冊をすべて読んだ人が 1 人いるということを意味するのに対して，(56c) の解釈は 10 万冊の本それぞれについて読んだ人が 1 人いる，つまり最大で 10 万人の人が図書館の本を読んだということを意味する．しかし，本を読んだ人が重複することを妨げるものは何もないので，100 人の人が 1 人 1000 冊ずつ読んでも構わないし，10 人の 1 人が 1 人 10,000 冊読んでも構わないし，最も極端な場合には 1 人の人が 10 万冊を読んでも構わないのである．その場合でも，10 万冊のどの本をとってもそれを読んだ人が 1 人いるということは成り立っているのである．

6. 談話，代名詞化，省略

　以上，省略現象は音形 1 つを共有する多重構造の線形化により，1 つの音と意味の組み合わせに対して，1 つあるいはそれ以上の音を持たない意味が生じるという分析がいずれの場合においても有効であることを見た．しかし，1 つ

問題が残っている．

以下の (8) の動詞句削除現象の例を見てみよう．

(64) a. I will help you, if I can.
    b. If I can, I will help you.
    c. If I can help you, I will.
    d. *I will, if I can help you.

主節における省略と従属節における省略，そして，主節，従属節の2つの語順の組み合わせから4通りの可能性があるが，その中で (63d) だけは非文法的である．

省略部分が主節にあって，かつ，先行詞部分に先行している場合に非文法的であるので，かつて代名詞の分析において次のような例文に関して，Langacker (1969) が，代名詞と先行詞の関係を，代名詞は先行詞を統御（command）し（すなわち代名詞が主節にあり，先行詞が従節節にあり），かつ先行することはできないと捉えたことを思い起こさせる．

(65) a. John was soaking wet when he came back.
    b. When John came back, he was soaking wet.
    c. When he came back, John was soaking wet.
    d. *He was soaking wet, when John came back.

束縛理論では，すべてをC統御の概念に還元し，先行関係を除去した．その判断には先行文脈で，例えば What happened to John? という質問があるなど，John のことが話題になっていれば (65d) の例も文法的であるという事実であった．同様のことが (64d) の省略についても言える．Will you help me? という質問に対する答えとしてなら (64d) も，冗長ではあるが，文法的である．

この事実は Bruening (2014) が主張するように先行関係を復活させるのではなく，第4章で論じたように，談話の中で現れる代名詞は，側方移動ではなく，談話登録 (Discourse Registry) にあって，常に利用可能な要素であるとする扱いがふさわしい．その一方で，代名詞に関わる側方移動は，常に低い位置から，高い位置にのみ可能であると規定することにより，(65a, b) では，右から左に側方移動が生じていると捉えられ，(65c) は (65a) の when 節の前置として扱うことができる．残る (65d) は次のように談話登録が使われるとして捉えられる．

(66)　A:　PF: What happened to John?
　　　　　　LF: What happened to the John?
　　　B:　LF: the was soaking wet, when the John came back.
　　　　　　PF: He was soaking wet, when John came back.

談話で話者 A が（66A）を発すると，それは話者 B の頭の中では（66A）の LF 表示として捉えられる．John の前には唯一指示機能をもつ the が存在している．話者 B は話者 A への返答を形成する際に，（66A）の LF 中の the を，その主節で用い，従属節でこの the を用いるが，念のために John を補って，（66BLF）を形成することができるが，それは（66BPF）として発音される．つまり，（66B）を形成する際には側方移動が関与していないのである．このような扱いをすることにより，（65d）は he の先行詞が先行文脈になければならないことが捉えられる．

　同様のことが省略についても言える．まず，（67）のような対話を考えてみよう．

(67)　A:　Will you help me?
　　　B:　Yes, I will.

(67B) では，help you が省略されている．この対話をより詳しくみると，(67A) の発話は以下のような PF・LF の対からなっていると考えられる．

(68)　A:　PF: Will you help me?
　　　　　　LF: {Q {will {the$_B$ v* {help the$_A$}}}}

the$_A$ と the$_B$ は話者 A と話者 B を指す決定詞である．（もちろん下付き文字は区別のためのもので理論的意味合いはない．）話者 A にとって the$_A$ は話者であり，the$_B$ は聴者であるので，PF ではそれぞれ第一人称，第二人称の代名詞として書き出される．話者 B の談話登録[20] には (68A) の LF が存在すると仮定しよう．この質問に対して，話者 B は（69）のように答えるとすると，そこでは VP が省略されている．これは談話登録にある (68A) の LF の {help you} を v* と併合して，形成されたものであり，話者と聴者が入れ替わって

---

[20] それは，おそらくは概念−志向システム（conceptual-intentional system）の一部として存在すると考えられる．また，以下に見るように，話者を指す決定詞と聴者を指す決定詞は，談話が始まるごとに談話登録の中に新たに作られ，その談話の間は常に利用可能で，1 人称と 2 人称の人称転換（person shift）を伴って使われる．談話が成り立つと自動的に，話者と聴者との間で共有されていると考えられる，the sun, the moon, the living room, the kitchen などで用いられる決定詞も談話登録にあると考えられる．

いるために，人称転換が起こり，実際に発音すれば Yes, I will help you になるものであるが，実際の発音は PF に示す通り Yes, I will である．他方その LF には {help the$_A$} が含まれており，help you に該当することが捉えられている．[21]

(69) B: [$_{CP}$ Q-/will/ [$_{TP}$ {will} [$_{v*P}$ the$_B$ v* {$_{VP}$ help the$_A$}]]]
　　　　PF: Yes, I will {help you}
　　　　LF: (yes) {will {the$_B$ v* {{help the$_A$}}}}

(64d) に話を戻そう．この例は次のような談話の一部であれば，冗長ではあっても文法的である (if I can help you の内部構造は省略)．

(70) A: PF: Will you help me?
　　　　LF: {Q {will {the$_B$ v* {help the$_A$}}}}
　　　B: [[/the$_B$/ will [{the$_B$} v* [{help the$_A$}]]] [if I can help you]]
　　　　PF: I will, if I can help you.
　　　　LF: {will {the$_B$ v* {help the$_A$}}} {if I can help you}

話者 A の発話の結果，話者 B の談話登録内には (70A:LF) が登録され，{help the$_A$} が利用可能となる．これを v* の補部として併合して，主文部分を形成することができ，それに別途形成した if I can help you を付加すれば，それは (70B:PF) として書き出されるが，「省略」されている help you は {help the$_A$} として LF に存在している．(70A) のような文脈がなければ，この派生は許されないので，(64d) が単独では非文であることも，これにより捉えられる．

以上を簡単にまとめると，DP でも VP でも，1 つの構造の内部における移動 (内部併合) は，拡大条件により，位相を超えて高い位置に移動する．2 つの構造の間での側方移動においては，従節から主節へと移動しなければならないと仮定すると，代名詞および省略に関わる移動はすべて位相内部から位相の外への併合であることになり，英語のような言語では，従属節が前置されない限り，先行詞が代名詞／省略に先行することになる．これにより，通常の語順で主節に代名詞および省略を含み，従節に先行詞表現を含むことは許されないことになり，それが許されるのは談話登録が介在する場合のみであるということになる．

Bruening (2014) は，束縛原理に代わるものとして，先行関係 (precedence)

---

[21] このように LF に存在するものを，次の派生で利用可能であるとする提案については，高橋 (2001, 2002) 参照．

と位相統御（phase-command）の両方を用いて，代名詞が先行詞に先行し，かつ代名詞が先行詞を位相統御することはできないとする説明を提案している．本章での扱いが正しければ，C統御を位相統御により置き換える点は正しいが，逆行先行関係は談話登録により取り扱われることとなり，代名詞化および省略については位相統御一本で済ませるというより統一的な扱いが可能になる．（束縛原理のような表示に対する条件ではなく，派生に対する条件として扱う点が異なるのはもちろんのことである．）

7. 結論

本章では，省略現象に対して，PF削除を使うアプローチ，LF転写を使うアプローチへの代案として，部分的に（音形）要素を共有する多重構造を側方移動などにより線形化した結果，同じ意味表示を共有する，音形を持つ構成素と音形を持たない構成素が生じるものであるという分析を提案した．多重構造を側方移動などで線形化するというアプローチは第3章の代名詞化において採用したものと同じで，この結果，意味と形式の乖離という共通の性質を持つ省略と代名詞化は同じメカニズムによって扱われることとなる．

代名詞化と省略に共通するもう1つの要因として，いずれも談話登録から要素を取り出して利用可能であるということを提案した．これにより，代名詞／省略が主節にあって，従属節の中にある先行詞表現に先行できるのは，談話登録から取り出した場合だけであるということを提案した．これによりBruening (2014)の「先行」と「位相統御」の2つを使って代名詞の分布を捉えることにより，束縛条件に置き換えようとする提案のうち，「先行」に関する部分は除去できることになる．C統御に代えて，「位相統御」を用いるということは，すでに第3章で見たように，代名詞化に関わる側方移動はすべて位相の中から外への取り出しであるので，そのまま維持可能になる．この結果，移動（併合）による省略／代名詞化はすべて「位相統御」とう構造関係になるということになり，省略／代名詞化の分析は最大限極小化される．

最後に，英語での話であるが，代名詞化の場合は決定詞Dが，代名詞（人称代名詞，関係代名詞）として発音されるのに対して，省略の場合は，なぜ発音されないのかという当然生じる疑問を取り上げる．決定詞Dは通常，格が与えられる位置に生じ，そのため[主格]，[対格]などの格素性を有している．格素性はLFにおいては解釈不能であるために，LFに達する前に除去されねばならない．そのメカニズムとして，格素性を含む素性の束，例えば[主格，3人称，男性，単数]は /he/ という音形に置き換わることにより，格素性が除

去され，解釈可能な [3人称, 男性, 単数] という素性の束になるという処理を提案した．

　Dにとって，その格素性はDの音形を決定するものであるが，Vにとってその音形を決定する役割を果たすものは，時制素性である．動詞が省略できるのは，動詞以外に助動詞などが時制を担っている場合であるので，動詞部分は時制素性除去のために音形に置き換わる必要がないのである．

第11章　省略 II：日本語における省略

1. はじめに

　本章では日本語における省略現象を取り上げる．日本語における省略も，英語の場合と同じように，多重構造の線形化を含むと分析できるが，特に動詞の形態論と語順に関係して現象的には違った現れ方をする．

　本章は以下のように構成されている．第2節では空所化，右方接点繰り上げをとりあげ，省略の方向性と語順の関係を論じる．第3節では，日本語動詞の形態論上の特徴を取り上げ，その点から，日本語に動詞句削除が存在するかどうかを論じる．3.1節では，先行詞内包削除は日本語には現象的には存在しえないことを示す．3.2節では堰抜き現象が日本語にも存在し，かつ日本語のWH疑問文の成立のメカニズムからして，疑問詞を含むより大きな句を残しての堰抜きが可能であることを見る．

2. 語順の相違

　(1a) の空所化から見ていこう．Ross (1967) が指摘しているように，空所化の方向は主要部と補部の語順と相関していて，英語では右側に空所が来るが，日本語では左側に空所が来る．この構造は (1b) にある動詞の音形 /注文し/ を1つ共有する多重構造から出発すると分析される．（「注文し」は /注文し/ という音形と {注文し} という意味からなっていることと，v*Pの内部構造が簡略化されていることに注意されたい．）&は，「そして」と書き出すこともできる等位接続詞である．線形化により，音形をすべて持つ「メアリーがワインを注文し」が元の v*P の右側に付加されると (1c) が得られる．これに過去時制「た」が併合され，「注文し」の音形が繰り上がると (1d) が得られる．

(「ビールを」の「を」は決定詞 D が動詞「注文し」から与えられた対格を担って書き出されたものであり，「ジョンが」「メアリーが」の「が」は，決定詞 D が時制「た」との多重一致により与えられた主格を担って書き出されたものである．

(1) a. ビールをジョンが（そして）ワインをメアリーが注文した．

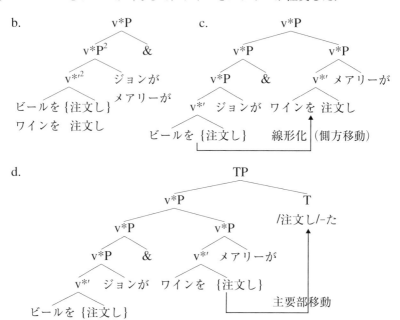

時制が1つしかないことにより，等位接続された TP 全体が1つの事象として扱われていることを捉えている．

　日本語の空所化の例文は (1a) ではなく，次の語順であると広く信じられている．

(2)　ジョンがビールを,（そして）メアリーがワインを注文した

(1a) の語順は第6章で論じたように，日本語の節構造は左枝分かれで，日本語の基本語順は OSV であるという分析に基づくもので，(2) の語順は，主語を文頭に Scrambling で移動した結果である．

　次に英語の右方節点繰り上げ (3a) の例に対応するものを見てみよう．different people を，the same professor に変えた (4) においても事情は同じである．(3b) (4b) が (3a) (4a) に対応すると考える．

(3) a. John loves and Mary hates different people.
　　b. 違う人をジョンは愛し，（そして）メアリーは憎んでいる
　　c. ジョンは違う人を愛し，（そして）メアリーは憎んでいる
(4) a. John loves and Mary hates the same professor.
　　b. 同じ教授をジョンは愛し，（そして）メアリーは憎んでいる
　　c. ジョンは同じ教授を愛し，（そして）メアリーは憎んでいる

内部解釈のもとでの，(3a)(4a) に対応する日本語の例は (3c)(4c) であると考える向もあるかもしれないが，筆者は，(3c)(4c) は外部解釈，すなわち，「文脈で問題となっているのとは違う／同じ人／教授を，ジョンは愛し，メアリーは憎んでいる」という解釈は持ちうるが，「ジョンとメアリーの間で，違う／同じ人／教授を」という解釈にはならないと判断する．この事実は特に (4) において顕著であるが，次のように分析すると自然に捉えられる．出発点は (5a) のような多重 TP 構造で，英語とは反対の左方向に TP が付加されると，それぞれの動詞の繰り上げの後に，(5b) の構造が得られる．さらに，「違う」はその作用域内に複数表現を必要とするので，「違う人」が右方付加（顕在的 QR = Scrambling）を受け，最終的には (5c) のようになる．

(5) a. 　違う人を　　ジョンは愛し
　　　　{違う人を}　メアリーは憎ん　でいる

　　b.

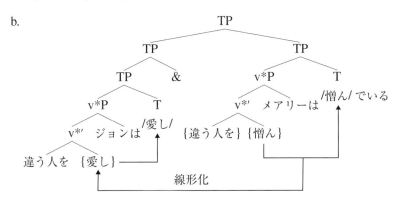

　　c. [_TP 違う人を [_TP {を} ジョンは愛し & メアリーは {を} 憎んでいる]]

関係形容詞「違う」を含んでいなくても，やはり目的語が先頭にある方が断然自然である．

(6) a. その女の子をジョンは愛し，メアリーは憎んでいる
    b.?*ジョンはその女の子を愛し，メアリーは憎んでいる

このように分析できることは，日本語が左枝分かれであるとする第6章の分析が正しいことの傍証でもある．

主語が共有されている例も見てみよう．

(7) a. John sold his car and bought a yacht.
    b. 車を売って，ヨットをジョンは買った
    c. ジョンは車を売って，ヨットを買った

大方の研究者は (7a) に相当するのは (7c) であると考えているが，(7b) が基本語順であって，(7c) は「ジョンは」を Scrambling により文頭に移動したものであると想定することを妨げる事実は何もない．第6章の OSV の左枝分かれ構造の主張に沿って，(7b) がどのように多重構造から派生されるかを見てみよう．「ジョンは」の音を共有する (8a) の TP の多重構造から出発すれば，TP の線形化で，(8b) が得られる．英語とは逆に右への移動の後に残りの TP が左に付加される．音形が1つしかない「ジョンは」が，右側に残るため，左側では音形を持たない主語が残り，これが主語の省略という外見を呈している．動詞「売る」「買う」の音形は /ur/, /kaw/ として繰り上がり，最終的には「売って」「買った」と書き出される．

(8) a. 車を   ur   ジョンは te
       ヨットを kaw {ジョンは} ta

    b.

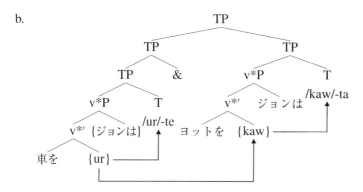

(7c) の語順は「ジョンは」の Scrambling により派生される．

以上の例では日英語の語順（より基本的には右枝分かれであるか，左枝分か

れであるかという相違から，省略にも多少の相違が生じた例であるが，次に動詞の形態論の違いに起因する相違を見てみよう．

3. 動詞の相違：拘束形態素としての動詞等

一見すると日本語では動詞句削除がないように見える．

(9) a. 君を助けられれば，助けます
　　 b. 助けられれば，君を助けます
　　 c. *られれば，君を助けます
　　 d. *君を助けられれば，ます

文法的な (9a, b) のどちらにおいても，動詞「助け」の部分は主節，従節の両方に残っている．「助け」の部分を完全に「省略」した (9c, d) は非文法的である．このことから，日本語には英語にあるような動詞句削除はないと考えざるを得ないところであるが，この点について，主に2つの分析が提案されてきた．

Otani and Whitman (1991) は Huang (1988, 1991) の提案を日本語にあてはめて，(10b) には (10c) の解釈がある，つまり (10b) には疎漏同一性 (Sloppy Identity) の解釈があるとして，これは，英語の場合と同じくVP削除が起こっているが，動詞の繰り上げのために「捨てた」の部分は発音されていると提案した．

(10) a. ジョンは自分の手紙を捨てた　　(Otani and Whitman (1991: (4)))
　　　b. メアリーも捨てた
　　　c. メアリーも自分の手紙を捨てた

これに対して Hoji (1998) は (10b) は以下の例において疎漏同一性の解釈がないことを示し，動詞句削除ではなく，Kuroda (1965) の言うゼロ代名詞 (zero pronoun) を含む空目的語構文 (Null Object Construction) が関係していると主張している．（ゼロ代名詞を Hoji は ec と表す．）

(11) 　A: 　ジョンは自分（自身）を慰めた　　　　(Hoji (1998: (12)))
　　　　B: 　ビルも ec 慰めた
(12) 　A: 　すべての日本人夫婦がお互いを慰めた　(Hoji (1998: (14)))
　　　　B: 　すべてのアメリカ人夫婦も ec 慰めた
(13) 　A: 　すべての日本人夫婦が同じ学生を推薦した　(Hoji (1998: (25)))
　　　　B: 　すべてのアメリカ人夫婦も ec 推薦した

確かにHojiの主張するようにこれらのBの例では疎漏同一性の解釈はない．(それどころか，これらのBの例は「慰めた」の目的語が何を指すのか明確ではない．つまりこれらの例における省略された目的語の指示は漠然（vague）としている．）そして（10b）が疎漏同一性（Sloppy Identity）があるとされる事実について，それは疎漏同一性ではなく，そこに含まれるecが漠然としているから，メアリーの手紙を指すことも解釈の幅の中にあるに過ぎないと述べ，これを疑似疎漏同一解釈（Sloppy-like reading）と呼んでいる．

(11)-(13)には本当の意味での疎漏同一性解釈がないという指摘は正しいと思われる．そこからHojiは日本語には動詞句削除がないという結論を導くが，それはどうであろうか．次の対話例を見てみよう．

(14)　A:　Who will help him?
　　　B:　I will.
(15)　A:　誰が彼を助けますか？
　　　B:　私が助けます．
(16)　A:　誰が自分を慰めましたか？
　　　B:　ビルが（自分を）慰めました
(17)　A:　誰がお互いを慰めましたか？
　　　B:　すべてのアメリカ人夫婦が（お互いを）慰めました
(18)　A:　誰が同じ学生を推薦しましたか？
　　　B:　すべてのアメリカ人夫婦が（同じ学生を）推薦しました．

このような質問に対する答えの場合では目的語を省略できる．(14)と(15)の対応から，(15)が英語の動詞句削除に対応しているように思える．また(16)-(18)の答えの場合には目的語を省略できるが，その解釈は質問との間で疎漏同一性を示している．この場合はゼロ代名詞があって，それが質問文内の「自分」「お互い」「同じ学生」を指しているという説明はできない．したがって，日本語にはゼロ代名詞を含む擬似疎漏同一性の例もあるが，音声的には区別できないが，質問に対する答えの場合は疎漏同一性を含む省略の例もあると考えるべきである．

(15)から検討してみよう．Aの質問は，構造の細部を無視すれば，(19)のPFとLFからなるので，これが話者Bの談話登録にあると考えられ，その答えを形成する際に「誰」の部分を「私」に置き換える{私が彼を助けます}というLFを導くことが必要であるが，それには(20)に示すいくつかの可能性がある．

(19) A: PF: /誰が彼を助けますか/？
　　　LF: ｛誰が彼を助けますか｝
(20) B1: 私が｛彼を助けます｝　　（PF：私が）
　　 B2: *私が｛彼を助け｝ます　（PF: *私がます）
　　 B3: 私が｛彼を｝助けます　　（PF: 私が助けます）
　　 B4: 私が彼を助けます　　　　（PF: 私が彼を助けます）

　すべてにおいて「誰が」が「私が」に置き換わっている．(20B1) は「私が」の部分以外は談話登録の LF の一部を使っている．(20B2) は非文であるが，これは時制の「る」，「た」，「です」「ます」などは拘束形態素であるのに，それを支える動詞などが欠けているからである．(20B3) のように「助け」によって支えられていると文法的である．(20B4) は「私が」以外については談話登録の PF と LF をすべて使っている．日本語に英語のような動詞句削除が現象的に存在しないのは，時制要素などが拘束形態素で，顕在的な動詞などに支えられていないと PF において派生が破綻するためである．
　同様に (16)–(18) の質問は話者 B の談話登録に対応する PF と LF を生じ，話者 B は「誰」の部分にそれぞれの答えの主語を置き換えることは共通して行うが，残りの部分については，(20) の場合と同じ選択がある．[1]

(21) a. ビルが｛自分を慰めます｝
　　 b. *ビルが｛自分を慰め｝ます
　　 c. ビルが｛自分を｝慰めます
　　 d. ビルが自分を慰めます
(22) a. すべてのアメリカ人夫婦が｛お互いを慰めます｝
　　 b. *すべてのアメリカ人夫婦が｛お互いを慰め｝ます
　　 c. すべてのアメリカ人夫婦が｛お互いを｝慰めます
　　 d. すべてのアメリカ人夫婦がお互いを慰めます．
(23) a. すべてのアメリカ人夫婦が｛同じ学生を推薦しました｝
　　 b. *すべてのアメリカ人夫婦が｛同じ学生を推薦しま｝した
　　 c. すべてのアメリカ人夫婦が｛同じ学生を｝推薦しました
　　 d. すべてのアメリカ人夫婦が同じ学生を推薦しました

---

[1] 第4章で見たように，「ビル」と「自分」，「すべてのアメリカ人」と「お互い」の「束縛／同一指示性」は，決定詞「が」と「を」の同一性により捉えられることに注意．したがって，例えば (21) に共通する LF はより詳しくは同じ D のトークンを2つ持つ (i) の姿をしている．
　(i) PF: /ビルが自分を慰めます/
　　　LF: ｛ビル D 自分 D 慰めます｝　（2つの D のトークンを持つ）

(21)-(23)で特に興味深いのは (a) の答えである．ここでは時制も「省略」されているから，VPではなく，主語を除いてTPが削除されていることになる．このことは，日本語に動詞句削除が現象的にないように見えるのは，単に時制要素などが拘束形態素であるという事情によるものであって，それ以上の理論上の意味はないということである．

付加部の中に動詞句削除を含む次の英語の例に対応する日本語でも，(24c) に見るように確かに動詞句は削除されていない．しかし，(24d) のように「捕まえる」全体が省略されている場合は文法的である．この事実も，動詞句削除が現象的に日本語にないのは形態論の事情によることをさらに確証している．

(24) a. They intend to catch the serial killer before the police do {catch the serial killer}
  b. 彼らは，連続殺人犯を，警察が捕まえるより前に，捕まえるつもりだ
  c. *彼らは，連続殺人犯を，警察が{捕まえ}るより前に，捕まえるつもりだ
  d. 彼らは，連続殺人犯を，警察{が捕まえる}より前に，捕まえるつもりだ

さらに，次のような例を見てみよう．

(25) A: ジョンは自分（自身）を慰めた
  B: ビルも そうした　(Cf. Bill did so.)
  B': ビルもです
(26) A: すべての日本人夫婦がお互いを慰めた
  B: すべてのアメリカ人夫婦もそうした　(Cf. All American couples did so.)
  B': すべてのアメリカ人夫婦もです
(27) A: すべての日本人夫婦が同じ学生を推薦した
  B: すべてのアメリカ人夫婦もそうした　(Cf. All American couples did so.)
  B': すべてのアメリカ人夫婦もです

これらの例では疎漏同一性解釈が可能であるばかりでなく，むしろ好まれる．Bの例は英語のdo-soに対応する．B'の例はKim (1997) が擬似動詞句削除 (Pseudo-VP Ellipsis) と呼び，英語の動詞句削除に対応するものとして扱って

まず，B の例から考えて見よう．結論から言うと，この「そうす」構文が，英語の動詞句削除にまさに対応していると考えるのが一番理に適っている．そのために次のことを提案する．

(28) a. VP の音形だけで意味のない項目 /そう/ がレキシコンに存在する．
　　 b. v* として利用可能な項目「す」がレキシコンに存在する．

/そう/ は音形のない VP を談話登録から用いるときには常に利用可能であると仮定する．(25A) の発話の結果，話者 B の談話登録には (29a) の LF 表示が存在する．この中の VP 部分の「自分自身を」に相当する部分の「を」を新たな（つまり別の）D に代えて，これをその音形 /そう/ とともに，v* の「す」と併合すると (29b) の構造を作ることができる．(2つの D のトークンがあることに注意されたい．) この 1 つを取り出し，これを「ビル」と併合し，さらに，「も」を併合したものを v*P 指定部に併合すると (29c) が得られる．これをさらに時制要素「た」と併合し，v* を T に繰り上げると (29d) が得られる．(主要部移動の編出分析は省略してある．また「す」は「た」に繰り上げられると「し」として書き出される．)

(29) a. {$_{TP}$ ジョンは {$_{VP}$ 自分（自身）を慰め} た}

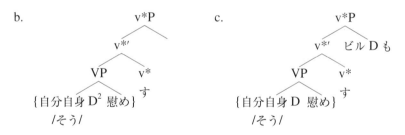

352

d.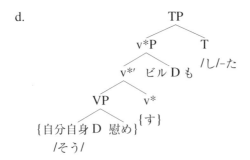

その結果，得られる PF と LF の対は以下の通りである．（演算子「も」に後続される決定詞 D は，空書き出しを受けることに注意されたい．）(25b) の語順は，「ビルも」を Scrambling により文頭に出せば得られる．

(30) PF: そうビルもした（ビルもそうした）
　　　LF: {{{自分自身 D 慰め $_{VP}$} すビル D も $_{v*P}$} た $_{TP}$}

(26) (27) についても同じである．v* の「す」と時制「た」は互いに支え合い，拘束形態素として認可される形になっている．英語では助動詞があれば，時制を支えることができ，動詞句に音形がなくても支障がないので，動詞句が削除されているという外見を生むのに対して，日本語では「す」の助けが必要になるという違いだけで，後はすべて同じ扱いになる．[3]

(25)-(27) の B' の例，すなわち Kim (1997) が擬似動詞句削除と呼ぶ例を見て見よう．談話登録の LF 表示の相違部分だけを入れ替えて，それを「です」と併合して形成されたと分析するのが自然である．[4]

---

[3] そうなると当然英語の do so はどうするかという問題が出てくる．上の日本語の分析に倣って，英語でも空の動詞句の音形として so を使い，do を v* として扱うことが考えられる．まず，{console D^{2}'s self} をその音形 /so/ とともに，v* の do と併合する ((ia))．D のトークンを取り出し，Bill と too と併合して，v*P 指定部に併合する ((ib))．その後 Past の併合と主語（の音形）の TP 指定部への移動により (ic) の LF と PF が得られる．(ii) は動詞句削除の例で，この did は，v* ではなく，時制要素である．

(i) a. [$_{v*P}$ do {$_{VP}$ console D^{2}'s self}]
　　　　　/so/
　　b. [$_{v*P}$ D Bill too do {$_{VP}$ console D^{2}'s self}]
　　　　　　　　　/so/
　　c. LF: {$_{TP}$ Past {$_{v*P}$ D Bill too do {$_{VP}$ console D's self}}}
　　　　　PF: /Bill too did so/

(ii) Bill did too (Bill too did)

[4] 「です」と併合されているのは，空の補文標識に導かれた TP であるかもしれない．

(31) a. {ビル D も自分自身 D 慰めた $_{TP}$} です
      /ビルも/
   b. {アメリカ人夫婦 D もお互い D 慰めた $_{TP}$} です
      /アメリカ人夫婦も/
   c. {アメリカ人夫婦 D も同じ学生を推薦した} です
      /アメリカ人夫婦も/

この分析が正しければ，TP（または CP）削除と呼ぶのがふさわしいと思われる．「そうす」構文は動詞句削除に対応しているので，異なる部分（「X も」の部分は主語にしか該当しないが，TP/CP 削除では，そのような限定はない．

(32) A: ジョンはビールをよく飲みます
     B: 日本酒もです
(33) A: ジョンはビールをよく飲みます．
     B: *日本酒もそうします．

「そう」は，英語の so と同じく，CP の代用形としても用いられる．これについては，「そう」so は音形のない動詞句の汎用音形として使えるだけでなく，音形のない CP の汎用音形としても使えると分析するのが簡明である．

(34) a. Do you think you can do it?
   b. I think {I can do it}
                /so/
(35) a. それができると思いますか？
   b. {それができると} 思います
                /そう/

まとめると，英語では動詞を含む広い意味での省略には，動詞句削除と，do so 構文，そして文の代用形 so の 3 つしかないが，日本語では，目的語を省略しているように見える (20) の B1，B3 の 2 種類があり，それに加えて，英語の動詞句削除に直接対応するように思われる「そうす」を用いる (25B) のようなものと，「です」を使う (25B′) のようなものがある．一見すると無原則に見えるが，日本語と英語の省略現象の相違は英語では動詞や助動詞は自由形態素であり，それに対して，日本語では動詞，助動詞，時制要素はいずれも拘束形態素であるという形態論上の独立の相違に帰すことができる．

4. 先行詞内包削除と堰抜き

4.1. 先行詞内包削除

そのような事情で日本語には文字通りの先行詞内包削除は存在しない．

(36) a.　ジョンが読んだどの本も，誰かが読んだ
　　　b.　誰かが，ジョンが読んだどの本も読んだ
　　　c.　*ジョンが {読ん} だどの本も，誰かが読んだ
　　　d.　*誰かが，ジョンが {読ん} だどの本も読んだ

これも日本語の助動詞や時制要素，この場合には過去時制の「だ<た」が拘束形態素であるため，動詞「読む」の部分がそれを支えなければならないという事情による．しかし，そのことを除けば，通常の動詞句移動を使った派生により導くことができる．派生は (37a) の２つの統語体から始まる．１つは関係節を導く C を主要部とする CP で，もう１つは v* である．CP の方は目的語の「どの本 D^2 も」が２つの D のトークンを含んでいるが，これは関係化される D は必ず２トークンを持たなければならないからである．動詞「読ん^2」も２つのトークンを持っているが，これは時制 (T) が拘束形態素であるため，これを支えるには「読ん」の音形が必要だからである．（これらのいずれかでも欠けると派生は破綻するので，トークンがなければならないことは特に規定しておく必要はない．）他方 v* のほうは補部の VP とそれ自体の主語を必要としている．

(37) a.

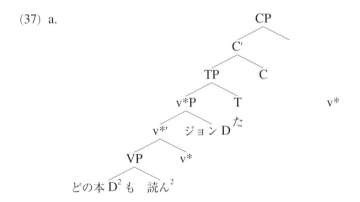

左側の構造の VP の「どの本 D も読ん」が右の v* に側方移動で併合され，これに新たな主語「誰か D」が併合されると (37b) の２つの統語体が生じる．

(37) b.

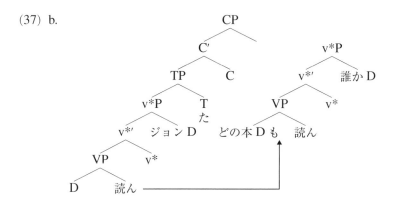

左の統語体で,「読ん」の音 /読ん/ が v* に,そしてそれが T に繰り上がり「/読ん/-v*- だ」となる.目的語の位置の D の音 /D/ が,意味 {D} を残して,述部形成(＝WH 移動)で,CP 指定部に繰り上がる.以上の結果 (37c) が得られる.

(37) c.

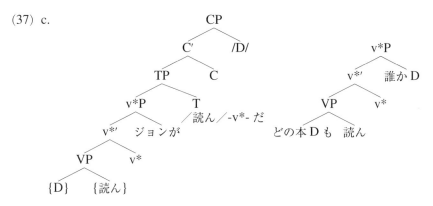

ここで関係節 CP が「どの本 D も」に付加すれば派生は終わるように思われるが,この操作は,英語の例でも見たが,右の構造を拡大しないので,拡大条件違反である.英語において,顕在的 QR が数量詞を v*P の右に付加する操作があると論じたが,日本語においてこれに相当する操作は Scrambling と呼ばれる左方付加の操作である.「どの本 D も」は「も」を含んでいるので数量詞句であるが,Scrambling を受けることもできる.この操作は「どの本 /D/ も」を {D} を元の位置に残して,一旦取り出し,それを v*P に付加するが,一旦取り出したときに,「どの本 /D/ も」は独立の統語体となるために,v*P への付加の前に,CP がこれに付加することができる.CP の付加を受けた後,

全体の DP は Scrambling の付加操作部分により，v*P に付加される．

(37) d.

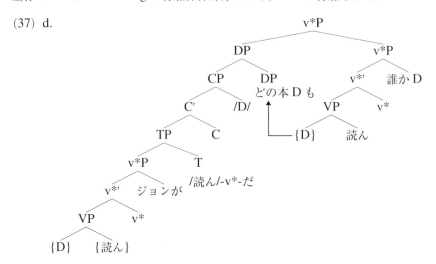

この後は，こうしてできた全体の v*P に T が併合し，「読ん」の音 /読ん/ が，後にその意味 {読ん} を残して，v* を経由して，T まで繰り上がり，「/読ん/-v*-だ」と書き出され，「誰か D」は時制により主格が与えられて，「誰かが」と書き出される．この構造では，「どの本も」のほうが「誰か」より広い作用域をとる解釈になるが，さらに「誰か」を Scrambling で，全体の左側に付加すると (36b) の語順になり，「誰か」が「どの本も」より広い作用域を持つ解釈になる．[5] また，CP の指定部にある /D/ は英語では関係代名詞として書き出されるが，日本語では D は NP の補部を取らずに代名詞（つまり人称代名詞と関係代名詞）として使われるときには空の書き出しをうける．[6]

動詞句削除が存在するかどうかということは現象的な問題であって，日本語

---

[5] さらに第 8 章 4 節の最後で言及した編出分析を採用すれば DP の内部構造は (i) のようになる．

(i)
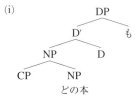

[6] Kayne (2005) がなぜ日本語に関係代名詞がないのかが問題であると述べているが，これがその問いに対する筆者の解答である．

にも英語の動詞句削除に相当する「そうす」構文があり，それが「そうす」構文の姿を取るのは，関係する時制要素などが拘束形態素であるという事情によって決定されていることを見たが，先行詞内包削除においても，まったく同じ事情で動詞が現れないわけに行かず，その意味では先行詞内包削除がないように見えるが，実際にはそれに該当する構造は存在しているのである．

4.2. 堰抜き文

(38b) の堰抜き文については (38a) の英語の堰抜き文の分析がそのまま成立する．ただし，英語と違って，日本語では堰抜き文にも (38b) と (38c) の二通りの可能性がある (「か」の位置に注意)．

(38) a. They want to hire somebody who speaks a Balkan language but I don't remember which (Balkan language).
  b. 彼らはバルカン言語を話す人を雇いたいが，どのバルカン言語**か**覚えていない
  c. 彼らはバルカン言語を話す人を雇いたいが，どのバルカン言語を話す人**か**覚えていない

なぜ二通りあるのかが問題である．第7章で日本語における WH 移動は「か」の文末の CP 指定部への移動であるということを見た．この前提に立って，もし，Merchant (2008) らに従って，関係節内からの移動を含む堰抜き文は，まず「か」を移動し，そののちに C′ 以下を全部消すということであれば，(39) に示す形で (38b) の堰抜き文しか派生されないはずである．

(39) 彼らはバルカン言語を話す人を雇いたいが，どのバルカン言語を話す人を彼らが雇いたいか覚えていない

(38b) では「か」は「どのバルカン言語を話す人」の後にあるが，ここは WH 移動の行き先である CP 指定部ではない．したがって，Merchant 流分析では，英語の (38a) の堰抜き文に対応して，日本語では (38b, c) の2つの堰抜き文が存在することは説明できない．

第7章で，日本語では関係節の島の制約が成り立たないように見えるのは，関係化された DP の指定部に「か」が発するという選択があり，この場合は WH 移動をかけても，島の制約に違反しようがないからであるということを見た．この分析と，堰抜き文に含まれる WH 従属節は，WH 移動が適用しない元位置 WH 疑問文であるという提案を上で行った．これらを合わせれば，(38a) の英語の堰抜き文に対して，(38b) と (38c) の2通りが可能であると

いう事実を自然に説明できる．まず「か」は (40a) に示すように，「どのバルカン言語を」の指定部に発することもできれば，(40b) に示すように，関係化された「どのバルカン言語を話す人を」全体の指定部に発することもできる．(40a, b) はいずれも一部音形を共有する多重構造である．{ } の部分が意味だけであるから，その部分では音形を共有しているということである．

(40) a.　　彼らは　　バルカン言語を　　話す人を雇いたい　　覚えていない
　　　　　{彼らは} どのバルカン言語(を)か {話す人を雇いたい}
　　 b.　　彼らは　　バルカン言語を　話す人を雇いたい　　　覚えていない
　　　　　{彼らは} どのバルカン言語を　話す人(を)か {雇いたい}

多重構造の下段部分を，側方移動で，取り出し，これに空の C を併合して「覚えていない」の補部に併合すると，(40) となる．

(41) a.　彼らはバルカン言語を話す人を雇いたいが，[どのバルカン言語を **か**] {話す人を彼らが雇いたい} C 覚えていない
　　 b.　彼らはバルカン言語を話す人を雇いたいが，[どのバルカン言語を話す人 (を) **か**] {彼らが雇いたい} C 覚えていない

従属節部分は元位置 WH 疑問文であるから，「か」の移動はない．{ } 部分を取り除けば，(38b) と (38c) になる．

　他方，元位置 WH 疑問文としてでなく，WH 移動を受けた間接疑問文としては，(38a) に対応する (42a) は [ ] で示す関係節の島の制約を破っていて非文法的で，(38b) に対応する (42b) も同様であるが，(38c) に対応する (42c) は [ ] の関係節の外からの WH 移動であるから文法的である．

(42) a. *Which Balkan language do they want to hire someone [who speaks t]?
　　 b. *[どのバルカン言語を t 話す] 人を彼らは雇いたいか？
　　 c. [どのバルカン言語を話す] 人を t 彼らは雇いたいか？

4.3.　島の制約の改訂

　しかし，(38a, b) の文法性については，まだ説明すべき事実が残っている．次の例にまで分析の射程を広げて見よう．

(43) a.　どのバルカン言語を話す人を t 雇いたい (の)] か覚えていない
　　 b.　どのバルカン言語 (を) (*の) か覚えていない
　　 c.　どのバルカン言語を話す人 (*の) か覚えていない

(44) a. どのバルカン言語（を）だった（の）か覚えていない
　　 b. どのバルカン言語を話す人（を）だった（の）か覚えていない

堰抜きを含まない (43a) は補文標識「の」を許容するが，(43b, c) の堰抜き文では「の」を補うことはできない．このことは一見すると，堰抜き文は元位置 WH 疑問文であるという本書の主張を支持しているように見えるが，ことはそれほど単純ではない．(44) のような部分的堰抜き文があるからである．これらは，Kim の擬似動詞句削除に該当し，談話登録の LF 表示の（下線部で示す）相違部分を入れ替えて，「です」と併合した (45) から導くことができるが，(45) のままでは非文法的で，「か」を文末に移動すれば，文法的な (44) が得られるが，その際に (45a) では「か」を関係節の内部から取り出していることになり，(44a) は下接の条件違反になる．

(45) a. *どのバルカン言語（を）か｛話す人を雇いたい｝だった（の）
　　 b. *どのバルカン言語を話す人（を）か｛雇いたい｝だった（の）

(44a) が文法的であることを説明する最も単純な方法は，堰抜き文は常に元位置 WH 疑問文を含むという前章と本章の主張を放棄して，堰抜き文の派生には通常の WH 移動が関与することを認めることである．ただし，Bošković や Merchant の提案にあるように PF 削除を認め，さらに PF 削除が統語的な違反を無効にするという扱いは，前章で述べた通り，概念的必然性を欠くことは依然として事実である．そこで，島の制約について次のような定式化を採用することを提案する．

(46)　島の制約についての顕在性条件
　　　下接の条件等の島の諸制約は移動が音声的に顕在的な要素をまたぐときにのみ違反が生じる．

(44) の派生においては (45) の｛　｝で括った部分は音声的に空であるから，「か」の取り出しは下接の条件に違反しないということである．これは PF 削除による救済と同じ効果を持つが，違反が解消されるのではなく，そもそも違反しないという点が重要である．これにより，第 10 章で触れた「かっぱらい (Swiping)」の問題も，v*P 指定部への短距離移動を使わずに処理できることになる．

　(38a, b) の違いは「か」が「どのバルカン言語を」に発したか，「どのバルカン言語を話す人を」に発したかによる．また前章の注 16 の Swiping の ... but I can't remember who to. は who に選言関数∨がついている結果として処理

できる．to who(m) に ∨ がついていれば … but I can't remember to who(m) が得られる．

　この島の制約の改訂は，PF 削除による救済を言い換えただけであるようにも見えるが，それより積極的な理論的意義がある可能性がある．本書では，意味の移動には何らかの音形を伴わなければならないという顕在的統語論仮説／条件を採用する立場を取っている．島の制約などは関与する構造に音形がなければ効果を持たないということが正しければ，これは顕在的統語論仮説／条件と裏腹の関係にあり，合わせて内部併合に対する一般化顕在的統語論仮説／条件を構成しているとも考えられる．

(47)　一般化顕在的統語論仮説／条件
　　　内部併合は併合される要素そのものも，これを阻止する条件も何らかの音形を持つという意味で顕在的でなければならない．

5. 結論

　本章では日本語の省略現象を見た．日本語では，形態論的な事情により，事態は大分異なる．まず，決定詞 D は，日本語の場合も格素性を与えられると，「が」「を」「に」「の」などとして書き出されるが，これらは，拘束形態素であるため，(ちょうど英語の the boy の the の場合と同じように) それに先行する補部の NP が存在する必要がある．そのような NP が存在しない場合，英語では，he のように音形を持った代名詞が形態論レキシコンにあり，これに置き換えることができるが，日本語の形態論レキシコンには，空の D のみが存在し，単独の D はすべて空で書き出される．これが Kuroda (1965) のゼロ代名詞である．逆に動詞の場合は，動詞そのものに加えて，助動詞や時制要素が拘束形態素であるという形態論上の事情により，音形を持っていないと派生が形態論上 (PF で) 破綻する．そのために英語では動詞句削除があり，日本語では動詞句削除がないという外見になる．

　このことから明らかになることは，日本語と英語の代名詞化／省略の現象における媒介変数的変異 (parametric variation) は，形態論上の相違に帰すことができるということである．そこから，さらに，言語間の媒介変数的変異はすべて，形態論レキシコンを含む，レキシコンに存在し，統語論 (＝文法) そのものには存在しないという歓迎すべき可能性が生じる．

　最後に島の制約は顕在的要素を越えての移動に対する制限であることを提案した．

第12章　ラベル理論の問題点と解決の方向

1. はじめに

　最終章である本章では，文法が行う操作を併合（Merge）と一致（Agree）に限定するという最小化の結果残された課題は併合によって形成された要素のラベル付け（labeling），すなわち投射（projection），であるという問題意識から，Chomsky（2013, 2015）が探求してきた投射の問題についての提案の問題点を含め，今後の展望を述べておきたい．本章は次のように構成されている．第2節では Chomsky（2013）（POP）と Chomsky（2015）（POP＋）（合わせて POP(＋)の提案（これを Chomsky（2015）に倣ってラベル理論（Labeling Theory）と呼ぶ）の中核部分を概説する．そして，第3節で，ラベル理論の概念的，記述的問題点を論じる．第4節で，ラベル理論の問題点を解決する代案を提出する．第5節で A 移動と A′ 移動の統一的扱いの可能性を論じる．

2. ラベル理論

2.1. 全体的枠組み

　ラベル理論が目指そうとしていることは，句構造規則，X バー理論などを除去して，句構造は併合とラベル付けアルゴリズム（Labeling Algorithm: LA）によってのみ生成されるとする一方で，従来の理論で EPP と ECP によって扱われていた移動の可否について，統一的な理論を提供することであると思われる．以下その内容を概観する．

　まず，文法（これを Chomsky は計算システム（computational system）と呼ぶ）は，(1) に示す生成手順（generative procedures）からなることを前提とする．

(1) a. 併合 (Merge)
    b. 一致 (Agree)
    c. 削除 (Delete)

すでに第1章で見たように，併合は2つの統語体 α と β から1つの統語体 [α β] を形成する外部併合 (External Merge: EM) と，1つの統語体 α の内部にある統語体 β を α 全体に併合して [β [$_\alpha$ ...β...]] という新たな統語体を形成する内部併合 (Internal Merge: IM) との2つの形を取りうる。[1] 内部併合は形成された統語体の中に2つの統語体のコピーを生じさせるが，削除は（通常）この2つのコピーの内側のコピーの音を消す．これにより内部併合は β が α の内部から外部に移動したという外見を作り出す．このことを移動のコピー理論と呼ぶ．

これらの生成手順の存在を前提としてラベル理論では (2) に要約する提案を行っている．この提案は捉えなければならない言語の中核的特性は，合成性 (compositionality)，語順 (order)，投射 (projection) すなわちラベル付け (labeling) と転移 (displacement) であるとして，合成性と転移は併合 (Merge) によって捉えられ，語順は外在化 (externalization)（すなわち音の連続または身振り等に置き換えること）によって捉えられるが，残る投射が大きな課題として残っているという問題意識から出発している．α と β が併合されて形成される統語体が何であるか，すなわちどのような範疇であるかということは，初期の生成文法の理論では句構造規則が扱っていたが，規定的な部分を多く含んでいて，その多くは X バー理論により取り除かれたが，句は主要部，補部，指定部からなるという内心構造の規定が残っており，ラベル理論では言語が内心構造を持つと言うのは根拠のないドグマであると考えている．

(2) a. 統語体 (syntactic object: 以下 SO) がインターフェイスで解釈されるためには，それがどのようなものであるかについての情報が必要である．
    b. UG は統語体 SO についてのそのような情報を提供するラベル付けアルゴリズム (Labeling Algorithm: LA) を含んでいる．
    c. LA は最小探索 (minimal search) で実行され，SO の中の1つの要素を指定する．
    d. SO が H が主要部で，XP が主要部でないような {H, XP} の場合に

---

[1] [α β] と [β [$_\alpha$...β...]] という表記は英語の語順を前提とした便宜的なもので，(2) で見るように語順は外在化により決定されるとされる．

は LA は最小探索により H を選択する.[2]
e. SO が {XP, YP} の場合には，それぞれの主要部 X と Y は LA にとっては同じ距離にあるため最小探索では選ぶことができない．その場合に SO のラベル付けには 2 つの方法がある．(A) SO に操作を加えて，可視的な主要部が 1 つしかないようにするか，(B) X と Y が関連する点で同一で，それがラベルを提供するかである．
f. XP が繰り上げられると，下のコピーは「非連続要素 (discontinuous element) の 1 つになるため」LA にとって見えなくなる．
g. V, N, A などは，語根 (Root: R) とその範疇を決定する範疇 v (v^*), n, a などからなる．そして R は普遍的に弱すぎてラベルになれない．T は（イタリア語のように）一致が豊かな言語では強くて単独でラベルになれるが，（英語のように）一致が乏しい言語では弱くて単独ではラベルになれない．
h. 弱い主要部でも指定部に併合された要素との間で一致により強化されると，両者に共通の素性によりラベルが与えられる．
i. R が V の場合は普遍的に R は v^* に繰り上がり [R-v^*] という混合体になると，v^* は R に接辞化するため，LA にとって見えなくなり，[R-v^*] が v^* の位相の資格を継承し，ラベルにもなれる．N, A などについても同様の扱いとなると考えられる．

　(2d) の例は {that, TP} のような構造で，全体はいわゆる補文標識 that が主要部であるので，CP というラベルが与えられ，特にそれ以上の説明を必要としないであろう．[3] ただ {he, left} のような例では，left は left home に置き換えることができるので，YP ということになるが，he が X であるとすると全体は he を主要部とする句という誤ったラベルを受けることになる．この問題については Uriagereka (1998) の提案を採用して POP では he は D-pro である，すなわち {he, pro} であり，そのために he は XP に該当するという解決方法をとっている．[4]

---

[2] Chomsky は伝統的な樹形図を廃止して，α と β の併合は α と β からなる集合 {α, β} であると想定していることに注意．
[3] ただし，{dry, {the clothes}} のような何でもない動詞句が (2g-i) の関係で，複雑である．これについては後述．
[4] しかし，これでは {X, Y} 問題が再燃するので，POP の注 43 では，pro の部分はさらに，名詞という範疇を決定する機能範疇 n と名詞，動詞，形容詞などに共通する語根 R からなり，R はラベルになれないという解決方法を提示している．

2.2. ラベル付け具体例

ラベル理論を理解するには，派生の過程において統語体にどのようにラベルが与えられるか／与えられないかを具体的に見るのが最も早道であろう．まずは，分かりやすい例として，{XP, YP} で，ラベルを決定するために，例えば XP が内部併合により移動されて全体が {XP, {XP, YP}} となり，XP が「不連続要素の一部となるため」(2eA) により，YP が全体のラベルになる例を見てみよう．(3a, b) はいずれも A 移動の EPP の例である．

(3) a. XP copula {$_\beta$ XP, YP}　　　　[XP copula [XP YP]] (POP (18))
　　b. T {β (EA) {$_\alpha$ v* {$_{vP}$ V, IA}}}　[T [EA [v* [V IA]]]] (POP (17))
　　c. {$_\beta$ WH {$_\alpha$ C, TP}}　　　　[WH [C TP]]　　(POP (27) の一部)

(4) a. be {$_\beta$ lightening, {$_\alpha$ the cause of the fire}}　　　(POP p. 11)
　　b. {lightening, {$_\delta$ be {$_\beta$ lightening, {$_\alpha$ the cause of the fire}}}}

(3a) は (4a) の構造から (4b) の構造が導かれたとする Moro (2000) の Dynamic Antisymmetry の提案を前提とした lightening is the cause of the fire がその一例となる (is は be として表記してある)．(4a) で β は小節 (Small Clause) で，lightening と the cause of the fire からなっていて，lightening は一語からなっているが，the lightening で置き換えることもできるので句であると考えられ，その意味で β は {XP, YP} という姿をしていて，このままでは β のラベルが決まらない．しかし (4b) に示すように，lightening が内部併合（移動）により be 以下と併合されると，lightening は 2 つのコピーからなる非連続要素を構成し，内部の lightening はその一部であるため，(2f) により LA にとっては不可視となり，β のラベルは α のラベルと同じ（おそらくは D(P)）となる．[5] この構造において be はラベルになれる資格があり，それが δ のラベルになると考えなければならない．そうでないと，(4b) の左側の lightening はさらに時制の指定部に出ていくことになるが，それによって lightening が見えなくなると，δ にラベルを与えるものがなくなってしまう．T の指定部への移動が必要なことは次の例の場合と同じである．

2.3. EPP

POP は (3b) の単純な具体例を挙げていないが，(5) によって例示するこ

---

[5] α の the cause of the fire を β に内部併合することもでき，その際には (i) のようになり，全体のラベルは lightening のそれと同じになり，the cause of the fire is lightening が形成されることになる．

　(i) {the cause of the fire be {lightening, {the cause of the fire}}}

第12章 ラベル理論の問題点と解決の方向   365

(5) a. the sun dried the clothes
 b. {Past {$_\alpha$ the sun {$_{v*P}$ v* {$_{VP}$ dried the clothes}}}}[6]
 c. {$_\beta$ the sun {Past {$_\alpha$ the sun {$_{v*P}$ v* {$_{VP}$ dried the clothes}}}}
 d. {$_{<\phi, \phi>}$ the sun {Past {$_{v*P}$ the sun {$_{v*P}$ v* {$_{VP}$ dried the clothes}}}}

(5b) の α は 2 つの句からなっていて，{XP, YP} の姿をしているから，このままでは LA は α のラベルを決定できない．しかし，the sun を移動して，(5b) 全体と内部併合すれば，(5c) となり，ここでは the sun は 2 つのコピーからなる非連続要素となるため，α 内部の the sun はその一部であるために，LA には不可視となり，(2f) により，α にはもう 1 つの句の YP のラベル v*P が与えられる．さらに (5c) の β のラベルが問題であるが，the sun と Past は一致により同じ ϕ 素性を持つため，(2eB) により，<ϕ, ϕ> というラベルが与えられる．ここで the sun をさらに取り出して例えば *The sun seems that dried the clothes や *They believe the sun that dried the clothes のように，上位の節の何かの指定部に移動したりすると，(5d) の左端の the sun が LA にとって見えなくなるため，<ϕ, ϕ> というラベルが与えられなくなり，派生は破綻する．[7] これにより従来 EPP を用いて説明されてきた主語の TP 指定部への移動が義務的であることが捉えられる．

(3c) の例は A′ 移動における EPP の例である．(6a) から，in which Texas city を WH 移動で CP 指定部に移動した (6b) が導かれる．

(6) a. they thought (that) JFK was assassinated in which Texas city
 (POP (20))
 b. they thought {$_\beta$ in which Texas city, {$_\alpha$ C, {JFK was assassinated in which Texas city}}} (POP (21))
 c. (we don't know) {$_\delta$ in which Texas city, {$_\gamma$ C they thought, {$_\beta$ in which Texas city, {$_\alpha$ C, {JFK was assassinated in which Texas city}}}}}

α は（平叙文の）C を主要部とする CP であり，in which Texas city は PP であるため，このままでは β のラベル付けができなくなり，派生は破綻する．

---

[6] {dry the clothes} は VP というラベルを持つと考えられるが，それがどのように与えられるかについては，後に触れる．

[7] より正確にいうと，ラベル付けが可能かどうかは位相単位で決定されるのであって，すでに与えたものを取り消すということが起こるわけではない．

これにより，they thought in which Texas city (that) JFK was assassinated が非文であることが捉えられる．in which Texas city がさらに内部併合を受けて，例えば (6c) のようになると，β 内の in which Texas city は LA にとって不可視になるため，β は α と同じラベルを与えられ，その限りにおいて派生は収束する．さらに (6c) の γ 内の C が疑問の C で，Q を含んでいると，in which Texas city も疑問の Q を含んでいるので，(2eB) により，δ には <Q, Q> という素性が与えられ，派生は収束する（γ は主要部 C のラベルが与えられる）．

このように (2eA) は統語体の移動が義務的である場合においてなぜ義務的であるか，つまり例えば Chomsky (1995) で EPP が捉えていた事実を説明する．移動が起こらなければ，XP と YP は LA にとって同じように見えるため，LA はどちらをラベルにするか決められないが，どちらか一方が移動すれば，元の位置には不連続要素の一部が残り，これは定義上 LA にとって不可視であるので，移動しなかったほうのラベルが全体のラベルになるということである．

他方 (2eB) は一旦移動した要素がそこに留まれる事実，Rizzi (2010) が停止問題（halting problem）と呼ぶ事実に説明を与える．

(7) a. they wondered $\{_\beta$ in which Texas city, $\{_\alpha$ C {JFK was assassinated}}}[8]

(POP (22))

  b. $\{_\beta \{_{XP} ...Q...\}, \{_\alpha ...Q...\}\}$

(7a) の β は {XP, YP} の姿をしているから，in which Texas city がさらに移動しなければ (2eA) によって β のラベル決めることはできない．しかしこの場合は (7b) に示すように in which Texas city も，α の CP も，最も卓立した共通の素性として疑問の素性 Q を持っているため，LA (2eB) により，β に <Q, Q> というラベルを与えることができる．

2.4. ECP

以上はラベル理論が EPP を処理できることを示す例であったが，ラベル理論は ECP の事実も説明すると POP(+) は主張する．

(8) a. *How many mechanics did they ask if fixed the cars?　(POP (14))

---

[8] {JFK was assassinated} の中には少なくとももう 1 つの in which Texas city があるが，省略されている．

b. they asked {$_\gamma$ if, {$_\beta$ how many mechanics, {$_\alpha$ T fix the cars}}}
　　　　　　　　　　　　　　　　　　　　　　　(POP (25) に基づく)
　　c. how many cars did they ask if [$_\alpha$ the mechanics fixed]?
　　　　　　　　　　　　　　　　　　　　　　　(POP (13))

(8a) は補文標識 if の後ろから主語 how many mechanics が主節に取り出されている ECP 違反の例である．この場合，移動の前は (8b) の姿をしている．英語の T は弱い主要部であるのでラベルになれない ((2g))，しかし，ここでは how many mechanics と T が φ 素性において一致するため，T はこの一致により強化されて，φ というラベルを与えられ，β は how many mechanics の持つ φ と α の φ により，<φ, φ> というラベルが与えられる．しかし，ラベル付けは位相単位で行われるため，(8a) のように how many mechanics が（おそらくは if の指定部を経由して）取り出されると，(8b) の β の指定部にある how many mechanics は (2f) により LA には見えなくなり，β がラベルを与えられなくなり，派生が破綻する．[9]

if を that に置き換えた場合の (9b) はいわゆる that 痕跡の例で，ECP 違反であるが，これについても同じ説明ができる．

(9)　a. How many cars did they say that the mechanics fixed ___ ?
　　　　　　　　　　　　　　　　　　　　　　　(POP (13'))
　　b. *How many mechanics did they say that ___ fixed the cars?
　　　　　　　　　　　　　　　　　　　　　　　(POP (14'))
　　c. {how many mechanics, TP}

つまり，下線の位置から how many mechanics が，that の指定部を経由して取り出されると，TP 指定部にあったコピーは LA にとって見えないので，(9c) の TP がラベルを与えられずじまいになり，派生は破綻する．

次の (10a) は ECP ではないが，Rizzi の基準凍結 (criterial freezing) により捉えられる現象であるが，ラベル理論では基準凍結を用いない説明をしている．(10b) は文法的な例で，which dog が t' の位置から移動されている．

---

[9] これは POP+ の説明であって，POP の段階では，(8b) の段階で how many mechanics は Rizzi (2010) のいう基準位置 (criterial position) にいるので，移動の必要はなく，したがって移動できないという説明をしていた．
　また (8c) の目的語の取り出しの際には ECP 違反は生じない．しかし，(2g) により語根の fix がラベルを与える資格がないとすると，主語の場合の ECP 違反と同じことが起こることが予測される．この問題は，that が削除された場合に ECP 違反が起こらない問題と合わせて統一的に取り扱うことを POP+ では提案しており，すぐ下で論じる．

(10) a. *{$_\gamma$ which dog do you wonder, {$_\beta$ t, {$_\alpha$ C$_Q$ John likes t′}}}
   b. {$_\gamma$ do you wonder {$_\beta$ which dog, {$_\alpha$ C$_Q$ John likes t′}}}
   c. *which dog do you wonder does John like?

(10b) においては α は C$_Q$ で示されているように Q 素性を持っていて，which dog も Q 素性を持っているために，β は共通の卓立した素性 Q（すなわち <Q, Q>）というラベルを LA から与えられる．しかし，(10a) の β では，痕跡 t（= which dog のコピー）は，非連続要素の一部であるから LA には見えない．それゆえ β には α と同じ Q というラベルが与えられ，そのために「助動詞の倒置と上昇音調を伴って yes-no 疑問文として解釈されるが，これは意味をなさないたわごと（gibberish）であり，CI（概念-志向システム[10]）で破綻し，非文法性の問題は解消する」と Chomsky は述べている．この説明を文字通りに取れば，(10a) は (10c) のように発音され，そのために非文法的であるということである．[11]

　T は英語ではラベルになるには弱すぎ，動詞を含め語根 R は普遍的にラベルになるには弱すぎるとなれば，(11a) のような構造で β がラベルを持つためには，XP と T/R が ϕ 素性において一致しなければならず，かつ (11b) のように XP が（WH である場合のように）さらに移動すると，β の中の XP が見えなくなり，α も β も値がなくなっては派生が破綻するというのが，ラベル理論における ECP 現象の説明である．

(11) a. {$_\beta$ XP, {$_\alpha$ T/R ...}}
   b. XP ... {$_\beta$ XP, {$_\alpha$ T/R ...}}

---

[10] 著者は今井邦彦，西山佑司，中島平三の 3 氏と Smith and Allott (2016) を翻訳する機会に恵まれ，その折に Conceptual-Intentional という用語は，「概念-意図」と訳される場合と「概念-志向」と訳される場合があるが，どちらが正しいのかという西山氏の問題提起に答えて，今井氏が直接 Chomsky 教授に問い合わせた結果，「概念-志向」が意図された意味であることが判明した．これに従って，本書では「概念-志向」という訳語を用いることとした．

[11] (10c) が非文法的であることはその通りであるが，(10a) の非文法性がこれにより説明されたとすることには疑問が残る．何故なら助動詞の倒置と上昇音調は主節における yes-no 疑問文の特徴で，(10a) の α の部分は従属節であるから，(i) に対応することになり，これは POP で論じられている (ii) 同様文法的であるため，(10a) の非文法性の説明にはならない．この点についてもさらに下で立ち戻る．

   (i) which dog do you wonder if John likes?
   (ii) how many cars did they ask if [$_\alpha$ the mechanics fixed]?　　　　　（= POP (13)）

2.5. ECP の例外：主要部移動と that 削除

しかし，英語では，ECP 現象には 2 つの例外がある．that が消された場合 (12a) と ECM 構文を含めた動詞句の指定部からの移動 (12c) である．(12b) は that が削除されていない ECP の例である．

(12) a. $\{_\gamma$ who do you v*, $\{_\delta$ think, $\{_\alpha$ t T $\beta\}\}\}\}$ ("who do you think read the book")

b. $\{_\gamma$ who do you v*, $\{_\varepsilon$ think, $\{_\delta$ C, $\{_\alpha$ t T $\beta\}\}\}\}$ ("*who do you think that read the book") (=POP+(2′))

c. $\{_\gamma$ who do you $\{_\delta$ v*, $\{_\alpha$ t R, $\beta\}\}\}$ ("who do you expect to win") (=POP+(2′))

(12b) の ECP 違反は，ここに表示されていないが，who が C の指定部を経由して取り出された段階で，α の中にある t で示される who のコピーが LA にとって見えないため，α のラベルが決まらないことによるが，that (= C) が削除されると，C の指定部への移動がそもそもできない．したがって，(12a) の α は，(13a) に示すように，<ϕ, ϕ> のラベルを持ち，C からすべてそっくり T に継承された C の素性が活性化し，α が位相として働くことになる．つまりこの α は CP 相当の位相である．[12] したがって，who は位相の周縁 (edge) にあるため，上の位相に行って，β が転送されても，(13b) のように取り出すことができ，記憶は位相単位で保存されるので，<ϕ, ϕ> というラベルは変わらない．

(13) a. (think) $\{_{<\phi,\ \phi>}$ who T-C $\beta\}$

b. who .... $\{_{<\phi,\ \phi>}$ who T-C $\beta\}$

これが that を消したときに *that*-痕跡効果がなくなることの説明であるが，(12c) の ECM の場合にはそのような削除がなくても，常に ECP の違反が起こらない．これについて POP+ では，主要部移動がこれを説明するとしている．(14a) は (12c) の γ 部分で，who が移動する前の状態である．

(14) a. $\{_\gamma$ v*, $\{_\beta$ who $\{_\alpha$ expect, $\beta\}\}\}$

b. $\{_\delta$ who $\{_\gamma$ v*, $\{_{<\phi,\ \phi>}$ who $\{_{R\text{-}\phi}$ expect, $\beta\}\}\}$

語根はすべての言語において弱く，ラベルになれないと想定されているので，

---

[12] (13) では <ϕ, ϕ> というラベルにしてあるが，T-C は C でもあるので，CP というラベルも与えられる．

expect もラベルになれない．そうすると，α と β にラベルを与える可能性は who と α（実際には expect）との φ 素性による一致で，これにより，(14b) に示すように，α には一致により強化された R により，R-φ のラベルが与えられ，β には <φ, φ> という素性が与えられる．しかし，who が (12c) のように取り出されるためには v* の位相が終わる前に，(14b) に示すように，v* の指定部に移動しなければならない．しかし，R の指定部の位置の who は LA にとっては見えなくなり，位相単位で与えられる γ のラベル ((14b) の R-φ) は実際は付与不可能になり，このままでは派生は破綻する．

しかし，動詞語根 R は主要部移動で，v* に繰り上がる．その際に，通常想定されているように R と v* が，(15a) の付加構造ではなく，語根に v* が接辞化されている (affixed) (15b) の混合物 (amalgam) が出来上がり，そのため v* は LA にとっては見えなくなってラベルにはなれないが，[R, v*] という混合物は見えるし，ラベルにもなれると Chomsky は提案する．そうすると (14a) は (15c) の姿をしていることになる．

(15) a.　$[_{v^*} \text{ R } v^*]$
　　 b.　[R, v*]
　　 c.　$[[R, v^*] [_\delta \text{ WH } [\text{R } [t...]]]]$　　　　　(POP+(8) に基づく)
　　 d.　$[_{[R, v^*]} [R, v^*] [_{<\phi, \phi>} \text{ WH } [\text{R } [t...]]]]$

v* が見えなくなるため，v* が持っていたすべての素性は，位相主要部としての性質も含めて，R に継承され，δ は WH と R との一致により，<φ, φ> というラベルが与えられ，全体には [R, v*] というラベルが与えられる ((15d))．ここで重要なことは，WH が位相の周縁にあることになるので，この位置から上の位相のしかるべき位置に移動することができ，位相を超えているので，<φ, φ> というラベルに影響がない．

R が普遍的に弱い主要部でラベルになれず，そして，普遍的に v* への主要部移動を受けるために，v* が見えなくなって，R が v* の位相主要部としての性質を継承するということが普遍的な事実であり，このことが目的語 WH が普遍的に WH 移動を受けられる（つまり ECP に縛られない）という普通の (non-exotic) 現象を説明する．英語で that が削除されたときに ECP を免れるのは奇妙な (exotic) 事実であるが，実は v*P で起こることの拡張 (carry over) にすぎないと主張する．[13]

---

[13] it [the analysis ... for the non-exotic construction v*P] simply carries over to the case of deletion of complementizer. (POP+p. 12)

第 12 章 ラベル理論の問題点と解決の方向　　371

　他方 Rizzi が指摘するように，イタリア語のようないわゆる空主語言語では，ECP は自由に破ることができるが，これについては (16) のように処理することが提案されている．

(16) a. 仮定：イタリア語の時制 (T) は豊かな一致のためラベルになる能力がある．
　　 b. {$_\beta$ 主語, {$_\alpha$ v*, {...}}}
　　 c. {{$_\beta$ 主語, {$_\alpha$ v*, ...}}, 主語}
　　 d. {$_\gamma$ T, {$_{v*P}$ 主語, {$_{v*P}$ v*, ... }}, 主語}}
　　 e. {$_\delta$ C, {$_{TP}$ T, {$_{v*P}$ 主語, {$_{v*P}$ v*, ...}}, 主語}}}
　　 f. {$_\varepsilon$ WH 主語, {$_{CP}$ C, {$_\gamma$ T, {$_\beta$ 主語, {$_\alpha$ v*, ...}}, 主語}}}}

少し詳しく見ておこう．(16b) のように主語が併合された段階から考えよう．α のラベルは v* により与えられる (v*P)．β は {XP, YP} の形状であるので，このままではラベルが与えられない．T が併合された後で主語が TP の指定部に出ていけば，主語は LA にとって見えなくなるので，β は YP のラベル，すなわち v*P のラベルを受け取る．しかし，T は強いので，自らでラベルを獲得することができるので，主語が移動して行く必要はない．イタリア語では主語が文末に現れることがよく観察される．そこで Rizzi (1982) の提案に従い (16c) に示すように，主語が文末に移動するとすれば，主語は見えなくなり，β が v*P というラベルを獲得する．T が併合されると (16d) になるが，T は強いので γ は TP というラベルを得る．C が併合されると (16e) になるが，δ は CP というラベルを受ける．主語が WH であった場合は，ここで文末にあった WH 主語が内部併合されて，(16f) が得られるが，WH 主語と CP が Q を共有するため ε は，<Q, Q> というラベルを受け取り，すべての統語体がラベルを付与され，派生は収束する．

2.6. 拡大条件違反の解消

　もう 1 つ，POP から POP+ で生じた重要な進展も見ておこう．下に (17) として再録する (12a) の派生をもう一度見てみよう．(C の追加に注意．)

(17) 　[$_\varepsilon$ who do you v*, [$_\gamma$ think, [$_\delta$ C, [$_\alpha$ t T β]]]]] ("who do you think read the book")

POP では (17) の派生において，C から T への継承がまず生じ，その後に who が TP 指定部へ内部併合されるという順番であったが，これは Epstein, Kitahara and Seely (2012) が指摘するように反循環的 (countercyclic) であ

るという問題があった。[14] そのような立場を採った主な理由は，内部併合（移動）は何かの要請に答えるものであるとする従来の考えを踏襲していたためであるが，移動の適用の可否がラベル理論で決定されるということになれば，そのような仮定は不要である．そこでPOP+では，内部併合は自由に適用するとし，それにより，(17)の派生においては，まずwhoがTP指定部に併合され，次にCが併合されて，その後にCからTへの継承が起こるとし，その結果の可否は位相レベルで決定されるとしたのである．[15]

その結果(18)のv*Pにおける操作は(19)の順に適用されることになる．

(18) [v* [$_\alpha$ DP [R [$_\beta$ t ...]]]]　　　　　　　　　　(POP+(7))

(19) a. 外部併合による [R β] の形成　　　　　　(POP+(8(1)))
　　 b. α での DP の内部併合（EPP を遵守）　　(POP+(8(2)))
　　 c. v* の併合（位相に到達）　　　　　　　　　(POP+(8(3)))
　　 d. 継承　　　　　　　　　　　　　　　　　　(POP+(8(4)))
　　 e. ラベル付け：α が <ϕ, ϕ> というラベルを受ける　(POP+(8(5)))
　　 f. R が v* に繰り上がり，v* が接辞化されて，R-v* ができ，v* は見えなくなるため，位相性は R のコピーにおいて活性化し，DP は（WH 句でもありうるが）その位置で周縁（edge）にあることになる．
　　　　　　　　　　　　　　　　　　　　　　　(POP+(8(6)))
　　 g. β の転送　　　　　　　　　　　　　　　(POP+(8(7)))

重要な点は (19f) で，内項の DP が VP 指定部へ移動するだけで，動詞の繰り上げの効果で，位相 v*P の周縁部すなわち指定部に移動したと同じ効果があり，この DP が WH 句の場合は，さらに CP 指定部へ移動を受けることができることである．

この関係で Chomsky は (20) として再録する (17) において，think の目的語の δ（=CP）が，think の指定部に内部併合したらどうなるかという問題を検討する．その結果は ε が {XP, YP} という構造になり，CP は適切な ϕ 素性を持たないため，<ϕ, ϕ> というラベルが与えられなくなるというものであり，このことは (20) の派生が破綻することを意味する．

(20) 　[$_\gamma$ who do you v*, [$_\varepsilon$ think, [$_\delta$ C, [$_\alpha$ t T β]]]]

---

[14] この派生には拡大条件の違反もあることは外池 (2009), Tonoike (2013a, b), 江頭・外池 (2010) で指摘している．

[15] ただしそれでも継承は，繰り下げ操作であるので拡大条件に違反する．

通常の想定では who が主節に繰り上がる前に，think の目的語，すなわち δ，は ε の指定部に繰り上がり，そして think も v* に繰り上がることになるが，そうすると ε のラベルがどうなるのかが問題である．δ は節（CP）であるので，一致に関わる素性を欠いているから，一致が生じず，ε には <ϕ, ϕ> というラベルは与えられない．

しかし，この CP の移動が随意的で，適用しなくてもよいとしておけば，そのような問題は生じないと Chomsky は結論づける．[16]

最後に主要部移動について，それが外在化（externalization）の問題，すなわち音韻論，形態論で処理されるべき現象であるのか，狭統語論（narrow syntax）で処理されるべき問題であるのかという，Chomsky が長年逡巡している問題を論じている．外在化の問題であることを示唆する事実は意味解釈に影響を与えないという点で，統語論の問題であることを示唆する事実は R → v* → T → C というように循環的であるという点であるが，この段階でも Chomsky はまだどちらにするか決めかねている様子である．[17]

2.7. まとめ

ラベル理論により併合の操作の適用の可否は，積年の課題であった EPP，ECP の処理を含めすべてラベル理論により捉えられることとなり，極めてエレガントなシステム構成になっていると言える．しかし，問題は本当にすべてがこのような形で捉えられるかどうかである．また，このシステム構成の中には規定的（stipulative）な，したがって概念的な必然性を伴わないような要素が隠れてはいないか，大いに検討の必要がある．次節以下では，いくつかの重要な問題点を指摘し，それらを解決する方法を提示する．

3. ラベル理論の問題点

本節ではラベル理論の問題点を，LA 不可視性（LA invisibility）と移動のコピー理論，ラベルの意味的貢献，主要部移動，T と R の強弱，削除操作，

---

[16] 循環的でありながら，意味的影響を持たないという主要部移動の一見不可思議な特性は第 2 章で導入した編出分析により矛盾なく捉えられることを後に説明する．

[17] ただし，(19) においてさらに think が v* に繰り上がり，(i) の姿になったときに，ε 内部の think は LA にとって見えなくなり，したがって，[think-v*] 以下の η には [think-v*] のラベルが与えられるが，やはり ε にはラベルが与えられないままである．この問題がどのように解決されるのかは明らかでない．

(i) [$_\gamma$ who do you [$_\eta$ [think-v*] [$_\varepsilon$ think [$_\delta$ C [$_\alpha$ t T β]]]]]

ECPとEPPの6つに分けて論じ，それぞれについて主に第2章での枠組みの下での解決方法を提示する．

3.1. LA 不可視性 (LA invisibility)

ラベル理論の中核にあるのは移動のコピー理論と，複数のコピーが存在するとそれは不連続要素となり，元のコピーはLAにとって見えないという不可視性の規定 (2f) である．不連続要素の一部は見えないというのはまさに規定 (stipulation) であり，そのような規定がラベル理論の中核にあることは大きな問題であると考えられる．特に移動のコピー理論では移動の結果コピーができ，コピーは全く同一であるとしているのに，そのうちの下のものはLAにとって見えないと規定することは，[visible] という素性を立てるようなもので，包含性条件 (Inclusiveness Condition)（あるいは悪戯禁止条件 (Non-Tampering Condition)）の違反になると思われる．具体的には1つのコピーの場合には統語体は [visible] という素性を持つが，これを移動すると元の位置では [visible] が消え，移動先だけ [visible] があるとするようなもので，[visible] を消してしまうようなものである．（あるいは移動の際に元の位置にもともとなかった [invisible] という素性を残すようなものである．）[18]

3.2. 共有される卓立した素性によるラベル付け

POP および POP+ では，統語体がインターフェイスで解釈されるためにはラベルが必要であるという立場を採っている．そのことからすると，同じラベルを持つ統語体は何か同じ性質を持ち，異なるラベルを持つ統語体は異なる性質を持っているということが期待される．果たしてそうであろうか．次の例を比較してみよう．(21a) では，John が α の John の位置から T である is の指定部に内部併合されたものであるが，John 以下は伝統的には TP と捉えられていたものであり，(21b) では，α 内部から the secret が know の指定部に内部併合されたもので，the secret 以下（あるいは know the secret の α）は伝統的には VP と捉えられていたものであった．つまり，異なるラベルを持つものとされていたのであるが，ラベル理論では，(21a) 全体も (21b) 全体も

---

[18] また，次の例でわかるように，POP のラベル付けのシステムは，下の構造で，ラベルを決定すべき統語体が α である場合に，α そのものを見るだけではラベルが決定できず，もう1つのコピーがあるかどうかを確かめに β を見なければならないという問題（上覗き問題 look-up problem）も含んでいる．このことは位相単位でラベル付けが行われるから問題にならないという立場もあるが，α を見るだけで，そのラベルが決定できる方が，明らかにより簡潔である．

(i)　{$_\beta$ XP, {$_\alpha$ XP, YP}}

同じラベル <φ, φ> を持ち，いずれの α も <φ, φ> というラベルを持つことになる．[19]

(21) a. {<φ, φ> John, {β is, {α John v* reading a book}}}
     (John is reading a book)
   b. {<φ, φ> the secret, {α know the secret}}
     (know the secret)

ではこの 2 つの <φ, φ> というラベルを持ったものは，インターフェイスで同じように解釈されるかというと決してそんなことはない．(21a) は真偽を問題とすることができる命題として解釈でき，その意味で否定の not を挿入して John is not reading a book のような否定の命題を導くことができ，補文標識 that を加えて，think, hope, say などの補部としうるという意味的な性質を持っている．これに対して，(21b) 全体は同じ <φ, φ> というラベルを持ちながら，意味的な解釈としては全く異なる．(21b) の真偽を問題にすることもできなければ，直接否定にすることもできなければ，that を加えて，think, hope, say などの補部とすることもできない．[20]

WH が CP 指定部に移動した場合のラベル付けはどうであろうか．(22) として再録する (10) の例を見てみよう．

(22) a. *{γ which dog do you wonder, {β t, {α C_Q John likes t'}}}
   b. {γ do you wonder {β which dog {α C_Q John likes t'}}}
   c. *which dog do you wonder does John like?

(22a) は非文であるが，(22b) は文法的である．β は which dog と α が疑問の Q を共有しているから，<Q, Q> というラベルが与えられるというのがラベル理論の説明である．which dog John likes という部分は確かに間接疑問文であるから，疑問という性質を Q として表すなら，Q を持っているというのは正しいと思われる．しかし，which dog も Q を本当に持っているであろうか．

疑問文には WH 疑問文と yes-no 疑問文があることは言を待たない．しかし，確かに両者は疑問文であるという点は共通しているが，重要な点で相違が

---

[19] (21b) については，know が v* に繰り上がるという主要部移動の効果が含まれていないことに注意．

[20] (21b) で the secret が繰り上がった段階で，下のコピーは LA には見えなくなるので，α は know をラベルとすることになるかと思われるが，それが意図されていることであるのかは不明である．

ある．yes-no 疑問文は，主節における疑問文の場合は聴者に問題の命題が真であるか偽であるかを述べることを求めているのに対して，WH 疑問文は変項を含む命題を真にする個体を特定することを求める，つまり（22b）で言えば John likes x（または John likes x dog）を真にする x の値を求めるものである．この両者の相違は次に示すように，間接疑問文では前者は補文標識 if の出現で，後者は WH 移動により区別され，(23c) が示すように，この両者が同時に現れることがないという意味で，厳密には異なるものであるとすべきである．[21]

(23) a. (do you wonder) if John likes the dog
　　 b. (do you wonder) which dog John likes
　　 c. (do you wonder) *which dog if John likes
　　 d. (do you wonder) *if John likes which dog

さらに，(23a) の if 以下は if を主要部としての投射であるから，if がラベルになると考えられるが，(23b) の場合は which dog 以下は <Q, Q> というラベルになるというのがラベル理論の主張であるが，この 2 つは異なるラベルであるから，両者が wonder (ask, question, etc.) の補部になれるという事実は偶然として扱われる．[22]

以上見たように一致による <α, α> のラベル付けは A 移動に関するものも，A′ 移動に関するものも，ラベルが与えられるということ以上の意味を持たないように思われる．インターフェイスにおける解釈のためにはラベルが必要であるということであるならば，従来の TP, CP に相当するラベルが与えられるように修正する必要がある．

3.3. 意味構造の問題

主要部移動について Chomsky 自身長年音韻的操作であるのか，統語的操作であるのかについて揺れ動いていることは上で述べたが，語根 R = V の v* へ

---

[21] 第 7 章 WH 演算子-変項構造の分析からすれば，(23a, b) に共通しているのは，下に示すように両者に含まれる選言関数∨であるが，それぞれの例で選言関数は別個の出所を持ち，特に (ib) では which dog と CP との間で一致により共有されているのではない．この点については後にさらに詳しく論じる．（集合表示の { } と区別するため which dog の意味を [which dog] と表していることに注意されたい．）
　(i) a. {if = ∨, {John likes the dog}}
　　　b. {∨/which dog/, {C {John likes [which dog]}}}
[22] 注 21 の扱いであれば，両者は選言関数の句ということになる（ラベル理論でいくと，∨というラベルが与えられる）ため，この事実は当然の帰結である．

の移動を，目的語が WH である場合に，その取り出しが ECP 違反にならないことの説明に用いている点，v* が V に接辞化されて v* が見えなくなるという扱いとそのラベル付けへの影響を考慮すると統語的な操作であると受け取るのが最も自然である．しかし，主要部移動とラベル理論の要請による併合の相互作用を検討すると，そのように考えることには大きな問題があることが分かる．ラベル理論以前の v*P 構造がどのように形成されるかを，順を追って見てみよう．(24a) の中には従来は (24b) の v*P が含まれていると想定されてきたが，ラベル理論の下では，(24c) から出発する．

(24) a. John thickened the soup.
　　 b. [$_{v*P}$ John v* [$_{VP}$ thicken the soup]]
　　 c. {$_\alpha$ thicken, the soup}
　　 d. {$_{<\phi, \phi>}$ the soup, {$_R$ thicken, the soup}}
　　 e. {$_\beta$ v*, {$_{<\phi, \phi>}$ the soup {$_R$ thicken, the soup}}}
　　 f. {$_\beta$ [thicken v*], {$_{<\phi, \phi>}$ the soup {$_R$ thicken, the soup}}}
　　 g. {$_\varepsilon$ John, {$_{[R-v*]}$ [thicken v*], {$_{<\phi, \phi>}$ the soup {$_R$ thicken, the soup}}}}
　　 h. {John, {T, {$_{[R-v*]}$ John, {$_{[R-v*]}$ thicken-v*, {$_{<\phi, \phi>}$ the soup {$_R$ thicken, the soup}}}}}

(24c) では R の thicken は弱いためにラベルにならない．そこで the soup を内部併合すると，(25d) になる．the soup と thicken とが一致により同じ ϕ 素性を持つことになるため，一致により強化された thicken が α のラベル (R) となり，全体は <ϕ, ϕ> というラベルを持つ．これに v* が外部併合されると (24e) で，そのラベル β は v* (つまり v*P) ということになるが，ここで主要部移動が適用して (24f) になると，v* は thicken に接辞化し，(LA に) 見えなくなり，代わりに [thicken v*] は見えるということであるから，(24e) で β についたラベル v* (P は，(24f) では [R v*] になる．またこの段階で，一番内側の {thicken, the soup} を見ると，thicken も the soup も不連続要素の一部であるから，LA には見えなくなるはずである．普通に考えれば，LA にとっての可視性が変わればラベルもそれに応じて変わると考えられるが，この場合，元のラベルが維持されるのか，ラベルがなくなるのか明確な手順が存在しない．

さらに深刻な問題は T が併合され，ラベル付けのために John が移動した (24h) の構造である．この中の R-v* というラベルが付いた部分がインターフェイスでどのように解釈されるかの一般的な原則が存在しない．したがって，以下のような疑問が生じる．John は不連続要素の一部であって LA には

見えないが，[thicken v*] の主語として解釈されるのか，もしそうだとすると [thicken v*] の v* はやはり見えなくなっていると言われるが，John はその見えない v* の主語と解釈されるのか，また，その見えない v* と <φ, φ> というラベルを持っている部分との間の意味関係はどういうものであろうか，などなどという疑問が生じる．従来の (24b) の項構造は VP が「スープが濃くなる」という事象を表し，v* はそのような事象を生じさせる使役動詞であり，John はそのような行為を行う動作主であるということが極めて直裁に捉えられているのに比べて，(24h) はあまりに複雑である．特に問題であるのは，(24b) の項構造が正しいとすると，(24h) からこれを読み取るためには，接辞化することによって見えなくなった v* がインターフェイスでは見えて，主要部繰り上げによって v* に上がった R は元の位置おいて解釈しなければならないことになる．

3.4. T と R の強弱の問題点

　ラベル理論では，語根 R は普遍的に弱く，したがってラベル付けのためには，目的語の繰り上げを必要とし，T は英語ではラベルになるには弱すぎ，イタリア語のような言語ではラベルになることができるほど十分に強いと主張している．これまでの生成文法の歴史において，素性の強さ／弱さの区別を使うということが何度かあったが，ことごとく最終的には放棄せざるを得ないことになった．T と R についてもそうなる公算が高いと思われる．その理由はこれまでの強さ／弱さの区別が辿った運命以外にいくつかあげられる．1 つはそれが規定的（stipulative）であることである．T については豊かな一致という基準があるが，R に関しては豊かな一致を持つ言語もあれば，そうでない言語もあるが，それを一律に普遍的に弱いと決めつけるのは，目的語の WH 句を取り出すことができないような言語はなさそうであるからである．

　イタリア語のように T が豊かな言語では T 単独でラベルになることができ，そのため主語の TP 指定部への内部併合は必要なく，主語が WH の場合には，TP 指定部よりもさらに内側から CP 指定部に取り出しても，TP のラベルが失われることがないということで，イタリア語で ECP 違反が可能である事実を捉えることを POP+ では提案している．そのことからして，英語の T と同等またはそれ以上に弱い T を持つ言語は (that の削除が起こらなければ) すべて ECP に従うということが予測される．したがって，英語よりもさらに一致に乏しい（実質的には皆無である）日本語も ECP に従うと予測する．しかし次の例でわかるように，日本語は ECP に従わないように見える．

(25) a. [君は [_CP 誰がかそんなことをすると] いうのか
b. [誰が [君は [_CP ＿＿ かそんなことをすると] いうのか

　第 7 章の分析が正しければ，(25a) の例では，選言関数「か」が主語の「誰が」の位置から文末の C（＝「の」）の指定部に移動している．これは英語の *Who do you say that would do such a thing? に相当するから，ECP 違反になるはずである．「か」の移動ではなくて，主語そのものが移動していなければならないというのであれば，(25b) ではまさにその主語が「と」を主要部とする従属節内部から取り出されている．[23]

　日本語が Kuroda (1988) が言うように一致を示さない言語であるならば，イタリア語と正反対に，英語のように ECP に従うはずであるが，どうも事実はそうではない．このことは一致の豊かさ／貧弱さ（欠如）とは別の要因がイタリア語と日本語で共通し，英語とは異なっていることを示唆している．

　もう 1 つ理屈に合わないことがある．イタリア語が一致が豊かであるから T が強く，そのために T がラベルとなりうるという理屈には，T が単独で豊かな一致を持ったり，一致に乏しかったりするということを前提にしているように思われる．しかし，イタリア語の T であれ，英語の T であれ，主語との一致の結果，豊かな／乏しい一致を獲得するのであって，T が単独で一致を示すわけではない．

3.5. 削除操作の概念的必然性

　ラベル理論は，移動のコピー理論に基づいているという点で，下位のコピーの音を消すという削除操作を想定しているが，それだけでなく，that を消すという削除も採用していて，それが英語における ECP の説明の不可欠な部分をなしていることを上で見た．もう一度確認をしておこう．

(26) a. *How many mechanics did they say that ＿＿ fixed the cars?
(POP (14'))
b. say {how many mechanics, {that, {_<φ, φ>_ how many mechanics, {T, v*P}}}}

　(26b) で how many mechanics が v*P 内部から TP 指定部に繰り上がった段階で一致により <φ, φ> というラベルが与えられる．さらに how many me-

---

[23] (25b) での移動は Scrambling で，A 移動や A′ 移動とは別扱いにすべきであるという主張があるかもしれないが，ラベル理論はそのような区別に関係なく適用する極めて一般的な理論として提案されているのである．

chanics が that の指定部に繰り上がると (26b) になるが，ここで右側の how many mechanics は不連続要素の一部となるため LA にとって見えなくなり，<φ, φ> というラベルが取り消される．(より厳密には (26b) の位相の段階で LA によるラベル付けが行われるのであるが，それが実行できない．) 右側の how many mechanics 以下（従来の TP）がラベルなしになるために派生は破綻する．しかし，that が消されると，T が that が持っていた位相性を含めすべての素性を継承する．これを C-T と表すと (27) の構造になり，how many mechanics は TP の指定部にありながら，同時に CP の指定部にもあることになり，さらなる取り出しを受けることができ，それは位相を超えるため，<φ, φ> というラベルは影響を受けない．

(27)　say {$_{<\phi, \phi>}$ how many mechanics, {C-T, v*P}}

　しかし，このような扱いは UG の操作として削除を認めることを意味するが，第9章で論じたように削除のような操作を除去することができるのであれば，ここだけで削除を使うのは一般性を欠く理論構成になる．移動のコピー理論においては下のコピーの音を消すという削除がどの道必要であるという理由が考えられるが，削除という操作を完全に除去する UG の理論を立てられれば明らかにそのほうが好ましい．

　英語において that だけが削除されるというのも，規定的 (stipulative) な処理の最たるものである．通常 that が期待されるところに that が現れていないのは，ECP 違反が許されるということの説明が別な，そしてよりエレガントな形で得られれば，音形のない that が用いられているとする方がはるかに好ましい．

3.6. CP と EPP

　CP を目的語とする (17) の例に関して，that 節は関連する φ 素性を持たないということを前提として，動詞語根の指定部への移動は随意的であるという提案を行っている．しかし，that 節が φ 素性を持たないとすると，次例に見るように主語の位置に that 節が出てくることが説明できなくなる．

(28)　a.　That Brett denied the allegations pleases Donald.
　　　b.　{T, {{$_{CP}$ that Brett denied the allegations}, {v*, {pleases Donald}}}}
　　　c.　{$_\delta$ {that Brett denied the allegations}, {$_\gamma$ T, {$_\beta$ {that Brett denied the allegations}, {$_\alpha$ v*, {pleases Donald}}}}}
　　　d.　But it/that surprises no one.

(28b) において主語の位置にある CP が (28c) のように TP 指定部に移動すれば，α と β には v*P というラベルが与えられる．しかし，CP が φ 素性を持たないのであれば，移動した CP と T との間には φ 素性における一致はあり得ないから，γ と δ のラベルが決定できなく，派生は破綻して，(28a) は非文法的であるという間違った結果になる．

このことは that 節も φ 素性を持っているということを示しているように思われる．that 節が，おそらくは，3 人称 (3rd Person)，中性 (Neuter)，単数 (Singular) という φ 素性を持っていることは，1 つには (28a) の例で動詞が 3 人称単数主語との一致を示す事実と，(28a) に続けて，(28d) を言うことができ，it/that が (28a) の主語を指しているという事実からも明らかであるように思われる．[24]

しかし，そうなると (17) の例 Who do you think read the book? が問題となる．動詞語根の指定部への CP の移動の結果は，(29) のようなものであると考えられる．(従属節の C の補部は転送されているので消してある．) (29a) の段階でいくつかの疑問が生じる．まずは δ のラベルである．C は疑問の C ではないので，who と C は共通の素性として Q を持っておらず，δ はラベルを持ちようがない．このままだと (17) の派生は破綻することになる．

(29) a.　v* {$_δ$ {$_γ$ who C}, {$_β$ think {$_α$ who C}}}
　　　b.　{who, {v* {$_δ$ {$_γ$ <u>who</u> C}, {$_β$ think {$_α$ who C}}}}}

何かの特例で γ のラベルが決定できたとしてもまだ問題が残っている．派生を続けて (17) を形成するためには，(29b) に示すように who を v* の指定部に移動しなければならない．(間に主語が介在するという問題もあるが，それには目をつむるとして，) この移動には問題がないであろうか．下線で示した who は，動詞語根 think の指定部にある，CP の指定部に位置している．このような位置からのさらに上位の指定部への移動は他に例を見ない．[25] この

---

[24] 次のような ECM では「虚辞」の it が出てくることも，その反映であると言えるであろう．
　(i)　I find it hard to believe that you didn't know about it.

[25] 伝統的な樹形図で表示するとその異常性がよくわかる．who の取り消し線は移動により下のコピーが見えなくなったこと，read 以下の取り消し線は転送で見えなくなったことを表している．
　(i)

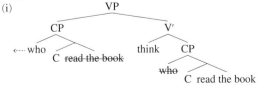

ような移動は避けたいのは当然であるが，そのためのうまい理由は CP が φ 素性を持たないということであるが，そうすると CP が定形節の主語の位置に現れて，時制が 3 人称単数の一致を示すことと，it/that により後方指示が可能であることが説明できないという矛盾に陥る．

このことは動詞語根とその目的語が併合された際に，目的語が動詞語幹の指定部に移動しなければラベルが与えられないという結果を引き起こすラベル理論そのもの，特に語根はラベルになれないとする規定そのものに問題があることを示唆している．

3.7. 間接目的語

最後に次のような二重目的語他動詞構文の派生がラベル理論に引き起こす問題を考えてみよう．

(30) a. John gave a book to Mary.
 b. John gave Mary a book.
(31) a. {John, {v*, {$_\beta$ a book, {$_\alpha$ give, {to Mary}}}}}
 b. {John, {v*{Mary, {give, {a book}}}}}

(30a, b) はそれぞれ (31a, b) の v*P を中に含むと考えるのが自然な分析である．つまり，(31a) ではまず give と to Mary が外部併合され，そうしてできた統語体と a book が外部併合される．POP(+) で論じられている一致により <φ, φ> というラベルが与えられる例は例外なく内部併合により {XP, {Y XP}} という形状になって，XP と Y の間に一致が成り立つとするものであった．内部併合が一致の必要条件となっているとすると，a book は外部併合により {give to Mary} と併合されているので，φ 素性における一致を引き起こさないと考えるのが妥当であるが，そうすると {$_\beta$ a book, $_\alpha$ give, {to Mary}} の α にも β にもラベルが与えられず，派生は破綻することになる．もちろん，a book をさらに内部併合して，{$_\gamma$ a book, {$_\beta$ a book, {$_\alpha$ give, {to Mary}}}} のようにすれば，γ と α は <φ, φ> となり，右側の a book は見えなくなるが，その時に β にラベルが与えられるのかどうか明らかでない．

(31b) はもっと深刻である．give と a book が一致するためには a book を内部併合で左に移動し，さらにその左に Mary を外部併合し，それをさらに左に内部併合し，{Mary, {Mary, {the book, {give, {the book}}}}} としなければならない．それでも，give の主要部移動で正しい語順を導くことはできるが，このような構造がこれらの構文の意味を捉えるのに必要であるかは極めて疑わしい．ラベル理論を成り立たせるためだけの操作のようにしか思われ

ない．

4. 代案

本節で，以上論じてきた問題点を解決する代案の枠組みを提示する．第2章から第11章の内容は，過去30年近く筆者が考えてきたことを10年ほど前にまとめた一連の論文に基づくもので，POPおよびPOP+への代案として書いたものではないが，全体として，前節で論じたPOP(+)の提案に対する代案となる部分を多く含んでいるので，ここでPOP(+)の代案として改めてまとめて，POP(+)の問題点を解決することができることを示しておきたい．

4.1. LA不可視性の問題：移動の非コピー理論と顕在的統語論条件

まず，POP(+)の大前提である「それぞれの統語体のラベル（すなわち範疇）は，インターフェイスでの解釈にとって不可欠である」という仮定は維持することとしよう．その上で，前節の問題点の解決方法はまず移動のコピー理論を放棄することから始まる．第2章で提案したように，語彙項目は音形を持つ場合もあれば持たない場合もあるが，何らかの意味内容／統語機能は持つ．第2章で提案した顕在的統語論仮説を採用して，内部併合は顕在的統語論条件（(32)に再録）に従わなければならないと仮定してみよう．

(32) 顕在的統語論条件
   内部併合は何らかの形態論的コードを担う．

形態論的コードというのは，当該の統語体の音形を決定する形態論的情報のことで，手短に言えば，その統語体の音形である．

そして，A移動もA'移動も，一部，意味内容／統語機能を移動することもあるが，もっぱら形態論的コードの移動であり，統語体Xの形態論的コードを/X/と表記し，その意味内容／統語機能を[X]と表すと，移動は基本的には(33)に示す形をとる．[26] 以下では簡潔性のため，Xの形態論コードを「Xの音（形）」と，Xの意味内容／統語機能を単に「Xの意味」という（語順は言語により異なる）．

(33) a. {...X...} → {/X/ +α}, {... [X] −α ...}

---

[26] 第2章では統語体Xの意味内容／統語機能を{X}と表したが，{ }は集合表記で使われるので，本節では[X]と表記することにする．

αは /X/ の移動に便乗する意味の一部であるが，これを伴う場合も伴わない場合もある．このように句の移動が主に音形を移動し，意味を後に残すということになれば，移動は必ず音を伴うが，意味（の少なくとも一部）を欠いていることになる．そこで，意味と音をすべて備えている範疇を十全範疇（full category: FC）と呼ぶことにすれば，(2f) に代わって，LA にとっての可視性を (34) のように定義すれば，求める結果が達成できる．

(34)　LA は十全範疇（full category: FC）のみ見える．

このような修正のもとでの TP, VP への指定部への DP の移動の場合どうなるかを見てみよう．

(35) a.　$\{_\beta \text{T}, \{_\alpha \text{DP}, \text{v*P}\}\} \rightarrow \{_\gamma \text{/DP/}, \{_\beta \text{T}, \{_\alpha \text{[DP]}, \text{v*P}\}\}\}$
　　　 (John will read the book)
　 b.　$\{_\beta \text{R}, \{\text{to}, \{_\alpha \text{DP}, \text{v*P}\}\}\} \rightarrow \{_\gamma \text{/DP/}, \{_\beta \text{R}, \{\text{to}, \{_\alpha \text{[DP]}, \text{v*P}\}\}\}\}$
　　　 (they believe John to know the secret)

(35a) は例えば John will read the book において DP の John が移動した場合である．矢印の左側では，この α のラベルは，{DP, v*P} のために決定できないが，矢印の右側のように DP の音 /DP/ が β に併合されれば，α は DP の意味 [DP] と v*P からなる，[DP] は LA からは見えないため，α は v*P というラベルを受け取る．β について言えば，主要部 X と句 YP を併合した {X, YP} は，X がどんなものであっても主要部が投射する（主要部がラベルを決定する）と仮定すれば，β は TP というラベルを受け取る．[27] γ は /DP/ が FC でないために LA には見えないから，やはり TP というラベルを受ける．(36a) のようなラベル付けになるが，これは伝統的に想定されてきたラベル付けである．[28]

　(35b) は例えば they believe John to be a genius で，John が移動した例である．矢印の左側で α は {XP, YP} の例で，このままではラベルが決まらない．（他方 β は，(35a) の場合と同じく，主要部 R が投射するから，ラベルは RP である．）矢印の左側のように，DP の音形 /DP/ が移動すると，残る [DP] は FC でないので，LA には見えず，そのため YP のほうが投射して v*P となる．γ も /DP/ が FC でないので，LA に見えず，YP のほうの RP がラベ

---

[27] 下で見るように T と R は弱いためにラベルになれないという規定は規定であるので除去する．
[28] v*P の内部構造は，後に論じる主要部移動の問題があるので簡略化してある．

ルとなる．その結果（36b）のようなラベル付けになるが，これも従来想定されてきた通りである．[29]

(36) a. {_TP /John/, {_TP will, {_v*P [John], {_v*P read the book}}}}
　　 b. {_RP /John/, {_RP believe, {to, {_v*P [John], {know the secret}}}}}

では A′ 移動の場合はどうなるであろうか．(6) の例で検討してみよう．

(37) a. (they thought) {_α C, {JFK was assassinated [∨ in which Texas city]}}}
　　 b. (they thought) {_β ∨ /in which Texas city/ {_α C, {JFK was assassinated [in which Texas city]}}}}

(37a) は (6a) と大きく異なっている点がある．それは in which Texas city に選言関数∨が付いていることである．第7章で，英語の WH 疑問文の基底構造においては，WH 句の指定部には音形のない選言関数∨があって，これは WH 表現を含む命題を表す TP を引数（argument）として取るために，その直近の CP の指定部に移動しなければならないということを見た．逆に言えば選言関数∨が当該の命題を表す TP を引数として取れる位置に行きさえすればよいのである．しかし英語における選言関数∨には音形がないので，顕在的統語論条件（32）の要請に従って，何らかの音形を伴って移動しなければならない．その移動の乗り物を提供するのが WH 句の in which Texas city である．その結果が (37b) である．この移動された WH 句は FC でないために，LA には見えない．α のラベルは CP であるから，β のラベルも CP となる．このままでは収束派生にならないが，この後さらに移動されれば収束派生となる可能性がある．

　連続循環的にこの後も ∨/in which Texas city/ は移動を続ける可能性があるが，選言関数∨も /in which Texas city/ の音形も 1 つしかないので，中間地点には何も残さず，∨が認可される位置まで移動する．その移動がどこで止まるかは，ラベル理論で主張されているように <Q, Q> というラベルが決定されたところまでではなく，主節の CP まで行って主節疑問文となるか，間接疑問文を要求するような ask, wonder などの動詞の補部の CP までである．これが Rizzi の停止問題であるが，以下で A 移動については，格付与と不活性条件の問題として，そして A′ 移動については選言関数の移動と，疑問文の選択という問題として，より伝統的な説明を提示する．

---

[29] R の believe は v* に繰り上がるが，この点も主要部移動に関わることなので，下で論じることにして，ここでは簡略化している．

4.2. 共有された素性によるラベル付けの廃止：併合による格付与と選言関数の移動

まず，一致により共有される素性によるラベルが，当該統語体の性質を適切に捉えているとは言い難いという事情に鑑み，これを除去して，移動を強要するというラベル付けが果たしていた EPP 効果を，A 移動については格付与子との併合による格付与の必要性に，A′ 移動については適切な TP をその引数とし取る選言関数∨の必要性から導くことを提案する．

4.2.1. A 移動：格付与と一致

まず，格付与と一致から始めよう．Chomsky は主格と対格について次のような仮定を立てている．

(38) a. 次のような普遍的な格付与のメカニズムがある．
    b. 位相主要部 C と v* は値のない φ 素性を持っており，それぞれ T と V に継承される．
    b. 主語と目的語の DP はそれぞれ T と V の指定部に内部併合され，これにより φ 素性の一致が成り立ち，その反映として主語の DP は主格を，目的語の DP は対格を示す．[30]

これに対して筆者は次のように提案する．

(39) a. 素性は素性枠と素性値からなり，値のない枠も，枠のない値もどちらも解釈不能である．
    b. T と V は値のない φ 素性と格素性枠を欠いている（C で表す）格素性値，それぞれ主格（Nominative: Nom）と対格（Accusative: Acc）を持ち，主語や目的語の DP は値を持つ φ 素性枠と，値のない格素性枠 [$_C$] を持っている．[31]
    c. 言語には格付与と φ 素性の一致には格付与子と対象の DP との併合に基づくものと，一致に基づくものがある．

---

[30] 属格と与格について Chomsky は明確な提案をしていない．
[31] give him a book のように与格を取る与格動詞では，対格と与格の両方の値をもっていると考えるか，さらには give を provide-with と分析し，provide him with a book のような基底形で，a book には with から，him には provide から，それぞれ対格，与格が与えられるということも考えられる．属格は英語では DP の下に NumP を想定し，それが指定部に与える格と捉えることを考えている．しかし，ここでは典型的な主格，対格に話を限定する．

d. 英語は併合に基づく言語で，下で示すように，格と φ 素性の枠と値が併合により同じ投射内にあると，素性の値は自由に移動して，素性の枠に収まる。[32]（ただし，下の順序は典型例で，格付与子に何を選ぶかで異なる．）これを素性の再編成（reassembly）と呼ぶ．

{DP,　　　格付与子}　→　{DP,　　　格付与子}
$[_\phi\ \phi^2] \to [_\phi\ \ ]$ 　　　　$[_\phi\ \phi]\ [_\phi\ \phi]$
$[_C\ \ ] \leftarrow C$ 　　　　　　　$[_C\ C]$

　日本語の場合は C 統御関係に基づく一致であるが，それは下で詳しく説明することとして，英語の場合をもう少し詳しく見ることにしよう．(40a) は give と the book の外部併合の結果である．POP+ とは異なり，V (=R) が弱いので，ラベルになれないという ad hoc な規定は採用していないので，全体は VP (RP) としてのラベルが与えられる．give が持っていた対格という格素性値が目的語が持っていた値のない格素性枠に収まり，代わりに the book が持っていた φ 素性が give に与えられる．[33]

(40) a. 　{give,　the book}　　　{give,　the book}
　　　　$[_\phi\ \ ] \leftarrow [_\phi\ \phi^2]$ 　　　　$[_\phi\ \phi]\ [_\phi\ \phi]$
　　　　Acc $\to [_C\ \ ]$ 　　　　　　$[_C\ Acc]$
　b. 　{John, {give, {the book}}}　　{John, {give, {the book}}}
　　　　$[_\phi\ \phi^2] \to [_\phi\ \ ]$ 　　　　$[_\phi\ \phi]\ [_\phi\ \phi]$
　　　　$[_C\ \ ] \leftarrow$ Dat 　　　　　　$[_C\ Dat]$

---

[32] 比喩的に言えば同じ投射内にあるということは化学物質が同じビーカーの中にあるようなもので，素性枠と素性値はそれぞれ自由に動いて，化合物を作るようなものであることは第 2 章 (18e) で述べた．
　また，φ 素性値を ϕ^2 のように表すのは，一致に参画する DP は同じ φ 素性の値を 2 つ持っていたと仮定することにより，コピーを作るという余計な操作を除去できるからである．もし必要以上，あるいは以下のコピーがあると，派生が破綻することになるので，前もってコピーの数を調整する必要はない．ここで言うコピーのことを第 3 章以降「トークン」と呼んできているのである．

[33] このままでは，John give the book のラベルが決まらないという問題がある．POP(+) の枠組みでも，本節の枠組みでも，この構造で John を移動する理由がない．このことは，下で見るように，ラベル付けのメカニズムを大幅に改変する必要があることを示しているとも解釈できる．

c. {believe, {to be John Pr a genius}} →
   [$_\phi$]   [$_\phi$ ϕ^2]
   Acc   [$_C$]
   {/John/ {believe, {[to be {[John] Pr a genius}}}}^{34}
   [$_\phi$ ϕ] → [$_\phi$ ϕ]
   [$_C$ Acc] ←
d. {T, {John reading the book}} → {/John/ {T, {[John] reading the book}}}
   [$_\phi$][$_\phi$ ϕ^2]   [$_\phi$ ϕ] → [$_\phi$ ϕ]
   Nom [$_C$]   [$_C$ Nom] ←

(40b) は注31で触れた与格の場合で，VPの指定部に外部併合された間接目的語 John に与格が与えられる状況を描いている．これらの場合においては外部併合の結果格が付与される．格付与と一致は併合により同じ投射に入れば生じるとしているので，この場合は外部併合だけで，条件が満たされるため，POP(+) のように内部併合を必要条件とする必要はない．

(40c) は例外的格付与（ECM）の場合であるが，この場合は内部併合が必要となる．格付与子 believe と John は同じ投射内にないので，格付与と ϕ 素性の一致のために，John の音形 /John/ が，その意味 [John] を残して，believe の指定部に移動する．これにより /John/ の格素性枠には対格（Acc）という値が入り，believe の ϕ 素性枠には John が持っていた ϕ 素性値が入り，それぞれの音形を決定する．A 移動が音形だけを移動すればいいのは，格が DP の音形を決めるために必要であるからである．この結果 PrP の内部には John の意味 [John] が残っているが，FC でないので LA には見えず，[John] Pr a genius は {$_{PrP}$ Pr a genius} と同じラベルが付与される {$_{PrP}$ [John] {$_{PrP}$ Pr, a genius}}．これも従来想定されている通りである．

(40d) が典型的な主語への主格付与の場合で，具体的には現在時制であれば John is reading the book に該当する．^{35} 矢印の左側が v*P と T が併合された段階であるが，ここでは格付与子 T と主語の John とは異なる投射にあるので，格付与および一致は生じないが，主語の音形 /John/ がその意味を v*P 内に残して，TP に内部併合されると，矢印の右に示すように，/John/ と T は同じ投射内に入り，格付与と ϕ 素性の一致が生じる．また，/John/ も [John] も

---

^{34} to be John Pr a genius は厳密には {to, {be, {John, {Pr, a genius}}}} で，Pr は Bowers (1993) の Predication の分析を想定している．
^{35} より厳密には T は，Pres-be という時制と進行助動詞 be の複合体である．詳しくは主要部移動の節で論じる．

FC でないので，ラベル付けには参画できず，{$_{TP}$ /John/, {$_{TP}$ T {$_{v*P}$ [John], {$_{v*P}$ v* ...}}}} という従来想定されてきたラベルが問題なく決まる．[36] 以上見てきたように A 移動に関する EPP 効果は，それがあることが明確である ECM と定形節主語の場合には，併合に基づく格付与のメカニズムから帰結する．

そしていわゆる停止問題は基準凍結も基準位置も，そしてラベル付けも関係なく，格が与えられる位置に行けば，それぞれ収まるところに収まって，解釈不能性は除去されているから，[37] それ以上の移動の必要がなく，また不活性条件にも違反するため，それ以上移動できないというだけのことである．

4.2.2. 虚辞構文

(41a) の虚辞構文では，格付与と一致が時制 T の投射の中で起こっていないと思われるので，上で述べた格付与の理論にとって問題であると思われるかもしれない．しかし，Belletti (1988), Lasnik (1992, 1995) に倣って，there 構文の意味上の主語は非対格動詞（(41a) では be）により与えられる部分格 Part を担っているとすれば問題は解決する．具体的には (41b) 以下に示す派生をたどる．

(41) a. There were many children in the park.
   b. {be, {many children Pr in the park} /many children/ の内部併合→
      Part [$_\phi$]   [$_\phi$ ϕ^2] [$_C$]
   c. {/many children/, {be, {[many children] Pr in the park}}} 素性の再編成→
      [$_\phi$ ϕ^2] [$_C$]   Part [$_\phi$]   T の外部併合→
   d. {T, {/many children/, {be, {[many children] Pr in the park}}}}
      Nom [$_\phi$ ϕ] [$_C$ Part]   [$_\phi$ ϕ]   be の主要部移動→
   e. {T-/be/, {/many children/, {[be], {[many children] Pr in the park}}}}
      Nom [$_\phi$ ϕ] [$_\phi$ ϕ] [$_C$ Part]   there の外部併合→
   f. {there, {T-/be/, {/many children/, {[be], {[many children] Pr in the park}}}}}
      [$_C$] Nom [$_\phi$ ϕ] [$_\phi$ ϕ] [$_C$ Part]   素性の再編成→

---

[36] T が弱いためにそのままではラベルを決定できないという POP+ の規定が除去されていることに注意されたい．

[37] D が持つ格素性枠に格素性値が入って，[$_C$ C] という形になってもまだ解釈不能であると想定している．この解釈不能性は，形態論によって問題の D がその格素性が決定する D の音形によって置き換えられることで派生からなくなると想定している．

   (i) D [3rd Person, Masculine, Singular, Nom] – 形態論 → /he/ [3rd Person, Masculine, Singular]

g. {there, {T-/be/, {/many children/, {[be], {[many children] Pr in the park}}}}
   [c Nom] [φ φ] [φ φ] [c Part]

(41b) において，be は非対格動詞として与えるべき格素性値である部分格 Part と値を欠いている φ 素性枠を持っている．他方 many children は DP が常にそうであるように，値のコピーを 2 つ持つ φ 素性枠と値を欠く格素性枠を持っている．このままで放置すると解釈不能素性により派生は破綻する．派生が収束する可能性は解釈不能素性を持った many children の音形 /many children/ が内部併合により，be の句と併合することである．その結果が (41c) であるが，これにより，be と /many children/ は同じ投射内に入るので，[38] 素性の再編成が起こり，T の外部併合の結果 (41d) となる．さらに be が主要部移動で T に繰り上がると (41e) ができる．[39] /many children/ はすでに部分格 Part を得ているので，これを TP 指定部に移動しても，T が持つ解釈不能素性 Nom を消すことはできない．そこで，値のない格素性枠を持つと想定する there が外部併合されると (41f) ができ，素性の再編成で，there に Nom が与えられる．T-be は φ 素性を持っているので，were という形で書き出され，これとともに，解釈不能な φ 素性も消える．虚辞構文においても素性再編成は φ 素性の一致と格付与ともに投射内で生じるという点で，他の場合と変わらない．[40]

残るは (42) のような {X, Y} の場合である．POP+ では X も Y も（上から見て）等距離であるから最小探索ではラベルが決まらないとして，「すべての語根はラベルになれない ((2g))」という仮定を立てて，(42) を (43) のように分析することを提案している．

(42) a. {read, it}
    b. {the, book}

---

[38] /many children/ は FC ではないので，LA には見えず，したがって /many children/ be 以下は be 句のラベルが与えられることに注意されたい．

[39] 本書で提案している編出分析 (Excorporation Analysis) のもとでは時制 T と非対格動詞 be は T-be（より正確には Past-be）という語彙複合として派生に参入する．したがって，be は部分格 Part を，そして Past が主格 Nom を伴っていることになる．これを含めると例示が複雑になるので，ここでは通常の主要部移動を用いて例示している．

[40] POP+ (p. 7) は there were destroyed three buildings を虚辞構文の例としてあげ，注 8 で，この例は英語では周辺的であるが，他の英語タイプの言語では正常であると述べている．このことは，φ 素性の一致は，英語では周辺的であるが，長距離で生じ，他の英語タイプの言語では，長距離の一致が起こることを示唆している．

(43) a.　{read, {it, {n, {R}}}
　　 b.　{the, {n, book}}

　N, V, A などが語根とその範疇を決定する機能範疇 n, v, a からなるという分析は正しいかもしれない．しかし，(42a) の代名詞 it について，(43a) のように分析しなければならないという必然性はないと思われる．特に第 3 章で，すべての言語において決定詞 D が，そして決定詞 D のみが指示機能を持つことを主張している本書の枠組みで言えば，D のみがあれば，制限子（restriction）の働きをしている名詞などは不可欠のものではないと考えるのが自然である．

　語根が弱いからラベルになれないとするのは規定以外の何物でもないということは上で指摘した．そうであるならば，次のように自由投射原理を想定することが最も単純である．

(44)　自由投射原理
　　　{α, β} において，α, β のどちらが投射しても（ラベルになっても）よい．
(45) a.　{$_\alpha$ α, β}
　　 b.　{$_\beta$ α, β}

自由投射原理を想定すると，(46) のような不都合なラベル付けが生じてしまうという問題があるように思われる．

(46) a.　{$_{it}$ read it}　　（あるいは {$_D$ read, {$_n$ it, {$_R$ n, R}}}）
　　 b.　{$_{book}$ the, book}　（あるいは {$_n$ the, {$_R$ n, book}}）

しかし，ラベルがインターフェースで，特に意味論にとって必要なものであるということであれば，(46) はいずれもたわごと（gibberish）として排除されることになる．ラベル理論により適格なものを残すことは，文法的な文のみを生成するという昔の亡霊を思い起こさせる．(46) のようにラベルがついたものが，さらに (47) のように併合を受けたら，結果はインターフェイスで解釈できないものになる．

(47) a.　{eat, {$_{it}$ read, it}}
　　 b.　{this, {$_{book}$ the, book}}

　そのように考えれば自由投射原理は，{XP, YP} についても成り立つ．the students v* read the books は v*(P) のラベルを受け取る可能性と D(P) のラベルを受け取る可能性があるが，助動詞 must と併合して意味をなすのは，

(48a) の場合だけであるから，ラベル理論によって（48b）を排除する必要はない．

(48) a. {$_{v*}$ the students, {v*, {read, {the books}}}}
     b. {$_D$ the students, {v*, {read, {the books}}}}

自由投射原理が正しければ，(40b) で見た二重目的語構文のラベル付けの問題も霧散する．

(49) a. Mary will give John the book (she wrote)
     b. {will {$_{v*}$ Mary, {$_{v*}$ v* {$_{give}$ John, {$_{give}$ give, the book}}}}}

(49b) 以外のラベル付けが起こった場合には Mary 以下は助動詞 will と併合される統語体としてふさわしくなく，インターフェースで派生は破綻する．[41]

4.2.3. A′ 移動

次に A′ 移動の WH 移動のメカニズムを見てみよう．第 7 章で論じたように，WH 移動は（演算子-変項構造は元位置において成り立っているので）演算子-変項構造を作る必要性ではなく，WH 句の指定部にある音形を持たない選言関数∨が，命題の集合を表す TP をその引数 (argument) として取りうる位置に移動する必要性により駆動されている．∨が音形を持たないために，顕在的統語論条件の要請により WH 句が乗り物を提供しているのである．最終的な着地点に到達するまで連続循環的に v*P と CP の指定部に移動するのは，元の位置に留まっていると，TP を引数として取るという∨の必要性が満たされず派生が確実に破綻するからである．少し具体的を見てみよう．

(50) a. What did he say?
     b. What do you think (that) he said?
(51) a. Who said that?
     b. Who do you think *(that) said that?
(52) a. I wonder what he said.
     b. I wonder who said that.

(50) は目的語を取り出した例で，(51) は主語を取り出した例で，(a) は単独の節から，(b) は従属節からの取り出しであるが，(50b) で that を含む場合

---

[41] give が 2 つの項に対して格を与えるということから問題が生じるとすれば，注 31 で示唆したように，見えない（そして give と語彙複合を作る）前置詞の存在を仮定すればよい．

が，that 痕跡の例で，この非文法性が ECP の問題である．(52) の例は従属節における WH 移動の例で，WH 移動が従属節の内部で停止する停止問題の例である．いずれにおいても WH 句は移動している．まず，元位置 WH 疑問文の場合を除いて，(50)，(51) のように主節の CP 指定部までか，(52) のようにある種の従属節の CP 指定部まで移動しなければならないという A′ 移動の EPP 特性は，WH 句が指定部に音形のない選言関数∨を持っていて，これが少なくとも元位置に留まることができない事実を説明する．(50a) を例にとってもう少し詳しく見てみよう．[42]

(53) a.　{$_{v*}$ he, {$_{v*}$ v*, {$_{say}$ say, {∨ what}}}}
　　　　∨ what の内部併合 →
　　b.　{{ ∨/what/}{$_{v*}$ he, {$_{v*}$ v*, {$_{say}$ say, {[what]}}}}
　　　　T の外部併合と he の内部併合，C の外部併合 →
　　c.　{$_C$ C, {$_T$ /he/ {$_T$ T, {$_{v*}$ {∨/what/}, {$_{v*}$ [he], {$_{v*}$ v*, {$_{say}$ say, {[what]}}}}}}}}
　　　　∨ what の内部併合 →
　　d.　{$_C$ {∨/what/} {$_C$ C, {$_T$ /he/ {$_T$ T, {$_{v*}$ {∨/what/}, {$_{v*}$ [he], {$_{v*}$ v*, {$_{say}$ say, {[what]}}}}}}}}}

(53a) の段階の what の移動，(53c) の段階の what の移動は，いずれもその位置に留まっては選言関数∨が適切な引数（argument）を獲得できないという事情による．選言関数∨だけが移動すればよいのであるが，∨が音形を持たないため，顕在的統語論条件により，単独では移動できないため，what の音形が移動のための乗り物を提供する．これが A′ 移動における EPP である．[43]

Rizzi の停止問題に移ろう．(50)–(52) の文法的な例で，what が CP の指定部に移動するのは，(54a) に示すように，その位置で TP が表す命題の集合を選言関数が引数として取らなければならないという要請に応えるためである．(50)，(51) の主節の場合は，(51a) を除いては同時に助動詞の倒置を引き起こすが，これについては，主要部移動が関与しているので，下で詳しく論じるが，what はこれ以上先に行けないから停止問題は生じない．(52) の例は (54b) の構造を含むが，主節動詞 wonder が選言関数を指定部に持つ CP を補

---

[42] 主要部移動は語彙複合が関与して，少し話が複雑になるので，下の主要部移動のところまでは，記述に含めない．また，転送は転送された要素が消えてなくなるのではなく，「忘れ去られる」のであるという Chomsky et al. (2017) の主張に沿って，転送される部分は最後まで残しておく．

[43] ただし，下で A′ 移動においても，A 移動と同じく，素性再編成の必要性により移動が駆動されるという説明を行う．

部として要求するからであり，これ以上先に移動して (54c) のようになると，wonder の要求が満たされないために非文となる．

(54) a. {∨/what/, {C, TP}}
    b. {wonder, {∨/what/, {C, TP}}}
    c. *{{∨/what/}, {C-do, {I, {wonder, {C, TP}}}}}

POP+ では，(54c) が非文であるのは，{C, TP} が「助動詞倒置と上昇音調を伴って」yes-no となるからであるという説明をしている．しかし実際に助動詞倒置と上昇音調を使って *Who do I wonder he said? のようにしなくても非文であるから，POP+ の説明は成り立たない．単に wonder が疑問文を要求しているのにその要求が満たされず，{C, TP} の部分が平叙文であるからであるとするほうがはるかに簡明な説明になる．

{WH, CP} の形状になると，両者の間に Q についての一致が生じ，したがって CP も Q になるとする POP+ の想定が問題であると思われる．what 以下が疑問文になるのは，what が持っている（目に見えない）選言関数∨のためであり，それが移動してしまうと疑問文ではなくなると考えるべきである．(What do you think that he said? の that 以下は疑問文ではない．) まとめると，従属節内における A′ 移動の停止問題は WH 移動は疑問文を必要とする主節述語の要請に応えるものであるからということになる．（助動詞倒置は主節現象であり，疑問 (question) とは別に話者が聴者に対して行う質問 (inquisition) という発話行為と関係しているという点を下で見る．）[44]

同様のことが連言関数∧を含む，譲歩節についても言える．

(55) a. Whatever John says,
    b. {John, {v*, {says, whatever}}}
        whateve の /what/ の音と連言関数 ever の内部併合 →
    c. {/what/ever, {John, {v*, {says, [what]}}}}
        T の外部併合, /John/ の移動, C の外部併合 →
    d. {C, {/John/, {T, {/what/ever, {[John], {v*, {says, [what]}}}}}}}
        /what/ ever の内部併合 →
    e. {/what/ever/, {C, {/John/, {T, {[John], {v*, {says, [what]}}}}}}}
    f. Whatever you think (that) he says,

(55a) の譲歩節の派生は (56b) の v*P から始まる．whatever の ever は連言

---

[44] ややこしい話であるが，伝統的に Q によって表されるのは疑問ではなく，質問である．

第 12 章 ラベル理論の問題点と解決の方向　　　395

関数で，TP が表す命題の集合を引数として取る必要があるので，このままの位置に留まることはできないので，v*P が転送される前に，自由併合により，v*P の外の指定部に出てくる．連言関数は ever という音形を持っているので，これだけを移動できてもよいのであるが，ever は拘束形態素であるため，what の音 /what/ とともに移動する必要がある．後には what の意味 [what] が残る ((55c))．(55d) で CP の位相に移り，CP の指定部に /what/ever が移動し，今度は TP が表す命題の集合を引数として取る位置に来たため，連言関数として満たさなければならない条件を満たすことになる．移動のコピー理論を採用していないので，v*P の指定部にあった /what/ever は跡形もなく消えてしまう ((55e))．これが (55f) のように that 節の中に埋め込まれていても，譲歩節としての性質を持つ補文標識 C（条件を表す if の音形のないもの）の指定部にまで行かなければならない．

4.3. ECP

　POP(+) のラベル理論による ECP を復習すると，(56a, b) の派生において，(57) で下線付きの who を移動したときに，移動前の位置にあるコピーの who が不連続要素の一部となるために見えなくなり，T も弱くてラベルになれなく，そのため <φ, φ> というラベルが与えられていた β のラベルも，α のラベルも決まらないため，派生が破綻するというものであった．

(56)　a. *Who do you think that did that?
　　　b. *Who do you wonder if did that?
(57)　a. {_δ who, {_γ that, {_β who, {_α T, {who did that}}}}}
　　　b. {_δ who, {_γ if, {_β who, {_α T, {who did that}}}}}

しかし，共通する素性により決定されるとされるラベル <φ, φ> と <Q, Q> には，同じラベルを持ったものが意味的に同じ性質を示さないという問題があって，{α, β} においてどちらでも投射できるという自由投射理論を上で提案した．そうなると ECP の例についても別の説明が必要となる．また，イタリア語は一致素性が豊かであって，そのため T が単独でラベルになれるから，主語が (57) のように出て行けるというのは，T が主語との一致と関係なく豊かな一致素性を持てると主張していることになり，これは自己矛盾のように思われる．さらに，英語以上に一致が乏しい日本語がイタリア語と同じく ECP に違反できるという事実も，ECP を T の強さで説明することができないことを示している．

4.3.1. 不活性条件と編出分析

　Chomsky (2008) では不活性条件 (Inactivity Condition) を重要な記述の道具だてとして使われていたが，POP(+) では一切言及されていない．それは不活性条件で説明されていた事実を代わりにラベル理論で説明するということであろう．しかし，本節で論じたように，ラベル理論には様々な問題があるので，ラベル理論を実質的に放棄して，自由投射原理を採用すべきであるということになれば，不活性条件を復活させる必要性が出てくる．第2章5節では，不活性条件を編出分析と組み合わせて用いることを提案した．POP(+) の集合表記を用いて簡単に概説しておく．まず不活性条件は (58) のように述べられている．

(58)　不活性条件 (Chomsky (2008: 150))
　　　A 連鎖はその解釈不能素性に値が与えられるとさらなる計算にとって見えなくなる．

解釈不能素性とは値のない φ 素性を指し，これに値が与えられるということは格が付与されたということであるので，格があたえられると DP は WH 移動を含めさらなる移動を受けることはできないということである．

　その上で次の例の派生を比較しよう．

(59)　a.　Who do you think can solve it?
　　　b.　*Who do you think that can solve it?
(60)　a.　v*-solve, C-can
　　　b.　v*-solve, that, can

(59b) がいわゆる that 痕跡 (ECP) の例である．前提として，(59a) の派生では C と表す音形のない that と時制要素 can がレキシコンから取り出されるときに (60a) に示すように語彙複合 C-can として取り出されるのに対して，(59b) の派生では，音形のある that と同じく音形のある時制要素 can は別々の語彙項目として取り出されるということを想定している．いずれの場合も軽動詞 v* と動詞 solve は語彙複合として取り出される．語彙複合を形成するかどうかは言語ごとに (また語彙項目ごとに) 異なっている可能性があるが，(60a) の場合のように一方の要素に音形がないことが1つの重要な要因である．(日本語のように，関係する動詞的要素が拘束形態素であるということももう1つの重要な要因である．) (59a, b) の従属節で時制 T が併合されたときにはそれぞれ (61a, b) の姿をしている．(第2章では選言関数については扱っていなかったが，ここではその点を修正して，who を ∨ who と表記する．)

v* は solve の音形 /solve/ を伴って繰出し,後には solve の意味 [solve] が残っている.それぞれの統語体のラベルにはその主要部を用いていることに注意されたい.(61b) では,時制要素 can は併合されているが,補文標識 that はまだ併合されていないことにも注意.

(61) a.　$\{_{C=T}$ C-can, $\{_{v*}$ ∨ who, $\{_{v*}$ v*-/solve/, $\{_V$ [solve] it$\}\}\}\}$
　　 b.　$\{_T$ can, $\{_{v*}$ ∨ who, $\{_{v*}$ v*-/solve/, $\{_V$ [solve] it$\}\}\}\}$

(61a) において,主語は can の投射と併合されないと格が与えられない.他方 ∨ who(正確にはその一部の選言関数 ∨)は CP の指定部に移動しないと,次の位相において取り出しができない.∨ who を C-can の指定部に内部併合すると (62a) ができるが,∨ who を取り出すときにはまだ主格 Nom は付与されていないので,不活性条件の違反は生じない.取り出しの結果 Nom が与えられる.他方 (62b) においても ∨ who が時制の指定部に取り出され,主格 Nom が与えられる.(どちらの場合においても ∨ who の移動の折に,実際に移動しているのは ∨ とそれに乗り物を提供する who の音形 /who/ であって,who の意味 [who] は元位置に残っている.)

(62) a.　$\{_{C=T}$ ∨/who/[Nom] $\{_{C=T}$ C-can, $\{_{v*P}$ [who], $\{_{v*P}$ v*-/solve/, $\{_{VP}$ [solve] it$\}\}\}\}\}$
　　 b.　$\{_T$ ∨/who/[Nom] $\{_T$ can, $\{_{v*P}$ [who], $\{_{v*P}$ v*-/solve/, $\{_{VP}$ [solve] it$\}\}\}\}\}$

(62b) にはさらに補文標識 that が併合されねばならない.その結果 (63a, b) になる(ただし (63a) = (62a)).

(63) a.　$\{_{C=T}$ ∨/who/[Nom] $\{_{C=T}$ C-can, $\{_{v*P}$ [who], $\{_{v*P}$ v*-/solve/, $\{_{VP}$ [solve] it$\}\}\}\}\}$
　　 b.　{that, $\{_T$ ∨/who/[Nom] $\{_T$ can, $\{_{v*P}$ [who], $\{_{v*P}$ v*-/solve/, $\{_{VP}$ [solve] it$\}\}\}\}\}$

派生が収束するためには,∨ はこの位置には留まれない.(63a) では,∨/who/[Nom] は C の指定部にあると同時に T の指定部にもある.つまりこの構造は内部的には TP で,外部的には CP である.[45] したがって,一旦 CP 指

---

[45] この状況は POP+ で that 削除の後に出現する形状と酷似している.POP+ では,TP が that から位相を定義する素性を含めすべての素性を継承し,that が消された結果,それらが T において「活性化される(activated)」ため,TP 指定部は同時に CP 指定部であり,そのため WH 主語はすでに位相の周縁にあるから取り出しができると述べている.POP+ と本書の語彙複合による説明の大きな違いは,後者が素性の継承も,that 削除も,「活性化」も必要としないことである.さらに that が持っていた素性がすべて T に継承されるのであれば,that が

定部に移動した WH 要素はその後も連続循環的に移動が可能であるから，どのような条件に対する違反もなく，特に不活性条件に違反することなく取り出され，(59a) の形で収束する．

他方，(63b) でも，∨/who/[Nom] は that の指定部に移動しなければならない．しかしすでに主格が与えられているので，∨/who/[Nom] は不活性条件により見えなくなっているため，取り出しができない．∨はこの位置ではその意味機能を果たせない，つまりこの位置では解釈不能であるので，派生が破綻する．これが不活性条件と編出分析に基づく ECP (that 痕跡効果) の説明である．

動詞の目的語の場合は第 2 章 5 節で説明したように，v*-V と WH 目的語が併合された段階で，V が併合に基づく格付与で対格を付与することと，v* が WH を探すこととが同時に起こり，目的語に対格が付与される前に，v* が WH を同定できるので，のちにこれをその指定部に取り出すことができるのである．

しかし，動詞の目的語でも WH 移動ができないということでよく知られた奇妙な事実がある．次の 4 つの疑問文のうち (64b) だけが非文法的である．[46]

(64) a. Who did you give the books to ___ ?
    b. *Who did you give ___ the books?
    c. What did you give ___ to the student?
    d. What did you give the student ___ ?

不活性条件と併合に基づく格付与の分析を想定すれば，(64b) の非文法性は，(59b) の非文法性と同様不活性条件違反として排除できる．(64b) は集合表記を用いると次の派生を辿ると考えられる．Hale and Keyser (1993) に倣って，この二重目的語構文は give と空の前置詞 WITH からなるものという分析を採用する．そうなると v*-give-WITH という語彙複合から出発することになるが，WITH が対格を，give が与格を持っていると想定する．まずは the books が併合されると，併合に基づく格付与理論からすると，これに WITH から対格が付与される ((65b))．v*-give が編出すると，(65c) の構造になる．次に who が併合されるが，この段階では who は v* の (C 統御) 領域にない

消されなくとも TP は位相であり，TP 指定部は定義上位相周縁であるとしなければならない．活性化という概念は比喩的な言い方としてはともかく，理論上の資格をもたないと考えなければならない．

[46] ラベル理論では (64b) を排除するが，それは同時に (64d) を間違って非文法的として排除してしまう．

ので，v* には見えない．併合に基づく格付与理論からすると，併合と同時に give が持っていた Dat という格素性値が who に付与され，(65d) が得られる．ここで，v* が give の音形 /give/ とともに編出すると (65e) になり，ここでは who は v* の（C 統御）領域にあるが，who にはすでに Dat が付与されているので，不活性条件により，v* からは who は見えず，したがって who はこれ以上移動できない．その結果 who が担っていた選言関数∨は who の位置に留まることになり，その要件を満たすことができず，この一事で派生は破綻する．[47]

(65) a. {v*-give-WITH}
         Dat   Acc
　　 b. {v*-give-WITH, the books}
         Dat   [c Acc]
　　 c. {v*-give, {WITH, the books}}
         Dat   [c Acc]
　　 d. {∨ who,   {v*-give, {WITH, the books}}}
         [c Dat]   [c Acc]
　　 e. {v*-/give/, {∨ who, {[give], {WITH, the books}}}}
         　 [c Dat]   [c Acc]

4.3.2. イタリア語，日本語

ECP はイタリア語や日本語では成立しない．POP+ ではイタリア語では主語が TP 指定部に移動しなくとも，T が豊かな一致を持つためにラベルになるから，ラベル付けの問題は生じないとしているが，それでは日本語のように一

---

[47] しかし，この分析では (i) の与格構文の扱いに問題が生じる．
　 (i) a. Who did you give the book to?
　　　 b. What did you give to the student?
(ia) を生成するためには，v*-give-to という語彙複合を用いる必要がある．そうしないと who が取り出せないからである．(ib) にもこれを用いると，what が併合され対格を与えられたときには what v*-give-to the student となり what は v* からは見えないので，v* が編出したときには，もはやその指定部に what を移動できなくなり，(1b) が生成できなくなる．この問題を解決する 1 つの方法は (1b) の派生では，{what, {Pr, {to the student}}} が先に形成され，これが v*-give と併合され (iia)，what が ECM の場合のように v*-give の指定部に内部併合する (iib) と想定することである．そうすると (iia) の段階で v* には what が見えるので，対格が付与された後でも，v* の編出後に，/what/ を移動できることになる．
　 (ii) a. v*-give {what {Pr {to the student}}}
　　　 b. /what/ v*-give {[what] {Pr {to the student}}}

致に乏しい（または皆無の）言語についての説明にならない．第6章で，日本語における格付与は併合に基づくものではなく，一致に基づくものであるとすると，様々な格交替が Scrambling の結果として説明できることを見た．そうすると，英語対イタリア語／日本語の間に，一致の多寡ではない，別の対比があることがわかる．それは（少なくとも）主格付与は英語では併合に基づき，イタリア語，日本語では一致に基づき，次のような記述的一般化が得られる．

(66) a. 英語：主格は併合のもとに付与される（同一投射内）
 b. イタリア語，日本語：主格は一致により付与（確認）される
(67) a. 併合による格付与の言語は ECP を守る
 b. 一致による格付与の言語は ECP を破る

この一般化を原理的に捉えることが重要である．他方不活性条件を用いる分析は記述的には成功するが，(59) の言葉遣いからすると，ϕ 素性が T との間で成り立つと，それを成り立たせた DP が不活性になると述べているが，DP そのものは変化していないのに，T ではなく DP がなぜ不活性になるのかということが大きな疑問として残る．むしろ，(59) の説明で言及したように，問題の DP に主格が与えられることが，不活性の原因と考えるべきであるように思われる．しかし，Chomsky は，格は「ϕ 素性における一致の反映 (reflex) である」として，独立の資格を認めていない．

第3章で決定詞 D がそして決定詞のみが指示機能を持ち，（明示的な決定詞を持たない言語も含め）言語を通じて決定詞が持つ定義的な特徴が格を担うことであるという理論を提案した．また，英語のような一致を示さない日本語でも格を担う格助詞を決定詞として捉えることを第4章で提案した．その意味でも，格に理論上の地位を与えて，これを正面から捉えるような枠組みが必要であると考えられる．

4.4. 不活性条件再考
4.4.1. 格の復活

そこで，まず第一歩として不活性条件を，ϕ 素性に言及するものから，格素性に言及するように再定式化する必要があると考える．

(68) 不活性条件（再定式化1）
 DP は格が与えられる（つまりその格素性枠に値が与えられる）とさらなる計算にとって見えなくなる．

さらなる計算として A 移動を受けないことは，A 移動を格を求めての移動と

捉える本書の立場からすれば当然であるから，ここでいうさらなる計算は A′ 移動のことと考えなければならない．

(69) 不活性条件（再定式化 2）
　　　DP は格が与えられる（つまりその格素性枠に値が与えられる）と A′ 移動にとって見えなくなる．

同じ A′ 移動と言っても関係節における移動は次の文法性の対比から，ECP を破らなければならないことが明らかであるから，不活性条件の守備範囲から除かなければならない．

(70) a. the man who ___ came to see me
　　 b. the man that ___ came to see me
　　 c. *the man came to see me

(70b) は主格を付与された位置から that を超えて移動しているから，ECP 違反であるにもかかわらず文法的で，that を「消した」(70c) のほうは ECP 違反にならないにもかかわらず非文法的である．((70b) の例はラベル理論においても説明されないことに注意されたい．) このことからすると，不活性条件は ∨ who と whoever の移動のような選言関数および連言関数の移動にのみ関わるものであることがわかる．

(71) 不活性条件（再定式化 3）
　　　選言関数／連言関数を含む DP は格が与えられると，それ以上の計算にとって見えなくなる．

これはもはや条件という名前に値しない記述的一般化で，格付与のメカニズムと（選言／連言関数移動という）WH 移動のメカニズムに組み込まれるべき性質であると考えるほうが自然である．

4.4.2. 格素性と可視性

　以上の考察，考慮から，不活性条件のメカニズムを考えてみよう．話の分かりやすさのために，Chomsky (2008) に倣って，探索子-目標子の枠組みの中で，探索子が目標子を探しにいくという関係として捉える．DP の格素性枠に格素性値が付与されると，その上にある v* または C の探索子から見えなくなるのが不活性条件の定めるところであるが，見えなくなると，その DP に選言関数∨または連言関数∧へも見えなくなる．そうするとこれらの関数が取り出せなくなるので，派生は破綻するのであるが，では格素性が与えられる前で

あれば見えるということになるが，その時に何が起こるのかが問題である．使用できる道具立が限られているので，考えられるものは一致（Agreement）くらいである．つまり直近の v* または C と選言／連言関数の間で，何らかの一致が生じ，これが選言／連言関数に対して，v* または C という位相主要部の指定部という脱出口の存在を教え，選言／連言関数は該当の DP に格が与えられた後でもこれを記憶していて，当該の位相を脱出するという具合である．

4.4.3. イタリア語と日本語

イタリア語と日本語では格付与が一致のもとで起こり，かつ ECP に従わないという (66) (67) の記述的一般化を説明するには，一致の結果格素性が付与される場合と併合の結果格素性が付与される場合とでは何かが異なっていると仮定すればよい．現時点でそれがどのような相違であるのかは明らかではないがいくつかの可能性が考えられる．1 つの可能性として考えられることは，併合の結果の格素性付与は当該の DP の位置に対して付与されたもので，一致の結果の格素性は当該の DP そのものに付与されたものであるということである．そのため前者の場合には v*/C との一致が同時に起こらなければ，選言／連言関数が外から見えないという不活性条件を成立させるが，後者の場合にはそもそも不活性条件の成立条件を満たさない．

4.4.4. That 痕跡の例外
4.4.4.1. ECP 違反方言

(72) として再録する (59b) を文法的な文として使用する英語の方言があることはよく知られている．このような方言のことを ECP 違反方言と呼び，そうでないより一般的な方言を ECP 遵守方言と呼ぶことにしよう．

(72)　Who do you think that can solve it?

ECP 違反方言は，そのこと自体をどう処理するかという興味ある問題を提起するだけでなく，同時に，ECP 現象についての POP(+) の説明と，本節における編出分析にもとづく不活性条件による説明のどちらが優れた説明であるかという問題も提起する．ラベル理論のもとでは (73) を仮定することになり，編出分析のもとでは (74) を仮定するのが最も自然な処理である．

(73)　ラベル理論
　　　a. ECP 遵守方言は T が乏しい一致しか持たず，したがってラベルになれない．

b. ECP 違反方言では T が豊かな一致を持ち，したがってラベルになれる．だから (73) で who は TP 指定部に入ることなく，CP 指定部に行っても，TP のラベルは決まる．
(74) 編出分析
　　a. ECP 遵守方言では音形のない C と T は語彙複合を作るが，音形のある C の that と T は語彙複合を作れない．
　　b. ECP 違反方言では，音形のない C と T も，音形のある C の that と T も，ともに語彙複合を作れる．だから (73) で who は that-can と併合され，その段階で that は who と一致し，that が編出された後でも who の移動先を提供する．

一致が豊かであるかどうかは形態論的な根拠に基づくもので，ECP 違反方言において，定形 (助) 動詞の形態に差が出るわけではないので，(73b) のようなことを仮定することには無理がある．他方編出分析では，(72) を不活性条件に抵触せずに生成する最も単純な方法は that-T という語彙複合があると仮定することであるから，(72) が文法的である (すなわち観察される) という事実のみに基づいて処理をすることができる．英語では C と定形助動詞の場合と，そして v* と動詞 (V，つまり語根) の場合とに見られるように，語彙複合では上位の主要部が音形を持たないことが普通であるが，例えば下の日本語の例に見られるように，すべての要素が音形を持っている場合もあるので，語彙複合の形成は個別言語／方言で異なっているのである．

(75) a. tabe-sase-rare-ru（食べさせられる）
　　 b. tabe-tak-ar-oo（食べたかろう）

4.4.4.2. 副詞効果

　また，that 痕跡効果を示す方言でも，(76) のように that の後に副詞的な表現が挿入されている場合には that 痕跡効果を欠くことが報告されている．

(76) a. Robin met the man that Leslie said that *(for all intents and purposes) was the mayor of the city.　　(Culicover (1993: (2a)))
　　 b. I asked what Leslie said that *(in her opinion) had made Robin give a book to Lee.　　(Culicover (1993: (2c)))

この現象は現在でも様々な説明が試みられている問題であり（例えば Den Dikken (2018) 参照），軽々に結論を出すことは差し控えるが，ECP に従わないイタリア語と日本語の共通点と通底するところがあるように思われる．イ

タリア語と日本語は一致の多寡に関しては正反対であるが，主語の主格付与については T との併合ではなく，T との一致によるものであるという共通点がある．（イタリア語については POP(+) も一致が関与しているという認識である．）このことを逆に言えば，T の指定部という位置にそれ以上の操作を受け付けない，つまりその位置に来たものを不活性にする特性があるということである．他方 T とその領域内の DP との一致では，そのような不活性化が生じないということになる．そのような目で (76) の例を見ると，that のすぐ右側の位置は T と左側で隣接する位置，すなわち TP 指定部であるが，まさにその位置に副詞句が現れている．このことから，次のような憶測が成り立つ．

(77) a. TP の指定部に副詞句が併合されることが可能である．
b. その場合は T と v*P 指定部にある主語との間で一致が起こる．
c. この一致は主語を不活性化しない．
d. したがって，関係節／WH 疑問文において取り出すことができる．

この憶測が正しい方向にあるかどうかは今後の研究に待たねばならない．[48]

4.5. 主要部移動と意味構造

A 移動と A′ 移動については何がこれを駆動しているのかということについては大体理解の一致が見られる．標準的な理解は A 移動は英語では格付与の必要性により駆動されており，A′ 移動は WH 移動では演算子-変項構造を形成する必要性に駆動されているというものであった．[49] しかし，主要部移動は現象的には助動詞倒置などとして観察されるが，なぜそのような現象が存在するのかについては明確な答えが見当たらなかった．そのようなことから Chomsky はミニマリズムの当初から，主要部移動について問題意識を持ち続けてきた．POP(+) においても上で述べたように，動詞の目的語が ECP を破ることの説明に決定的な形で動詞語幹の主要部繰り上げを使いながらも，その問題点を 2 つあげている (POP+ p. 15)．

(78) a. 主要部移動は意味解釈の入力にならないことは外在化（音韻部門）に属することの強い証拠である．
b. 主要部移動は R → v* → T → C のように連続循環的であるように

---

[48] 他方ラベル理論による説明を試みようとすると考えられるのはやはり当該の副詞が現れると T が豊かな一致を持つと仮定することであるが，そのようなことを支える証拠はない．
[49] 本書の立場では A′ 移動は選言／連言関数が引数を取らなければならないという必要性に駆動されているということになる．

見えることは，統語的であることの議論である．

(78a) について Chomsky は Pollock (1989) を引き合いに出しているが，Pollock からの次の例が参考になる．英語では（be と have を除いて）定形動詞が時制の位置まで繰り上がらず，フランス語では定形動詞が時制まで繰り上がる．そのために英語とフランス語の間では頻度の副詞と定形動詞の語順が異なる．しかし，このことによって，(79b) と (79c) の間で，時制と副詞の解釈において相違があるわけではない．つまり，フランス語の定形動詞の主要部移動は意味的に空疎である．

(79) a. *John kisses often Mary.　　　　(Pollock (1989: 367 (4a-d)))
　　 b. John embrasse souvent Marie.
　　 c. John often kisses Mary.
　　 d. *Jean souvent embrasse Marie.

(80) の例が (78b) を例示している．英語では be, have を除いて定形動詞が疑問文で倒置されず，代わりに do が用いられるが，フランス語やドイツ語では定形動詞が文頭まで倒置される．これは定形動詞が C まで繰り上がっていることを示している．

(80) a. Do you like John?
　　 b. Aimez-vous Jean?
　　 c. Magst du Johann?

3.3 節で，動詞句の目的語が ECP に従わないことを導きだすための POP (+) における主要部移動の扱いが，v*P の意味構造を正しく捉えられないという問題を見た．本節では，第 2 章で概説した編出分析による主要部移動の枠組みが，POP(+) の問題点を克服し，かつ (79) の 2 つの問題を同時に矛盾なく解決することを示す．

第 2 章の (23) 以降で例示した What did you buy? を用いて，v*-buy と Q-did という v*-V (すなわち v*-R) と C-T という，語彙複合が関与する，編出分析の関連部分だけを見ていこう．出発点は (81a) の語彙配列である．Q は疑問の素性を持った C で，if の音形のないものである．

(81) a.　v*-buy, ∨ what, you, Q-did
　　　　　v*-buy と ∨ what の外部併合
　　 b.　{v*-buy, ∨ what}（併合に基づく Acc 付与，v* と what の一致）
　　　　　v* の編出（buy の音形 /buy/ を伴い，後に buy の意味 [buy] を残す）

c. {v*-/buy/, {[buy], ∨ what}}
主語 you の外部併合
d. {you, {v*-/buy/, {[buy], ∨ what}}}
v* との一致に基づき∨の v* 投射への内部併合，what の音形 /what/ を伴い，後に what の意味 [what] を残す．
e. {∨/what/, {you, {v*-/buy/, {[buy], [what]}}}} v*P の位相完成（取り消し線で表す）{[buy], [what]} の転送，Q-did との外部併合
f. {Q-did, {∨/what/, {you, {v*-/buy/, {[buy], [what]}}}}}
you の音形 /you/ の内部併合，後に you の意味 [you] を残す．
g. {/you/, {Q-did, {∨/what/, {[you], {v*-/buy/, {[buy], [what]}}}}}}
（併合に基づく Nom の付与）
Q の編出（did の音形 /did/ を伴い，後に did の意味 [did] を残す．
h. {Q-/did/ {/you/, {[did], {∨/what/, {[you], {v*-/buy/, {[buy], [what]}}}}}}}
∨/what/ の内部併合．後には何も残らない．
i. {{∨/what/ {Q-/did/ {/you/, {[did], {{[you], {v*-/buy/, {[buy], [what]}}}}}}}}[50]

これで派生が収束するが，(81i) から，音形だけを剥がすと (82a) になり，これがいわゆる PF である．その残りが (82b) で，これがいわゆる LF である．(PF を [ ] で，LF を { } で表して区別してある．)

(82) a. [what [did [you [buy]]]]
b. {ε ∨, {δ Q, {γ did, {β you, {v*, {α buy, what}}}}}}[51]

(82a) の PF 表示についてはこれで尽きていると思われるが，(82b) の意味構造も自明であろうと思われる．α は buy what という行為を表し，v* はその行為を行う動作を表し，β は you がその動作主であり，you buy what という

---

[50] 下線を施した { } を消してしまうということも考えられるが，そのままに放置して空疎な集合は解釈上無視されるとすればよい．

[51] did を T として，Q-did として扱っているが，より正確には，音形を持たない T を含む Q-Past-did と分析する必要がある．(ただし Past は音形を持たない．) そして編出の際に did が随伴するが，途中に意味は残って行くので，最終的な結果は Q, Past, did の3つだけに着目すると (i) のような構造になる．

(i) {Q-/did/, {Past, {did...}}}

つまり，比喩的な言い方をすれば，Past は Q と移動するときに /did/ という乗り物を利用するが，v*P と併合された後は，/did/ を乗り捨て，Q がさらにこれに乗って C まで行くということである．

第 12 章 ラベル理論の問題点と解決の方向 407

事象を表し，did はその事象が過去に起こったことを表して，γ はいわゆる命題にあたる．Q は全文がその命題についての質問であることを表す．what が命題を成立させる可能性のある談話上定義される事物の集合を表しているということから，δ が命題の集合を表し，ε の中の選言関数∨がその命題の集合を引数（argument）として取っていることから，その質問が，命題の1つを選ぶことによって答えられることを捉えているのである．[52] この派生には [R, v*] のような正体不明のものは出てこない．

この例示から，編出分析が (78) の2つの疑問に対し明快な答えを与えていることが分かる．

(83) a. (78a) の疑問に対する答え
主要部移動は音形のない要素の編出にはそれと結びついている音形を伴わなければならないという顕在的統語論条件の要請により，例えば，v* は V の音形を，そして Q は T の音形を伴っている（比喩的な言い方をすれば乗り物として利用している）ため，目に見えて移動しているのは音形だけであるので，意味解釈に影響を与えないのは当然である．
b. (78b) の疑問に対する答え
統語構造を形成する併合が下から循環的に適用することから，主要部移動が連続循環的であるのも当然のことである．

英語の場合は（少なくとも）v*-V と C-T という2種類の語彙複合に分かれて派生が進むが，ドイツ語やフランス語の場合は（少なくとも）C-T-v*V という大きな語彙複合体となっていて，V は C まで繰り上がり，途中に v*, T を取り残していく．

(84) a. Q-Pres-v*-aimez
b. {Q-/aimez/, {/vous/, {Pres, {[vous], {v*, {[aimez], Jean}}}}}}?
(85) a. Q-Pres-v*-magst
b. {Q-/magst/, {/du/, {Pres, {[du], {v*, {[magst] Johann}}}}}}?

日本語の場合，(86a) (87a) はそれぞれ (86b) (87b) の語彙複合から出発する（主語の存在は説明の便宜上無視する）．

---

[52] WH 疑問文が演算子–変項構造を含まなければならないという点に関しては，第7章で論じたように，疑問詞 what が，[∨ [WH [the thing]] (=∨ wh-the-at) のような内部構造を持ち，WH と the との間で成り立っていると想定している．

(86) a. 納豆を食べさせられる
 b. tabe-sase-rare-ru
 c. {{{{納豆を, [tabe]}, [sase]}, [rare]}, /tabe-sase-rare/-ru}
 d. LF：{{{{納豆を, tabe}, sase}, rare}, ru}
(87) a. 寿司を食べたかろう
 b. tabe-tak-ar-oo
 c. {{{{寿司を, [tabe]}, [tak]}, [ar]}, /tabe-tak-ar/-oo}
 d. {{{{寿司を, tabe}, tak}, ar}, oo}

順次編出で繰り上がっていくが，すべての要素が拘束形態素であるため，その度ごとに下に意味を残して，すべてが最上位まで繰り上がっていく．ドイツ語，フランス語，日本語のすべての場合において，(78) の疑問に答える形で派生が進んでいる．

さらに，主要部移動については，A 移動と A′ 移動と異なり，なぜこのような移動が存在するのかという根源的な疑問があった．しかし，語彙複合と編出の分析のもとでは，主要部移動に対して原理的な説明が与えられる．語彙複合の存在を前提とすれば，主要部移動は顕在的統語論条件の要請，すなわち音形を持たないものの移動は何らかの音形をともなわなければならないという要請から自動的に帰結する．

4.6. 削除

POP(+) では削除を内部併合（移動）の結果できるコピーのうち（通常は）1 つを残して，残りの音を消すというときに使うだけでなく，that を消して，ECP 違反が救済されるという現象の説明にも用いている．第 2 章で概説したように，本書全体を通じて，移動のコピー理論を排して，移動の非コピー理論を採用している．したがって，音を消すという操作は全く不要である．移動のコピー理論のもとでは，複数あるコピーの持つ意味も同数あるのかという問題がある．意味が複数あると意味表示が破綻すると考えられるので，どの意味のコピーを消すかという問題も生じる．本書の枠組みでは，移動（内部併合）は，基本的に音の移動であり，意味は元位置に残っているから，このような問題は生じない．

次の (88a) ような場合には音の移動に意味の一部が便乗（Piggy-back）することを認めていて，その結果 (88b, c) の 2 通りの解釈があることが説明される．構造は簡略化してある．

第 12 章　ラベル理論の問題点と解決の方向　　　409

(88) a.　Some student seems to know the answer.
　　 b.　{seems {to {some the student know the answer}}}
　　 c.　{/some student/ {seems {to [some the student] know the answer}}}
　　　　 seem > some
　　 d.　{[some] /student/ {seems {to [the student] know the answer}}}
　　　　 some > seem

　(88b) の構造から，some the student の音だけが移動すれば (88c) になり，some の意味は seem の作用域内にあるので，「答えを知っている学生が誰かいると思われる」という seem > some の解釈になる．この移動に some の意味も便乗すれば (88d) になり，some の意味は seem の作用域の外に出ることになるので，「答えを知っているように思われる学生が誰かいる」という some > seem の解釈になる．[53] しかしこの場合においても元位置と移動先の位置とで何かが共有されているということはない．
　内部併合が下の位置にあったものと同じものを移動するのは，移動元の位置に複数のコピーがある θ 移動の場合だけであり，意味のコピーが複数ある場合は，現象的には省略となって現れる．残ったコピーが発音されるのは決定詞のコピーが複数ある場合で，残ったコピーは格が与えられるため何らかの代名詞として書き出される．そしてこの場合にも削除という操作は一切使用する必要がない．
　これが正しければ，POP(+) の削除を認める理論は UG の理論として好ましくなく，今のところ削除を使わなければ処理できない現象はないように思われる．まして，that を削除するという指定要素 (designated element) の削除などというものは，Chomsky 自身の現在の理論からして，いくら動詞語根の繰り上げにより v* が見えなくなるという「普通」の状況という雛形があるから，風変わりな (exotic) な現象として許されるのであるという「もっともらしい」理屈を立てても，正当化されず，Chomsky 本人か誰かにより最終的には排除されるであろう．

---

　[53] (88d) の構造は厳密にいうと不正確で，時制を考慮に入れると，(i) に示す構造でなければならない．
　　(i)　{/some student/ {Pres {[some] {seem {to [the student] know the answer}}}
some student の some の存在数量詞は時制より広い作用域を取ることはできないはずである．そのような解釈は学生が時制を超えて存在することを意味し，通常の時制と存在の解釈には合わない．あくまで，存在が現在 (時制) において成り立っているというはずである．そうすると，(i) に示したように，some student が some の音を携えている場合でも，途中の例えば seem 句の指定部に立ち寄り，そこに [some] を置いていくということを考える必要がある．

4.7. まとめ

以上，POP(+) のラベル理論を概観し，不活性条件を廃して，ラベル理論だけで，EPP と ECP を一括して処理しようという野心的で，賞賛すべき企図にもかかわらず，仔細に検討すると多くの問題点があることを指摘した．その結果，本書，特に第 2 章以降で展開してきた，語彙複合と編出に基づき不活性条件を取り入れた枠組みを使えば，統語体にラベルが必要であるということを前提としても，[α, β] という併合による統語体には α のラベルをつけても，β のラベルをつけてもよいとする自由投射原理を採用して，間違ったラベル付けが選択されると，その派生は間違った意味構造を生むため破綻するという扱いができることを提案した．

5. A 移動と A′ 移動の統一的扱い：素性枠と素性値

最後に A 移動と A′ 移動に共通するメカニズムを追求して，本書を締めくくりたいと思う．

5.1. A 移動と A′ 移動のメカニズム

本書での提案は，英語の A 移動は DP が（それ自体として解釈不能な）値のない格素性枠を持ち，時制が（やはりそれ自体としては解釈不能な）枠のない格素性値を持っていて，DP が T の投射と併合することにより，同じ投射内に入り，そのために，T の格素性値が DP の格素性枠に収まり，これがその DP の音形を決定するときに取り除かれて，解釈不能な素性が除去されるという意味において派生の収束の必要性に駆動されたものであった．これと同時に T は値のない φ 素性枠を持ち，DP は φ 素性値のコピーを 2 つ持ち，その 1 つは素性枠を欠いている．ここでも化学変化が起き，φ 素性値のコピーの 1 つが，T の φ 素性枠に収まる．これが A 移動のメカニズムであった．

他方，WH 移動に代表される A′ 移動では，WH 要素が選言関数 ∨，連言関数 ∧ を持っており，これらが，WH 要素を中に含む命題の集合を表す TP をその引数としてとる位置に行かなければならないという必要性に駆動されているという説明をしてきた．

A 移動と A′ 移動は異なるものであるから，これらを駆動するものが異なっていても不思議はないが，できればさらなる統一が図れるに越したことはない．

その一方で，日本語の WH 移動で，「か」「も」が CP 指定部に移動すると Tonoike (1991, 1992, 1995)，外池 (1994) 以来主張してきており，本書でもそれを踏襲しているが，他方 Hagstrom (1998) ではタミル語などとの比較か

ら,「か」は C に移動していると主張している.CP 指定部への移動というのは,英語の WH 移動と平行的に扱いたいという考慮からであるが,実際の「か」の表れは C として働いているといっても矛盾はない.

また,複数の命題の集合を表す TP を引数としてとる必要性からの移動であるというときには,C の指定部にあるよりは,C そのものにあるほうが自然である.また,英語での主節疑問文では,助動詞倒置が起こっているが,これについても,助動詞が質問を表す Q を持っており,それが C に移動しているだけでなく,その質問の対象である疑問も C にあるほうが,疑問-質問の意味関係がうまく捉えられるように思われる.このような考慮を総合すると次のようなことが考えられる.

5.2. 関数素性枠と関数素性値

まず,C は値のない関数素性枠 [F] を持っていて,「か」と「も」はそれぞれ,選言 [Disjuntion: Disj] と連言 [Conjunction: Conj] という関数素性値を持っていると仮定しよう.英語では,what のような Kuroda の意味での未定詞 (Indeterminate) は Disj または Conj という関数素性値を持っていると仮定しよう.これを図式的に表すと (89) のようになる.Disj/Conj の素性値を ∨/∧ と表す.英語では例えば (I wonder) what you bought の場合には (89a) の構造を含む.what は内部に関数素性枠のない関数素性値を含んでいる.素性値は音形がないので内部併合で CP 指定部に移動すると,素性の再編成が起こり,(89b) が得られる.C がラベルになれば,what と C は同じ投射内に入る.[54] そうすると what が持っていた関数素性値が C の関数素性枠に収まり,(89c) が得られ,派生は収束する.ここで関数素性値は C にあるので,その補部である TP をまさにその引数として取っているという形状になる.

(90) 英語
 a. {CP C {TP ... what ...}} what の内部併合 →
   [F] ∨/∧
 b. {CP /what/, {CP C {TP ...[what]...} 再編成 →
   ∨/∧ [F]
 c. {CP /what/, {CP C {TP ...[what]...}
     [F ∨/∧]

他方日本語では (90a) のように「か」「も」が,選言関数素性値∨と連言関数

---

[54] 誤って what がラベルになれば,派生は破綻する.

素性値∧を持っており，C が値のない関数素性枠を持っていると仮定しよう．「か」/「も」の移動により，(90b) が得られ，関数枠と関数値が同じ CP の投射に入り，素性の再編成により，C が関数素性値を獲得し，その C が命題の集合を表す TP を引数として取る．英語の場合と日本語の場合は，左右の方向性と何が関数値を担うかという点において異なっているが，最終的に得られた結果は全く同じものである．

(90) a. {{... か/も ...TP}, C CP}}　か/もの内部併合 →
　　　　　 ∨/∧　　　[F]
　　b. {{{...... TP}, C CP} か/も CP}　再編成 →
　　　　　　　　　　　[F]　∨/∧
　　c. {{{...... TP}, C CP} か/も CP}
　　　　　　　　　　　[F ∨/∧]

そうなると，疑問の補文標識 if は選言関数値 ∨ を内部に含んでいる C ということになり，日本語の場合には if に直接相当するものはないので，文末に直接併合されるか，疑問の焦点になる要素に付加された位置から CP 指定部に移動してくるという可能性がある．

(91)　英語
　　　{CP if, {TP you bought the book}}
　　　　　 ∨
(92)　日本語
　　a. {{君が本をか買った TP} の CP}　→ ∨の内部併合
　　　　　　　 ∨　　　　　 [F]
　　c. {{君が本を買った TP} の CP} か}　→ 再編成
　　　　　　　　　　　　　[F]　∨
　　d. {{君が本を買った TP} の CP} か}
　　　　　　　　　　　　　[F ∨]

理論的により面白いのは，移動のシナリオであろう．[55]

---

[55] 英語では if が移動するとする分析の可能性もある．
　(i) {C {you bought if the book}} → ∨の内部併合
　　　[F]　　　　∨
　(ii) {if {C {you bought the book}}} → 再編成
　　　∨ [F]

このように分析することには 2 つの利点がある．1 つは A 移動にも A′ 移動にも遊離した素性値が，値を持たない素性枠に収まるという同じメカニズムが働いているとすることができることである．もう 1 つは，日本語の「か」「も」の移動が，主要部移動であるのか，指定部への移動であるのかという問題が解決することである．そもそも現在では主要部移動は語彙項目の移動で，指定部への移動は句の移動であるというようなかつてあった X バー理論の想定は規定にほかならず，内部併合があるのみであるから，このこと自体が問題とならないということもあるが，一応本書の提案に従えば，英語の WH 移動も日本語の (WH 移動である)「か」「も」の移動も同じ種類の指定部への移動であり，結果は C に関数素性値が収まることになるという意味では Hagstrom の洞察を支持するとも言える．

(iii) 　{if {C 　{you bought the book}}}
　　　　　[$_F$ ∨]

参 考 文 献

Adger, David and Gillian Ramchand (2005) "Merge and Move: *Wh*-Dependencies Revisited," *Linguistic Inquiry* 36, 161-193.
Alexiadou, Artemis, Paul Law, André Meinunger and Chris Wilder (2000) "Introduction," *The Syntax of Relative Clauses*, ed. by Artemis Alexiadou, Paul Law, André Meinunger and Chris Wilder, 1-51, John Benjamins, Amsterdam.
Aoun, Joseph and Yen-hui Audrey Li (1993) *Syntax of Scope*, MIT Press, Cambridge, MA.
Aoun, Joseph and Yen-hui Audrey Li (2003) *Essays on the Representational and Derivational Nature of Grammar: The Diversity of Wh-Constructions*, MIT Press, Cambridge, MA.
Bach, Emon (1970) "Problominalization," *Linguistic Inquiry* 1, 121-122.
Baker, Leroy C. (1970) "Notes on the Description of English Questions: The Role of an Abstract Question Morpheme," *Foundations of Language* 6, 197-219.
Baltin, Michael (1995) "Floating Quantifiers, PRO and Predication," *Linguistic Inquiry* 26, 199-248.
Barker, Chris and Pauline Jacobson, eds. (2007) *Direct Compositionality*, Oxford University Press, Oxford.
Barros, Mathew and Luis Vicente (2011) "Right Node Raising Requires both Ellipsis and Multidomination," *University of Pennsylvania Working papers in Linguistics* 17, 1-9.
Beghelli, Filippo and Tim Stowell (1997) "Distributivity and Negation: The Syntax of *Each* and *Every*," *Ways of Scope Taking*, ed. by Anna Szabolsci, 71-107, Kluwer, Dordrecht.
Belletti, Adriana (1988) "The Case of Unaccusatives," *Linguistic Inquiry* 19(1), 1-34.
Bošković, Željko (2011) "Rescue by PF Deletion, Traces as (Non)interveners, and the *That*-Trace Effect," *Linguistic Inquiry* 42(1), 1-44.
Bowers, John (1993) "Syntax of Predication," *Linguistic Inquiry* 24(4), 591-656.
Bresnan, Joan (1973) "Syntax of the Comparative Clause Construction in English," *Linguistic Inquiry* 4, 275-343.
Bresnan, Joan (1975) "Comparative Deletion and Constraints on Transformations," *Linguistic Analysis* 1, 25-74.
Browning, Marguerite (1991) *Null Operator Constructions*, Garland, New York. [Doctoral dissertation, MIT, 1987]
Bruening, Benjamin (2014) "Precede-and-command Revisited," *Language* 90(2),

342–388.

Carlson, Greg (1977) "Amount Relatives," *Language* 58, 520–542.

Carlson, Greg (1987) "*Same* and *Different*: Some Consequences for Syntax and Semantics," *Linguistics & Philosophy* 10, 531–565.

Chierchia, Gennaro and Sally McConnell-Ginet (1990) *Meaning and Grammar: An Introduction to Semantics*, MIT Press, Cambridge, MA.

Chomsky, Noam (1957) *Syntactic Structures*, Mouton, The Hague.

Chomsky, Noam (1977) "On WH-Movement," *Formal Syntax*, ed. by Peter W. Culicover, Thomas Wasow and Adrian Akmajian, 71–132, Academic Press, New York.

Chomsky, Noam (1982) *Some Concepts and Consequences of the Theory of Government and Binding*, MIT Press, Cambridge, MA.

Chomsky, Noam (1986) *Barriers*, MIT Press, Cambridge, MA.

Chomsky, Noam (1993) "A Minimalist Program for Linguistic Theory," *The View from Building 20*, ed. by Kenneth Hale and Samuel Jay Keyser, 1–52, MIT Press, Cambridge, MA.

Chomsky, Noam (1995) *The Minimalist Program*, MIT Press, Cambridge, MA.

Chomsky, Noam (1998) "Minimalist Inquiries: The Framework," *MIT Occasional Papers in Linguistics* 5. [Reprinted in 2000, in *Step by step: Essays on Minimalism in Honor of Howard Lasnik*, ed. by Roger Martin, David Michaels and Juan Uriagereka, MIT Press, Cambridge, MA.]

Chomsky, Noam (1999) "Derivation by Phase," *MIT Occasional Papers in Linguistics* 18. [Reprinted in 2001, in *Ken Hale: A Life in Language*, ed. by M. Kenstowicz, MIT Press, Cambridge, MA.]

Chomsky, Noam (2000) "Minimalist Inquiries," *Step by Step: Essays in Minimalist Syntax in Honor of Howard Lasnik*, ed. by Roger Martin, David Michaels and Juan Uriagereka, 89–155, MIT Press, Cambridge, MA.

Chomsky, Noam (2001) "Derivation by Phase," *Ken Hale: A Life in Language*, ed. by Michael Kenstowicz, 1–52, MIT Press, Cambridge, MA.

Chomsky, Noam (2004) "Beyond Explanatory Adequacy," *Structures and Beyond—The Cartography of Syntactic Structure*, ed. by Andrea Belletti, 104–131, Oxford University Press, New York.

Chomsky, Noam (2005) "Three Factors in Language Design," *Linguistic Inquiry* 36, 1–12.

Chomsky, Noam (2008) "On Phases," *Foundational Issues in Linguistic Theory: Essays in Honor of Jean-Roger Vergnaud*, ed. by Robert Freidin, Carlos P. Otero and Maria Luisa Zubizarreta, 133–166, MIT Press, Cambridge, MA.

Chomsky, Noam (2013) "Problems of Projection," *Lingua* 130, 33–49.

Chomsky, Noam (2015) "Problems of Projection: Extensions," *Structure, Strategies and Beyond: Studies in Honor of Adriana Belletti*, ed. by Elisa Di Domenico, Cornelia Hamann and Somona Matteini, 3–16, John Benjamins, Amsterdam.

Chomsky, Noam, Ángel J. Gallego and Dennis Ott (2017) "Generative Grammar and the Faculty of Language: Insights and Challenges," *Generative Syntax: Questions, Crossroads, and Challenges, Special Issues of Catalan Journal of Linguistics*, ed. by Ángel J. Gallego and Dennis Ott, lingbuzz/003507.

Chu, Chia-Ying, Alison Gabriele and Utako Minai (2014) "Acquisition of Quantifier Scope Interpretation by Chinese-speaking Learners of English," *Selected Proceedings of Generative Approaches to Language Acquisition North America* 157–168.

Chung, Sandra (1998) *The Design of Agreement: Evidence from Chamorro*, University of Chicago Press, Chicago.

Creswell, Cassandre (2002) "Resumptive Pronouns, *Wh*-Island, and Sentence Production," *Proceedings of the Sixth International Workshop on Tree Adjoining Grammar and Related Framework*, 40–47, Universita di Venezia.

Culicover, Peter W. (1993) "Evidence against ECP Account of the *That*-t Effect," *Linguistic Inquiry* 24(3), 557–561.

Den Dikken, Marchel (2018) *Dependency and Directionality*, Cambridge University Press, Cambridge.

Dryer, Matthew S. (2005) "Relationship between the Order of Object and Verb and the Order of Relative Clause and Noun," *The World Atlas of Language Structures*, ed. by Martin Haspelmath, Matthew S. Dryer, David Gil and Bernard Comrie, 394–395, Oxford University Press, New York.

Dukes, Michael (1992) "On the Status of Chamorro *Wh*-agreement," *WCCFL* 11, 177–190.

江頭浩樹・外池滋生 (2010)「不活性条件と主要部移動のExcorporation分析」日本言語学会第141回大会発表ハンドアウト.

Epstein, David, Hisatsugu Kitahara and Daniel Seely (2012) "Structure Building That Can't Be," *Ways of Structure Building*, ed. by Myriam Uribe-Etxebarria and Vidal Valmala, 253–270, Oxford University Press, Oxford.

Fox, Danny (2002) "Antecedent-contained Deletion and the Copy Theory of Movement," *Linguistic Inquiry* 33, 63–96.

Fox, Danny and Jon Nissenbaum (1999) "Extraposition and Scope: A Case for Overt QR," *WCCFL* 18, 132–144.

Fukui, Naoki (1986) *A Theory of Category Projection and Its Implications*, Doctoral dissertation, MIT.

Fukui, Naoki (1995) *Theory of Projection in Syntax*, CSLI Publications, Stanford and Kurosio, Tokyo.

Georgopoulos, Carol (1991a) "On A- and A′-agreement," *Lingua* 85, 135–169.

Georgopoulos, Carol (1991b) *Syntactic Variables: Resumptive Pronouns and A′ Binding in Palauan*, Kluwer, Dordrecht.

Hagstrom, Paul Alan (1998) *Decomposing Questions*, Doctoral dissertation, MIT. Distributed by MIT Working Papers in Linguistics.

Hagstrom, Paul Alan (1999) "The Movement of Question Particles," *NELS* 30, 275-286.
Hale, Ken and Samuel J. Keyser (1993) *Prolegomenon to the Theory of Argument Structure*, MIT Press, Cambridge, MA.
Halle, Morris and Alec Marantz (1993) "Distributed Morphology and the Pieces of Inflection," *The View from Building 20: Essays in Linguistics in Honor of Sylvain Bromberger*, ed. by Ken Hale and Samuel J. Keyser, 111–176, MIT Press Cambridge, MA.
Hasegawa, Hiroshi (1998) "English Infintival Relatives as Prepositiona Phrases," *English Linguistics* 15, 1–27.
Hasegawa, Nobuko (1991) "On Head Movement in Japanese: The Case of Verbal Nouns," *Sophia Linguistics Society* Vol. 6, 8–32.
Hasegawa, Nobuko (1994) "Economy of Derivation and A'-Movement in Japanese," *Current Topics in English and Japanese*, ed. by Masaru Nakamura, 1–25, Hituzi Syobo, Tokyo.
Hayashishita, J.-R. (2000) "Scope Ambiguity and 'Scrambling'," *WCCFL* 19, 204-217.
Heim, Irene (1993) "Anaphora and Semantic Interpretation: A Reinterpretation of Reinhart's Approach," SfS Report 07-93, 205–246, Universität Tübingen.
Heim, Irene, Howard Lasnik and Robert May (1991) "Reciprocity and Plurality," *Linguistic Inquiry* 22(1), 63-101.
Heim, Irena and Angelika Kratzer (1998) *Semantics in Generative Grammar*, Blackwell, London.
Helke, Michael (1970) *The Grammar of English Reflexives*, Doctoral dissertation, MIT.
Hiraiwa, Ken (2001a) "On Nominative-genitive Conversion," *MIT Working Papers in Linguistics* 39.
Hiraiwa, Ken (2001b) "Multiple Agree and the Defective Intervention Constraint in Japanese," *MIT Working Papers in Linguistics* 40, ed. by Ora Matushansky et al., 67–80.
Hoji, Hajime (1985) *Logical Form, Constraints and Configurational Structures in Japanese*, Doctoral dissertation, University of Washington.
Hoji, Hajime (1998) "Null Object and Sloppy Identity in Japanese," *Linguistic Inquiry* 20, 127-152.
Hoji, Hajime (2003) "Falsifiability and Repeatability in Generative Grammar: A Case Study of Anaphora and Scope Dependency in Japanese," *Lingua*, 113, 377-446.
Hornstein, Norbert (1999) "Minimalism and Quantifier Raising," *Working Minimalism*, ed. by Samuel David Epstein and Norbert Hornstein, 45-75, MIT Press, Cambridge, MA.
Hornstein, Norbert (2001) *Move! A Minimalist Theory of Construal*, Blackwell, Mal-

den, MA.

Huang, C-T. James (1982) *Logical Relations in Chinese and the Theory of Grammar*, Doctoral dissertation, MIT.

Huang, C.-T. James (1988) "Comments on Hasegawa's Paper," *Proceedings of Japanese Syntax Workshop Issues on Empty Categories*, ed. by Tawa Wako and Mineharu Nakayama, 77–93, Connecticut College, New London.

Huang, C.-T. James (1991) "Remarks on the Status of the Null Object," *Principles and Parameters in Comparative Grammar*, ed. by Robert Freidin, 56–76, MIT Press, Cambridge, MA.

Hwang, Haeriin (2018) "A Contrast between VP-ellipsis and Gapping in Second Language Acquisition," Paper presented at the February 9th meeting of the Language Acquisition Reading Group of the University of Hawai'i at Mānoa.

井上和子（1976）『生成文法と日本語』（上・下），大修館書店，東京．

Jackendoff, Ray (1992) *Language of the Mind: Essays on Mental Representation*, MIT Press, Cambridge, MA.

Jayaseelan, Karattuparambil (2008) "Topic, Focus and Adverb Positions in Clause Structure," *Nanzan Linguistics* 4, 43–68.

Karttunen, Lauri (1971) "Definite Descriptions with Crossing Coreference," *Foundation of Language* 7(2), 157–182.

Kato, Yasuhiko (2000) "Interpretive Asymmetries of Negation," *Negation and Polarity: Syntactic and Semantic Perspectives*, ed. by Laurence Horn and Yasuhiko Kato, 62–87, Oxford University Press, Oxford.

Kats, Jerrold and Paul Postal (1964) "An Integrated Theory of Linguistic Description," MIT Press, Cambridge, MA.

Kayne, Richard (1994) *The Antisymmetry of Syntax*, MIT Press, Cambridge, MA.

Kayne, Richard (1998) "Overt vs. Covert Movement," *Syntax* 1, 128–191.

Kayne, Richard (2002) "Pronouns and Their Antecendents," *Derivation and Explanation in the Minimalist Program,* ed. by S. Epstein and D. Seely, 133–166, Blackwell, Oxford.

Kayne, Richard (2005) *Movement and Silence*, Oxford University Press, Oxford.

Kazanina, Nina, Ellen F. Lau, Moti Lieberman, Masaya Yoshida and Colin Philips (2007) "The Effect of Syntactic Constraints on the Processing of Backwards Anaphora," *Journal of Memory and Language* 56, 384–409.

Kim, J. S. (1997) "What Syntactic Focus Movement Tells about VP Ellipsis in Korean and Japanese," *Korean Journal of Linguistics* 22, 433–452.

Kimura, Hiroko (2010) "A Wh-in-situ Strategy for Sluicing," *English Linguistics* 27 (1), 43–59.

Kitahara, Hisatsugu (1992) "Checking Theory and Scope Interpretation without Quantifier Raising," *Harvard Working Papers in Linguistics* 1, 51–71, Harvard, Cambridge, MA.

Klima, Edward S. (1964) "Negation in English," *The Structure of Language: Readings in the Philosophy of Language*, ed. by Jerny A. Fodor and Jerrold J. Katz, 246-323, Prentice Hall, Englewood Cliff, NJ.

Koopman, Hilda (1988) "A Theory of Floating Quantifiers and Its Corollaries for Constituent Structure," *Linguistic Inquiry* 19(3), 425-449.

Koopman, Hilda and Dominique Sportiche (1991) "The Position of Subjects," *Lingua* 85(2-3), 211-258.

Krazter, Angelika and Junko Shimoyama (2002) "Indeterminate Pronouns: The View from Japanese," *The Proceedings of the 3rd Tokyo Conference on Psycholinguistics*, ed. by Yukio Otsu, 1-25, Hituzi Syobo, Tokyo.

Kuno, Susumu (1973) *The Structure of the Japanese Language*, MIT Press, Cambridge, MA.

Kuno, Susumu (1987) *Functional Syntax: Anaphora, Discourse and Empathy,* University of Chicago Press, Chicago.

Kuno, Susumu and Ken-ichi Takami (2002) *Quantifier Scope*, Kurosio, Tokyo.

Kuroda, Shigeyuki (1965) *Generative Grammatical Studies in Japanese*, Doctoral dissertation, MIT.

Kuroda, Shigeyuki (1971) "Remarks on the Notion of Subject with Reference to Words like *also*, *even*, or *only*, Part II," *Annual Bulletin* 4, 127-152, Logopedics and Phoniatrics Research Institute, University of Tokyo. [Reprinted in *Papers in Japanese Linguistics* 11, 157-202.]

Kuroda, Sige-Yuki (1974) "Pivot-independent Relativization in Japanese I," *Papers in Japanese Linguistics* 3, 59-93.

Kuroda, Sige-Yuki (1975-76) "Pivot-independent Relativization in Japanese II," *Papers in Japanese Linguistics* 4, 85-96.

Kuroda, Sige-Yuki (1976-77) "Pivot-independent Relativization in Japanese III," *Papers in Japanese Linguistics* 5, 157-176.

Kuroda, Sige-Yuki (1976) "Headless Relative Clauses in Modern Japanese and the Relevancy Condition," *BLS* 2, 269-279.

Kuroda, Sige-Yuki (1988) "Whether We Agree or Not: A Comparative Syntax of English and Japanese," *Linguisticae Investigationes* 12, 1-47.

Lakoff, George (1974) "On Generative Semantics," *Semantics; an Interdisciplinary Reader in Philosophy, Linguistics and Psychology*, ed. by Danny D. Steinberg and Leon A. Jakobovits 232-296, Cambridge University Press, Cambridge.

Langacker, W. Ronald (1969) "On Pronominalization and the Chain of Command," *Modern Studies in English*, ed. by D. A Reibel and S. Schane, 160-186, Prentice-Hall, Englewood Cliffs, NJ.

Lasnik, Howard (1992) "Case and Expletives: Notes Toward a Parametric Account," *Linguistic Inquiry* 23(3), 381-405.

Lasnik, Howard (1995) "Case and Expletives Revisited: On Greed and Other Human

Failings," *Linguistic Inquiry* 26(4), 625-643.
Lasnik, Howard and Mamoru Saito (1992) *Move α: Conditions on Its Application and Output*, MIT Press, Cambridge, MA.
Lebeaux, David (1988) *Language Acquisition and the Form of the Grammar*, Doctoral dissertation, University of Massachusetts, Amherst.
Lebeaux, David (1998) "Where Does Binding Theory Apply?" Technical report, NEC Research Institute, Princeton, NJ.
May, Robert (1977) *The Grammar of Quantification*, Doctoral dissertation, MIT.
May, Robert (1985) *Logical Form*, MIT Press, Cambridge, MA.
McCloskey, James (2001) "The Morphosyntax of WH extraction in Irish," *Journal of Linguistics* 37, 67-100.
Merchant, Jason (2001) *The Syntax of Silence: Sluicing, Identity, and the Theory of Ellipsis*, Oxford University Press, Oxford.
Merchant, Jason (2008) "Variable Island Repair under Ellipsis," *Topics in Ellipsis*, ed. by Kyle Johnson, 132-153, Cambridge University Press, Cambridge.
Miyagawa, Shigeru (1997) "Against Optional Scrambling," *Linguistic Inquiry* 28, 1-25.
Miyagawa, Shigeru (2001) "EPP, Scrambling and Wh-in-situ," *Ken Hale: A Life in Language*, ed. by M. Kenstowicz, 293-338, MIT Press, Cambridge, MA.
Miyagawa, Shigeru (2003) "A-Movement Scrambling and Options without Optionality," *Word Order and Scrambling*, ed. by Simin Karimi, 177-200, Blackwell, Oxford.
Miyagawa, Shigeru (2005) "EPP and Semantically Vacuous Scrambling," *The Free Word Order Phenomenon: Its Syntactic Sources and Diversity*, ed. by Joachim Sabel and Mamoru Saito, 181-230, Mouton de Gruyter, Berlin.
Miyagawa, Shigeru and Takae Tsujioka (2004) "Argument Structure and Ditransitive Verbs in Japanese," *Journal of East Asian Linguistics* 33(1), 1-38.
Moro, Andrea (2000) *Dynamic Antisymmetry*, MIT Press, Cambridge, MA.
Muffy, E. A. (1984) "Gapping and Interpretation," *Linguistic Inquiry* 15, 523-530.
Munn, Alan (1993) *Topics in the Syntax and Semantics of Coordinate Structures*, Doctoral dissertation, University of Maryland.
Nagamori, Takakazu (2015) "A Minimalist Analysis of *Tough*-Constructions," Master's Thesis, Aoyama Gakuin University.
Nishigauchi, Taisuke (1990) *Quantification in the Theory of Grammar*, Kluwer, Dordrecht.
Nunes, Jairo (2001) "Sideward Movement," *Linguistic Inquiry* 32, 303-344.
Nunes, Jairo (2004) *Linearization of Chains and Sideward Movement*, MIT Press, Cambridge, MA.
Otani, Kazuyo and John Whitman (1991) "V-raising and VP-ellipsis," *Linguistic Inquiry* 22, 345-358.

Otsuka, Yuko and Shigeo Tonoike (2010) "The Role of Determiners in the Probe-Goal System: Verbal Morphology and *Wh*-Extraction in Tagalog," ms., University of Hawai'i.

Partee, Barbara (1975) "Montague Grammar and Transformational Grammar," *Linguistic Inquiry* 6(2), 203-300.

Pesetsky, David and Esther Torrego (2001) "T-to-C movement: Causes and Consequences," *Ken Hale: A Life in Language*, ed. Michael Kenstowicz, 355-426, MIT Press, Cambridge, MA.

Pica, Pierre (1987) "On the Nature of the Reflexivization Cycle," *NELS* 17, 483-499.

Pica, Pierre (1991) "On the Interaction between Antecedent-Government and Binding: The Case of Long Distance Reflexivization," *Long Distance Anaphora*, ed. by Jan Koster and Eric Reuland, 119-135, Cambridge University Press, Cambridge.

Pires, Acrisio and Heather Lee Taylor (2007) "The Syntax of Wh-in-Situ and Common Ground," *CLS* 43(2), 201-215.

Pollard, Carl and Ivan A. Sag (1992) "Anaphors in English and the Scope of Binding Theory," *Linguistic Inquiry* 23(2), 261-303.

Pollock, Jean-Yves (1989) "Verb Movement, Universal Grammar, and the Structure of IP," *Linguistic Inquiry* 20(3), 365-424.

Postal, Paul (1966) "On So-Called "Pronouns" in English," *Report of the Seventeenth Annual Round Table Meeting on Linguistics and Language Studies*, ed. by Francis P. Dinneen, 177-206, Georgetown University Press, Washington, D.C. [Reprinted in 1969, *Modern Studies in English*, ed. by D. A. Reibel and S. Schane, Prentice-Hall, Englewood Cliffs, NJ.]

Prince, Ellen (1990) "Syntax and Discourse: A Look at Resumptive Pronouns," *BLS* 16, 482-497.

Rackowsky, Andrea and Norvin Richards (2005) "Phrase Edge and Extraction: A Tagalog Case Study," *Linguistic Inquiry* 36(4), 564-599.

Radford, Andrew (1997) *Syntax: A Minimalist Introduction*, Cambridge University Press, Cambridge.

Radford, Andrew (2004) *Minimalist Syntax: Exploring the Structure of English*, Cambridge University Press, Cambridge.

Reinhart, Tania and Eric Reuland (1993) "Reflexivity," *Linguistic Inquiry* 24(4), 657-720.

Reuland, Eric (2001) "Primitives of Binding," *Linguistic Inquiry* 32(3), 439-492.

Reuland, Eric (2005) "Binding Conditions: How Are They Derived?" *Proceedings of the HPSG05 Conference, Utrecht Institute of Linguistics OTS*, ed. by Stefan Muüller, Department of Informatics, University of Lisbon, CSLI Publications, Stanford.

Ritter, Elizabeth (1991) "Two Functional Categories in Noun Phrases: Evidence from Modern Hebrew," *Perspectives on Phrase Structure: Heads and Licensing, Syntax*

and Semantics 25, ed. by Susan Rothstein, Academic Press, San Diego.
Ritter, Elizabeth (1992) "Cross-linguistic Evidence for Number Phrase," *Canadian Journal of Linguistics* 37(2), 197-218.
Rizzi, Luigi (1990) *Relativized Minimality*, MIT Press, Cambridge, MA.
Rizzi, Luigi (2010) "On Some Properties of Criterial Freezing," *The Complementizer Phase: Subjects and Operations*, Vol. 1, ed. by E. Phoevos Panagiotis, 17-32, Oxford University Press, Oxford.
Ross, John R. (1967) *Constraint on Variables in Syntax*, Doctoral dissertation, MIT.
Ross, John R. (1969) "Guess Who?" *CLS* 5, 252-286.
Ross, John, R (1970) "On Declarative Sentences," *Readings in English Transformational Grammar*, ed. by Roderic A. Jacobs and Peter S. Rosenbaum, 222-277, Gin and Company, Waltham, MA.
Rubin, Edward (1994) *Modification: A Syntactic Analysis and Its Consequences*, Doctoral dissertation, Cornell University.
Sag, Ivan (1976) *Deletion and Logical Form*, Doctoral dissertation, MIT.
Saito, Mamoru (1985) *Some Asymmetries in Japanese and Their Theoretical Implications*, Doctoral dissertation, MIT.
Saito, Mamoru (2003) "A Derivational Approach to the Interpretation of Scrambling Chains," *Lingua* 113, 481-518.
Saito, Mamoru (2012) "Case Checking/Valuation in Japanese: Move, Agree or Merge?" *Nanzan Linguistics* 8, 109-127.
西前明（2014）「英語の不定詞演算子節について」『日本英語英文学』24, 1-28, 日本英語英文学会.
Schütze, Carson (2001) "On the Nature of Default Case," *Syntax* 4(3), 205-238.
柴谷方良（1978）『日本語の分析—生成文法の方法』大修館書店，東京.
Shimada, Junri (2007) "Head Movement, Binding Theory and Phrase Structure," ms., MIT.
Shimoyama, Junko (2011) "Japanese Indeterminate Negative Polarity Items and Their Scope," *Journal of Semantics* 28(4), 413-450.
Siegel, Muffy E. A. (1984) "Gapping and Interpretation," *Linguistic Inquiry* 15, 523-530.
Siegel, Muffy E. A. (1987) "Compositionality, Case, and the Scope of Auxiliaries," *Linguistics and Philosophy* 10, 53-75.
Smith, Neil and Nicholas Allott (2016) *Chomsky: Ideas and Ideals*, Cambridge University Press, Cambridge.
Stalnaker, Robert (1978) "Assertion," *Pragmatics, Syntax and Semantics* 9, ed. by Peter Cole, 315-332, Academic Press, New York.
Stalnaker, Robert (2002) "Common Ground," *Linguistics and Philosophy* 25, 701-721.
Szabolsci, Anna (2015) "What Do Quantifier Particles Do?" *Linguistics and Philoso-*

phy 38, 159-204.

高橋大厚（2001）「Phase Recycling」第 19 回日本英語学会シンポジウム「フェイズと循環性」発表ハンドアウト．

高橋大厚（2002）「フェイズのリサイクル」『英語青年』148 巻 5 号，270-273．

Takahashi, Yohei (2015) *On Relativization: A DP Movement Approach*, Doctoral dissertation, Aoyama Gakuin University.

Takubo, Yukinori (2007) "An Overt Marker for Individual Sublimation in Japanese," *Current Issues in the History and the Structure of Japanese*, ed. by John Charles Smith, Bjarke Frellesvig and Masayoshi Shibatani, 135-151, Kurosio, Tokyo.

Tanaka, Nozomi, William O'Grady, Kamil Deen, Chae-Eun Kim, Ryoko Hattori, Ivan Paul M. Bondoc and Jennifer U. Soriano (2015) "An Agent Advantage in Tagalog Relative Clause Comprehension," *Proceedings of the 22nd Annual Meeting of the Austronesian Formal Linguistics Association*, ed. by Henrison Hsieh, 191-201, Asia-Pacific Linguistics, Canberra.

Tancredi, Christopher (1992) *Deletion, Deaccenting, and Presupposition*, Doctoral dissertation, MIT.

Tonoike, Shigeo (1987) "Nonlexical Categories in Japanese," *Language and Culture* 4, 83-97, Institute of Language and Culture, Meiji Gakuin University.

外池滋生（1988）「日英語比較統語論〈上〉〈下〉」『言語』17 巻 5 号，82-88; 17 巻 6 号，79-84．

Tonoike, Shigeo (1991) "Comparative Syntax of English and Japanese," *Current English Linguistics in Japan*, ed. by Heizo Nakajima, 460-506, Mouton de Gruyter, Berlin.

Tonoike, Shigeo (1992) "Operator Movements in Japanese," *Meiji Gakuin Review* 507, 79-142, Meiji Gakuin University.

Tonoike, Shigeo (1993) "Two Additional Arguments for the Extended DP Analysis," *Meiji Gakuin Revies* 512, 9-35, Meiji Gakuin University.

外池滋生（1993）「ミニマリスト・プログラム：諸問題と展望（7）今後の展望—AGR の廃止をめぐって」『英語青年』139 巻 7 号，347-349．

外池滋生（1994）「日本語は OVS 言語である」『言語』23 巻 3 号，59-67．

Tonoike, Shigeo (1995) "Japanese as an OVS Language," *Minimalism and Linguistic Theory*, ed. by Shosuke Haraguchi and Michio Funaki, 105-133, Hituzi Syobo, Tokyo.

Tonoike, Shigeo (1997) "On Scrambling—Scrambling as a Base-generated Scopal Construction," *Scrambling*, ed. by Shigeo Tonoike, 125-159, Kurosio, Tokyo.

Tonoike, Shigeo (1998) "Uninterpretability as Feature Dislocation," Paper presented at COE International Workshop, Kanda University of International Studies.

Tonoike, Shigeo (1999a) "Attract F and Elimination of the LF Component—A Proposed I-model of Grammar,"『平成 9 年度 COE 形成基礎研究費研究成果報告（2）』85-110, 神田外語大学言語科学研究科．

Tonoike, Shigeo (1999b) "Uninterpretability as Feature Dislocation in the Lexicon: A Proposed Syntax of "Checking" and the Structure of Japanese," Paper presented at Korean Generative Grammar Circle, Seoul.

Tonoike, Shigeo (1999c) "Agreement as Dislocated Morphological Features," *Metropolitan Linguistics* 19, 1-19, The Linguistic Circle of Tokyo Metropolitan University.

Tonoike, Shigeo (2000) "Wh-Movement, Pied-piping, and Related Matters," 『平成11年度COE形成基礎研究費研究成果報告 (3)』, 211-227, 神田外語大学言語科学研究科.

外池滋生 (2002) 「上代日本語に左方wh移動はあったか」『言語』第31巻3号, 86-91.

Tonoike, Shigeo (2002a) "Overt Adjuncts and Covert Arguments—A Few Notes on the Structure of Japanese Sentences—," 『英文学思潮』第75巻, 133-152, 青山学院大学英文学会.

Tonoike, Shigeo (2002b) "An Operator Subject Analysis of Japanese Sentences and Noun Phrases—LF Representation of *Wa*, *Mo*, *Ga*, and *No*—," *Keio Studies in Theoretical Linguistics II*, 205-271, 慶応大学言語文化研究所.

外池滋生 (2003) 「上代日本語に左方wh移動はそれでもあったか」『言語』第32巻1号, 146-152.

Tonoike, Shigeo (2003a) "Two Subtypes of Nouns in English and Japanese," *Reports of the Keio Institute of Cultural and Linguistic Studies* 35, 85-103.

Tonoike, Shigeo (2003b) "Overt QR—A Case Study from English," *Thought Currents in English Literature* 76, 73-96, Aoyama Gakuin University.

外池滋生 (2004a) 「上代日本語にこれでも左方wh移動はあったか？」『言語』第33巻8号, 82-92.

外池滋生 (2004b)「日本語は主語も目的語も（見え）ない──比較統語論の立場からの一つの見方」『国文学　解釈と教材の研究』第49巻7号（特集　一読簡単　文章上達術）, 50-57, 学燈社, 東京.

外池滋生 (2005a) 「QR/Scramblingと数量詞作用域と日本語の節構造」日本言語学会第130回大会発表ハンドアウト.

外池滋生 (2005b) 「演算子-変項構造の元位置2平面分析」日本英語学会第23回大会発表ハンドアウト.

外池滋生 (2006) 「チャモロ語，パラオ語，上代日本語のWH疑問文」『言語科学の真髄を求めて──中島平三教授還暦記念論文集』, 鈴木右文・水野佳三・高見健一（編）, 423-437, ひつじ書房, 東京.

外池滋生 (2007) 「Minimalist Programの意義と今後の課題」専修大学言語・文化研究センター国際公開講座「言語の普遍性」発表ハンドハウト.

Tonoike, Shigeo (2007a) "Japanese and the Symmetry of Syntax (Review Article: *Movement and Silence*, by Richard S. Kaine, Oxford University Press, Oxford, 2005)," *English Linguistics* 24(2), 654-683.

Tonoike, Shigeo (2007b) "Banning Covert Operations," Paper presented at Tuesday Seminar, Department of Linguistics, University of Hawai'i at Mānoa.

Tonoike, Shigeo (2008a) "A General Theory of Relativization," Paper presented at Tuesday Seminar, Department of Linguistics, University of Hawai'i at Mānoa.

Tonoike, Shigeo (2008b) "Merge Theory of Binding," ms., Aoyama Gakuin University and University of Hawai'i.

Tonoike, Shigeo (2008c) "*In-Situ* Operator-Variable Constructions—A Proposed Model of Inter-Planar Operator-Variable Construction—," ms., Aoyama Gakuin University and University of Hawai'i.

外池滋生 (2009)「ミニマリスト・プログラム」『言語学の領域 (I)』, 中島平三（編）, 135-168, 朝倉書店, 東京.

Tonoike, Shigeo (2011a) "The Inclusiveness Condition and Operator-Variable Constructions: Definite Determiner as a Variable,"『英文学思潮』第84巻, 9-28, 青山学院大学英文学会.

Tonoike, Shigeo (2011b) "A Sideward Movement Analysis of Sluicing: A Step Toward Elimination of PF Deletion and LF Copying," *Reports on the Keio Institute of Cultural and Linguistic Studies* 42, 101-126.

外池滋生 (2012)「Different の内部解釈の Agree 分析と右方節点繰り上げ構造」日本英語学会第30回大会発表ハンドアウト.

Tonoike, Shigeo (2013a) "Elimination of Inheritance, Counter-cyclicity and EPP," A plenary talk given at 2013 International Conference on English Linguistics, Seoul, Korea.

Tonoike, Shigeo (2013b) "A Non-movement Analysis of Operator-Variable Constructions and Its Consequences," *Studies in English Linguistics and Literature* 23, 1-27, Japan Association of English Linguistics and Literature.

外池滋生 (2014)「演算子-変項構造と WH 疑問文」『日本語疑問文の通時的・対照言語学的研究報告書 (1)』, 21-48, 国立国語研究所.

Tonoike, Shigeo (2014) "LA Visibility and a Non-Copy Theory of Movement,"『英文学思潮』第87巻, 1-21, 青山学院大学英文学会.

外池滋生 (2015a)「日本語の疑問文と「か」と「も」」『日本語疑問文の通時的・対照言語学的研究報告書 (2)』, 国立国語研究所.

外池滋生 (2015b)「日英語における多重 WH 構文の扱いと島の制約」『日本語疑問文の通時的・対照言語学的研究 (2)』, 国立国語研究所.

外池滋生 (2015c)「WH 疑問文の理論と Clausal Typing Hypothesis 理論の問題点」「日本語疑問文の通時的・対照言語学的研究」第7回研究発表発表ハンドアウト.

Tonoike, Shigeo (2015a) "Excorporation, and Parametric Variation between English and Japanese: Merge or Agree,"『慶応大学言語文化研究所紀要』第46号, 267-300, 慶応義塾大学言語文化研究所.

Tonoike, Shigeo (2015b) "A General Theory of Wh-Questions," Paper presented at Tuesday Seminar, Department of Linguistics, University of Hawai'i at Mānoa.

外池滋生（2016）「「か／も」の移動について——帰謬法による議論」『日本語疑問文の通時的・対照言語学的研究報告書 (3)』, 139-154, 国立国語研究所.

Toyoshima, Takashi (2013) "The Exjunction *Ka*: Existential V Disjunction," Paper presented at International Congress of Linguists, Geneva.

Ueda, Masanobu (1990) *Japanese Phrase Structure and Parameter Setting*, Doctoral dissertation, University of Massachusetts at Amherst.

Ueyama, Ayumi (1998) *Two Types of Dependency*, Doctoral dissertation, University of Southern California.

Ueyama, Ayumi (2002) "Two Types of Scrambling Constructions in Japanese," *Anaphora: A Reference Guide*, ed. by Andrew Barss and Terence Langendoen, 23-71, Blackwell, Oxford.

Uriagereka, Juan (1998) *Rhyme and Reason*, MIT Press, Cambridge, MA.

Vanden Wyngaerd, Guido and Jan-Wouter Zwart (1999) "Antecedent-Contained Deletion as Deletion," *Linguistics in the Netherlands* 16, 203-216.

Vergnaud, Jean-Roger (1977) "Letter to Noam Chomsky and Howard Lasnik on 'Filters and Control'," *Foundational Issues in Linguistic Theory: Essays in in Honor of Jean-Roger Vergnaud*, ed. by Robert Freidin, Carlos P. Otero and Maria Luisa Zubizarreta, 2008, MIT Press, Cambridge, MA.

Williams, Edwin (1977) "Discourse and Logical Form," *Linguistic Inquiry* 8(1), 101-139.

Williams, Edwin (1980) "Predication," *Linguistic Inquiry* 11(1), 203-238.

Zhong, Crystal Jing (2017) "Comparative Syntax of Mandarin Chinese and English," Term paper for Ling 750X.

索　引

1. 日本語は五十音順に並べてある．英語（などで始まるもの）はアルファベット順で，最後に一括してある．
2. 数字はページ数を示し，n は脚注を表す．
3. 全体に渡って多数頻出するものは，初出から 10 箇所程度を収録し，それ以降は「他多数」として省略している．

[あ行]

値（value）　7-9, 15, 20, 33-34, 36, 39-40, 43, 51, 109, 177, 179, 244n, 294, 313-314, 376, 386, 390, 410-412
異形態（allomorphy）　226, 291
異形態素（allomorph）　226
位相（Phase）　6, 9-14, 10n, 20, 21n, 25, 34-35, 41, 47-51, 58-60, 66, 77, 83, 86, 107, 239, 261, 280, 293, 327n, 340-341, 363, 365n, 367, 369, 370, 372, 374n, 380, 386, 395, 397, 398n, 402, 406
位相境界　86
位相主要部（Phase Head）　370, 386, 402
位相統御（phase command）　341
位相不可侵条件（Phase Impenetrability Condition: PIC）　12
位相理論　20, 25, 34, 51, 60, 327n
悪戯禁止条件（Non-Tampering Condition: NTC）　18n, 374
イタリア語　295, 363, 371, 378-379, 395, 399-400, 402, 404
一義的卓立　167-168
一致（Agree(ment)）　1, 3, 7-10, 9n, 14-15, 19, 21-23, 25, 33, 33n, 他多数
一致卓立言語（agreement-prominent language）　153
一般化変形（Generalized Transformation）　18
イディオム（的）　79, 112-113, 315
イディオム解釈　79
移動のコピー理論（Copy Theory of Movement）　7, 26, 28, 30, 120, 123, 136n, 241, 270, 328, 332, 374, 379
移動の残滓（residue of movement）　81, 89, 97, 100
移動の非コピー理論（Non-Copy Theory of Movement）　28, 30, 32, 43, 58, 91, 123n, 383, 408
意味構造　376, 404-405, 410
意味素性　2, 10, 31, 33, 53, 99, 105-106, 111
意味表示　51, 53-55, 341, 408
依頼（request）　220
インターフェイス　121, 362, 374-375, 376, 378, 383, 391
インターフェイス条件　26
右端一般化　142-143, 145, 154
右方節点繰り上げ（Right Node Raising）　303-304, 318-319, 321, 344
右方付加　52, 119, 127-128, 128n, 137, 140, 169, 171, 175, 270-271, 294n, 330, 335n, 345
埋め込み節　86, 95, 106, 115-116, 130,

143
演算子　29, 82, 99, 101n, 104, 114, 119-120, 122-124, 122n, 126-129, 160, 197-199, 209, 246n, 320, 325n, 329, 336, 352, 361
演算子移動　156
演算子-変項構造（Operator-Variable Construction: OVC）　31n, 74, 119-120, 160n, 190, 197-200, 209-210, 242, 244, 248, 251, 251n, 325, 376n, 392, 404, 497n
音韻論的プロセス　45
音形　2, 4, 8, 10, 25-28, 33-34, 36-37, 40n, 44-45, 50-51, 60, 104, 他多数
音調　198, 221- 222, 318, 368, 394

[か行]

外延（extension）　67, 205
絵画名詞（picture noun）　88
外項（external argument）　60-61, 97, 292, 292n, 294,
外在化（externalization）　362, 373
解釈可能（素性）　8, 8n, 34, 36, 294n, 342
解釈規則（substantive interpretive rule）　17
解釈不能（素性）　7-8, 8n, 15, 20, 22, 33-38, 41, 53, 66, 72, 85, 133, 161-162, 161n, 182, 187, 260, 269, 294, 294n, 341, 386, 389n, 390, 396, 398, 410
解析装置　26, 188n, 237
外置（Extraposition）　128n, 170, 231, 238, 270,
概念-志向システム（conceptual-intentional system）　339n, 368n, 369
概念的必然性（conceptual necessity）　16, 25, 35, 105, 235, 304-305, 323, 331, 359, 379
概念的問題　26, 147

外部解釈　321, 345
外部併合（External Merge: EM）　4, 6, 8, 10, 18, 35, 41n, 45-46, 50, 53, 57, 60-61, 67, 128, 362, 372, 377, 382, 387-390, 393-394, 405-406
係り結び　218
画一性原理（Uniformity Principle）　209-210, 212-213, 218, 226
格形式　5
格交替　171, 176, 181, 190, 400
格助詞脱落（case drop）　164
格素性（値／枠）　7-8, 8n, 9n, 20-21, 20n, 32-34, 33n, 36, 38, 43, 49-51, 64, 77, 122n, 133, 170, 182, 244n, 294, 294n, 307, 341-342, 360, 386-388, 389n, 390, 399-402, 410
格素性枠　7, 36, 38, 49-51, 64, 179, 386-388, 389n, 390, 400-401, 410
拡大条件（Extension Condition）　6n, 18-20, 35, 42-43, 51, 85-86, 90, 134, 263, 335, 340, 371, 372n
拡大 DP 分析　62, 64
拡張（carry over）　370
格付与　25, 35-40, 36n, 68-69, 79, 151n, 171, 176, 180, 188, 190, 236-238, 244n, 284, 385-386, 388-390, 398-402, 404
格付与子　37-38, 69, 79, 151n, 171, 176-177, 180, 188, 190, 244n, 386-388
格付与理論　398
可視性（条件）　27
可視的　21
下接の条件（Subjacency Condition）　166n, 214, 277, 279-280, 283, 290, 322, 359
活性化　369, 372, 397n, 398n, 404
活性的　21, 39, 47, 71
合致　9
仮定法　139, 163, 209

索　引

可能動詞　175, 178n, 179-180, 182
含意　207n
関係化（Relativization）　131-132, 134n, 227-228, 228n, 231, 233-236, 238, 239n, 240, 243-244, 245n, 246n, 他多数
関係形容詞（relational adjective）　319, 345
関係代名詞　131, 229, 231-232, 237-238, 241, 252, 254, 257-261, 268, 275, 277n, 279, 283, 287-290, 295-296, 298, 300, 331-332, 341, 356, 356n
関係的名詞　64
韓国語　125, 222n
関数素性（値／枠）　411
間接疑問文　211-212, 222, 358
間接目的語　22, 93, 95-96, 142, 382
完全解釈の原理（Principle of Full Interpretation）　121n, 239n, 323
擬似再帰形　89
擬似相互形　89
疑似疎漏同一解釈（Sloppy-like reading）　348
擬似動詞句削除（Pseudo VP Ellipsis）　350, 352, 359
記述的一般化　141-144, 155, 400-402
記述的問題　147, 297, 361
基準位置（criterial position）　367, 389
基準凍結（criterial freezing）　367, 389
寄生空所　81
規定（的）（stipulation/stipulative）　67, 82, 149-151, 152n, 158, 175, 180, 207, 218, 234, 238, 238n, 243, 245, 263, 274, 277, 373-374, 378, 380, 382, 384n, 387, 389n, 391
基底生成　91, 145-146, 148, 208, 211-212, 218, 228-232, 234, 239, 243, 290n
基底生成仮説　212, 228-230
機能範疇　27, 100n, 136-137, 255, 363n, 391
帰謬法（Reductio ad absurdum）　212n
基本語順　142, 155, 158, 162, 166, 167n, 169, 175, 344
帰無仮説（Null Hypothesis）　54, 82, 141, 154, 167, 174, 189, 192, 221, 261
義務的制御　77, 78, 81
木目問題（Grain Problem）　91, 94
疑問文　6, 10, 12, 19, 39, 45, 119, 169, 197-200, 202n, 207, 208, 他多数
逆転作用域（inverse scope）　333
脚部（foot）　43
救済（Rescue）　322-325, 327, 359, 408
強勢弱化（Deaccenting）　310
鏡像　157, 159, 170
強直接構成性仮説　53-55
共通基盤（common ground）　326
狭統語論（narrow syntax）　10, 12, 26, 28, 54, 373
極小主義　1, 20, 25-26, 34, 53-55, 58, 91, 121, 160-161
局所的　59, 83, 84, 88, 97, 111n
局所的先行詞　81, 89
虚辞構文　255, 389-390, 390n
空演算子（Null Operator）　146-147, 216, 268-269, 299
空（の）書き出し（Null Spell-out）　10, 58, 82, 95, 99, 104, 105n, 115, 122-123, 122n, 129, 131, 162, 164-165, 181, 187, 199, 203, 237, 242, 247, 251, 261, 262n, 268, 275, 283, 296, 352
空格（Null Case）　77, 80, 258, 267
空主語言語　371
空所化（Gapping）　264, 303-304, 315, 317, 319, 343, 344
空代名詞　→ゼロ代名詞
繰り上げ（Raising）　22, 26, 28-29, 50, 55, 64, 72-73, 77, 80, 92, 106, 109, 112,

119, 120 124, 128, 132n, 198, 214n, 230, 243, 245, 247, 303-304, 306n, 307n, 308, 312, 318-321, 329-330, 336, 344-345, 347, 351, 363, 378, 404, 409
繰り下げ（Lowering） 28-29, 34, 41, 193, 372n
計算システム（computational system） 1-2, 10, 16, 35-36, 361
形式意味論 53-55, 123
継承（Inherit(ance)） 7-9, 14-16, 19, 21-23, 25, 34-35, 39, 41-43, 51, 363, 369, 371-372, 380, 386, 397n
形態素 2, 4, 30, 33-34, 59, 62, 65, 123, 171, 174, 176n, 178, 204, 207n, 213, 219-222, 226, 297, 347, 349-350, 352-354, 357, 360, 395-396, 408
形態素性 30, 33
形態論的規則 206
形態論的コード 27-29, 29n, 32-33, 53, 85, 122n, 383
形態論的特性 212
軽動詞（light verb） 3, 5, 50, 61, 97, 107, 112, 114, 116-117, 133, 396
欠格介在制約（Defective Intervention Constraints） 20, 22
決定詞（Determiner） 2, 57-58, 62, 64-66, 70-85, 他多数
決定詞置換（Determiner Replacement） 120-123
牽引 42, 51, 136, 259n
言語機能 54
言語習得 26-27, 120, 147, 176
顕在性条件 359
顕在的 QR（Overt QR） 119, 127-129, 128n, 131, 131n, 134-135, 137-138, 他多数
顕在的左方移動 135
顕在的数量詞繰り上げ（Overt Quantifier Raising: Overt QR） 119, 320
顕在的統語論仮説（Overt Syntax Hypothesis） 25, 27-29, 50, 53, 75, 140, 214, 224, 307, 332, 360, 383
顕在的統語論条件（Overt Syntax Condition） 27-28, 40n, 42-43, 44n, 45, 51, 93n, 360, 383, 393, 407, 408
厳密下位範疇（Strict Subcategorization） 7n
厳密同一性（Strict Identity） 81, 309
語彙項目 1-4, 6, 17, 27, 45, 47-48, 55, 82, 133, 173, 226, 265-266, 283, 396, 412
語彙素性 16, 121
語彙特性 39, 50, 259
語彙配列（lexical array） 2, 4, 10, 12, 16, 33, 39, 53, 84, 122, 405
語彙複合（lexical complex） 35, 35n, 40, 43, 45-47, 50, 64-66, 71n, 104, 171-172, 178-179, 220, 221n, 249-250, 252n, 258, 260-261, 269, 293n, 390, 392n, 396, 398, 399n, 403, 405, 407-408, 410
項位置 127
項移動（Argument Movement） 6
項構造（argument structure） 378
口語調 218
項志向副詞 77
合成性（compositionality） 362
構造的多義性 26-27, 32, 159, 164, 168
拘束形態素 171, 174, 226, 347, 349-350, 352-354, 357, 360, 395-396, 408
後置詞 160n
硬直性（rigidity） 174-175, 176n
肯定極性項目（Positive Polarity Item: PPI） 153n, 193
肯定の証拠 27
古英語（Old English） 102, 201n, 225, 238n
語根（Root） 176n, 363, 367n, 368-370,

376, 378, 380-382, 390-391, 403, 409
語順　27-28, 37-38, 42-43, 52, 104, 108, 112, 128, 128n, 137, 138n, 他多数
コピー（Copy）　7-8, 10, 他多数
固有名詞　58, 63, 90, 99, 104
混合物（amalgam）　370
痕跡（Trace）　18, 44n, 48, 50, 62, 80, 80n, 82-84, 92, 120-121, 121n, 124, 126, 136, 137n, 150, 213, 270, 287, 297, 329, 367-369, 393, 396, 398, 402
痕跡転換（Trace Conversion）　120-121, 121n, 124, 329
痕跡理論（trace theory）　329

[さ行]

再帰化　86, 88
再帰性（reflexivity）　59-61, 70, 74-75, 89, 111-112, 111n, 112n, 117, 129
再帰文　62, 64, 131, 312
再構築（reconstruction）　28-29, 139n, 149-151, 152n, 153, 156, 156n, 166n, 212, 232, 239, 241, 243, 245
最小限句構造（Bare Phrase Structure）　2, 3, 39, 172, 249
最小限出力条件　30
最小性（minimality）　20, 177
最小探索（minimal search）　363, 390
再編成（reassembly）　36-39, 387, 389-390, 393, 411-412
再録代名詞（resumptive pronoun）　84, 237, 268, 274, 281-283, 285-286, 290-291, 301
作業台（workspace）　59, 65-67, 71, 73, 76, 81, 84, 86, 94, 104, 107-108, 129-130, 133, 281
左端一般化　144-145, 149, 153-154
左方付加　52, 160, 169, 171, 175, 177,

179, 180, 180n, 182, 270, 316, 319, 355
作用域（scope）　32, 52, 93, 94, 96, 125-126, 128n, 129, 134, 134n, 他多数
作用域（の）多義性　125-127, 129, 134-135, 139-140, 139n, 140n, 142-145, 147, 150-154, 156, 159, 164-166, 170, 194-195, 270, 330, 332
作用域の謎（Scope Puzzle）　93-94, 96
使役動詞　378
指示機能　57, 99, 339, 391, 400
指示指標　17, 90, 93-94, 97, 105, 131n, 235, 281n, 300, 314, 331
事象　79, 344, 378, 407
時制（Tense）　6, 9-10, 34-35, 46, 60n, 61, 62n, 63, 94, 他多数
時制素性（Tense feature）　9n, 133, 342
時制法助動詞　46
時制要素　220, 249, 258n, 349, 351, 352n, 353-354, 357, 360, 396-397
質問（inquisition）　218, 221-222, 222n, 309, 338-339, 348-349, 394, 394n, 407, 411
指定部（Specifier）　4-7, 12-15, 21-22, 31-32, 35, 35n, 他多数
島の制約（Island Constraint）　214, 268, 301, 322-324, 327, 328n, 357-360
周縁（edge）　2, 6-7, 7n, 12, 14, 32, 35, 50, 55, 83, 179, 293, 369-370, 372, 397n, 398n
周縁素性（Edge Feature）　2, 6-7, 7n, 14, 32, 50, 55, 179
集合（Set）　29, 33, 36, 53, 57, 95-96, 106, 111, 115, 202, 205-206, 206n, 208, 210-211, 215-216, 241, 242n, 270, 274, 311-312, 363n, 376, 383n, 392-394, 398, 406n, 407, 410, 412
集合的（collective）　121n
修飾詞（modifier）　55

十全範疇（full category: FC） 384-385
収束 2, 22, 30, 34, 46, 48, 65, 87, 94, 109, 130, 134, 271, 336, 366, 371, 385, 390, 397-398, 406, 410-411
自由投射原理 391-392, 395-396, 410
習得可能性 119, 134, 301
習得の問題 27
重名詞句転移（Heavy NP Shift / Heavy DP Shift） 128n, 170, 335n
主格（Nom(inative)(Case)） 9, 9n, 15, 36, 47, 49, 60-61, 60n, 63, 63n, 65, 他多数
主格化（Nominativization） 183n
主格標識 123, 123n
主格付与 238, 245, 388, 400, 404
樹形図 3, 54n, 363n, 381n
主語化（Subjectivization） 182-183
主語削除 303
主節疑問文 45, 219, 222, 385, 411
主節現象 394
述語省略 304, 321
述部内主語仮説 68
受動態 61
主要部内在型（internally-headed） 274
主要部（Head） 2, 5-7, 9-12, 14, 16, 19-20, 23, 25, 他多数
主要部移動（Head Movement） 43-45, 376-377, 369-370, 404-408
主要部移動（Head Movement） 6-7, 16, 19-20, 25, 32-35, 37-38, 43, 45, 80, 116, 219, 230, 308, 344, 351, 369-370, 373, 373n, 375n, 376-377, 382, 384n, 389-390, 390n, 393, 393n, 404-405, 407-408, 413
主要部後続 52, 101
主要部先頭 52, 128-129
循環性（cyclicity） 18, 45
照応形 62, 81, 83-84, 87-89, 97, 100, 117

上昇音調 368, 368n, 394
焦点（Focus） 150-154, 152n, 161, 221-222, 228, 228n, 252, 254, 293-295, 295n, 300
焦点素性（focus feature） 150-151, 161, 228, 252, 254, 293-294, 295n
焦点卓立言語（focus-prominent language） 153
焦点要素（Focus Element） 151, 153, 300
情報構造 310
省略（ellipsis） 303-304, 305n, 306-307, 309-310, 312, 315, 316-319, 321-323, 328, 337-343, 346-348, 350-351, 353, 360
主語省略 304, 317, 319
叙述分析（Predication Analysis） 68
助動詞倒置 198, 219-220, 249, 394, 404, 411
進行助動詞 388n
深層 OS 146
シンハラ語 213, 222n
遂行分析（Performative Analysis） 88
随伴 25, 27-28, 30-31, 44n, 51, 53, 174, 178-179, 228, 252, 258, 259n, 406n
数（Number） 7-10, 48-51, 62-63, 99, 102n, 104, 183n, 313
数素性値 48-50, 411-413
数量詞（Quantifier） 119-120, 121n, 122, 123n, 124, 125, 141-143, 145, 147, 155, 156, 197-201, 204
数量詞繰り上げ（Quantifier Raising: QR） 26, 28-29, 55, 92, 119-120, 124, 198, 306n, 320, 329-330
数量詞繰り下げ（Quantifier Lowering） 28-29, 193
数量詞遊離分析 75n
スクランブリング → Scrambling

制御（control） 32, 60, 77-79, 81
制限子（restriction/restrictor） 95, 123n, 124, 198-200, 251, 320, 325n, 391
生成手順（generative procedure） 361-362
堰抜き（Sluicing） 322-323, 322n, 325-328, 327n, 343, 354, 357-359
節境界 116, 137, 139, 140n, 143-145, 149, 153, 162, 165-166, 190
積極的な証拠 135, 139
接近可能 12
節構造 3, 22, 25, 48, 141-142, 157, 159, 170-171, 175, 178, 191-192, 196, 256, 277-278, 344
接辞（affix） 6n, 219, 298, 363, 372, 377-378
接辞化 363, 372, 377
接辞飛越（Affix Hopping） 6n
ゼロ代名詞（zero pronoun） 99-100, 103-104, 112, 114, 164-165, 188, 191-192, 280-281, 281n, 283, 347, 348, 360
全域適用（across-the-board application） 318
線形化（linearization） 203, 206, 215, 242n, 265, 304, 309-311, 314-319, 322, 324-325, 330, 337, 341, 343-346
線形順序 51, 136, 157, 274
選言関数（disjunction function） 31n, 197-198, 205, 207, 207n, 208-226, 221n, 241, 261, 269-271, 311n, 327, 359, 376n, 379, 385-386, 392-394, 396-397, 399, 401, 407, 410, 412
選言接続詞 203-204
先行関係（precedence） 274, 338, 340-341
先行詞 17, 68, 78, 81, 86, 88-89, 106-107, 110-112, 111n, 134, 188, 191, 他多数

先行詞内包削除（Antecedent-Contained Deletion: ACD） 125, 131-134, 304, 328, 343, 354, 357
全称数量詞 121n, 123n, 155, 200-201, 201n, 204, 214n, 225
選択（Select） 1-2, 5, 35, 48, 363
前置詞 71, 71n, 76, 80, 132, 255, 257-259-261, 259n, 268, 291, 298, 318, 392n, 398
相互性（reciprocity） 60-61, 60n, 74-75, 89, 94, 96, 113, 115-117
相互代名詞 59, 76, 86, 91, 97, 103, 113
相互文 113-114, 116, 116n
「そうす」構文 351, 353, 357
相補分布（complementary distribution） 102n, 116n, 226
属格（Gen(itive)(Case)） 62-67, 63n, 64n, 68n, 69-71, 71n, 76, 78-80, 101-102, 113, 115-117, 116n, 129, 171, 171n, 183, 183n, 185, 187-188, 314-315, 386
属格形 63, 67, 76, 80
属格主語 63n, 71
属格相互文 76
束縛（bind(ing)） 17-18, 29, 32, 57, 59, 75, 81, 85, 88-89, 99-101, 104, 111n, 123, 123n, 126, 129-130, 132, 154n, 190-192, 229, 234, 311-312, 349n
束縛原理 340-341
束縛条件 87, 87n, 97, 154n, 341
束縛条件A 59, 87, 88, 111, 154n
束縛条件B 59, 86, 89
束縛条件C 59, 85, 89, 105, 111
束縛変項照応 125
側方移動（Sideward(s) Movement） 58-59, 66, 81-86, 89, 97, 106-107, 116-117, 130-134, 227, 237, 246, 262-263, 267-268, 267n, 271, 277, 280-283, 289-300, 308-309, 321, 333-334, 338-341, 344,

354, 358
素性照合　139
素性値（feature value）　32n, 36, 38, 48-51, 64, 76, 107-109, 182, 386-388, 387n, 389n, 390, 401, 410-413
素性複合体　34
素性枠（feature frame）　6n, 36, 38, 48-51, 64, 107-109, 179, 293-294, 294n, 386-388, 387n, 389n, 390-401, 410-413
疎漏同一性（sloppy identity）　78, 81, 304, 309-310, 312, 314-315, 347-348, 350
存在数量詞　101n, 123n, 155, 199n, 200-201, 201n, 204-205, 224-245, 246n, 276, 324, 409n

[た行]

態（voice）　59-61, 60n, 117
対格（Acc(usative)（Case））　9n, 14, 21, 36-37, 39, 43, 49, 60-61, 67, 69, 71n, 79-80, 他多数
退行問題（regress problem）　126, 234, 246-247, 330, 328-330
対称性仮説　51-52
代名詞　6, 17, 59, 67, 81, 83-86, 88-89, 91, 97, 99-103, 105-106, 112, 114, 他多数
代名詞化　81, 84, 86, 89, 114, 237, 246, 267n, 277, 282-283, 290, 303-304, 310, 337, 360
多義性　92-93, 108, 125-126, 126n, 127-129, 134-135, 137, 139-145, 140n, 147, 149-159, 163n, 164, 166, 168-170, 175, 190, 192, 194, 195, 270, 330, 332-333
多義的　32, 93, 107, 128, 135, 139-141, 143, 147, 151, 153, 153n, 163-168, 170, 176, 175n, 176, 181, 192-195, 332

多重指定部　151, 151n
多層構造　264, 304, 307, 309-312, 315-318, 322, 324, 330, 333, 337, 341, 343, 346, 358
タダ乗り　32
たわごと（gibberish）　368, 391
探索子（probe）　6-9, 14-15, 19-23, 39, 46-47, 50, 59, 60, 62, 64-65, 71-73, 75, 78, 80-81, 83-84, 86, 97, 110, 116-117, 129, 228, 240, 244, 253, 261-262, 265, 268-269, 292-294, 292n, 401
探索子駆動　86
短縮（contraction）　257n, 306, 317
談話　89-91, 246, 304, 326, 337-341, 339n, 407
談話登録（Discourse Registry）　89-91, 91n, 246n, 304, 338-341, 339n, 348-349, 351-352, 359
遅延併合（Late Merge）　67, 86-87, 94, 96, 104, 130, 238n, 242n, 246n, 254, 313-314, 329
中央埋め込み（center embedding）　128
中核投射（Core Projection）　52
中国語　52, 102n, 125, 129, 129n, 134, 142, 194-196, 198, 223-226, 223n, 277, 277n
超過荷物　30
長距離A′移動　149
長距離Scrambling　106, 106n
超繰り上げ（super-raising）　22
聴者　90, 103, 106n, 111, 111n, 208, 216, 326, 339, 339n, 376, 394
直接構成性仮説（Direct Compositionality Hypothesis）　53-55, 54n
直接目的語　37, 142, 147, 293
直接話法　92
対併合（pair-Merge）　55, 160, 169, 256, 274

索引

定決定詞　57-58, 58n, 64, 66, 73, 75-77, 79-85, 90-91, 94-95, 97, 99-102, 101n, 他多数
停止問題（halting problem）　366, 385, 389, 393-394
丁寧体形態素　221
適正包含　30
デフォルト（default）　27, 316
転移（displacement）　107, 128n, 155n, 160, 170, 292-293, 335n, 362
転送（Transfer）　10-12, 14, 25, 33-34, 38, 41, 46, 50-51, 66, 116, 280, 369, 372, 381, 381n, 393n, 395, 406
等位接続詞（coordinating conjunction）　114, 202, 202n, 207, 233, 240-241, 241n, 311, 311n, 317, 320, 343, 344
同一指示（coreference）　12, 18, 32, 48n, 57-59, 66, 70, 72-73, 85, 91, 104-105, 107-109, 113, 117, 123, 132, 232, 234-236, 247, 254, 259, 262, 275, 281n, 304, 331, 349n
同一指示的（coreferential）　48n, 57, 66, 72-73, 105, 107, 109, 113, 123, 232, 304
統語素性　2, 29, 33, 53, 255-256
統語体（syntactic object）　2, 6, 10, 18n, 20, 27-28, 30, 66, 73, 81-83, 85-87, 他多数
統語特性　2, 256
統語表示　1
統語論的プロセス　45
動作主　68, 292-293, 378, 406
動詞句削除（VP Deletion）　262, 303-304, 307, 309-310, 312-313, 315, 333, 338, 343, 347-353, 356-357, 359-360
動詞句内主語仮説（VP-internal Subject Hypothesis）　6
動詞的イディオム　79
投射（projection）　2-3, 17, 20, 36, 38-39, 44-46, 50-52, 60, 64, 68-70, 85, 107, 109, 133, 151n, 169, 179-180, 244n, 274, 311, 361-362, 376, 384, 387-392, 387n, 395-397, 400, 406, 410-411
統率・束縛理論（Government and Binding [GB] Theory）　17
頭部　43, 53
トークン（token）　57-59, 61-62, 64-66, 70-71, 71n, 72-77, 80-86, 90-91, 94-95, 97, 他多数
閉じた（集合）　216

[な行]

内心構造　362
内部解釈　319-321, 345
内部併合（Internal Merge: IM）　4-6, 7-9, 18-21, 25, 27-28, 30, 32, 35, 35n, 38, 40, 41n, 42-43, 45-47, 他多数
二重出所アプローチ　145, 147-149, 166
二重目的語構文　72, 166-167, 392, 398
二重目的語他動詞　167
人称素性値　49-50
人称転換（person shift）　339n, 340
能格　60, 60n

[は行]

媒介変数（parameter）　27, 52, 147, 156, 160
媒介変数的（parametric）　27, 30, 35n, 134, 171, 272
媒介変数的変異（parametric variation）　27, 30, 35n, 134n, 154, 276, 360
派生（derivation）　2, 4, 10, 11, 12, 21, 他多数
破綻（crash）　8n, 39, 45-46, 48, 50n, 83-84, 87, 129n, 130, 134, 182, 188, 他多数

発話内力（illocutionary force）198, 220, 221-222
反映（reflex）8-9, 9n, 21, 26, 33n, 37, 292, 381n, 386, 400
反循環的 371
反対称性仮説 51
反対称性定立（Antisymmetry Thesis）51-52
範疇（category）2-3, 7, 7n, 27, 44, 52, 60-61, 71, 100n, 136-137, 220, 255, 259n, 312, 362-363, 384, 391
非格位置 77
比較構文 261, 262
被格付与子 37-38, 69, 79, 151n, 171, 176-177, 180, 188, 190, 244n, 386-388
引数（argument）31, 197, 205, 208-213, 215-216, 221, 241, 270, 311, 385-386, 392-395, 404n, 407, 410-412
非平行性 215
非顕在的 25-29, 53, 57, 93, 97, 99-101, 101n, 115, 119-120, 122n, 124-128, 131, 131n, 134-137, 139-140, 160, 171, 173-176, 180, 193-194, 197, 218, 218n, 270, 332
非顕在的機能主要部 136
非顕在的 QR 119-120, 125-127, 131, 131n, 134, 139-140, 160, 194
非顕在的操作 25-27, 53, 97, 124, 126, 137, 175-176, 180, 193
非項移動 13
被修飾要素 155
被接続項（conjunct）202, 203
非対格 80, 243, 244, 389-391
非対称性／的 51, 137, 141, 146-148, 150, 155, 157-158, 161, 163, 191-193, 195
左枝分かれ 52, 142, 166, 169, 171, 175, 190, 278, 344, 346
左枝分かれ構造 190, 278

左枝分かれ分析 166
否定極性項目（Negative Polarity Item: NPI）151, 152n, 153n, 189, 201n
表記上の変異（notational variant）133, 305
表層 OS 146
開いた 216
非連続的要素（discontinuous element）365, 368
便乗（Piggybacking）75, 75n, 94, 97, 384, 408, 409
風変わりな（exotic）409
不可視 21, 173, 364, 365, 366
不可視性（invisibility）374
不活性条件 14, 16, 20-21, 39, 41-42, 48, 65, 71n, 260-261, 269-270, 298-299, 396-397, 400-402, 410
付加部（adjunct）67, 82, 86, 109, 129, 132-133, 135, 147, 169, 191-192, 194, 230, 233, 240, 256n, 263-264, 266, 277, 298, 329, 350
付加部制約 213
付加部方向性媒介変数（Adjunct Directionality Parameter）52
複合操作 134
複合体 5, 34, 40, 104, 157, 171-173, 178, 220, 244n, 250, 258n, 319, 388n, 407
複合名詞句制約 213
副詞節 129, 155, 169
複写（Copy）81-82
副助詞 217
付帯現象（epiphenomenon）45
普通の（non-exotic）370
不定詞節 163, 258n, 266, 268, 269, 270, 271
不透明性 26
部分格 Part（Partitive (Case)）243, 244, 389, 390, 390n

索　　引　　439

普遍的基底仮説（Universal Base Hypothesis）　196
普遍文法（Universal Grammar: UG）　16, 25, 34, 124, 273, 305-306
フランス語　59, 62, 202, 238n, 259n, 332, 405, 407-408
分散形態論（Distributed Morphology）　29n, 33, 66
文節　170
分配子（distributor）　93-94, 114
ペア・リスト　169
併合（Merge）　1-10, 12, 14, 17-21, 25, 他多数
平行性（Parallelism）　66, 198, 202n, 215, 216, 304, 306-307, 309, 328
平行性条件（Parallelism Condition）　306-307
平叙文　10
変項挿入（Variable Insertion）　120-123
変項（variable）　17-18, 29, 31n, 53-54, 74-75, 95, 101n, 114, 119-128, 123n, 160n, 190, 197-200, 209-210, 234, 242, 244, 248, 252, 252n, 276, 320, 325, 329, 336, 376n, 392, 404, 407n
変項束縛　74
編出（Excorporation）　25, 36, 38, 40, 40n, 42-43, 45, 50-51, 64-65, 70, 71n, 73, 76-77, 他多数
編出分析（Excorporation Analysis）　42, 71n, 171, 244n, 247, 256n, 261, 312, 336, 351, 356n, 373n, 390n, 396, 398, 402-403, 405, 407
包含性条件（Inclusiveness Condition）　16-18, 18n, 97, 119, 121-124, 374
方向性（Directionality）　52, 129, 135, 142, 155-156, 159, 169, 194-196, 273, 279, 343, 412
方向性媒介変数（Directionality Parameter）　52
法助動詞（Modal（Auxiliary））　6, 46-47, 51, 175
補充（suppletion）　201
ホピ語　222n
補部（Complement）　2-3, 11, 34, 39, 45, 50-52, 55, 62-63, 63n, 64n, 他多数
補文標識（Complementizer）　3, 49, 51, 133, 136, 219-220, 222, 228, 240, 246, 252-253, 255, 257, 他多数

[ま行]

マラヤラム語　222n
未定詞（indeterminate）　103, 123n, 198, 200-201, 200n, 206-210, 214, 216, 219, 222-226, 224n
無作為指標付与（random index assignment）　97
命題　122, 152, 197, 208, 210-212, 215, 221-222, 228, 270, 325, 375-376, 385, 392-395, 407, 410-412
目標子（Goal）　6-9, 12, 14-15, 19, 21, 23, 30, 32, 39, 43, 46, 48, 59, 60, 71-74, 78, 84, 87, 112, 114, 116, 228, 240, 253, 261, 265, 268, 292n, 293-294, 401
元位置（in-situ）　31n, 34, 119, 124-125, 127, 129, 131, 133-134, 152n, 157, 190, 197-200, 他多数
元位置 OVC アプローチ　127, 129, 131, 133-134
元位置 WH 疑問文　213, 218, 224, 236-237, 237n, 328n, 357-358, 393
モンタギュー文法　53-54

[や行]

遊離強調再帰代名詞　77

遊離数量詞　77
容認可能性　152n, 252
与格 (Dative)　182-183, 187-188
与格動詞　386n
余剰性　304-305
弱い　363, 367, 370, 377-378, 384n, 387, 389n, 391

[ら行]

ラベル　30, 35n, 44, 361-392, 363n, 373n, 374n, 375n, 376n, 379n, 384n, 387n, 389n, 390n, 395-397, 398n, 399, 401-403, 404n, 410-411, 411n
ラベル付けアルゴリズム (Labeling Algorithm: LA)　361-362
ラベル理論 (Labeling Theory)　361-362, 364, 366-367, 372-374, 376-379, 376n, 379n, 382, 385, 395-396, 398n, 401-402, 404n, 410
ラムダ演算子 λ　119, 121-124
ラムダ抽象 (Lambda abstraction)　53
量化 (quantification)　55, 58, 58n, 75, 125, 134n, 137, 140, 160-161, 163-165, 169, 192, 194, 207n, 226
量化表現　1n, 140, 160-161, 163-165, 169, 192, 194
例外的格付与 (ECM)　35n, 68, 388
レキシコン　1-2, 4, 6n, 16, 33-34, 36-37, 45, 48, 50, 57, 82, 85, 97, 122, 124, 131n, 178, 259, 281n
連言関数 (conjunction function)　198, 205-212, 215-219, 207n, 223, 224-226, 224n, 311n, 394-395, 401-402, 404n, 411
連言接続詞　203-204
連鎖 (chain)　14, 20, 28, 41, 43, 53, 66, 70, 75, 128n, 140n, 154n, 156, 158-160, 168, 170, 193, 258n, 260, 311, 319, 396

連鎖空疎性　159-160
連鎖空疎的 (string-vacuous(ly))　128n, 156, 158-160, 168, 170
連続循環的 (に)　13, 78, 109n, 286-288, 293, 385, 392, 398, 404, 407
連体形　218, 257n, 284n, 298n
論理記号　207n
論理形式 (Logical Form: LF)　25, 28, 54n
論理結合子 (logical connective)　198, 202

[わ行]

話者　90-91, 110-111, 111n, 194, 340
話者指示性 (logophoricity)　106
話者指示的代名詞 (logophor)　89
話者先行詞 (logophoric)　110
話題化　147, 155n

[英語]

ACD　125-126, 131, 134, 303n, 328, 330, 332-333, 335-336
A 移動　6, 13-16, 19-21, 23, 28-32, 34-37, 35n, 39, 42-43, 49, 61, 67, 69-70, 他多数
A′ 移動　12-16, 20, 22-23, 28-30, 32, 35, 43, 49, 61, 65, 67, 71n, 72, 他多数
C 統御 (C-command)　7, 9, 20, 21, 51, 72, 81, 他多数
C 統御領域　7, 9, 153n, 292n
DP 移動理論　131
ECM　35, 68, 70, 76, 369, 381n, 388-389, 399
ECP　361, 366-371, 367n, 373-374, 377-380, 393, 395-396, 398-405, 408, 410
ECP 違反方言　402-403

ECP 遵守方言 402-403
EPP 7, 32, 32n, 35-37, 39, 43, 149-150, 153, 161-162, 166, 361, 364-366, 372, 373, 374, 380, 386, 389, 393, 410
EPP／一致アプローチ 149, 153, 162, 166
GB（理論） 17, 25, 59, 87, 97, 293
I 解釈 92-93, 95
I 字モデル 28
LA 361-371, 373-374, 373n, 375n, 377, 380, 383-385, 388, 390n
LF 転写（LF Copying） 304-307, 309-310, 328, 330, 341
LF 表示 26, 28, 30, 44, 54-55, 58, 66, 70, 75, 85, 92-93, 95, 96, 121-122, 121n, 130, 148, 174, 193, 215, 225-226, 251n, 308, 314, 317, 323, 339, 351-352, 359
LF 部門 26, 28, 277, 329
LF Pied-Piping 213
NPI 189-190, 193-194
OSV 108, 142, 145, 149, 157, 162, 170, 175, 344, 346
OSV 仮説 157, 159, 162, 165
OSV 言語 156-157, 170
OSV 語順 151, 156, 158
Overt QR 119, 127-128, 138, 270, 330
PF 移動 148-149, 154, 166
PF コピー 132n
PF 削除（PF Deletion） 132, 132n, 304, 305-307, 309-310, 323-325, 327-328, 330, 341, 359-360
PF 表示 26, 30, 43, 66, 314, 406
PF 部門 26, 305
pro 100-101, 103-104, 113-114, 191-192, 281n, 263, 263n
PRO 59, 77-81, 83-84, 258-259, 258n, 266-267, 269-271, 314
r 主要部内在型 274-278, 283, 283n, 284n

Scrambling 112, 142-145, 147, 149, 153-155, 154n, 158-159, 161-168, 166n, 168n, 170-171, 175, 177, 180-182, 184-191, 193-195, 292, 294n, 344-346, 352, 355-365, 379n, 400
SOV 142, 157-158, 162, 170, 175, 191, 275
that 痕跡（効果） 12, 14, 48, 367, 393, 396, 398, 402-403
that 削除 368, 397
UG 16, 25-26, 28, 41, 57, 81, 83, 97, 125, 139, 147, 160, 169, 196, 273-274, 287, 362, 380, 409
we 解釈 92-93, 95
WH 移動（WH-Movement） 12-13, 16, 28-30, 31n, 42, 44n, 48-49, 71n, 82, 120, 125, 131, 他多数
WH 演算子（WH-Operator） 82, 197-198, 325, 376n
WH 疑問文（WH-Question） 12, 39, 119, 169, 197-200, 202n, 207, 209-213, 212n, 214n, 217-226, 221n, 222n, 他多数
WH 譲歩文 198, 202n, 207, 209, 211-213, 217-219, 223, 225-226
X バー理論（X-bar Theory） 17, 361, 362, 413
Yes／No 疑問文 210
you 解釈 92
Y 字モデル 25
ϕ 素性 7-10, 14, 20-21, 33n, 34, 36, 64, 72, 87, 102n, 129, 129n, 288, 294, 365, 367-368, 370, 377, 380-382, 386-387, 387n, 390, 390n, 396, 400, 410
θ 移動（θ-movement） 32, 32n, 61, 65, 69, 73-74, 76, 83, 97, 117, 312-313, 407
θ 基準（θ-criterion） 127
θ 駆動 83-84, 86
θ 役割素性 61

著者紹介

外池 滋生（とのいけ　しげお）

　1947 年，滋賀県生まれ．元青山学院大学教授，哲学博士（PhD）．専門分野は生成文法理論（ミニマリスト統語論），日英語比較統語論．

　主要業績：『ミニマリスト・プログラム』（監訳，翔泳社），「第 2 次認知革命」『生成文法』（共著，岩波書店），『[新版] 入門ミニマリスト統語論』（監訳，研究社），「ミニマリスト・プログラム」『言語学の領域 (I)』（共著，朝倉書店），『統語論キーターム事典』（共訳，開拓社），など．

ミニマリスト日英語比較統語論

Ⓒ 2019 Shigeo Tonoike
ISBN978-4-7589-2266-1　C3080

著作者	外池滋生
発行者	武村哲司
印刷所	日之出印刷株式会社

2019 年 1 月 17 日　第 1 版第 1 刷発行

発行所　株式会社 開拓社

〒 113-0023 東京都文京区向丘 1-5-2
電話　（03）5842-8900（代表）
振替　00160-8-39587
http://www.kaitakusha.co.jp

JCOPY ＜出版者著作権管理機構　委託出版物＞

本書の無断複製は，著作権法上での例外を除き禁じられています．複製される場合は，そのつど事前に，出版者著作権管理機構（電話 03-3513-6969, FAX 03-3513-6979, e-mail: info@jcopy.or.jp）の許諾を得てください．